广视角·全方位·多品种

中国皮书网：www.pishu.cn

BLUE BOOK

权威·前沿·原创

金融蓝皮书
BLUE BOOK OF FINANCE

中国金融发展报告（2010）

ANNUAL REPORT
ON CHINA FINANCIAL DEVELOPMENT
(2010)

主　编／李　扬　王国刚
副主编／王松奇　殷剑峰　郭金龙

社会科学文献出版社
SOCIAL SCIENCES ACADEMIC PRESS (CHINA)

法律声明

盘点年度资讯　预测时代前程

社会科学文献出版社

2010年版皮书

权威·前沿·原创

社会科学文献出版社
SOCIAL SCIENCES ACADEMIC PRESS (CHINA)

权威分析　专家解读　机构预测

社会科学文献出版社“皮书系列”

“皮书系列”是社会科学文献出版社近十年来连续推出的大型系列图书，由一系列权威研究报告组成，在每年的岁末年初对每一年度有关中国与世界的经济、社会、文化、法治、国际形势、区域等各个领域的现状和发展态势进行分析和预测，年出版百余种。

该系列图书的作者以中国社会科学院的专家为主，多为国内一流研究机构的一流专家，他们的看法和观点体现和反映了对中国与世界的现实和未来最高水平的解读与分析，具有不容置疑的权威性。

2010年起，皮书系列随书附赠产品将从原先的电子光盘改为更具价值的皮书数据库阅读卡。读者可以凭借附赠的阅读卡获得皮书数据库高价值的免费阅读服务。

皮书是非常珍贵实用的资讯，对社会各个阶层、各种职业的人士都能提供有益的帮助，适宜各级党政部门决策人员、科研机构研究人员、企事业单位领导、管理工作者、媒体记者、国外驻华商社和使领事馆工作人员，以及关注中国和世界经济、社会形势的各界人士阅读。

1. 经济蓝皮书

2010年中国经济形势分析与预测

陈佳贵　李　扬　主编　　2009年12月出版　　49.00元

▲　本书为“总理基金项目”，由中国社会科学院副院长、经济学部主任陈佳贵及中国社会科学院副院长李扬担任主编，中国社会科学院经济研究所所长刘树成、数量经济与技术经济研究所所长汪同三任副主编，联合国内权威专家学者共同编写，深度解析了全球金融危机背景下2009年中国经济的发展，并在此基础上对2010年中国的经济形势作出科学的预测。

2. 社会蓝皮书

2010年中国社会形势分析与预测

汝　信　陆学艺　李培林　主编　　2009年12月出版　　49.00元

▲　中国社会科学院核心学术品牌之一，荟萃国内主要学术单位的多名社会学学者的原创成果。以社会学的视角来分析2009年中国的社会发展问题，并在此基础上，针对未来可能出现的社会热点、焦点问题作出科学的预测，并提供相应的对策建议。

3. 文化蓝皮书

2010年中国文化产业发展报告

张晓明　主编　　2010年4月出版　　59.00元（估）

▲　本书由中国社会科学院文化研究中心与文化部、上海交通大学国家文化产业创新与发展研究基地共同编写，内容上涵盖了我国的文化产业分析及政策分析。既有全国文化产业发展的宏观分析，又有文化产业内不同行业的年度发展分析，是研究我国文化发展问题的难得的年度报告。

4. 经济信息绿皮书

中国与世界经济发展报告（2010）

王长胜　主编　　2009年12月出版　　65.00元

▲　本书由国家信息中心主编。全书论述在全球金融危机演变的背景下中国及世界经济发展问题，高屋建瓴，从宏观角度及全球经济一体化的背景考虑我国经济发展的定位、战略目标、战略重点、战略对策等深层次问题。

5. 世界经济黄皮书

2010年世界经济形势分析与预测

王洛林　张宇燕　主编　　2010年1月出版　　49.00元

▲　本书由中国社会科学院世界经济与政治研究所编写，中国社会科学院特邀顾问、研究生院教授王洛林及中国社会科学院世界经济与政治研究所副所长李向阳两位作为本书主编。本书从2009年世界经济发展的现状出发，对2010年世界经济形势发展形势作出预测和分析。

6. 国际形势黄皮书

全球政治与安全报告（2010）

李慎明　王逸舟　主编　　2009年12月出版　　49.00元

▲　本书由中国社会科学院的相关学者专家编写，着眼于国际关系发展的全局，对2009年国际关系发展的新的动态作出研究与分析，并对2010年国际关系可能出现的新的重大动态作出前瞻性的分析与预测。

7. 欧洲蓝皮书

欧洲发展报告（2009～2010）

周　弘　主编　　2010年2月出版　　79.00元（估）

▲　本书由中国社会科学院欧洲研究所及中国欧洲学会联合编写，从政治、经济、法制进程、社会文化和国际关系以及国别等角度，对欧洲的年度发展形势作出全面的分析与论述。本书对研究欧洲问题的学者和需要了解欧洲的读者有重要的参考意义。

8. 亚太蓝皮书

亚太地区发展报告（2010）

李向阳　主编　　2010年3月出版　　79.00元（估）

▲　本书由中国社会科学院亚洲太平洋研究所的专家学者编写，本书从经济、政治与社会、国际关系等角度系统地论述了2009年亚太地区发生的重大事件，并在此基础上对2010年亚太地区的发展作出科学的展望。

9. 农村经济绿皮书

中国农村经济形势分析与预测（2009～2010）

中国社会科学院农村发展研究所 国家统计局农村社会经济调查司 著

2010年4月出版　49.00元（估）

▲　农村经济发展及研究的两大权威部门联合，针对2009年中国农业和农村发展和运行状况加以调查，系统分析农村发展中存在的各种社会问题，对社会各界关注的热点和难点问题进行科学分析，并在此基础上对2010年中国农村经济发展趋势提供了科学的预测。

10. 人口与劳动绿皮书

中国人口与劳动问题报告No.11（2010）

蔡　昉　主编　　2010年9月出版　　49.00元（估）

▲　本书关注中国当前人口的总量与增量情况，在人口学预测的基础上，研究我国人口总量及劳动力人口的数量与结构问题，提出随着“人口红利”的消失，我国劳动力供给方面可能带来的一些重要变化。本书对关心我国经济发展动力以及就业研究的人群有重要的参考意义。

11. 环境绿皮书

中国环境发展报告（2010）

杨东平　主编　　2010年5月出版　　59.00元（估）

▲　本书由“自然之友”组织编写，汇集了学者、记者、环保人士等众多视角，考察中国年度的环境发展态势，附加经典案例分析，并提供翔实的环境保护资料索引。本书可供研究环境发展领域的学者进行研究参考，也适合对资源环境感兴趣的一般人群进行阅读。

12. 旅游绿皮书

2010年中国旅游发展分析与预测

张广瑞　主编　　2010年5月出版　　59.00元（估）

▲　本书由中国社会科学院旅游研究中心组织编写，内容涉及2009年度我国旅游业发展的状况及未来发展态势。本书深入分析旅游业相关的各类因素的影响状况，并对旅游业的热点问题进行分析，提供其产业运行方面的深入思考。

13. 教育蓝皮书

中国教育发展报告（2010）

杨东平　柴纯青　主编　　2010年3月出版　　49.00元（估）

▲　本书由著名教育学家杨东平任主编，代表了中国教育的国际视野和专家立场，对于我国当前的教育改革进行了专业性的研究与分析，对关系我国教育发展的人群有重要的参考意义。本书同时推出英文版，是皮书系列中首批“走出去”的皮书。

14. 法治蓝皮书

中国法治发展报告（2010）

李　林　主编　　2010年9月出版　　68.00元（估）

▲　中国社会科学院法学研究所主创，对中国年度法治现状和法治进程进行客观的记述、分析、评价和预测。总结回顾了2009年我国法治发展所取得的一系列进步，并在此基础上，对接下来2010年我国法治发展情况进行了科学的探讨。

15. 就业蓝皮书

2010年中国大学生就业报告

王伯庆　主编　　2010年5月出版　　98.00元（估）

▲　这是一份基于科学的数据调查、借助于统计学和劳动经济学的科学体系来研究高等教育的全新报告，也是一个结果导向的评价系统。本书供高校的各级管理者、各级政府的教育管理官员、高等教育的研究者和招募大学毕业生的企业参考使用，对于高考生和求职的大学生而言也是一本了解就业市场的重要参考书。

16. 区域蓝皮书

中国区域经济发展报告（2009～2010）

戚本超　景体华　主编　　2010年3月出版　　69.00元（估）

▲　由北京市社会科学院、河北省社会科学院、上海社会科学院、广东省社会科学院等单位的专家联手编写，是对中国区域经济最全面、最深入的分析和预测。内容上涉及我国区域发展领域的新近动态，并提供2010年我国各个不同区域发展的科学预测。

17. 长三角蓝皮书

长三角发展报告（2010）

上海社会科学院 主编　　2010年5月出版　　59.00元（估）

▲ 上海社会科学院、江苏省社会科学院、浙江省社会科学院强强联合，共同发布《长三角蓝皮书》，对中国最具活力和竞争力的长三角地区的经济、社会发展进行全面解读与预测。

18. 东北蓝皮书

中国东北地区发展报告（2010）

辽宁省社会科学院等　主编　　2010年9月出版　　69.00元（估）

▲ 本书由东北地区的社会科学院联合编写，汇集了吉林、辽宁、黑龙江和内蒙古社会科学界学者的研究成果，同时也汇集了东北地区有关部门和院校专家的一些理论思考和理论探索。本书是顺应东北地区振兴战略形势而推出的一本蓝皮书，对东北地区的发展状况及态势提供了科学的分析与预测。

19. 中部蓝皮书

中国中部地区发展报告（2009）

张　锐　林宪斋　主编　　2010年2月出版　　59.00元

▲ 本书由中部六省社会科学院联合编创，在承接东部产业结构升级，迎来发展良机的背景下，对中部地区2009年经济、社会发展状况进行了分析，并对2010年我国中部地区各省市的发展作出科学的展望。

20. 西部蓝皮书

中国西部经济发展报告（2010）

姚慧琴　主编　　2010年7月出版　　79.00元（估）

▲ 本书由教育部人文社会科学重点研究基地——西北大学中国西部经济发展研究中心组织编写，汇集全国长期研究西部经济发展问题的众多专家学者的研究成果，对国家实施西部大开发战略进行了动态跟踪，并对西部经济发展中的重大理论与现实问题进行了深度分析。

21. 城市竞争力蓝皮书

中国城市竞争力报告No.8（2010）

倪鹏飞　主编　　2010年5月出版　　79.00元（估）

▲　本书由著名城市经济学家倪鹏飞担任主编，汇集了众多研究城市经济问题的专家、学者关于城市竞争力方面的最新研究成果。本书评述客观、内容丰富，基于详尽的基础数据，科学构建各项指标，对各级政府、有关研究机构、社会公众具有重要的决策参考及借鉴意义。

22. 中国省域竞争力蓝皮书

中国省域经济综合竞争力发展报告（2009～2010）

李建平　黄茂兴　主编　　2010年3月出版　　238.00元（估）

▲　本书在科学界定省域经济综合竞争力的基础上，紧密跟踪前沿研究动态，利用科学的指标体系及数学模型，深入分析当前我国省域经济综合竞争力的特点、变化趋势及动因，对我国31个省市区综合经济竞争力进行了比较分析。

23. 金融蓝皮书

中国金融发展报告（2010）

李　扬　主编　　2010年6月出版　　79.00元（估）

▲　本书由中国社会科学院副院长李扬担任主编，从多个方面对中国金融业总体发展状况进行分析和预测。本书对2009年我国的金融领域发生的各个重大事件进行了评述，对金融领域内研究及工作人群具有重要的参考和借鉴意义。

24. 房地产蓝皮书

中国房地产发展报告No.7（2010）

牛凤瑞　主编　　2010年4月出版　　59.00元（估）

▲　本书由中国社会科学院组织编写，汇集了众多研究城市房地产经济的专家学者关于城市房地产方面研究的最新成果。本书秉承客观公正、科学中立的宗旨和原则，追踪我国房地产市场的最新资讯，并对未来房地产市场发展的态势进行了深度分析。

经济类

经济蓝皮书
2010年中国经济形势分析与预测
著(编)者：陈佳贵　李　扬　等　2009年12月出版 / 估价：49.00元

经济蓝皮书春季号
中国经济前景分析——2010年春季报告
著(编)者：陈佳贵　等　2010年5月出版 / 估价：49.00元

经济信息绿皮书
中国与世界经济发展报告(2010)
著(编)者：王长胜　2009年12月出版 / 定价：65.00元

宏观经济蓝皮书
中国经济增长报告（2010）
著(编)者：刘霞辉　2010年3月出版 / 估价：49.00 元

农村经济绿皮书
中国农村经济形势分析与预测（2009～2010）
著(编)者：中国社会科学院农村发展研究所
国家统计局农村社会经济调查司
2010年4月出版 / 估价：49.00 元

民营经济蓝皮书
中国民营经济发展报告（2009～2010）
著(编)者：黄孟复　2010年7月出版 / 估价：69.00元

发展和改革蓝皮书
中国经济发展和体制改革发展报告（2010）
著(编)者：邹东涛　欧阳日辉　2010年10月出版 / 估价：98.00元

城乡创新发展蓝皮书
城乡一体化发展报告（2010）
著(编)者：傅崇兰　2010年10月出版 / 估价：58.00元

城市蓝皮书
中国城市发展报告No.3（2010）
著(编)者：牛凤瑞　2010年5月出版 / 估价：78.00元

城市竞争力蓝皮书
中国城市竞争力报告No.8（2010）
著(编)者：倪鹏飞　2010年5月出版 / 估价：79.00元

省域竞争力蓝皮书
中国省域经济综合竞争力发展报告（2009～2010）
著(编)者：李建平　黄茂兴　2010年3月出版 / 估价：238.00元

企业蓝皮书
中国企业竞争力报告(2010)
著(编)者：金培　2009年11月出版 / 估价：69.00元

民营企业蓝皮书
中国民营企业竞争力报告No.6(2010)
著(编)者：刘迎秋、徐志祥　2010年11月出版 / 估价：59.00元

中国总部经济蓝皮书
中国总部经济发展报告（2009～2010）
著(编)者：赵弘　2009年11月出版 / 估价：55.00元

金融中心蓝皮书
中国金融中心发展报告（2010）
著(编)者：王力　2010年10月出版 / 估价：58.00元

就业蓝皮书
中国大学生就业报告（2010）
著(编)者：王伯庆　2010年5月出版 / 估价：98.00元

人才蓝皮书
中国人才发展报告（2010）
著(编)者：潘晨光　2010年6月出版 / 估价：65.00元

人口与劳动绿皮书
中国人口与劳动问题报告No.11（2010）
著(编)者：蔡昉　2010年9月出版 / 估价：49.00元

商业蓝皮书
中国商业发展报告（2010）
著(编)者：荆林波　2010年3月出版 / 估价：49.00元

商品市场蓝皮书
中国商品市场竞争力报告（2010）
著(编)者：荆林波　2010年10月出版 / 估价：59.00元

社会类

社会蓝皮书
2010年中国社会形势分析与预测
著(编)者：陆学艺　李培林　2009年12月出版 / 估价：49.00元

社会保障绿皮书
中国社会保障发展报告 No.4（2010）
著(编)者：陈佳贵　王延中　2010年5月出版 / 估价：59.00元

老年蓝皮书
中国老年发展报告（2010）
著(编)者：田雪原　2010年10月出版 / 估价：58.00元

教育蓝皮书
中国教育发展报告（2010）
著(编)者：杨东平　柴纯青　2010年3月出版 / 估价：49.00元

环境绿皮书
中国环境发展报告（2010）
著(编)者：杨东平　2010年5月出版 / 估价：59.00元

气候变化绿皮书
应对气候变化报告（2010）
著(编)者：潘家华　2010年10月出版 / 估价：68.00元

民族蓝皮书
中国民族发展报告No.2（2010）
著(编)者：郝时远　王希恩　2010年6月出版 / 估价：59.00元

宗教蓝皮书
中国宗教报告（2010）
著(编)者：金泽　邱永辉　2010年3月出版 / 估价：59.00元

法治蓝皮书
中国法治发展报告（2010）
著(编)者：李林　2010年9月出版 / 估价：68.00元

妇女绿皮书
中国性别平等与妇女发展报告（2009～2010）
著(编)者：蒋永平　姜秀花　2010年3月出版 / 估价：79.00元

妇女发展蓝皮书
中国妇女发展报告（2009~2010）：妇女与传媒
著(编)者：王金玲　2010年2月出版 / 估价：59.00元

妇女生活蓝皮书
2009～2010年：中国女性生活状况报告
著(编)者：韩湘景　2010年4月出版 / 估价：49.00元

妇女教育蓝皮书
中国妇女教育发展报告（2009～2010）
著(编)者：宋胜菊　2010年8月出版 / 估价：68.00元

政府创新蓝皮书
和谐社会与政府创新（2009～2010）
著(编)者：俞可平　2010年3月出版 / 估价：78.00元

电子政务蓝皮书
中国电子政务发展报告（2010）
著(编)者：王长胜　2010年4月出版 / 估价：55.00元

创新蓝皮书
创新型国家建设报告（2010）
著(编)者：詹正茂　2010年6月出版 / 估价：79.00元

民间组织蓝皮书
中国民间组织报告（2009～2010）
著(编)者：黄晓勇　2009年12月出版 / 定价：59.00元

企业公民蓝皮书
中国企业公民报告（2010）
著(编)者：王再文　2010年7月出版 / 估价：58.00元

企业社会责任蓝皮书
中国企业社会责任研究报告（2010）
著(编)者：陈佳贵　2010年10月出版 / 估价：59.00元

慈善蓝皮书
中国慈善发展报告（2010）
著(编)者：杨团　2010年8月出版 / 估价：59.00元

文化类

文化蓝皮书
中国文化产业发展报告（2010）
著(编)者：张晓明　2010年4月出版 / 估价：59.00元

公共文化蓝皮书
中国公共文化服务发展报告（2010）
著(编)者：张晓明　2010年10月出版 / 估价：59.00元

文化创新蓝皮书
中国文化创新发展报告（2010）
著(编)者：文化部文化科技司　武汉大学国家文化创新研究中心
2009年11月出版 / 估价：98.00元

文化遗产蓝皮书
中国文化遗产事业发展报告（2010）
著(编)者：刘世锦　林家彬　苏杨　2010年11月出版 / 估价：69.00元

科学传播蓝皮书
中国科学传播报告（2010）
著(编)者：詹正茂　2010年6月出版 / 估价：79.00元

区域类

区域蓝皮书
中国区域经济发展报告（2009～2010）
著(编)者：戚本超　景体华　2010年3月出版 / 估价：69.00元

北京蓝皮书
北京经济发展报告（2009～2010）
著(编)者：梅松　2010年3月出版 / 估价：59.00元

北京蓝皮书
北京社会发展报告（2009～2010）
著(编)者：戴建中　2010年3月出版 / 估价：49.00元

北京蓝皮书
北京文化发展报告（2009～2010）
著(编)者：张泉　2010年2月出版 / 估价：49.00元

北京蓝皮书
北京城乡发展报告（2009～2010）
著(编)者：黄序　2010年2月出版 / 估价：59.00元

北京蓝皮书
北京公共服务发展报告（2009～2010）
著(编)者：张耘　2010年2月出版 / 定价：58.00元

北京蓝皮书
中国社区发展报告（2009～2010）
著(编)者：于燕燕　2010年2月出版 / 估价：59.00元

上海蓝皮书
上海经济发展报告（2010）
著(编)者：屠启宇　沈开艳　2010年2月出版 / 定价：59.00元

上海蓝皮书
上海社会发展报告（2010）
著(编)者：卢汉龙　2010年2月出版 / 定价：69.00元

上海蓝皮书
上海文化发展报告（2010）
著(编)者：叶　辛　蒯大申　2010年2月出版 / 定价：49.00元

上海蓝皮书
上海资源环境发展报告（2010）
著(编)者：周冯琦　2010年2月出版 / 定价：69.00元

广州蓝皮书
中国广州经济发展报告（2010）
著(编)者：李江涛　朱名宏　2010年6月出版 / 估价：59.00元

广州蓝皮书
中国广州社会发展报告（2010）
著(编)者：涂成林　2010年5月出版 / 估价：49.00元

广州蓝皮书
中国广州文化发展报告（2009～2010）
著(编)者：王晓玲　2010年8月出版 / 估价：59.00元

广州蓝皮书
中国广州科技发展报告（2010）
著(编)者：涂成林　2010年6月出版 / 估价：49.00元

广州蓝皮书
中国广州城市建设发展报告（2010）
著(编)者：涂成林　2010年7月出版 / 估价：49.00元

广州蓝皮书
中国广州创意产业发展报告(2010)
著(编)者：卢一先　范旭　舒扬　2010年7月出版 / 估价：65.00元

广州蓝皮书
中国广州汽车产业发展报告（2010）
著(编)者：李江涛　2010年9月出版 / 估价：49.00元

深圳蓝皮书
深圳经济发展报告（2010）
著(编)者：乐正　2010年3月出版 / 估价：68.00元

深圳蓝皮书
深圳社会发展报告（2010）
著(编)者：乐正　2010年5月出版 / 估价：59.00元

深圳蓝皮书
深圳劳动关系发展报告（2010）
著(编)者：汤庭芬　2010年1月出版 / 估价：78.00元

经济特区蓝皮书
中国经济特区发展报告（2010）
著(编)者：钟坚　2010年4月出版 / 估价：79.00元

河南蓝皮书
2010年河南经济形势分析与预测
著(编)者：刘永奇 河南省统计局　2010年4月出版 / 估价：49.00元

河南蓝皮书
2010年河南社会形势分析与预测
著(编)者：林宪斋　赵保佑　2010年2月出版 / 定价：59.00元

河南蓝皮书
河南文化发展报告（2010）
著(编)者：张　锐　2010年2月出版 / 定价：49.00元

河南蓝皮书
河南城市改革发展报告（2010）
著(编)者：林宪斋　喻新安　王建国　2010年2月出版 / 定价：49.00元

陕西蓝皮书
陕西经济发展报告（2010）
著(编)者：杨尚勤　2010年2月出版 / 估价：59.00元

陕西蓝皮书
陕西社会发展报告（2010）
著(编)者：杨尚勤　2010年2月出版 / 估价：59.00元

陕西蓝皮书
陕西文化发展报告（2010）
著(编)者：杨尚勤　2010年2月出版 / 估价：49.00元

四川蓝皮书
2010年四川经济形势分析与预测
著(编)者：侯水平　2010年8月出版 / 估价：55.00元

四川蓝皮书
四川文化产业发展报告（2010）
著(编)者：侯水平　2010年7月出版 / 估价：59.00元

武汉蓝皮书
武汉经济社会发展报告（2010）
著(编)者：刘志辉　2010年5月出版 / 估价：49.00元

武汉城市圈蓝皮书
武汉城市圈经济社会发展报告（2009～2010）
著(编)者：李春洋　2010年2月出版 / 估价：79.00元

武汉城市圈蓝皮书
武汉城市圈房地产发展报告（2009～2010）
著(编)者：王涛　2010年6月出版 / 估价：89.00元

郑州蓝皮书
郑州文化发展报告（2010）
著(编)者：窦志力　2010年1月出版 / 估价：49.00元

浙江服务业蓝皮书
2009浙江省服务业发展报告
著(编)者：浙江省发展和改革委员会　2010年2月出版 / 估价：68.00元

温州蓝皮书
2010年温州经济社会发展形势分析与预测
著(编)者：王春光　2010年3月出版 / 估价：59.00元

海南蓝皮书
海南经济发展报告（2010）
著(编)者：刘仁伍　2010年3月出版 / 估价：49.00 元

辽宁蓝皮书
2010年辽宁经济社会形势分析与预测
著(编)者：曹晓峰　张　晶　张卓民　2010年2月出版 / 定价：69.00元

东北蓝皮书
中国东北地区发展报告（2010）
著(编)者：辽宁省社科院　等　2010年9月出版 / 估价：69.00元

环渤海蓝皮书
环渤海区域经济发展报告（2010）
著(编)者：周立群　2010年5月出版 / 估价：59.00元

长三角蓝皮书
长三角发展报告（2010）
著(编)者：上海社会科学院　2010年5月出版 / 估价：59.00元

珠三角蓝皮书
珠三角发展报告（2010）
著(编)者：中山大学港澳珠三角研究中心　2010年4月出版 / 估价：59.00

中部蓝皮书
中国中部地区发展报告（2009）
著(编)者：张　锐　林宪斋　2010年2月出版 / 定价：59.00元

西部蓝皮书
中国西部经济发展报告（2010）
著(编)者：姚慧琴　2010年7月出版 / 估价：79.00元

长株潭城市群蓝皮书
长株潭城市群发展报告（2010）
著(编)者：张萍　2010年8月出版 / 估价：69.00元

泛北部湾蓝皮书
泛北部湾合作发展报告（2010）
著(编)者：古小松　2010年8月出版 / 估价：65.00元

福建经济竞争力蓝皮书
福建经济综合竞争力报告（2009～2010）
著(编)者：王秉安、罗海成　2010年9月出版 / 估价：49.00元

环海峡经济区蓝皮书
环海峡经济区发展报告（2010）
著(编)者：李闽榕、王秉安　2010年9月出版 / 估价：49.00元

海峡西岸蓝皮书
海峡西岸经济区发展报告(2010)
著(编)者：叶飞文　2010年9月出版 / 估价：49.00元

香港蓝皮书
香港经贸发展报告（2010）
著(编)者：荆林波　2010年4月出版 / 估价：49.00元

澳门蓝皮书
澳门发展报告（2010）
著(编)者：吴志良　2010年1月出版 / 估价：79.00元

台湾蓝皮书
台湾经贸发展报告（2010）
著(编)者：荆林波　2010年4月出版 / 估价：49.00元

行业类

住房绿皮书
中国城市住房发展报告（2010）
著(编)者：倪鹏飞　2009年11月出版 / 估价：69.00元

房地产蓝皮书
中国房地产发展报告NO.7（2010）
著(编)者：牛凤瑞　2010年4月出版 / 估价：59.00元

汽车蓝皮书
中国汽车产业发展报告（2010）
著(编)者：国务院发展研究中心产业经济研究部
中国汽车工程学会　大众汽车集团
2010年1月出版 / 估价：59.00元

医疗卫生绿皮书
中国医疗卫生发展报告（2010）
著(编)者：张文鸣　2010年11月出版 / 估价：68.00元

食品药品蓝皮书
食品药品安全与监管政策研究报告（2010）
著(编)者：上海市食品药品安全研究中心
2010年4月出版 / 估价：69.00元

金融蓝皮书
中国金融发展报告（2010）
著(编)者：李扬　2010年6月出版 / 估价：79.00元

金融蓝皮书
中国商业银行竞争力报告（2010）
著(编)者：王松奇　2010年4月出版 / 估价：49.00元

金融蓝皮书
中国金融生态报告（2010）
著(编)者：李扬　2010年4月出版 / 估价：49.00元

金融蓝皮书
中国理财产品分析与评价报告（2010）
著(编)者：殷剑峰　2010年5月出版 / 估价：59.00元

产权市场蓝皮书
中国产权市场发展报告（2009～2010）
著(编)者：曹和平　2010年7月出版 / 估价：59.00元

资本市场蓝皮书
中国场外交易市场发展报告（2010）
著(编)者：高峦　2010年11月出版 / 估价：58.00元

财经蓝皮书
中国服务业发展报告NO.8（2010）
著(编)者：裴长洪　2010年2月出版 / 定价：59.00元

旅游绿皮书
2010年中国旅游发展分析与预测
著(编)者：张广瑞　2010年5月出版 / 估价：59.00元

交通蓝皮书
中国交通发展报告（2010）
著(编)者：韩　峰　崔民选
2010年10月出版 / 估价：58.00元

体育产业蓝皮书
中国体育产业发展报告（2008～2010）
著(编)者：中国体育产业研究中心
2010年2月出版 / 定价：69.00元

餐饮蓝皮书
中国餐饮产业发展报告（2010）
著(编)者：杨柳　2010年6月出版 / 估价：49.00元

循环经济蓝皮书
中国循环经济发展报告（2010）
著(编)者：齐建国　2010年3月出版 / 估价：79.00元

会展经济蓝皮书
中国会展经济发展报告（2010）
著(编)者：王方华　2010年4月出版 / 估价：55.00元

商会蓝皮书
中国商会发展报告（2009～2010）
著(编)者：黄孟复　2010年9月出版 / 估价：98.00元

传媒蓝皮书
中国传媒产业发展报告（2010）
著(编)者：崔保国　2010年4月出版 / 估价：79.00元

广告主蓝皮书
中国广告主营销传播趋势报告（2009～2010）
著(编)者：黄升民　杜国清　2010年8月出版 / 估价：68.00元

能源蓝皮书
中国能源发展报告（2010）
著(编)者：崔民选　2010年5月出版 / 估价：80.00元

煤炭蓝皮书
中国煤炭工业发展报告（2010）
著(编)者：岳福斌　2010年9月出版 / 估价：50.00元

电力蓝皮书
中国电力工业发展报告（2010）
著(编)者：张安华　2010年10月出版 / 估价：58.00元

农业竞争力蓝皮书
中国农业竞争力发展报告（2009～2010）
著(编)者：郑传芳　2010年9月出版 / 估价：89.00元

林业竞争力蓝皮书
中国林业竞争力发展报告（2009～2010）
著(编)者：郑传芳　2010年9月出版 / 估价：89.00元

茶叶产业蓝皮书
中国茶叶产业发展报告（2010）
著(编)者：荆林波　2010年4月出版 / 估价：49.00元

测绘蓝皮书
中国测绘发展研究报告（2010）
著(编)者：徐永清　2010年8月出版 / 估价：58.00元

国际类

世界经济黄皮书
2010年世界经济形势分析与预测
著(编)者：王洛林　张宇燕　2010年1月出版 / 定价：49.00元

国际形势黄皮书
全球政治与安全报告（2010）
著(编)者：李慎明　王逸舟　2009年12月出版 / 定价：49.00元

世界社会主义黄皮书
世界社会主义跟踪研究报告（2009～2010）
著(编)者：李慎明　2010年1月出版 / 估价：79.00元

上海合作组织黄皮书
上海合作组织发展报告（2010）
著(编)者：吴恩远　2010年5月出版 / 估价：79.00元

美国蓝皮书
美国发展报告（2010）
著(编)者：黄平　2010年4月出版 / 估价：79.00元

欧洲蓝皮书
欧洲发展报告（2009～2010）
著(编)者：周弘　2010年2月出版 / 估价：79.00元

亚太蓝皮书
亚太地区发展报告（2010）
著(编)者：李向阳　2010年3月出版 / 估价：79.00元

中东非洲黄皮书
中东非洲发展报告（2009～2010）
著(编)者：杨光　2010年3月出版 / 估价：79.00元

拉美黄皮书
拉丁美洲与加勒比发展报告（2009～2010）
著(编)者：苏振兴　2010年4月出版 / 估价：79.00元

俄罗斯东欧中亚黄皮书
俄罗斯东欧中亚国家发展报告（2010）
著(编)者：吴恩远　2010年4月出版 / 估价：79.00元

日本蓝皮书
日本发展报告（2010）
著(编)者：李薇　2010年4月出版 / 估价：79.00元

日本经济蓝皮书
日本经济与中日经贸关系发展报告（2010）
著(编)者：王洛林　2010年4月出版 / 估价：79.00元

韩国蓝皮书
韩国发展报告（2010）
著(编)者：牛林杰　2010年3月出版 / 估价：79.00元

越南蓝皮书
越南国情报告（2010）
著(编)者：古小松　2010年7月出版 / 估价：49.00元

注：2010年起，每册皮书将附赠100元的皮书数据库阅读卡。

创社科经典　出传世文献

社会科学文献出版社

SOCIAL SCIENCES ACADEMIC PRESS(CHINA)

社会科学文献出版社成立于1985年，是直属于中国社会科学院的人文社会科学专业学术出版机构。

成立以来，特别是1998年实施第二次创业以来，依托于中国社会科学院丰厚的学术出版和专家学者两大资源，坚持“创社科经典，出传世文献”的出版理念和“权威、前沿、原创”的产品定位，走学术产品的系列化、规模化、市场化经营道路，取得了令人瞩目的成绩，销售收入等主要效益指标取得了年平均增长20%以上的发展速度，先后策划出版了著名的图书品牌和学术品牌“皮书”系列、获得国家图书奖和“五个一工程奖”的《世界沧桑150年——<共产党宣言>发表以来世界发生的主要变化》、《甲骨学一百年》、《二十世纪中国民俗学经典》以及“全球化译丛”、“经济研究文库”、“社会理论译丛”等一大批既有学术影响又有市场价值的系列图书，使社会科学文献出版社的知名度和美誉度日益提高，确立了人文社会科学著作出版的权威地位。

基于人才的优势和创新的理念，通过准确的市场定位和科学的发展规划，社会科学文献出版社在选题策划、主题出版与主题营销、品牌推广、数字出版等方面取得了领先，虽然目前还不能称为大社、强社，但对专业学术出版的坚持与执着以及先进的经营理念和科学的管理方式已经使社会科学文献出版社具备了现代企业快速发展与大规模成长的条件。在新的发展时期，社会科学文献出版社结合社会的需求、自身的条件以及行业的发展，提出了新的创业目标，那就是：精心打造人文社会科学成果推广平台，发展成为一家集图书、期刊、声像电子和网络出版物为一体，面向高端读者和用户，具备独特竞争力的人文社会科学内容资源供应商。

前　言

《中国金融发展报告》，是中国社会科学院金融研究所组织编写的系列连续出版物中的一种，旨在对过去一年中国金融发展和运行中的各方面情况进行概括和分析，对一些主要的金融事件进行研讨和评论。

承继往年的基本结构，《中国金融发展报告（2010）》依然由三部分构成。

第一部分为“宏观经济运行分析”。我们一方面从经济增长、投资、消费和物价等角度对2009年中国经济运行状况进行了概括，另一方面从居民部门、企业部门、政府部门和对外部门等角度对相关经济主体的行为进行了分析。

第二部分为“金融运行分析”。与往年相同，这一部分比较系统地记录描述了2009年中国的金融形势与货币政策、银行业和保险业发展状况，分析了货币市场、股票市场、债券市场、银行理财产品市场、期货市场以及国际收支与外汇储备等的发展趋势，概要记述了中国金融法治和金融监管、地方政府融资平台等的发展情况，并概要分析了国际金融形势的新变化。

第三部分为“专题分析”。根据中国金融发展的新态势，我们选择了物价、小企业发展、投资基金发展、保险业发展、住宅金融和金融监管等方面进行分析报告。

通过几年来编写《中国金融发展报告》的实践，我们深感，中国金融的发展和改革是一个复杂庞大且持续展开的系统工程。我们概括、分析和探讨的只是其中的有限视角、有限方面和有限内容，因此，要比较系统地了解把握中国金融发展和改革的脉络、规律及走势，一方面需要更加系统地参看其他文献和资料，另一方面需要将各年的《中国金融发展报告》和其他相关文献作一个连续性的分析，通过对比，探究各种变化的内在机制。中国的经济和金融发展是有着自己特点的实践过程，在解读和认识中国经济和金融运行走势中，切忌简单地按照西方教科书的原理以“对号入座”方式理解中国实践中的各种现象和数据。

本报告是中国社会科学院金融研究所的集体研究成果，作者主要由金融研究所的研究人员、博士后研究人员和博士研究生等构成，由李扬、王国刚对报告全文进行统编、修改和定稿。各章的执笔人分别为：何海峰（第1～6章和第8章），杨涛（第7章），彭兴韵（第9章），曾刚（第10章），郭金龙（第11章），范丽君（第12章），王国刚、张跃文（第13章），高占军、刘菲（第14章），王增武（第15章），太雷、王伯英（第16章），宣晓影（第17章），孙爱林（第18章），刘煜辉（第19章），胡志浩（第20章的第1～2节），汤柳（第20章的第3～5节），王国刚（第21章），董裕平（第22章），黄国平（第23章），刘菲（第24章），阎建军（第25章），汪利娜（第26章），胡滨等（第27章）。刘戈平和罗滢对本报告的格式等进行了编辑加工。

我们一如既往地期盼着各种批评建议。

编　者

2010年4月15日

目　录

宏观经济运行分析

金融运行分析

专题分析

皮书数据库阅读使用指南

CONTENTS

Macro-economy

Financial Development

Special Features

宏观经济运行分析

MACRO－ECONOMY

经济增长

2009 年是新世纪以来中国经济发展最为困难的一年。在美国次贷危机演化成国际金融危机且不断扩散蔓延的背景下，全球经济深度衰退，中国经济受到严重冲击：出口大幅度下降；不少企业经营困难，有的甚至停产倒闭；失业人员大量增加，农民工大批返乡；经济增速陡然下滑。在异常困难的情况下，中国政府出台了扩大内需、刺激经济的一系列政策，带领全国各族人民，坚定信心，迎难而上，顽强拼搏，从容应对国际金融危机的冲击，在世界各国和地区中率先实现经济回升（参见表 1）。2009 年，根据初步核算，全年国内生产总值达到 33.5353 万亿元，比 2008 年增长 8.7%，高于 2009 年年初制定的 8% 的经济增长目标[①]。分季度看，GDP 增长率依次为 6.2%、7.9%、9.1% 和 10.7%，增长速度逐季加快，成功实现了止跌回升（参见图 1 和表 1）。2009 年

① 从 2010 年全国“两会”得知，2010 年 GDP 增长目标定为 8%。这样，中国已连续 6 年设定了 8% 的增长目标。

表 1　2008～2009 年主要经济体经济增长率

单位：%

国　　别	2008 年	2009 年	2010 年预测	2011 年预测
世界	**3.4**	**-0.8**	**4.2**	**4.3**
发达国家	**1.0**	**-3.2**	**2.3**	**2.4**
美国	1.1	-2.5	3.1	2.6
欧元区	1.0	-3.9	1.0	1.5
德国	1.3	-4.8	1.2	1.7
法国	0.8	-2.3	1.5	1.8
意大利	-0.6	-4.8	0.8	1.2
西班牙	1.2	-3.6	-0.4	0.9
日本	-0.3	-5.3	1.9	2.0
英国	0.7	-4.8	1.3	2.5
加拿大	0.6	-2.6	3.1	3.2
其他发达国家	**1.9**	**-1.3**	**3.7**	**3.9**
新兴和发展中国家	**6.3**	**2.1**	**6.3**	**6.5**
俄罗斯	6.2	-9.0	4.0	3.3
中国	**9.0**	**8.7**	**10.0**	**9.9**

资料来源：IMF《世界经济展望》"最新预测"（2010 年 1 月 26 日）。

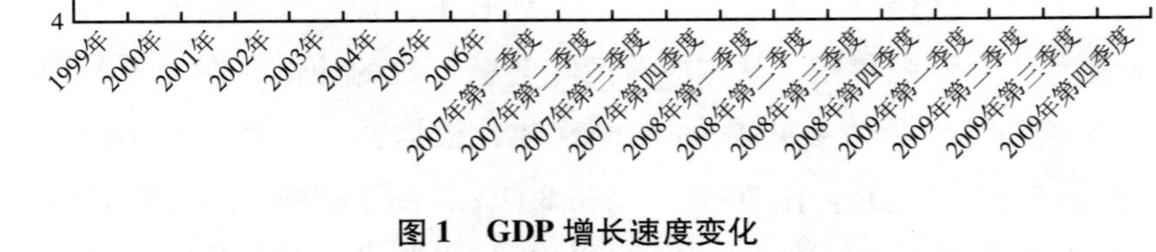

图 1　GDP 增长速度变化

注：本部分及以下图表如不注明资料来源，均来自国家统计局。

资料来源：国家统计局。

年初，海外舆论普遍认为，中国经济将深度下滑；在中国国内，由于信心和预期的差异，也出现了关于中国经济 2009 年走势的 L 形、U 形、V 形或 W 形的诸多争论①。这确实说明了一句话——“信心比黄金和货币还重要”。

简单地总结，中国经济能够实现反转的原因有四：第一，中国经济本身具有较强的结构弹性和较大的发展潜力，前者主要在于中国经济中市场、地区和产业之间存在结构落差。第二，中国政府的反危机措施迅速、得当和有力。面对国际金融危机的冲击，中国政府果断决策，采取了一揽子反危机的措施，包括启动4万亿元投资、实施10大产业振兴规划等等，这也体现了中国社会主义市场经济体制的特点与优点。第三，中国经济10多年来的结构调整取得了积极效果。这体现在需求结构、产业结构、区域结构和收入分配结构等四个方面。在需求结构上，通过实施扩大内需的各项措施，有效弥补了出口剧烈下降的影响，使国民经济总需求仍然保持了比较快的增长。在产业结构上进行了较大调整，第三产业的快速发展，既在一定程度上弥补了第二产业增速下降的不利影响，又对优化产业结构发挥了积极作用。在区域结构上，中西部地区投资继续快于东部。在收入分配的结构上，居民收入增长首次快于 GDP 增长。第四，就是中国人民信心的稳定。

从先行指数和一致指数上看（参见图2），中国宏观经济景气基本上在2009年年初就实现了触底反弹——先行指数和一致指数在2008年11月和2009年2月分别达到了最低点97.4和94.0。从预警指数上看（见图3），2009年2月达到了最低点73.3——而低点上次出现还是在2001年10月。随后，这三大指数形成了漂亮的“V”形反转。不过，需要引起注意的是，2009年12月预警指数达到了120.7，这已经超越“稳定”区间而进入了“趋热”区间。

在成功实现“保8”的同时，需要注意的是，2009年全年中国能源消费总量达到31.0亿吨标准煤，比上年增长了6.3%。这是中国经济未来一段时间转变经济发展方式的一项重要压力。当然，从反映国民经济发展的又一重要指标——第一、第二、第三产业占 GDP 的比重上看，中国经济继续朝着好的方向发展。从图4和表2可以看出，2003年以来，第三产业在 GDP 中所占的比重不断上升；在国际金融危机爆发以来，第二产业在 GDP 中所占的比重则不断下降。

① 目前，关于世界经济的全面复苏还存在较大不确定性，有关国际组织和机构一直呼吁刺激政策要谨慎退出，防止出现“二次探底”。对中国而言，由于内外因素的共同影响，经济回升的基础仍需要进一步巩固——特别是在通胀预期不断加强的情况下。

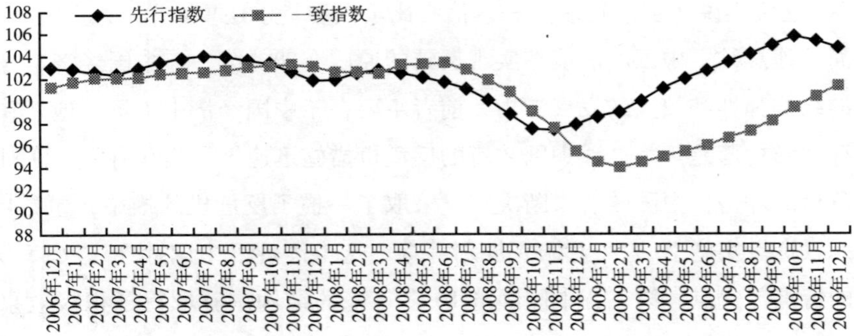

图 2　中国经济先行指数和一致指数

注：这两个指数均以基期 1996 年为 100。

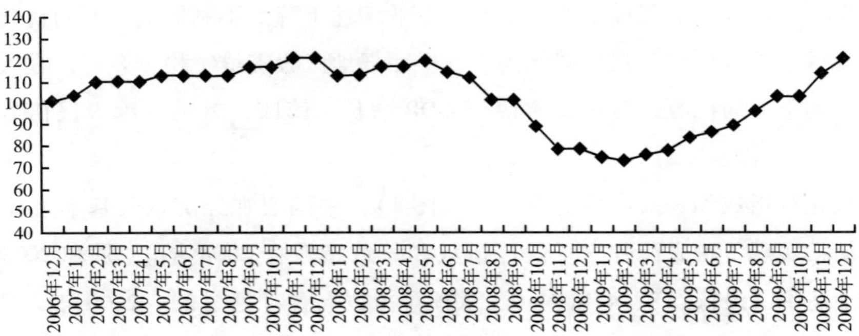

图 3　中国经济预警指数

注：以基期 1996 年为 100。

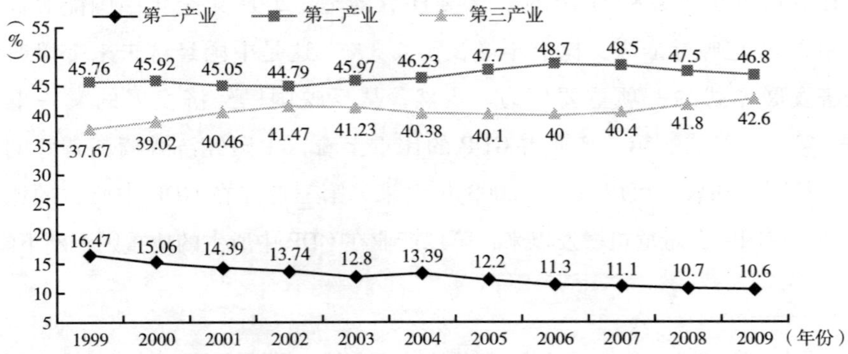

图 4　1999～2009 年中国三次产业增加值比重

表 2　2007～2009 年 GDP 的三次产业构成

产业分类	增加值（亿元）			占 GDP 比重（%）		
	2007 年	2008 年	2009 年	2007 年	2008 年	2009 年
第一产业	28627	34000	35477	11. 1	10. 7	10. 6
第二产业	124799	146183	156958	48. 5	47. 5	46. 8
第三产业	103880	120487	142918	40. 4	41. 8	42. 6

投　资

改革开放以来，中国经济增长一直显示投资驱动型的典型特征，固定资产投资增长率的变化对中国宏观经济走向具有举足轻重的影响。从对比上看（参见图 1)，2009 年全社会固定资产投资和城镇固定资产投资明显高于 2007 年和 2008 年，这与扩大内需、刺激经济政策的落实直接相关。

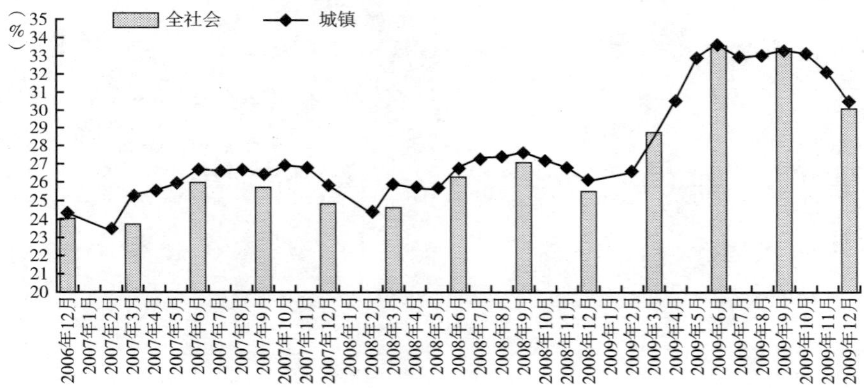

图 1　全社会和城镇固定资产投资增长率

2009 年，全社会固定资产投资 224846 亿元，比上年增长 30.1%，增速比 2008 年高出 4.9 个百分点。其中，城镇固定资产投资 194139 亿元，增长 30.5%，增速比 2008 年高出 4.4 个百分点；农村固定资产投资 30707 亿元，增长 27.5%，增速比 2008 年高出 6 个百分点。从 2009 年的情况看，农村固定资产投资增长率继续低于城镇固定资产投资增长率，而且城镇固定资产投资在全社会固定资产投资中的占比达到了 86.34%（2007 年和 2008 年分别是 85.56% 和 86.00%）。这说明，中国在快速工业化的同时，进行着更快的城市化。虽然消费增长率高于经济增长率①，但它还是远远低于投资的增长率。中国经济运行中的

① 参见下节“消费”部分。

特殊现象——高投资、低消费的状况，还没有发生根本性转变。

占全社会固定资产投资85%以上的城镇固定资产投资基本情况如表1所示。

表1 城镇固定资产投资情况

科目＼年份	2007		2008		2009		
	同比增长（%）	比重（%）	同比增长（%）	比重（%）	实际完成（亿元）	同比增长（%）	比重（%）
投资完成额	25.8	100.0	26.1	100.0	194139	30.5	100.0
其中:国有及国有控股	16.7	44.5	22.8	43.3	86536	35.2	44.6
房地产开发	30.2	21.5	20.9	20.6	36232	16.1	18.7
其中:住宅	30.3	18.1	22.4	17.5	25619	14.2	13.2
1. 按产业分							
第一产业	31.1	1.2	54.5	1.5	3373	49.9	1.7
第二产业	29.0	43.5	28.0	43.9	82277	26.8	42.4
第三产业	23.2	55.3	24.1	54.6	108489	33.0	55.9
2. 按隶属关系分							
中央项目	19.5	10.8	29.6	11.2	19651	18.4	10.1
地方项目	26.6	89.2	25.7	88.8	174488	32.0	89.9
3. 按建设性质分							
新建	25.9	44.5	27.2	44.6	90314	37.4	46.5
扩建	17.6	16.8	24.0	16.5	26504	25.1	15.7
改建	25.7	11.9	33.0	12.7	30488	38.5	13.7
4. 按构成分							
建筑安装工程	25.5	61.0	26.0	60.9	119798	32.6	61.7
设备工器具购置	25.3	21.8	30.2	22.6	42568	26.8	21.9
其他费用	27.3	17.2	21.5	16.5	31773	28.1	16.4
新增固定资产	19.7	—	25.5	—	109126	29.1	—

从全社会固定资产投资的地区结构上看，2009年继续保持了此前的趋势——东部不断下降、中部和西部持续上升（参见表2）。从总量上看，东部所占比重已降至48.2%（2008年为50.7%），中部和西部固定资产投资增长速度分别达到了32.7%和22.1%（2008年分别为26.3%和20.8%）①。从增长速度上看，中部和西部止跌回升，尤其是西部，回升力度更大。其中，中部为

① 这里东部包括辽宁、河北、天津、北京、山东、上海、江苏、浙江、广东、福建和海南，中部包括黑龙江、吉林、山西、河南、湖北、湖南、安徽和江西，西部包括宁夏、陕西、甘肃、青海、新疆、四川、重庆、云南、贵州、西藏、广西和内蒙古。

35.8%（2008年为32.6%），西部为38.1%（2008年为26.9%），中部和西部固定资产投资增长速度远高于全社会30.1%的平均速度；东部固定资产投资增长速度为23.0%（2008年为20.9%），继续低于全社会平均速度。固定资产投资地区分布结构的变化，充分反映了区域增长的不均衡和梯度发展的态势，这是中国作为发展中国家的一个显著特征。投资区域结构的变化，与10多年来政府大力推进中部崛起、振兴东北等老工业基地和西部大开发战略直接相关，同时，也体现了区域经济梯度发展的客观规律。基于这种认识，中央和地方政府在政策取向上应乘势而上，在后危机时代继续引导支持工业产业自东向西转移，实现区域结构、产业结构的合理化。

表2　2007～2009年地区固定资产投资情况

单位：%

	地区构成*			同比增速		
	2007年	2008年	2009年	2007年	2008年	2009年
东　部	52.7	50.7	48.2	19.9	20.9	23.0
中　部	25.0	26.3	32.7	33.3	32.6	35.8
西　部	20.5	20.8	22.1	28.2	26.9	38.1
全　国	—	—	—	24.8	25.5	30.1

注：*国家统计局《2009年国民经济和社会发展统计公报》中将东北地区单独列出，为与2007年、2008年统计数据进行对比，这里进行分解合并，即黑龙江省和吉林省并入中部，辽宁省并入东部。

分行业来看，固定资产投资增长在各行业的分布并不平衡（参见图2）①。

从图2可以看出，相对于2008年来说，在2009年，几乎所有行业的固定资产投资增长速度均明显提高——除了农林牧渔业、采矿业、制造业、金融业和房地产业。就农林牧渔业来说，随着中国工业化和城镇化进程的加快，它们在国民经济中的贡献率将继续下降；从世界范围看，第一产业增加值在GDP中的比重会伴随工业化而不断下降。采矿业和制造业固定资产投资增速的下降，主要与世界经济不景气的外部环境有关，是中国经济开放度不断提高的表现。房地产业固定资产投资的下降，主要与2009年房地产市场行情短期波动有关，房地产开发

① 本节下文主要以城镇固定资产投资为分析对象——它代表了85%以上的全社会固定资产投资。

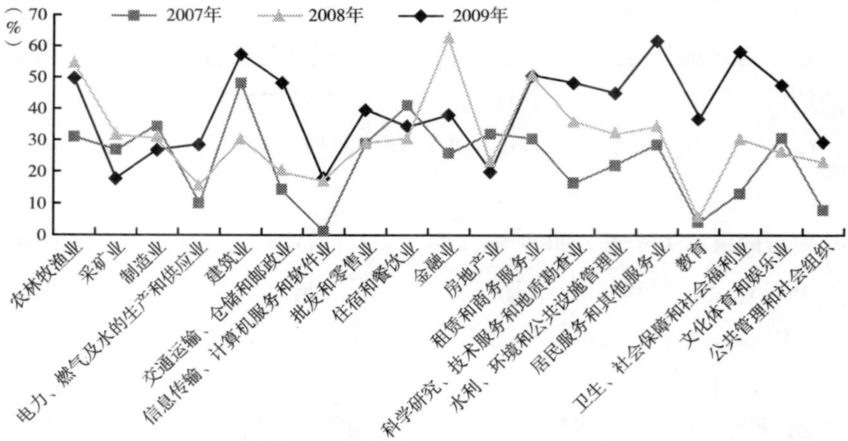

图 2　2007～2009 年行业固定资产投资增长率

商信心经历了较大的起伏。就金融业来看，2008 年金融业曾经是固定资产投资增速最快的行业，2009 年随着中国货币信贷前所未有的投放，金融业更多地转向了“软”方面建设——资本充足率管理、风险与内控管理等等。

相对于前两年，2009 年行业固定资产投资增长的两端情况如表 3 所示。

表 3　2007～2009 年行业固定资产投资增长的两端情况

单位：%

		2007 年		2008 年		2009 年	
		行　业	增速	行　业	增速	行　业	增速
前三位	1	建筑业	48.5	金融业	62.6	居民服务和其他服务	61.8
	2	住宿和餐饮业	41.2	农林牧渔业	54.5	卫生、社会保障和社会福利业	58.5
	3	制造业	34.8	租赁和商务服务业	50.6	建筑业	57.6
平　均	—	—	25.8	—	26.1	—	30.5
后三位	1	信息传输、计算机服务和软件业	1.3	教育	6.0	信息传输、计算机服务和软件业	18.0
	2	教育	3.9	电力、燃气及水的生产和供应业	15.4	采矿业	18.2
	3	公共管理和社会组织	7.9	信息传输、计算机服务和软件业	17.1	房地产业	19.9

从表3还可以看出，2009年固定资产投资除了加大基础产业投资的政策导向外（显示为建筑业的扩张），民生领域投资的提高与改善也是一揽子刺激经济政策的结果。但同时可以发现，IT行业固定资产投资增长速度已连续3年位于最后三位之中，由此看来，以信息化为引导的中国工业化目标在贯彻落实中并不顺利。

从项目的隶属关系看，2009年，中央项目的固定资产投资，在年初增速一度高达40%以上，但到年底已回落到18.4%，这与2008年前低后高的走势正好相反。可以说，在中央项目带动之下，2009年地方项目固定资产投资增速全面得到了提高，自4月份之后的各月份均保持在30%以上——一度达到了35%。就2008年来说，中央和地方固定资产投资增速的不同表现说明，金融危机对中国经济的影响具有一定的深度，即对地方投资项目的不利影响较大。2009年中央项目和地方项目的增长差异表明，中央政府制定和主导的扩大投资计划已经得到了深入贯彻，同时，占全部城镇固定资产投资比重近90%的地方投资项目也已全面启动，这些投资有效保障了GDP增长率不低于8%目标的成功实现。

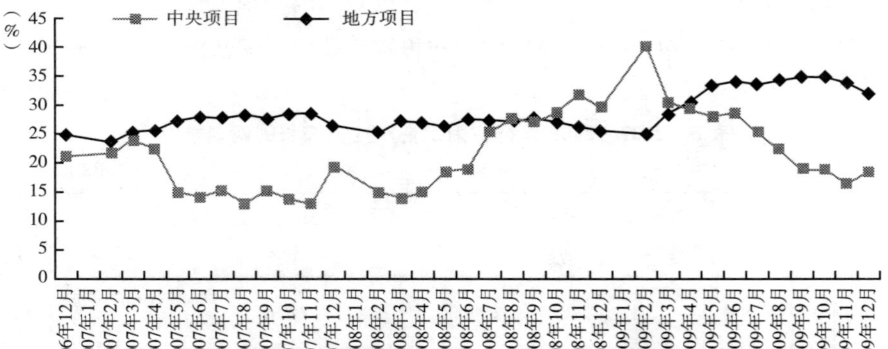

图3　中央和地方项目固定资产投资增长率

从项目的建设性质看，新建项目在2009年远高于2007年（25.9%）和2008年（27.2%）——一度高达42.8%，全年累计达到了37.4%；从投资完成额比重上看，新建项目占全部城镇固定资产投资达到了46.5%，改建与扩建项目合计不超过30%。2009年中，改建项目（全年累计增长38.5%）和扩建项目（全年累计增长25.1%）相对于2008年继续保持恢复性增长（分别为33%和24%），而且改建项目更加显著。

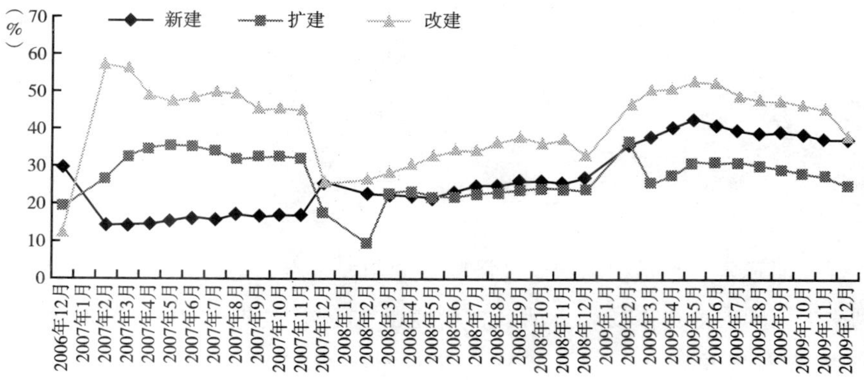

图4　新建、扩建和改建项目固定资产投资增长率

制造业和房地产业向来是城镇固定资产投资中资金占比最大的两个行业，两者占全部城镇固定资产投资比重近3年来一直维持在50%以上——2009年为52.48%（2007年和2008年分别为51.7%和51.9%）。但从图5中可以看到，制造业和房地产业全年增长轨迹并不相同。制造业投资同比增速在2009年5月到达最高点（29.9%）之后，便一路下降，2009年全年累计为26.8%。房地产业则在2009年2月下降至最低点（4.9%）之后，便一路上升，2009年全年累计为19.9%。其中，中国制造业投资占比下落的直接原因是受全球经济不景气的负面影响，中国房地产业投资占比下落则与中国房地产市场走势不明直接相关。

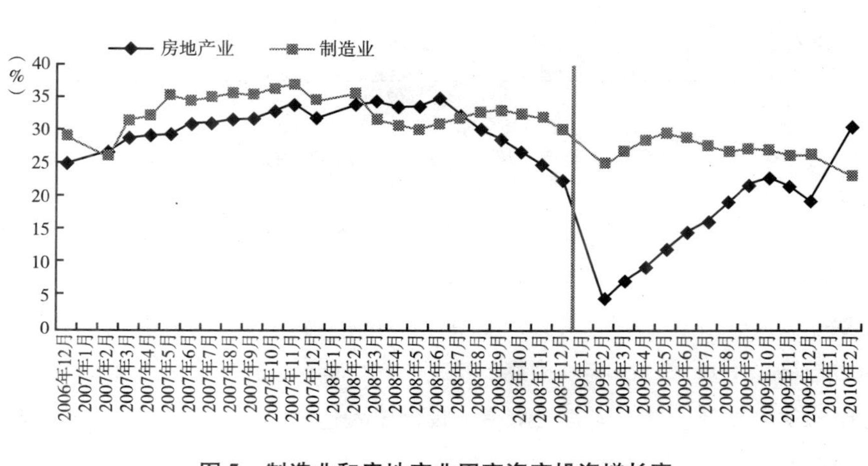

图5　制造业和房地产业固定资产投资增长率

消　费

提高消费率一直是中国宏观经济政策的调控重点。最近几年来，在诸多政策的刺激下，国内消费市场趋于活跃，增速也在不断加快。2005～2009 年各年社会消费品零售总额见图 1。2005～2009 年，各年增长速度依次为 12.9%、13.7%、16.8%、21.6%和 15.5%。单就 2009 年的数据来看，似乎拉低了此前不断提高的增长速度，但如果将消费对 GDP 的贡献率与出口对 GDP 的贡献率进行对比，就会发现，消费的增长速度超过 15%是相当不容易的。根据国家统计局公布的数据，2009 年最终消费对 GDP 的拉动为 4.6 个百分点，对 GDP 的贡献率达 52.5%。这一贡献率高于 2008 年的 45.7%和 2007 年的 39.4%，也比 2000 年以来的年均贡献率高出 7.8 个百分点。

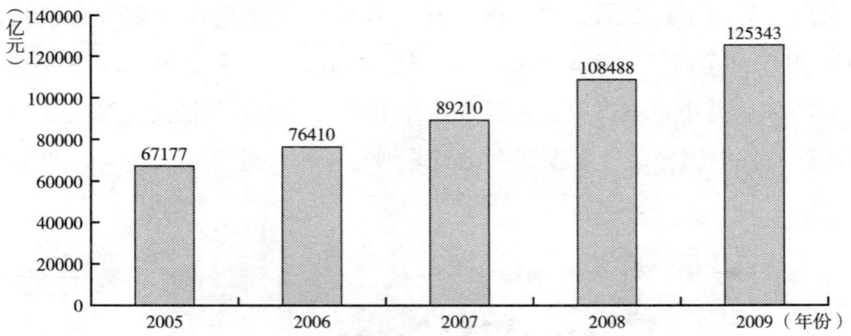

图 1　2005～2009 年社会消费品零售总额

其实，在 2000 年以前，消费一直是中国经济增长的主导力量——以 1978 年以来 32 年的平均值计算，最终消费对 GDP 的贡献率为 55.2%。但从 2001 年消费贡献率被投资贡献率超越以后，消费在 GDP 中占比的下滑就成为短期内难以改变的趋势。2000～2009 年，最终消费对 GDP 的年均贡献率只有 44.7%。通过国际比较就会发现，这一消费贡献率不仅低于发达国家水平，而且低于同等水平的发展中国家。

2009年消费贡献率有所提高的主要原因有二：其一，扩大内需的各项措施、提高城乡居民特别是低收入群体的收入水平的政策，形成了对最终消费增长的有力支撑。其二，中国政府制定的刺激消费的各项政策，积极促进了城乡居民的消费增长。例如，“家电下乡”、“汽车摩托车下乡”等政策有效激活了农村消费市场，农村消费增幅自1986年以来首次超过城市。

2009年全年社会消费品零售总额为125343亿元，比上年增长15.5%。2007～2009年的社会消费品零售基本情况如表1所示。

表1　2007～2009年社会消费品零售情况

		2007年		2008年		2009年	
		数额（亿元）	增速（%）	数额（亿元）	增速（%）	数额（亿元）	增速（%）
城乡	城市	60411	17.2	73735	22.1	85133	15.5
	县及县以下	28799	15.8	34753	20.7	40210	15.7
行业	批发和零售业	75040	16.7	91199	21.5	105413	15.6
	住宿和餐饮业	12352	19.4	15404	24.7	17998	16.8
	其他	1818	4.5	1885	3.7	1932	2.5

从表1可以看出，城乡消费中，2009年县及县以下地区的消费增速一改多年来低于城市的表现。当然，农村地区（县及县以下）的消费额仍不足城市的50%，这说明，中国经济在拉动内部消费增长上仍需要继续努力而且有不少潜力。在行业消费中，住宿和餐饮业增速仍旧高于其他行业，这反映了中国居民的生活水平在逐步提高。

2007～2009年限额以上批发和零售业各类消费品销售增长情况如表2所示。

从表2可以看到，2007～2009年，吃穿用等主要类别消费品零售额都经历了持续下降的变化，这反映了在全球金融危机持续影响下，中国消费品市场的走势。以“金银珠宝类”为代表的奢侈品消费在2009年失去了强劲上升的势头，这与“石油及制品类”的下降一起说明了居民消费需求持续升级的态势暂时停滞。在支持和鼓励消费政策影响之下，2009年消费增长速度最快的三大产品类别依次是“家具类”（35.5%）、“汽车类”（32.3%）和“建筑及装潢材料类”（26.6%），与此相比，2008年和2007年分别是“石油及制品类”、“金银珠宝类”、“服装类”和“建筑及装潢材料类”、“家具类”、“金银珠宝类”。

表 2　2007～2009 年限额以上批发和零售业增长情况

单位：%

	2007 年	2008 年	2009 年
食品、饮料、烟酒类	25.9	20.9	14.0
粮油类	38.3	22.7	13.0
肉禽蛋类	40.9	22.3	8.3
服装类	28.7	25.9	20.8
中西药品类	25.1	14.8	21.7
汽车类	36.9	25.3	32.3
石油及制品类	20.5	39.9	6.8
文化办公用品类	22.6	17.9	6.7
通信器材类	8.8	1.4	-1.3
家用电器和音像器材类	23.4	14.2	12.3
建筑及装潢材料类	43.6	12.0	26.6
日用品类	26.5	17.1	15.6
家具类	43.2	22.6	35.5
化妆品类	26.3	22.1	16.9
金银珠宝类	41.7	38.6	15.9

物　价

一　物价变化的总体情况

在全球金融危机影响之下，从各主要价格指数的表现来看，2009 年各主要价格指数改变了 2007 年和 2008 年持续上行的趋势，转为下行。需要指出的是，2008 年年初主要价格指数全面发力攀升，引起了人们对通货膨胀的担忧，因为当时似乎既与经济产出的下降趋势相背，也与全球金融危机的发展蔓延不一致，由此，引致了国家有关调控政策与措施难以决断以及所谓的“一年四变”情形的发生。从最新情况来看，由于 2009 年新增贷款的巨量投放，通货膨胀预期再次高涨。但需指出的是，以价格水平变化为主要标志来判断中国经济的运行态势，很容易发生误导和错判。2009 年物价相对于 2007 年和 2008 年的表现可见图 1。

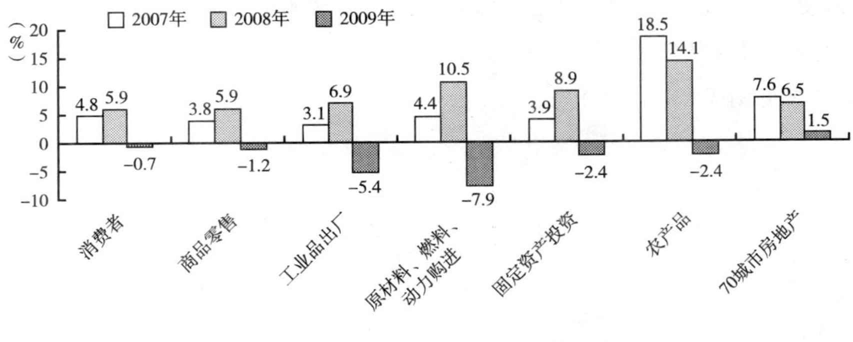

图 1　2007～2009 年主要物价指数增速

从图 1 中可见，2007 年和 2008 年物价水平全面明显上升，2009 年物价水平则几乎全面转为负增长（除了房地产价格以外）。

截至 2009 年年底，从消费者物价指数（CPI）、工业品出厂物价指数（PPI）和原材料、燃料、动力购进价格指数（PPIRM）的表现来看，它们总体走势一致——都经历了一个先降后升的过程。具体来看，消费者价格指数波动最小，工业品出厂物价指数和原材料、燃料、动力购进价格指数波动依次扩大（参见图2）。这也基本符合各类物价相对变动的基本特征：越是上游的产品，其价格上涨或下降率就越高；越是下游产品，其价格上涨率或下降率越低。

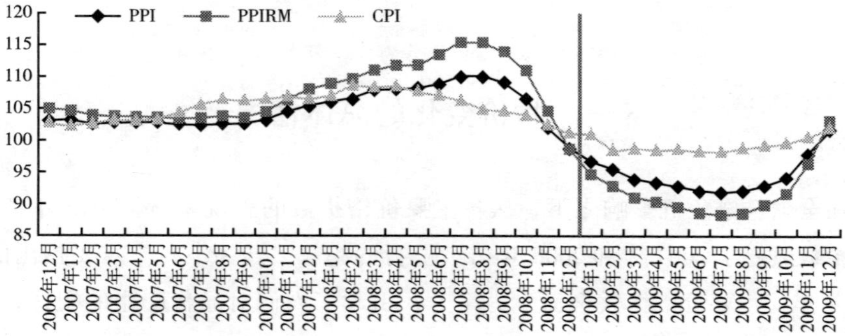

图2　CPI、PPI和PPIRM走势

二　消费者价格指数

消费者价格指数是衡量物价上涨对人们生活水平影响的最重要的指数。相对于2008年上涨5.9%来说，2009年消费品价格指数显著回落——全年下降了0.7%（参见图3和表1）。

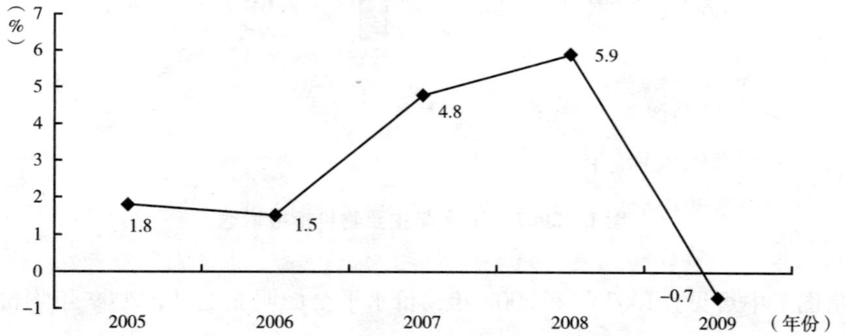

图3　2005～2009年居民消费价格指数涨跌幅度

从全国、城市和农村不同范围来看，消费者物价指数二级指标的具体变化如表1所示。

表 1 2007～2009 年居民消费价格比上年涨跌幅度

单位：%

指 标	2007 年			2008 年			2009 年		
	全国	城市	农村	全国	城市	农村	全国	城市	农村
居民消费价格	4.8	4.5	5.4	5.9	5.6	6.5	-0.7	-0.9	-0.9
食品	12.3	11.7	13.6	14.3	14.5	14.0	0.7	1.0	1.0
其中:粮食	6.3	6.4	6.2	7.0	7.2	6.7	5.6	5.7	5.7
烟酒及用品	1.7	1.8	1.6	2.9	3.1	2.6	1.5	1.7	1.7
衣着	-0.6	-0.9	0.2	-1.5	-1.8	-0.6	-2.0	-2.2	-2.2
家庭设备用品及服务	1.9	1.9	2.1	2.8	3.0	2.4	0.2	0.3	0.3
医疗保健及个人用品	2.1	1.7	2.8	2.9	2.8	3.2	1.2	1.1	1.1
交通和通信	-0.9	-1.6	0.6	-0.9	-1.6	0.7	-2.4	-2.7	-2.7
娱乐教育文化用品及服务	-1.0	-0.7	-1.6	-0.7	-0.9	-0.1	-0.7	-1.2	-1.2
居住	4.5	4.5	4.4	5.5	4.3	8.2	-3.6	-4.6	-4.6

从表 1 中可以看出，在消费价格中，2009 年食品价格上涨 0.7%，其中粮食价格上涨明显——达到了 5.6%。粮食价格在中国 CPI 的统计中占有较大的权重，这决定了粮食价格的涨跌对中国 CPI 的变化影响显著①。自 2006 年第四季度开始的猪肉及肉制品价格、粮食价格等较大幅度回升，也直接引致了 CPI 在年末的上升，这一趋势在 2007～2008 年得到加强，并于 2008 年 4 月达到顶点，然后，在食品类价格逐步下降背景下，各种类别消费价格在 2009 年初全面下降（参见图 4）。2009 年 11 月，CPI 由负转正，当月指数为 100.6，12 月份进一步上升到 101.9。

从 2009 年的情况来看（参见图 4），在构成 CPI 的各类产品中，几乎都经历了一个先降后升的过程。由于普通百姓直接感受到的物价变化与 CPI 并不一致，例如，资产价格和房屋价格就不包括在消费价格指数中，所以，CPI 与居民直觉存在较大偏差。从日常生活来看，2010 年年初的两个月，CPI 上升较快，与 CPI 的构成直接相关。2010 年 3 月 11 日，国家统计局发布 1～2 月份统计数据，2 月

① 由于中国 CPI 构成中八类商品和服务的权重数据不公开，有人曾通过国家统计局每年公布的城乡居民家庭平均每人全年消费性支出进行推算，大致估算出 CPI 中各类别的权重，其中食品类 34%、烟酒及用品类 4%、衣着类 9%、家庭设备用品及服务类 6%、医疗保健及个人用品类 10%、交通和通信类 10%、娱乐教育文化用品及服务类 14% 和居住类 13%。

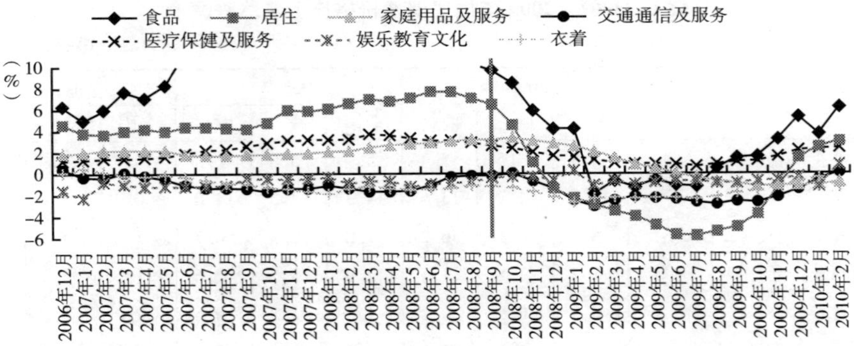

图4 居民消费价格分类指数增速

份 CPI 上涨 2.7%，主要还是由食品类价格上涨和居住类价格上涨带动的。食品类价格在 2 月份上涨了 6.2%，将 2 月份 CPI 增速推高了 2.01 个百分点。居住类价格 2 月份上涨 3%，它影响 CPI 增速达到了 0.45 个百分点。这两项合计就推高 CPI 增速 2.46 个百分点，占 CPI 增长率 2.7% 中的 91% 左右。

三 房屋价格的变化

近年来，房屋价格的变化始终是人们高度关注的话题，也是最为敏感的话题。2008～2009 年房屋价格总体走势与 CPI 走势基本一致，在 2009 年第一季度降至最低点，随后，止跌回升，展开了比较明显的上升过程，参见图 5。

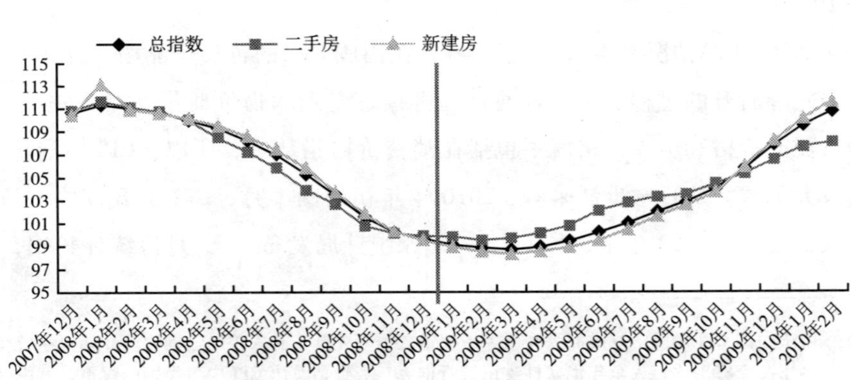

图5 房屋销售价格指数变化

从房屋销售价格各类具体指数上看，2009 年，除经济适用房价格指数基本没有变化以及非住宅价格指数上升了 5 个点以外，其他各类房屋价格指数均上升了 15 个点以上，具体参见图 6。

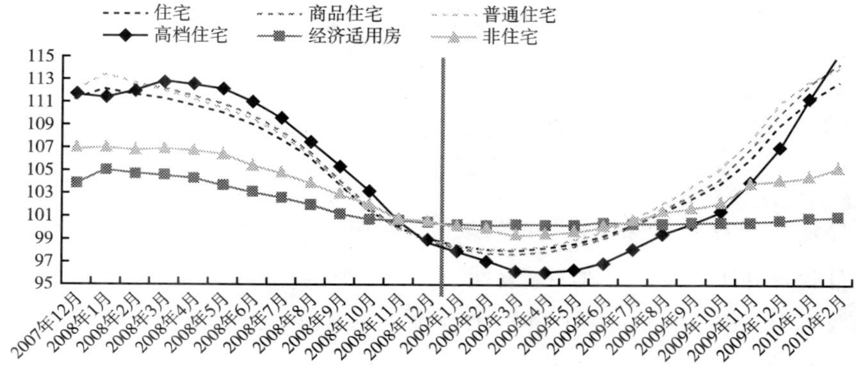

图 6　房屋销售分类价格指数变化

从图 6 中可以看出，2009 年前两季度主要房屋销售价格指数基本保持平稳，第三和第四季度则快速上升。从结构上看，经济适用房和非住宅等低于总体指数，其他均高于总体指数。

然而，随着 2009 年房屋销售价格指数的止跌回升，房屋租赁价格指数总体上保持了稳定，它们之间出现了明显的差距（参见图 7）。2009 年年底，房屋销售价格总指数为 107.8，而住宅租赁价格指数、办公用房租赁价格指数和商业用房租赁价格指数依次为 99.3、98.9 和 100.9。这似乎表明，中国房地产价格可能已开始新一轮的上行。

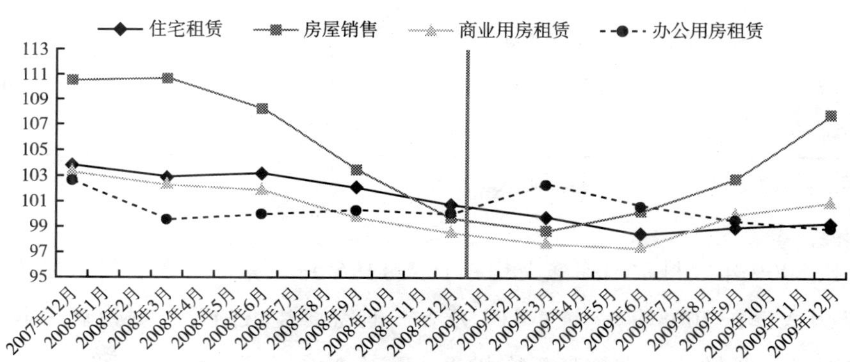

图 7　房屋租赁价格指数变化

居民部门

一　收入

伴随着2009年“保增长”系列政策的实施，与2008年相比，中国居民（尤其是低收入群体）收入出现了恢复性增长。一个显著的变化是，近6年来，城镇居民收入增长率首次超过了GDP增长速度（参见表1）。2009年，农村居民人均纯收入5153元，剔除价格因素，比上年实际增长8.5%；城镇居民人均可支配收入17175元，实际增长9.8%。

表1　2002～2009年居民收入增长情况

年份	城镇居民人均可支配收入(元)	农村居民人均纯收入(元)	城镇居民收入增长率(%)	农村居民收入增长率(%)	GDP增速(%)
2002	7703	2476	13.4	4.8	9.1
2003	8472	2622	9.0	4.3	10.0
2004	9422	2936	7.7	6.8	10.1
2005	10493	3255	9.6	6.2	10.4
2006	11759	3587	10.4	7.4	11.1
2007	13786	4140	12.2	9.5	13.0
2008	15781	4761	8.4	8.0	9.0
2009	17175	5153	9.8	8.5	8.7

注：收入为剔除价格因素后的实际收入。

按2009年农村贫困标准人均年收入1196元测算，年末农村贫困人口为3597万人，比2008年减少了410万人。但需要注意的是，城镇居民收入无论绝对额还是增长速度均高于农村——尤其在绝对额上，城乡居民的收入差距还在继续扩大。

二 就业

在全球金融危机持续影响之下，中国就业形势更为严峻。2007～2009 年的就业情况如表 2 所示。2009 年年末，全国就业人员 77995 万人，比上年末增加 515 万人。其中，城镇就业人员 31120 万人，新增加 1102 万人，净增加 910 万人。年末城镇登记失业率为 4.3%，比上年末上升 0.1 个百分点（见表 2）。

表 2　2007～2009 年就业情况

年份	全国就业人员(万人)		城镇就业人员(万人)			城镇登记失业率	
	当年数	与上年比	当年数	新增加	净增加	当年数(%)	与上年比增减百分点(个)
2007	76990	+590	29350	1204	1040	4.0	-0.1
2008	77480	+490	30210	1113	860	4.2	+0.2
2009	77995	+515	31120	1102	910	4.3	+0.1

三 恩格尔系数

2007～2008 年，在城乡居民收入增长速度发生转变的同时，恩格尔系数（家庭食品支出占家庭消费总支出的比重）不断下降的趋势也发生了转变。2008 年，农村居民家庭恩格尔系数由 2007 年的 43.1% 上升到 43.7%，城镇居民家庭恩格尔系数由 2007 年的 36.3% 上升到 37.9%。2009 年，这种状况得到了纠正，农村居民家庭恩格尔系数下降到 41.0%，城镇居民家庭恩格尔系数下降到 36.5%（见表 3）。这说明，中国居民正在经历改革开放以来的第三次消费需求结构的升级，某些非食品需求，尤其是以汽车、住房为代表的新兴需求，开始步入正常轨道。

表 3　城乡居民生活改善情况

年　份	2002	2003	2004	2005	2006	2007	2008	2009
城镇居民家庭人均可支配收入(元)	7703	8472	9422	10493	11759	13786	15781	17175
农村居民家庭人均纯收入(元)	2476	2622	2936	3255	3587	4140	4761	5153
城镇居民家庭恩格尔系数(%)	37.7	37.1	37.7	36.7	35.8	36.3	37.9	36.5
农村居民家庭恩格尔系数(%)	46.2	45.6	47.2	45.5	43.0	43.1	43.7	41.0

四　社会保障

2009年年末全国参加城镇基本养老保险人数23498万人，比上年末增加1607万人，其中参保职工17703万人，参保离退休人员5795万人。参加城镇基本医疗保险的人数40061万人，增加8239万人，其中，参加城镇职工基本医疗保险人数21961万人，参加城镇居民基本医疗保险人数18100万人。参加城镇医疗保险的农民工4335万人，增加69万人。参加失业保险的人数12715万人，增加316万人。参加工伤保险的人数14861万人，增加1074万人，其中参加工伤保险农民工5580万人，增加638万人。参加生育保险的人数10860万人，增加1606万人。2716个县（市、区）开展了新型农村合作医疗工作，新型农村合作医疗参合率94.0%。新型农村合作医疗基金累计支出总额为646亿元，累计受益4.9亿人次。新型农村社会养老保险试点顺利启动。年末全国领取失业保险金人数为235万人。

社会保障体系的发展与完善，将为中国经济转变增长方式提供有力支持。

五　居民储蓄

改革开放以来，中国居民一直保持了很高的金融储蓄率，为中国的资本积累提供了大量的国内资金来源。这是中国经济得以保持快速增长的一个重要原因（参见图1和图2）。

从2009年各种储蓄存款余额来看，基本保持了稳定的上升趋势；从各种储蓄存款增长速度来看，尽管经历了前高后低的变化，但都保持了正增长。2009年，城乡居民储蓄存款达到了264761亿元，比上年增长了19.5%，其中，人民币储蓄存款达到了260772亿元，比上年增长了19.7%。城乡居民储蓄存款余额的增长率明显超过了GDP增长率、CPI增长率和居民收入增长率。这一方面表明仅仅以工薪收入来计算居民收入是不够的，其中存在着大量的漏算；另一方面说明，中国实践中并不存在总体上的“有效消费不足”状况，更加严重的问题可能是有效供给不足，即城乡居民改善消费结构、提高生活水平所需消费品或消费对象的供给严重不足。

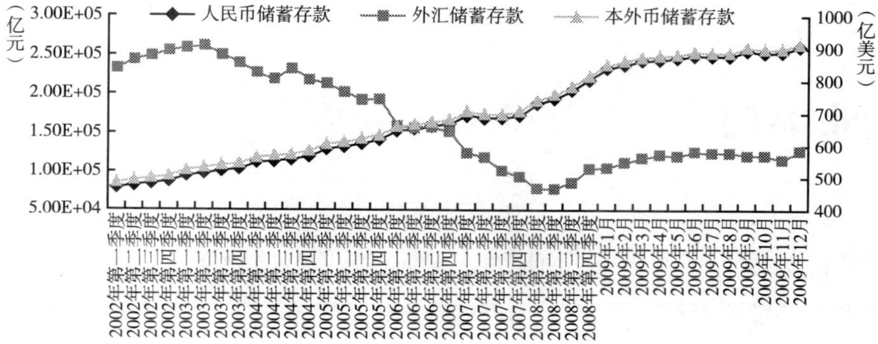

图 1　2002～2009 年储蓄存款余额

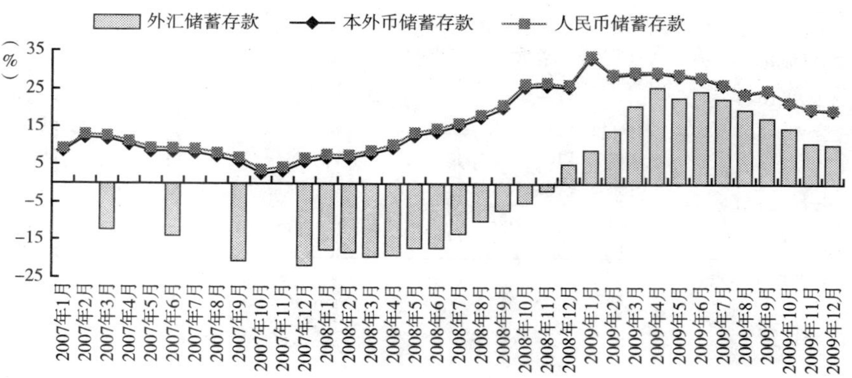

图 2　2007～2009 年储蓄存款增长率

企业部门

截止到2009年11月，全国规模以上工业企业累计实现利润25891亿元，比2008年同期增长7.8%。从图1中可以看出，尽管与2008年相比，2009年前3季度累计利润总额均低于同期，但第四季度的强劲增长终于使全年实现了超越。从逐季累计增长率上看，前3季度均为同比下降，而第四季度则实现了7.58%的正增长。

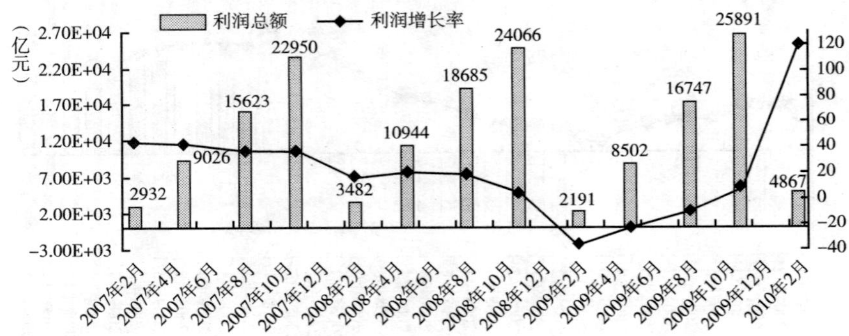

图1　工业企业利润总额与利润增长率

2009年，全部工业增加值134625亿元，比上年增长8.3%。规模以上工业增加值增长11.0%，其中，国有及国有控股企业增长6.9%，集体企业增长10.2%，股份制企业增长13.3%，外商及港澳台商投资企业增长6.2%，私营企业增长18.7%。从轻工业和重工业分类看，轻工业增长9.7%，重工业增长11.5%。

规模以上工业中，煤炭开采和洗选业增加值比上年增长8.3%，石油和天然气开采业增长4.8%，农副食品加工业增长15.9%，纺织业增长8.5%，通用设备制造业增长11.0%，专用设备制造业增长13.0%，交通运输设备制造业增长18.4%（其中，汽车制造增长20.3%，船舶制造增长20.7%），通信设备、计算机及其他电子设备制造业增长5.3%，电气机械及器材制造业增长12.0%。6大高耗能行业比上年增长10.6%，其中，非金属矿物制品业增长14.7%，化学原料及化学制品制造业增长14.6%，有色金属冶炼及压延加工业增长12.8%，黑色金属冶炼及压延加工业增长9.9%，电力、热力的生产和供应业增长6.0%，石油加工、炼焦及核燃料加工业增长5.2%。高技术制造业增加值比上年增长7.7%。

2007～2009年规模以上工业企业利润增长的所有制结构情况如表1所示。

表1　2007～2009年规模以上工业企业实现利润及其增长速度

指　　标	2007年		2008年		2009年	
	利润总额（亿元）	比上年增长（%）	利润总额（亿元）	比上年增长（%）	利润总额（亿元）	比上年增长（%）
规模以上工业	22951	36.7	24066	4.9	25891	7.6
其中:国有及国有控股企业	9662	29.6	7985	-17.4	7514	-5.9
集体企业	566	25.2	687	29.5	545	10.3
股份制企业	12209	35.1	13467	11.4	13890	4.2
外商及港澳台投资企业	6126	34.3	6374	-3.1	7511	16.9
私营企业	4000	50.9	5495	36.6	6849	17.4

从表1中可以看出，国有及国有控股企业还没有完全改变利润总额下降的趋势，外商及港澳台投资企业实现了正增长，集体企业和股份制企业利润总额增速虽保持了正增长，但下滑严重。

2008年年底和2009年年初，企业家信心指数（2008年第四季度为94.4）和企业景气指数（2009年第一季度为105.6）跌至最低点；在2009年中期，它们实现了逐季稳定上升。

2009年各季度企业家信心指数分别为101.1、110.2、120.1和127.7（见图2）。第四季度，企业家信心指数最高的3个行业分别为信息传输、计算机服务和软件业（151.7），房地产业（138.2）和建筑业（136.5）。

2009年各季度企业景气指数分别为105.6、115.9、124.4和130.6（见图3）。第四季度，企业景气指数最高的3个行业分别为信息传输、计算机服务和软件业（153.5），批发和零售业（141.4）和建筑业（140.5）。

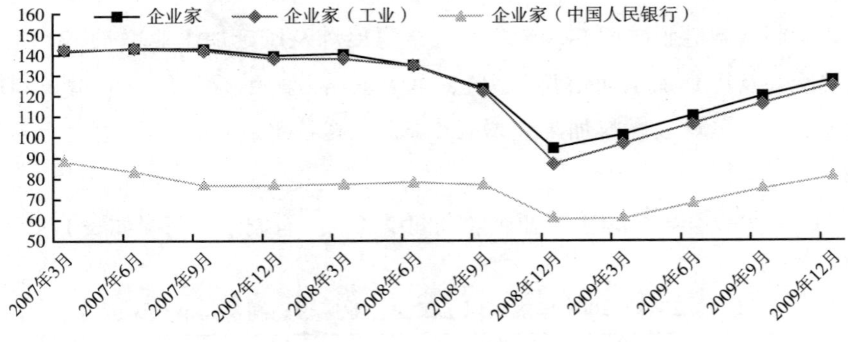

图 2　2007～2009 年企业家信心指数

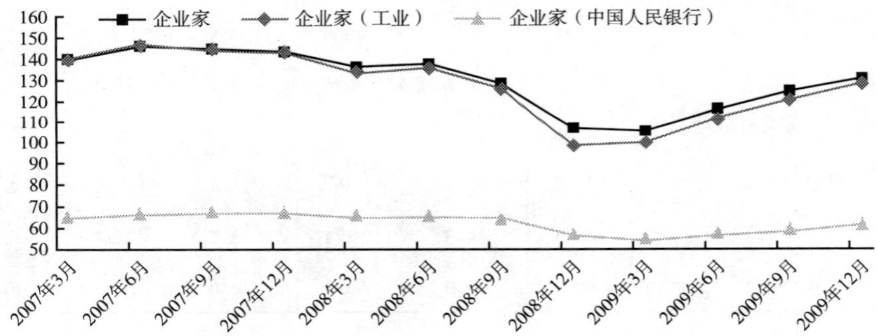

图 3　2007～2009 年企业景气指数

政府部门

一　政府预算基本情况

2009 年，全国财政收入 68476.88 亿元，比 2008 年增加 7146.53 亿元，增长 11.7%。其中，中央本级收入 35896.14 亿元，地方本级收入 32580.74 亿元。从中央预算稳定调节基金调入 505 亿元。全国财政支出 75873.64 亿元，比 2008 年增加 13280.98 亿元，增长 21.2%。其中：中央本级支出 15279.84 亿元，地方本级支出 60593.80 亿元。地方财政结转下年支出 2608.24 亿元。全国财政收支相抵，差额 9500 亿元。此外，据初步统计，在全国财政收入中，税收总收入为 59514.70 亿元。各税种的具体收入如表 1 所示。

表 1　2009 年全国税收总收入和主要税种收入表

税　种	收入(亿元)	比去年同期增收(亿元)	增长率(%)
税收总收入	59514.70	5290.91	9.8
国内增值税	18481.24	484.30	2.7
国内消费税	4759.12	2190.85	85.3
进口货物增值税和消费税	7729.15	338.02	4.6
关税	1483.57	-286.38	-16.2
外贸企业出口退税	-6486.56	-620.63	10.6
营业税	9013.64	1387.25	18.2
企业所得税	11534.45	358.82	3.2
个人所得税	3949.27	226.96	6.1
证券交易印花税	510.47	-468.69	-47.9
房产税	803.64	123.30	18.1
车辆购置税	1163.17	173.28	17.5
城镇土地使用税	920.97	104.07	12.7
土地增值税	719.43	182.00	33.9
耕地占用税	632.99	318.58	101.3
资源税	338.24	36.48	12.1
契税	1734.99	427.46	32.7

注：税收总收入包括税务部门征收的国内税收收入，海关征收的关税、船舶吨税、代征的进口货物增值税和消费税，以及财政或地税部门征收的耕地占用税和契税，并扣除了出口退税，为税收净收入数。部分小税种收入未在表中列出。

数据来源：财政部。

2009 年，中央财政收入 35896.14 亿元，完成预算的 100.1%，比 2008 年增加 3215.58 亿元，增长 9.8%。从中央预算稳定调节基金调入 505 亿元，中央财政使用的收入 36401.14 亿元。2009 年中央财政收入结构如图 1 所示。中央财政支出 43901.14 亿元，完成预算的 100.1%，比 2008 年增加 8512.58 亿元，增长 24.1%。其中：中央本级支出 15279.84 亿元，增长 14.5%；中央对地方税收返还和转移支付 28621.30 亿元，增长 29.8%。2009 年中央财政支出结构如图 2 所示。中央财政收支相抵，赤字 7500 亿元，与预算持平。2009 年末中央财政国债余额 60237.68 亿元，控制在年度预算限额 62708.35 亿元之内。

2009 年中央对地方税收返还和转移支付 28621.30 亿元。完成预算的 99.1%，与预算的差异，主要是救灾支出实际数低于年初预计，相应减少对地方专项转移支付。其中：税收返还 4942.27 亿元，增长 48.2%，主要是实施成品油税费改革，中央财政增加的成品油消费税收入按规定返还给地方；一般性转移支付 11319.89 亿元，增长 29.4%；专项转移支付 12359.14 亿元，增长 24.1%，主要是中央政府增加公共投资和拉动消费的支出，通过专项转移支付补助给地方。地方财政支出的 39.1% 来源于中央财政转移支付。

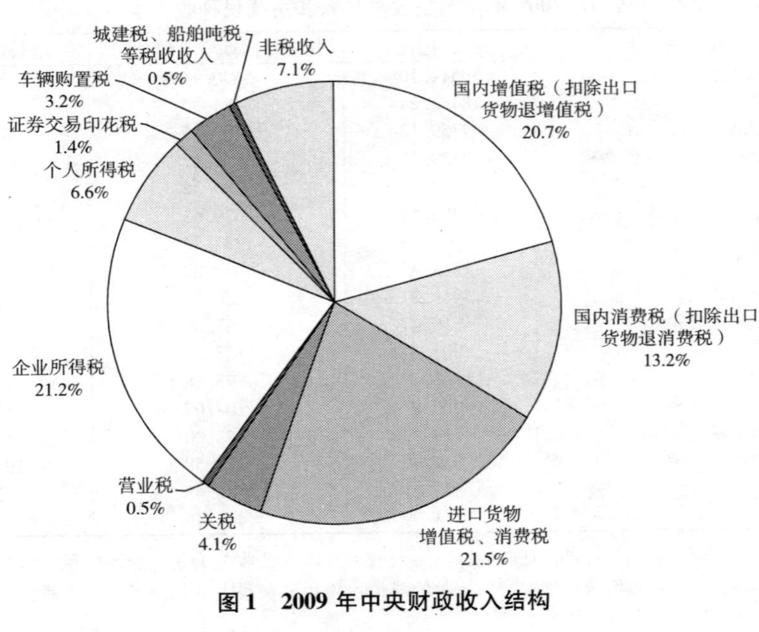

图 1　2009 年中央财政收入结构

数据来源：财政部。

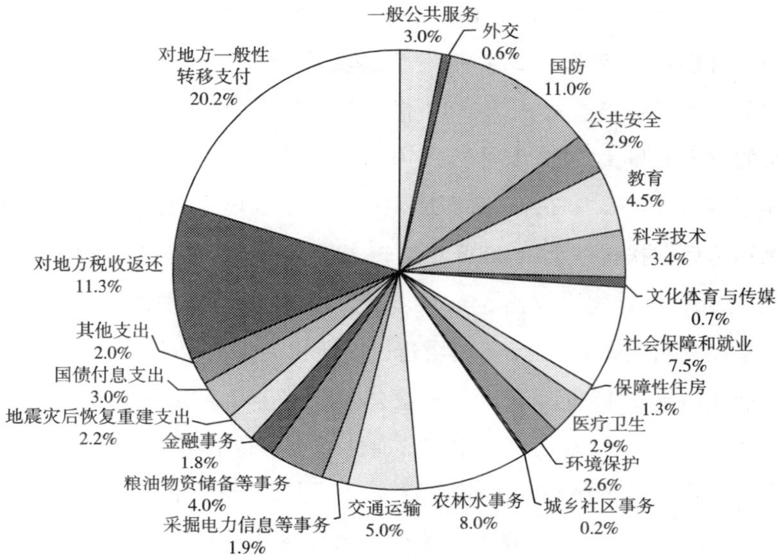

图 2　2009 年中央财政支出结构

数据来源：财政部。

2009 年地方财政收入 61202.04 亿元，比 2008 年增加 10507.86 亿元，增长 20.7%。其中，地方本级收入 32580.74 亿元，占 53.2%；中央对地方税收返还和转移支付收入 28621.30 亿元，占 46.8%。地方财政支出 60593.80 亿元，增加 11345.31 亿元，增长 23%。地方财政结转下年支出 2608.24 亿元（主要是一些支出项目当年尚未全部完成，部分资金下年仍按原用途继续使用）。地方财政收支相抵，差额 2000 亿元，经国务院同意由财政部代理发行地方政府债券予以弥补。

二　政府性基金运行情况

2009 年全国政府性基金收入 18335.04 亿元，全国政府性基金支出 16118.79 亿元①。其中，中央政府性基金收入 2507.67 亿元，完成预算的 108.8%，增加 0.82 亿元，超预算主要是因为新增建设用地有偿使用费、彩票公益金等收入超收较多。其中，三峡工程建设基金收入 195.98 亿元，铁路建设基金收入 544.11

① 政府性基金当年收入与支出不完全相等，主要原因是根据有关管理规定实行专款专用，部分收入结转下年使用。

亿元，民航机场管理建设费收入114.99亿元，港口建设费收入105.55亿元，新增建设用地有偿使用费收入274.94亿元，大中型水库移民后期扶持基金收入158.82亿元，彩票公益金收入201.17亿元等。加上2008年结转收入574.58亿元，使用的收入总量为3082.25亿元。中央政府性基金支出2426.54亿元，完成预算的84.2%，下降3.2%，下降原因主要是部分新增建设用地有偿使用费、大中型水库移民后期扶持基金由2008年结转2009年使用。其中，三峡工程建设支出199.23亿元，铁路建设支出544.11亿元，民航机场管理建设支出110.14亿元，港口建设支出102.20亿元，新增建设用地相关支出198.11亿元，大中型水库移民后期扶持支出151.14亿元，彩票公益金用于社会福利、体育、教育等社会公益事业支出207.90亿元等。中央政府性基金结转下年支出655.71亿元。

地方政府性基金本级收入15827.37亿元。其中，国有土地使用权出让收入（包括国有土地使用权出让金收入、国有土地收益基金收入、农业土地开发资金收入和新增建设用地有偿使用费收入）13964.76亿元，彩票公益金收入211.75亿元，城市基础设施配套费收入336.60亿元，地方教育附加收入178.44亿元。地方政府性基金支出14291.55亿元。其中，用国有土地使用权出让收入安排的支出12327.1亿元，包括征地拆迁补偿以及补助征地农民支出5180.58亿元、土地开发支出1429.71亿元、农村基础设施建设支出433.1亿元、城市建设支出3340.99亿元、土地整理和耕地开发支出477.56亿元、土地出让业务支出86.89亿元、廉租住房以及破产或改制国有企业土地收入用于职工安置等支出1378.27亿元。彩票公益金用于社会福利、体育、教育等社会公益事业支出231.47亿元，城市基础设施配套支出214.69亿元，地方教育支出128.83亿元。

三 2009年国有及国有控股企业运行情况

2009年1~12月，纳入统计范围的国有及国有控股企业[①]，实现利润增速同比由负转正，营业收入和应缴税金同比继续保持增长。

---

① 包括中央企业和36个省（自治区、直辖市、计划单列市）国有及国有控股企业。中央企业包括：82个中央部门所属的国有及国有控股企业及130户中央管理企业，以上均不含国有金融类企业。

（一）主要经济效益指标

1. 营业收入

1～12月，国有企业累计实现营业收入225087.3亿元，同比增长5.9%，12月比11月环比增长16.3%。一方面，中央企业（包括中央管理企业和部门所属企业，下同）累计实现营业收入143455.9亿元，同比增长6.5%，12月比11月环比增长18.4%。其中，中央管理企业累计实现营业收入124035.5亿元，同比增长5.9%，12月比11月环比增长20.8%。另一方面，地方国有企业累计实现营业收入81631.4亿元，同比增长4.8%，12月比11月环比增长12.8%。

2. 实现利润

1～12月，国有企业累计实现利润13392.2亿元，同比增长9.8%，12月比11月环比增长23.8%。一方面，中央企业累计实现利润9445.4亿元，同比增长10.3%，12月比11月环比增长7.3%。其中，中央管理企业累计实现利润7652.6亿元，同比增长14.3%，12月比11月环比增长14.6%。另一方面，地方国有企业累计实现利润3946.8亿元，同比增长8.4%，12月比11月环比增长58.7%。

3. 应缴税金和已缴税金

1～12月，国有企业应缴税金19200.0亿元，同比增长12.1%，12月比11月环比增长13.2%。一方面，中央企业累计应缴税金14682.5亿元，同比增长15.5%，12月比11月环比增长11.3%。其中，中央管理企业累计应缴税金10479.8亿元，同比增长14%，12月比11月环比增长24.7%。另一方面，地方国有企业累计应缴税金4517.5亿元，同比增长2.5%，12月比11月环比增长18.5%。

1～12月，国有企业已缴税金19400.6亿元，同比增长8.1%，12月比11月环比增长12.9%。一方面，中央企业累计已缴税金14858.7亿元，同比增长10.3%，12月比11月环比增长15.9%。其中，中央管理企业累计已缴税金10623.3亿元，同比增长8.1%，12月比11月环比增长14.5%。另一方面，地方国有企业累计已缴税金4541.9亿元，同比增长1.4%，12月比11月环比增长4.7%。

4. 成本费用和赢利水平

1～12月，国有企业成本费用总额为212612.1亿元，同比增长6.3%。其中：管理费用、财务费用同比分别增长6%、3.2%，增幅比1～11月分别下降1.2个、2.6个百分点。

销售利润率为6%，同比上升0.2个百分点；成本费用利润率为6.3%，同比上升0.2个百分点；净资产利润率为8.2%，同比下降0.4个百分点。

中央企业销售利润率、成本费用利润率和净资产利润率分别为6.6%、7.1%和9.2%；地方国有企业分别为4.8%、5%和6.4%。

5. 存货

1～12月，国有企业存货同比增长16.2%，增幅比1～11月增加5.5个百分点。存货周转率为4.6次，比上年同期减慢0.5次。应收账款周转率为10.9次，比上年同期减慢1.5次。平均总资产周转率为0.6次，与上年同期基本持平。

（二）主要行业效益情况

2009年1～12月，石化、汽车、施工房地产、建材等行业利润继续大幅度增长；电网企业和铁路运输行业扭亏为盈；钢铁、有色、化工等行业利润降幅明显收窄；石油、煤炭、烟草等行业利润同比仍在下降。

四　2009年政府财政政策运行的总结

（一）主要特点

第一，在积极财政政策的思路下，保持了财政扩张的姿态，尤其体现在政府着力增加政府公共投资，加强各项重点建设上。例如，2009年中央政府公共投资支出9243亿元，完成预算的101.8%，比上年预算增加5038亿元。其中：农业基础设施及农村民生工程投资2567亿元，教育卫生等社会事业建设投资965亿元，保障性住房建设投资551亿元，节能减排和生态建设投资777亿元，自主创新、技术改造及服务业投资681亿元，重点基础设施建设投资2151亿元，地震灾后恢复重建资金1305亿元。

第二，增加对居民消费和福利相关的支出。例如，2009年政府加大对农民的补贴力度，较大幅度提高粮食最低收购价格，促进农民增收。提高城乡低保对象、企业退休人员和优抚对象等群体的补助水平。实施家电、汽车、摩托车下乡以及家电、汽车以旧换新政策，并不断完善操作办法，提高财政补贴使用效益。

第三，优化税制，实行结构性减税。例如，2009年政府在全国范围内实施消费型增值税，调整增值税小规模纳税人的划分标准，并降低征收率，促进企业增加自主创新和技术改造投入。实施成品油税费改革，公平税费负担，推动节能减排。对 1.6 升及以下排量乘用车暂减按 5% 征收车辆购置税。4 次提高纺织、服装、石化、电子信息等产品的出口退税率，多次调整部分商品进出口关税政策。

第四，继续推动财税体制改革。例如，2009 年全面实施了修订后的营业税暂行条例及其实施细则，健全营业税相关政策。调整烟产品消费税政策。统一内外资企业和个人的房产税制度。完善民族地区转移支付制度，改进资源枯竭城市转移支付办法，健全重点生态功能区转移支付办法。探索建立县级基本财力保障机制，稳步推进省直管县财政管理方式改革。深化预算管理制度改革，继续推进部门预算、国库集中收付和政府采购制度改革。

（二）存在的问题

1. 过度依赖财政投资性支出政策

对于 2009 年的积极财政政策来说，事实上主要采取的方式就是增加政府公共投资和重大建设项目。例如，中央财政近两年新增投资 1.18 万亿元，其中 2009 年执行的投资额就为 9243 亿元。正是由于过度依赖财政投资性支出政策，使得一方面对于其他财政政策工具，如税收政策、财政消费性支出政策、国有资本运营政策等重视相对不够，另一方面对于财政政策与货币金融政策的协调也有许多不足之处。这些状况，都限制了财政政策的实施效果。

2. 对财政政策的结构效果重视不足

总的来看，2009 年的财政政策运行更加重视“数量”效果和“规模”效应，而对经济结构优化的效果则重视不足。其一，从产业结构来看，财政政策支持的对象，更多的是重工业和基础设施等领域，由于一切围绕“保增长”，导致对近年来的产业调整思路有所偏离，一定程度上加重了长期困扰中国经济的产能过剩和充分建设问题。其二，从企业结构来看，财政政策实施的受益者，更多的是国有企业、大型企业，而对于民营企业、中小企业的支持力度还严重不足，这也使得后者在危机中复苏的程度远远落后于前者。其三，从区域结构和城乡结构来看，在充分调动了地方政府的投资热情之后，财力充足的各地方政府，进一步增大了财政投资的扩张程度，并且首先保障城市领域的投资，而财力较弱的地方则对财政投资政策运用乏力，这使得原有的区域结构失衡和城乡结构失衡问题更加突出。

3. 财政政策对居民消费与社会福利的支持还有所不足

虽然从规模和增幅来看，近年来中央财政对居民消费和社会福利的支持不断增加，但与迅速增长的投资性支出相比较，这些支出已经相对落后，难以满足经济社会发展的需要。甚至在地方政府层面上，配合和保障中央积极财政政策的实施，对社会福利和保障性支出间接产生了“挤出效应”。

4. 财政资金的使用效率有待提高

在政府急切运用财政政策来刺激内需的过程中，财政资金的使用效率经常被忽视。一方面，财政资金在拨付之后，对于后续使用的情况缺乏客观科学的评价和管理；另一方面，财政投资的管理存在弊端，如同一个项目有多个部门管，地方针对同一个项目，还可以分头向多个部门要钱。正是由于缺乏对资金使用效率的重视，导致2009年积极财政政策在执行过程中，地方政府主导的公共建设项目大量出现过度投资和重复投资，降低了财政资金的实际运用效率和效果。

5. 财政风险的积累值得关注

在积极财政政策的实施过程中，由于财政监管没有跟上、财政体制没有理顺，导致了一定的财政风险的积累。例如，央行的调研结果显示，截至2009年5月末，全国共有政府投融资平台3800多家，总资产近9万亿元，负债升至5.26万亿元，平均资产负债率约为60%。其中，很多地方政府融资平台没有固定的收入来源。中金公司研究报告则估计，2009年年末，地方政府融资平台贷款余额（不含票据）约为7.2万亿元，其中2009年净新增约3万亿元。由此看来，地方政府投融资平台的非常规发展，不仅增加了其自身的隐性负债，而且导致了潜在财政风险和金融风险的积累。

五　2010年政府财政政策运行的展望

展望2010年的政府财政政策运行，有几方面的问题值得充分关注。

（一）积极财政政策如何进行适度退出

在全球金融危机接近尾声的当前，各国都面临反周期政策适度退出的问题，中国也不例外。2010 年是中国经济进行结构调整的关键年份，因此，如何有效地实施“退出”，是财政政策面临的重点挑战。这有两方面含义，一是所谓的“退出”，并非是指财政投资性政策的迅速弱化，而是如何在保障前期公共投资后续支持的情况下，根据宏观经济与财政状况变化，动态地调整以财政投资为主的政策运行方式；二是更加重视财政政策的结构效果，与“保增长”相比较，2010 年的财政政策可能需要更加关注解决产能过剩和重复建设问题。

（二）财税体制改革已经迫在眉睫

可以看到，在 2009 年经济运行中出现的一些问题，无论是地方政府投融资平台的风险积累，还是地方政府“土地财政”模式下的房地产市场波动，其背后都反映了现有财税体制存在的弊端和矛盾。因此，为了完善财政政策运用，使其更有效地作用于经济社会，财税体制改革在 2010 年尤其需要得到重视，如物业税改革、地方政府债券改革等。

（三）财政政策需要更加重视民生

不可否认，近年来财政政策对于民生的关注程度不断提高，但与社会公众日益增长的需求相比，与经济社会的发展阶段相比，政府“让利于民”、“支持民生”的程度还远远不足，这不仅使得经济增长成果难以被多数社会公众所享受，增加了社会不稳定性，而且也难以实现经济持续发展、从“出口导向”向“依靠内需”的转变等战略目标。在 2010 年的经济进一步复苏过程中，这些问题将受到社会各界的广泛重视。

（四）财政政策创新的迫切性在增加

目前，经济社会发展中的新问题、新情况不断出现，传统的财政政策工具和手段在应对这些问题上，显得效果有所不足。例如，低碳经济的迅速发展，使得相关的绿色税收制度建设的迫切性大为提高。再比如，国有企业影响力的不断增强，使得新形势下创新国有资本运营政策也显得非常重要。对此，2010 年的财政政策运行，需要在理论和实践方面有所创新和突破。

（五）财政政策的内外协调更加重要

一方面，面对更加复杂的国内外经济形势，以及外汇储备管理体制改革、利率市场化改革、国库管理制度改革等方面的要求，财政政策与货币政策的配合亟待创新。此外，财政政策与产业政策、土地政策、环保政策等的协调，也需要有更多、更好的创新尝试。另一方面，在财政政策工具的内部运用方面，也需要进一步协调优化，尤其体现在财政投资支出与消费支出政策之间、税收政策与支出政策之间、税收政策与非税收政策之间等，以在整体上提高财政政策的效率。

对外部门

如图 1 和图 2 所示，2008 年 10 月之后，受国际经济环境影响，中国的对外贸易增速剧烈下滑，其中，进口下滑程度高于出口下滑程度。2009 年初进口增速下降减缓，但出口继续快速下降。2009 年 10 月和 11 月，进口和出口分别实现了同比正增长（分别为 26.7% 和 17.7%）。

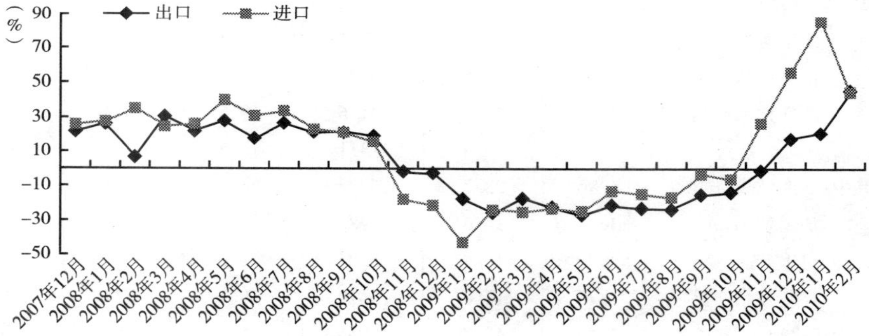

图 1　进出口增速

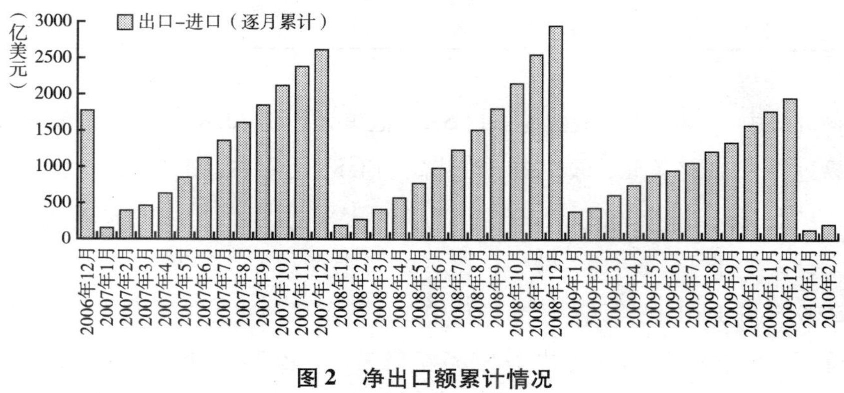

图 2　净出口额累计情况

2009 年全年货物进出口总额 22072 亿美元，比 2008 年下降 13.9%。其中，货物出口 12017 亿美元，下降 16.0%；货物进口 10056 亿美元，下降 11.2%。进出口差额（出口减进口）1961 亿美元，比上年减少 1020 亿美元。

如表 1 所示，在出口中，2009 年一般贸易出口 5298 亿美元，比 2008 年下降了 20.1%；加工贸易出口 5870 亿美元，较 2008 年下降了 13.1%。2009 年机电产品出口额为 7371 亿美元，占出口总额的 59.34%，比 2008 年的 57.61% 有所提高。

表 1　2007～2009 年进出口总额及其增长速度

指　标	2007 年		2008 年		2009 年	
	绝对数（亿美元）	增长率（%）	绝对数（亿美元）	增长率（%）	绝对数（亿美元）	增长率（%）
进出口总额	21738	23.5	25616	17.8	22072	-13.8
出口额	12180	25.7	14285	17.3	12017	-15.9
其中：一般贸易	5386	29.4	6626	23.0	5298	-20.0
加工贸易	6177	21.0	6752	9.3	5870	-13.1
机电产品	7012	27.6	8229	17.4	7131	-13.3
高新技术产品	3478	23.6	4156	19.5	3769	-9.3
进口额	9558	20.8	11331	18.5	10056	-11.3
其中：一般贸易	4286	28.7	5727	33.6	5339	-6.8
加工贸易	3684	14.6	3784	2.7	3223	-14.8
机电产品	4990	16.7	5387	8.0	4914	-8.8
高新技术产品	2870	16.0	3419	19.1	3098	-9.4
出口大于进口	2622	47.7	2955	12.7	1961	-33.6
其中：一般贸易	1099	32.2	917	-16.6	-41	-104.5
加工贸易	2493	32.0	2968	19.1	2647	-10.8
其他贸易	-970	2.6	-930	4.1	-645	30.6

在进口中，2009 年一般贸易进口 5339 亿美元，比 2008 年下降了 6.7%；加工贸易进口 3223 亿美元，较 2008 年下降了 14.8%。一般贸易与加工贸易进口之比进一步上升到了 165.65%（2008 年为 151.35%）。2009 年机电产品进口 4914 亿美元，占全部进口额的 48.87%，比 2008 年有所增加（2008 年为 47.54%）。

2009 年的 1961 亿美元的贸易顺差中，一般贸易顺差为 -41 亿美元，较 2008 年下降了 104.5%；加工贸易顺差为 2647 亿美元，较 2008 年下降了 10.8%。

2009 年贸易顺差来源的企业性质结构如表 2 所示。从中可以看出，中国的贸易顺差主要来自外资企业和非国有企业，与此对比，国有企业的贸易逆差近年来有加大之势。

表 2　中国贸易差额（出口 – 进口）：按企业性质分类

单位：亿美元

年份	外资企业	国有企业	集体企业	私营企业
2002	96.7	83.7	93.8	42.2
2003	84.3	–44.5	118.9	101.8
2004	140.4	–228.6	140.7	272.7
2005	567.0	–283.9	159.9	582.5
2006	912.2	–338.9	1020.1	
2007	1341.3	–440.6	1719.0	
2008	1704.5	–954.4	2219.1	
2009	1270.0	–975.0	1665.0	

资料来源：根据商务部数据整理。

从中国贸易对象国的结构来看，不平衡性也显而易见（参见表 3）。近年来，中国对欧盟、美国等国家和地区存在较大的贸易顺差。与 2008 年相比，中国将美国、欧盟、韩国、日本、东盟等作为主要贸易对象的贸易格局没有发生根本性的变化，所不同的是，数额有了新的调整。

表 3　中国对主要国家和地区进出口总额及增长率的变化

国家和地区	2008 年				2009 年			
	出口额（亿美元）	增长率（%）	进口额（亿美元）	增长率（%）	出口额（亿美元）	增长率（%）	进口额（亿美元）	增长率（%）
欧　盟	2929	19.5	1327	19.6	2363	–19.3	1278	–3.7
美　国	2523	8.4	814	17.4	2208	–12.5	774	–4.9
中国香港	1907	3.4	129	0.9	1662	–12.8	87	–32.6
日　本	1161	13.8	1507	12.5	979	–15.7	1309	–13.1
东　盟	1141	20.7	1170	7.9	1063	–6.8	1067	–8.8
韩　国	740	31.0	1122	8.1	537	–27.4	1026	–8.6
俄罗斯	330	15.9	238	21.0	175	–47.0	213	–10.5
印　度	315	31.2	203	38.7	297	–5.7	137	–32.5
中国台湾	259	10.3	1033	2.3	205	–20.8	857	–17.0

2009 年，中国实际使用外商直接投资金额 900 亿美元，比上年下降了 2.6%（参见图 3）。2007 年 11 月至 2008 年 9 月间，外资流入显著高于历史平均水平，

其原因在于，相对于全球经济的表现而言，中国经济前景较好且走势明朗；但2008年10月以后，随着美国次贷危机转变为全球金融危机，在国际经济风云突变的背景下，当月外资流入增长速度变为负值，11月份更是陡降到-36.52%。2009年8月，随着中国经济逐步好转，外资流入出现正增长（7.0%）；2009年12月外资流入增速达到了103.1%，尽管如此，2009年全年累计的外资流入依然没有转为正增长。

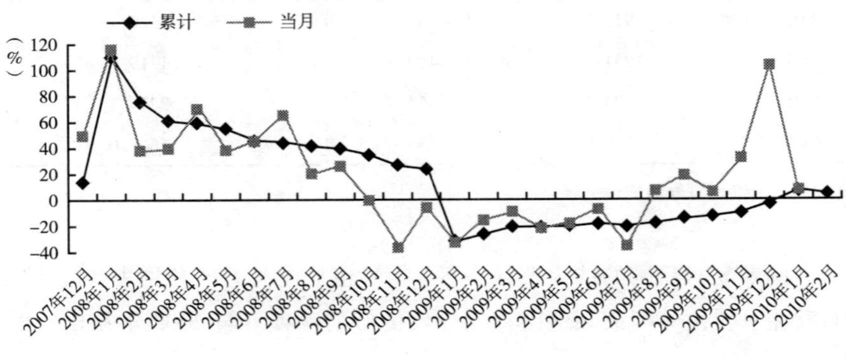

图3　FDI增长速度

资料来源：商务部。

分行业来看（参见表4），2009年中国实际利用外资主要集中在制造业（超过50%）和房地产业（超过18%）。2009年，实际利用外资增长率较高的几个行业为居民服务和其他服务业（178.3%），电力、燃气及水的生产和供应业（24.5%），批发和零售业（21.6%）以及租赁和商务服务业（20.2%）。这些情况表明，金融危机下的中国经济以及其未来的结构调整与方式转变，是外资进入中国的决策重点。

如表5所示，2009年，对华投资前10位国家/地区（以实际投入外资金额计）依次为：中国香港（539.93亿美元）、中国台湾（65.63亿美元）、日本（41.17亿美元）、新加坡（38.86亿美元）、美国（35.76亿美元）、韩国（27.03亿美元）、英国（14.69亿美元）、德国（12.27亿美元）、中国澳门（10.00亿美元）和加拿大（9.59亿美元），前10位国家/地区实际投入外资金额占全国实际使用外资金额的88.3%，比重略有上升（2008年为86.85%）。

表 4 2008～2009 年分行业外商直接投资及其增长速度

行业名称	2008 年				2009 年			
	企业数（家）	增长（%）	实际使用金额（亿美元）	增长（%）	企业数（家）	增长（%）	实际使用金额（亿美元）	增长（%）
制造业	11568	-39.7	498.9	22.1	9767	-15.6	467.7	-6.3
电力、燃气及水的生产和供应业	320	-9.1	17.0	58.1	238	-25.6	21.1	24.1
建筑业	262	-14.9	10.9	151.6	220	-16.0	6.9	-36.7
交通运输、仓储和邮政业	523	-20.5	28.5	42.1	395	-24.5	25.3	-11.2
信息传输、计算机服务和软件业	1286	-7.6	27.7	86.8	1081	-15.9	22.5	-18.8
批发和零售业	5854	-7.6	44.3	65.6	5100	-12.9	53.9	21.7
住宿和餐饮业	633	-32.5	9.4	-9.9	502	-20.7	8.4	-10.6
金融业	25	-51.0	5.7	122.5	52	108.0	4.6	-19.3
房地产业	452	-68.7	185.9	8.8	569	25.9	168.0	-9.6
租赁和商务服务业	3138	-11.3	50.6	25.9	2864	-8.7	60.8	20.2
科学研究、技术服务和地质勘查业	1839	7.2	15.1	64.2	1066	-42.0	16.7	10.6
居民服务和其他服务业	205	-24.1	5.7	-21.1	207	1.0	15.9	178.9
总　计	27514	-27.3	924.0	23.6	23435	-14.8	900.3	-2.6

资料来源：商务部。

表 5 2007～2009 年中国前 10 位外资来源地

单位：亿美元

序　号	2007 年	2008 年		2009 年	
		来源地	投资额	来源地	投资额
1	中国香港	中国香港	410.36	中国香港	539.93
2	英属维尔京群岛	英属维尔京群岛	159.54	中国台湾	65.63
3	韩国	新加坡	44.35	日本	41.17
4	日本	日本	36.52	新加坡	38.86
5	新加坡	开曼群岛	31.45	美国	35.76
6	美国	韩国	31.35	韩国	27.03
7	开曼群岛	美国	29.44	英国	14.69
8	萨摩亚	萨摩亚	25.5	德国	12.27
9	中国台湾	中国台湾	18.99	中国澳门	10.00
10	毛里求斯	毛里求斯	14.94	加拿大	9.59

资料来源：商务部。

金融运行分析

FINANCIAL DEVELOPMENT

金融形势与货币政策分析

一 货币政策的实体经济背景

2009 年，中国经济增长率持续回升，中国成为全球经济复苏最快、对其他经济体的增长贡献最大的国家，全年实现 GDP 达 33.5 万亿元，8.7% 的经济增长率高于此前政府确定的 8% 的增长目标，也高于年初各类机构的预测值。但 2009 年中国经济增长依然主要靠投资拉动，最终消费、资本形成和净出口对全年经济增长率的贡献率分别为 52.5%、92.3% 和 -44.8%。2009 年全社会完成固定资产投资约 22.5 万亿元，增长 30.1%，扣除价格因素后的实际投资增长率达到了 35.2%。2009 年总体维持在 30% 以上的固定资产投资增长率，已与 2004 年的固定资产投资增长率大致相当，但在 2004 年，政府对宏观经济表现的态度是担心经济过热，因而，采取了多方面的调控措施来抑制固定资产投资的增长。2009 年全社会的消费品零售总额增长率为 15.5%，扣除价格因素的实际增长率为 16.9%。消费增长率远远低于投资增长率，加剧了中国投资与消费之间的不平衡。在进出口方面，2008 年下半年以后，中国进出口面临的外部环境迅速恶化，导致了进出口增长率急剧下降。2009 年上半年，进出口增长率为负。在国际金融危机缓和、美国经济开始出现复苏的带动下，到 2009 年底中国的进出口状况有所好转。12 月份的出口增长率由原来的负值转变为正增长 17.7%，进口在 11 月份就转为正增长 26.7%。不管怎样，2009 年中国虽然成功地实现了“保 8”的目标，但这是以加重中国经济的结构性失衡为代价的。

在物价方面，受 2008 年 7 月之后金融危机加剧、对全球经济衰退的担忧愈加严重、国际大宗商品价格急剧下跌等诸多方面的影响，2009 年的物价指数总体上呈负增长的态势，这使得一些人认为中国出现了通货紧缩。在 2009 年 7 月跌至低点之后，一方面翘尾因素的影响逐步减弱，另一方面受需求增长的影响，各类价格指数开始回升并转为正增长。2009 年各季度 CPI 增长率分别为 -0.6%、-1.5%、-1.3% 和 0.7%；PPI 各季度的增长率分别为 -4.6%、-7.2%、-7.7% 和 2.1%。虽然 2009 年物价指数在大部分时间里处于负增长，但鉴于 2009 年中国出现了新增贷款 9.6 万亿元的信贷膨胀，这与亚洲金融危机期间及之后物价水平的持续下跌和信贷紧缩不同，2009 年中国不属于费雪意义上的通货紧缩。因而，单纯以 CPI 的变化来判断是通货膨胀还是通货紧缩，就没有太多意义。

在国际经济环境方面。2009 年美国经济增长率为 -2.4%，较 2008 年 0.4% 的增长率要低得多，但从各季度的经济表现来看，美国经济增长率明显回升，2009 年各季度经济增长率分别为 -6.4%、-0.7%、2.2% 和 5.7%。不过，美国的失业率居于较高的水平，全年失业率高达 9.3%。美国的贸易逆差较之前的几年大幅度下降，2009 年全年的逆差总量为 3807 亿美元。美国经常项目逆差的减少，促进了美国储蓄率的上升。在发达国家宽松货币政策的影响下，2009 年的美国通胀率虽然为 -0.4%，但各季度的 CPI 环比折年率分别达到了 2.2%、3.3%、2.5% 和 3.3%。欧元区的经济也出现缓慢回升的迹象，尤其是 2009 年第三季度经济增长率达到了 1.7%。但欧元区全年 10% 以上的失业率表明欧元区的经济复苏面临一定的压力。同时，欧洲主权债务问题开始浮出水面，这对欧元产生了不小的影响，也对欧元区的经济复苏产生了不利的影响。日本经济也出现了一定的复苏，其在 2009 年的总体表现似乎略好于欧元区，但日本要获得引起全球瞩目的经济增长率，似乎是极其困难的。受主要经济体经济增长率回升、宽松货币政策刺激和物价水平开始上涨的影响，主要经济体的企业现金流也得到了好转，这直接维护了投资者的信心，因而，全球资产市场在2009年的表现明显好于此前投资者的预期。

二　货币政策的金融环境

（一）两个层次的货币供应量增长率大幅度上升

2008年，在9月份之前的从紧货币政策下，两个层次的货币供应量均出现了明显下降的趋势，尤其是M1的增长率一度下降到了6%左右的水平，这使得人们又有了通货紧缩之忧。但是，受2008年第四季度央行为应对金融危机而采取激进货币政策操作的影响，2009年两个层次的货币供应量增长率均出现了出人意料的大幅度增长。2009年底，M2的增长率为27.68%，M1的增长率为32.35%，两个层次的货币供应量增长率均达到了自1995年以来的最高值（见图1）。在2009年上半年，由于受对经济增长前景不乐观的影响，货币供应量增长率的大幅度上升并未引起政府的高度警觉，因而货币政策依然在关注危机的不利冲击，并没有针对货币供应量的变化及时进行微调。到年底时，由于房地产价格在宽松货币政策刺激下飙升，货币政策开始出现一些转变，货币供应量的增长率加速上升的势头得到了一定程度的抑制。

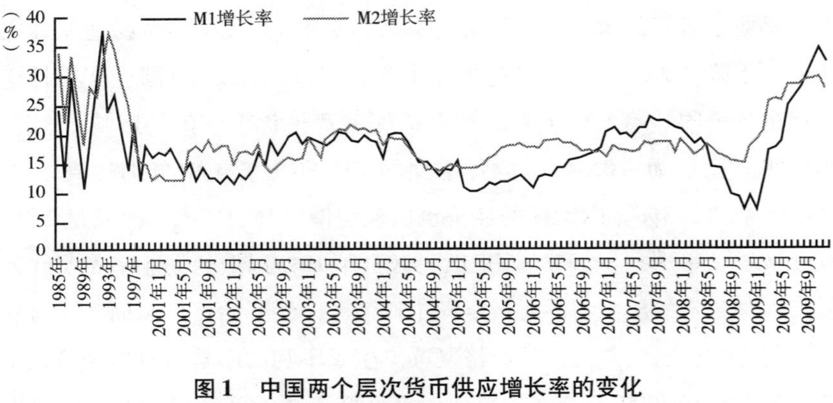

图1　中国两个层次货币供应增长率的变化

资料来源：根据中国人民银行网站数据整理。

（二）基础货币总量增长率已下降，基础货币结构发生了较大变化

到 2009 年底，基础货币余额达到了 143985.00 亿元，较 2008 年底的 129222.33 亿元增长了近 14000 亿元，增长率约为 11%，但远远低于两个层次的货币供应量增长率。不过，全年基础货币供给变动的月度分布并不均衡（如图 2 所示），在 2009 年 9 月份之前，除了 2 月份基础货币总量下降了近 5000 亿元外，其余各月变化并不大。但 9 月份至 12 月份（除 10 月份有所减少外），基础货币总量则明显增加。尤其是 9 月份和 12 月份，单月基础货币增加额分别达到了 8870 亿元和 10310 亿元（见图 3）。2007 年先后 10 次、2008 年上半年先后 6 次

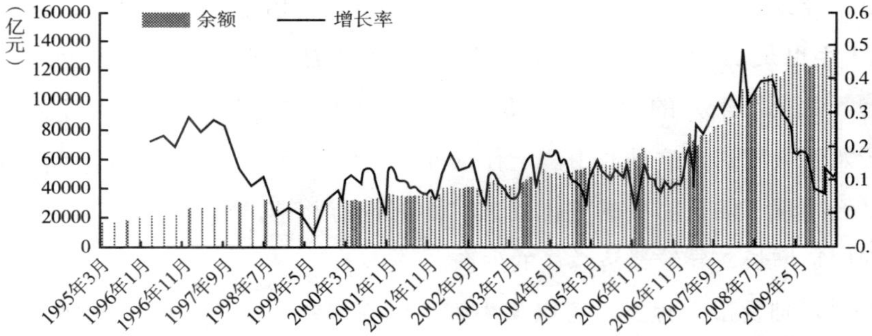

图 2　中国基础货币余额及增长率的变化

资料来源：根据中国人民银行网站数据整理。

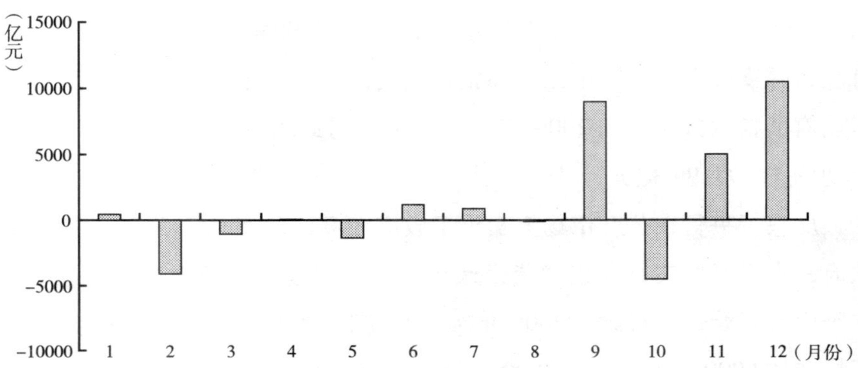

图 3　2009 年各月基础货币供应量增长额。

资料来源：根据中国人民银行网站数据整理。

提高法定存款准备金比率取代央行票据冲销外汇占款，结果导致了商业银行在中央银行的法定存款准备金存款大幅度增加。由于法定存款准备金是基础货币的一个重要组成部分，而商业银行持有的中央银行票据并不记入基础货币，因此，多次提高法定存款准备金比率自然地增加了基础货币的总量。但是，到2008年8月后，随着金融危机的加剧，受进出口增长率的放缓和资本流动的变化等因素的影响，基础货币增长率开始明显下降。2008年第四季度，在实行适度宽松的货币政策过程中，中国人民银行为保障金融体系的流动性供给而降低了3个百分点的法定存款准备金比率，金融机构的超额准备金随即上升了3个百分点左右。这直接增加了商业银行的可贷资金，在2009年信贷大幅度增长的情况下，导致了商业银行准备金总额增长率相应大幅度下降，因而，基础货币在2009年也是逐渐下降的。但是，随着2008年法定存款准备金变动对基础货币影响（翘尾因素）的消失，以及人民币升值预期增强导致的资本流入，基础货币开始明显增长。这种非由法定存款准备金比率提高而导致的基础货币扩张，对于已经出现了信贷膨胀的中国而言，如果没有相应的政策措施，可能会加剧中国的信贷增长，导致经济总量的失衡。

根据基础货币方程式，可以从中国人民银行资产负债的资产方和负债方来分别考察引起基础货币变动的原因。央行资产的增加和负债项目的减少会扩张基础货币，反之，则会紧缩基础货币。从表1可以看到，到2009年年底，中国的外汇占款余额达到了175154.59亿元，较2008年年底的149624.26亿元净增近25530.33亿元，较2007年年底增长了17.06%，与2008年的增长率相比有较大幅度的下降。在中国人民银行的资产方，一个值得注意的变化是，央行对政府债权的减少。到2009年年底，央行对政府的债权为15661.97亿元，较年初的16195.99亿元减少了534.02亿元。2009年，央行对政府债权有所减少，反映了央行在公开市场上卖出了政府债券，回笼基础货币。这说明，虽然政府一直强调要实行宽松的货币政策，但事实上，中国人民银行在2009年第二季度就开始进行微调。2008年为了保障流动性供给，央行对存款货币银行债权增加6000亿元左右。2009年第一季度，央行对存款货币银行的债权并没有明显变化，但第二季度和第四季度的环比均出现了几百亿元的减少，因此，这也造成了基础货币供给的相应下降。

表1　中国人民银行资产负债表

单位：亿元

科　　目	2007年12月	2008年12月	2009年3月	2009年6月	2009年9月	2009年12月
国外资产	124825.18	162543.52	166051.13	171854.69	179720.25	185333.00
其中:外汇	115168.71	149624.26	153130.79	159281.11	166460.89	175154.59
对政府债权	16317.71	16195.99	16195.99	16073.80	15676.74	15661.97
对存款货币银行债权	7862.80	8432.50	8457.45	7483.52	7591.72	7161.92
对其他金融机构债权	12972.34	11852.66	11832.51	11775.80	11701.00	11530.15
其他资产	7098.18	8027.20	8061.47	8553.62	7817.24	7799.46
资产总额	169139.80	207095.99	210642.67	215785.39	222550.91	227530.45
货币发行	32971.58	37115.76	36853.77	36720.53	40504.78	41555.80
金融机构存款	68415.86	92106.57	87422.89	87209.21	92901.86	102429.20
发行债券	34469.13	45779.83	41295.83	41208.84	39915.61	42064.21
国外负债	947.28	732.59	750.32	723.32	746.92	761.72
政府存款	17121.10	16963.84	15953.96	24012.97	27247.71	21226.35
自有资金	219.75	219.75	219.75	219.75	219.75	219.75
其他负债	14837.14	13586.45	27549.65	25061.40	20378.54	18648.64
总 负 债	169139.80	207095.99	210642.67	215785.39	222550.91	227530.45

注：本表未列入一些小额“其他资产”和“其他负债”项目。

资料来源：根据中国人民银行网站数据整理。

在负债方，政府存款的意外增加自动冲销了央行资产增加造成的基础货币扩张。2008年第三季度末，政府存款余额为27228.46亿元，但第四季度迅速下降到了16963.84亿元，这既是政府存款季节性下降使然，也是2008年第四季度政府采取了大规模的经济刺激计划使然。2009年，政府存款大幅度增加，尤其是第三季度末，政府存款余额较2008年同期增长了1万亿元有余，达到了27247.71亿元。由于政府在央行存款的增加具有收缩基础货币与货币供应量的作用，因此，这表明，虽然政府强调实行积极的财政政策与宽松的货币政策，但至少就财政货币政策的配合而言，体现在央行资产负债表中的政府存款的变动，在2009年却具有一定的紧缩意味。当然，虽然政府存款的增加有助于央行的货币调控，但央行只能被动地接受政府存款的变化。由此，央行更多的是通过主动地创造负债来冲销外汇占款导致的基础货币扩张。自2003年以来，中央银行票据就一直是中国人民银行冲销操作的主要工具，外汇储备的增加直接导致了中央银行票据余额的急剧增加。但到2008年11月份之后，随着货币政策变为适度宽松之后，央行票据的发行频率和发行规模均明显下降，所以，第四季度的央行票据还较第三季度的余额略有下降。2009 年央行票据余额明显下降，体现了央行通过减少央行票据发行量和减少央行票据的发行频率，实行适度宽松货币政策。到第四季度，央行票据余额较第三季度增加了 2000 余亿元。这表明至少从公开市场操作的角度看，央行从 2009 年第四季度就已开始退出危机管理的货币政策操作了。

（三）信贷大幅度上升，出现了信贷膨胀

1. 信贷总量

在政府明确实行适度宽松货币政策后的 2008 年 11 月和 12 月，中国的信贷就开始大幅度增长，这使得 2008 年全年的信贷总量增加了 4.91 万亿元，大大超过了中国人民银行年初确定的 3.6 万亿元的调控目标，也高于在 11 月份出台的《国务院办公厅关于当前金融促进经济发展若干意见》中“力争 2008 年新增贷款突破 4 万亿元”的目标。2009 年前 5 个月，中国的信贷总量达到了 5.84 万亿元，已经超过了政府确定的全年信贷增加额 5 万亿元的调控目标。到 2009 年底，金融机构新增本外币信贷总量达到了 10.5 万亿元，超过年初信贷总量目标的一倍以上。从贷款增长率来看，2007 年底开始明确实行从紧的货币政策之后，中国的信贷增长率开始出现缓慢下降的趋势，在 2008 年 3 月至 10 月，人民币贷款增长率一直在 14% 左右徘徊，降到了与 2002 年大致相当的水平，乃至于一度出现金融危机可能导致中国信贷紧缩局面的担忧。但是，在宽松货币政策的刺激下，2009 年前 5 个月的贷款增长率逐月攀升，5 月份的人民币贷款增长率已高达 30.6%，到年底时，本外币贷款增长率更是高达 33.1%，这是 1994 年以来最高的信贷增长率。从图 4 中可以看出，与 2004 ~ 2008 年间的贷款增长率相对较为平稳比较，2009 年的贷款出现了跳跃式的增长。

为了更好地分析 2009 年中国的信贷膨胀，我们有必要做一个简单的历史对比分析。从图 4 中可以看到，自 1994 年以来，中国的信贷增长率出现过三次波峰。第一次是在 1994 年。在 1994 年的贷款高速增长（增长率 30% 左右）之后，中国的信贷便出现了逐步下降的趋势。亚洲金融危机的爆发，更加剧了中国信贷增长率的下降趋势，到 2000 年下半年，中国的贷款增长率就下降到不足 5% 的低水平，中国的信贷已处于冻结的边缘。亚洲金融危机的爆发，使中国出现了物价指数下降与信贷紧缩并存的局面。虽然在亚洲金融危机期间，中国在“稳健

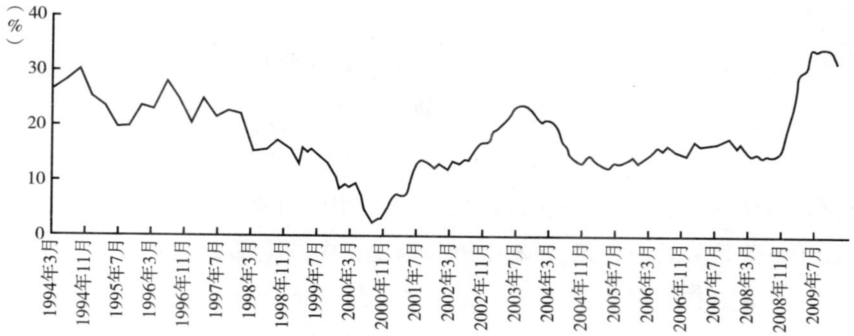

图 4　中国贷款余额增长率的变化

资料来源：根据《中国人民银行统计季报》、中国人民银行网站数据整理。

的货币政策"之名下行"宽松货币政策"之实，但那时宽松货币政策对信贷的刺激效果却不尽如人意。中国加入世界贸易组织（WTO）和"9·11"事件迫使美联储急剧地降低利率后，2001 年初至 2004 年上半年，中国的信贷增长率出现了 V 形反转的形态，2004 年第一季度，中国信贷增长率达到了接近 25% 的水平。不过，高信贷和高投资增长率迫使中国政府随后采取了一系列的宏观调控措施，中国的信贷增长率也随之下降了。2005 ~ 2007 年，中国的信贷增长率呈小幅上升趋势，不过，2007 年底确立的"从紧货币政策"又使得中国的信贷增长率在 2008 年初呈现下降的趋势，乃至于信贷吃紧是企业的普遍感受。但应对危机的激进货币政策操作使得中国的信贷增长率在 2009 年很快又达到了一个峰值。这表明，美国次贷危机引发的全球金融危机并没有给中国宏观经济带来像亚洲金融危机那样持久性的影响，除物价指数出现了连续数月的下降以致负增长外，在信贷方面却出现了急速的扩张，从这个角度来看，2009 年的中国并不属于费雪意义的通货紧缩。

从理论上说，银行信贷具有顺经济周期的性质：当经济增长率、企业赢利能力下降时，银行信贷增长率往往会随之下降；反之，当经济处于扩张期时，银行信贷则会随之扩张。银行信贷与经济的周期性波动之间具有同向波动的特征。但是，2008 年第四季度和 2009 年全年（尤其是上半年），中国的信贷增长却出现了与宏观经济周期性波动的背离，当经济增长率和企业赢利能力在危机冲击下急剧下降之际，银行信贷却逐月大幅度上升。这与其他西方发达国家在危机冲击下信贷紧缩完全不同，也与中国在亚洲金融危机影响下的银行信贷表现相异。究其原因，主要有以下几个方面。

第一，大幅度下调法定存款准备金比率和降低公开市场操作频率、操作力度的宽松货币政策，提高了商业银行的超额准备金比率和可贷资金供给量。2007～2008 年上半年，中国人民银行连续 6 次提高法定存款准备金比率并大量发行央行票据，冻结了商业银行大量的流动性，使得中国商业银行的超额准备金比率总体上处于下降趋势之中。到 2008 年第二季度，中国全部金融机构的超额准备金比率下降到了只有 1.95% 的水平，商业银行的可贷资金也因紧缩的货币政策操作而大幅度减少，这自然抑制了银行信贷扩张的能力。但 2008 年 9 月中旬之后，在全球金融危机冲击下中国货币政策操作的逆转，尤其是中国人民银行迅速降低了 3 个百分点的法定存款准备金比率，直接改变了中国商业银行的准备金结构，原来被冻结的、没有流动性的法定存款准备金迅即转为商业银行可用于放贷的超额准备金，超额准备金比率因此而大幅度上升。根据中国人民银行的统计，到 2008 年年底，全部金融机构的超额准备金比率上升到了 5.11%，较 2008 年第三季度末上升了 3 个多百分点，这与法定存款准备金比率下调的幅度大致相当。这是 2005 年以来最高的超额准备金水平，其中国家控股的商业银行、股份制商业银行和农村信用社的超额准备金比率分别为 3.93%、5.73% 和 10.12%。宽松货币政策下的金融机构超额准备金比率的迅速上升，是信贷扩张的基础。不过，从图 5 中可以看到，在经历了 2008 年年底和 2009 年的信贷高速扩张之后，商业银行的超额准备金比率又迅速地下降了。到 2009 年的第一季度末，全部金融机构的超额准备金比率已经下降到了 2.28%，其中，股份制商业银行的超额准备金比率下降到了只有 0.49% 的少见低水平。宽松货币政策刺激下的信贷膨胀导致的商业银行超额准备金比率的急剧下降，对银行体系流动性的潜在不利影响，应当引起高度关注。

第二，从银行自身看，中国银行业在这次金融危机当中所受的影响与西方发达国家的银行业有很大的区别，中国银行业总体上是健康的。在这次金融危机当中，尽管从实体经济看，中国经济增长率、进出口额等方面下降比较快，但金融体系除了股市出现大幅度下跌之外，银行的资产质量并没有像西方国家那样迅速恶化。虽然有些银行也持有“两房”、雷曼兄弟的债券，但规模比较小，对银行整体资产质量的影响相当有限。中国的商业银行没有像西方国家的银行那样在危机期间出现资产负债表的严重恶化，这使得中国的银行体系在危机时期的宽松货币政策下，不需要修复自身的资产负债表就可直接迅速地进行信贷扩张。另外，

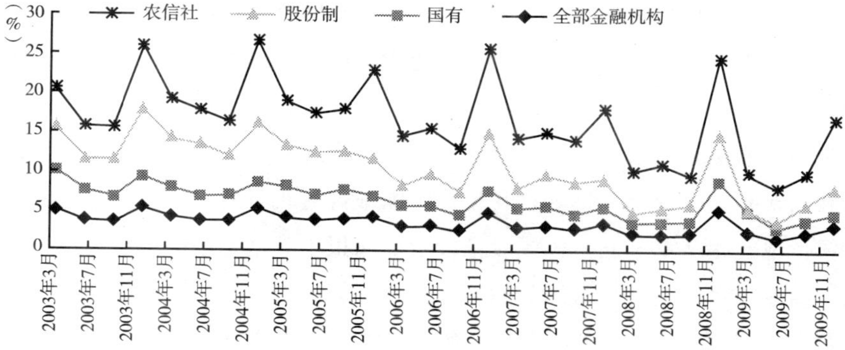

图5　中国银行业金融机构超额准备金比率的变化

资料来源：根据相关各期《中国人民银行货币政策执行报告》整理而得。

过去几年，政府花大力气推动国有银行改革，通过注资、发行股票以及像2008年发行大量的次级债券的方式，使得国内商业银行资本充足率总体上保持在比较高的水平，很多银行资本充足率远高于8%的监管标准。例如，2008年年底中国银行、中国工商银行、中国建设银行和交通银行的资本充足率分别为13.89%、12.62%、12.06%和13.77%，北京银行的资本充足率甚至高达20.11%。充足的资本使得银行的抗风险能力得到加强，使得中国银行业的信贷扩张不至于受到资本充足率的制约。换言之，中国过去几年的银行业改革、银行业资产负债表的清理及财务重组、资本充足率的大幅度提高，为中国银行业的信贷扩张创造了非常有利的条件。

第三，为了贯彻适度宽松的货币政策，中央银行取消了对商业银行的“信贷规划”，中央银行与商业银行之间的重复博弈过程为商业银行的信贷扩张提供了巨大的动力。2007年第四季度，为了执行当时从紧的货币政策和控制商业银行信贷的超政策需要的增长，央行重启了1998年货币调控机制改革中所放弃的信贷规模控制（央行货币政策报告称之为“信贷规划”）。央行对商业银行信贷总量控制采取了余额增长法，因此，前期信贷增长较快的商业银行在后来的信贷规模控制中争取到了较为有利的条件。鉴于宏观经济和货币信贷自身所具有的周期性特征，在政府宣布实行适度宽松货币政策之后，商业银行就形成了未来信贷与货币供应量必定要紧缩的预期，由于商业银行担心以后央行还会采取类似的信贷总量调控方式，在取消信贷规模控制后，商业银行便在政策宽松时期积极地扩张贷款，以便为日后紧缩政策时期创造更有利的信贷扩张基础。这样看来，中国人民银行过去的调控方式与商业银行之间的重复博弈过程，直接刺激了商业银行信贷的扩张。

第四，商业银行信贷投放的增长，在某种程度上可以达到商业银行兼顾利润增长和政治利益的双重目标。这几年，中国银行业改革后有一个较大的变化——商业银行也开始注重利润目标或股东的价值回报了。这是中国银行业的一个积极变化，因为只有注重了长远的利润，才会真正关注成本与风险，也才会相对稳健地经营。中国商业银行众所周知的信贷投放季节性原则——年初大量投放信贷可以“早投放早受益”，会更有利于当年的利润增长——就体现了商业银行经营目标的变化。当然，银行信贷的扩张也并不完全是出于利润上的考量，它也是许多银行，尤其是国家控股的商业银行政治上的表态。在政府宣布实行积极的财政政策和适度宽松的货币政策之后，监管当局、商业银行主要领导人曾明确地表示，银行也要讲政治，不能在诸多企业有危难之际、在面临失业增加时而袖手旁观。在主要商业银行管理层仍然由政府任命的人事制度下，国家控股的商业银行领导者们的政治前途，不完全取决于其管理的银行经营绩效，也取决于其对中央宏观调控政策实施的配合强度。

第五，与适度宽松货币政策一道实行的积极财政政策，尤其是总额达 4 万亿元的政府投资，又为商业银行的信贷找到了良好的出路。与欧美发达国家在危机期间巨额的财政支出被用于向金融体系进行注资、国有化或清理不良资产不同，中国巨额的政府支出主要用于基础设施建设或公共支出，这相应地带动了对银行信贷融资的需求，减少了商业银行在企业经营总体不景气情况下，寻找信贷投向的时间。可以看到，在 2008 年最后两个月和 2009 年第一季度中国的信贷扩张，是政府项目主导的，是短时间内规模巨大的财政支出创造了被动的信贷需求，这使得人们对中国信贷增长的持续性产生了怀疑。但随着产品价格开始上涨及通胀预期的逐渐形成，中国的信贷正在向企业、个人的自发性信贷需求转变。特别是，为了让企业获得信贷支持，政府降低了企业投资的项目资本金比率要求，因而，既定的资本就可以带动更大规模的信贷。

2. 信贷结构

在信贷总量的变动过程中，随着信贷扩张的展开，信贷结构也有了新的变化。我们从贷款投向的部门结构和贷款投放的主体结构两个方面来分析。

从贷款投向的部门结构来看，中国信贷主要分为居民户贷款和对非金融部门贷款两类。

先看对居民户的贷款。我们分析近两年多的变化。从表2中可以看到，2007年全部新增3.63万亿元的贷款中，居民户贷款新增12367.4亿元，对非金融企业新增贷款24038.2亿元，对居民户和非金融企业贷款分别较2006年同期增长了32.30%和12.85%，前者远远高于后者，对居民户的贷款占全部新增贷款的比重也达到了34%左右。在居民户贷款中，消费性贷款和经营性贷款分别增长了8681.3亿元和3686.1亿元，其中，中长期消费贷款增长了7505.14亿元。2007年，金融机构对居民户贷款的增长率远远高于平均的增长率，也大大高于对非金融企业的贷款增长率。这表明，金融机构对零售贷款业务的竞争逐渐成为商业银行业务拓展的重点，也标志着商业银行在企业融资结构逐渐脱媒化的背景下，传统的贷款业务转型的方向。但是，2008年全部新增4.91万亿元的贷款中，贷款结构较2007年有明显变化，居民户贷款7010亿元，较之2007年有较大幅度的下降。2008年对居民户的短期贷款增加2907亿元，中长期贷款增加4103亿元，较2007年同期下降了45%左右。2008年对居民户新增贷款大幅度下降的主要原因在于房地产贷款增长的下降，这是偏离均衡的房地产价格极大地抑制了居民对房地产的有效需求所致。可见，对居民部门的中长期消费贷款与房地产市场的景气波动存在较强的正相关性。在2008年底实行适度宽松的货币政策之后，人们对房价仍处于较为悲观的预期之中，居民中长期消费贷款并未明显增加。但从2009年3月份开始，对居民中长期消费贷款开始呈现出了加速上升的迹象，2009年各季度对居民中长期消费信贷的环比增加额分别为1953亿元、3749亿元、5317亿元和4864亿元。这表明，在宽松货币政策及全球低利率的政策环境下，居民又逐步形成了资产价格上涨的预期。这种预期的形成及信贷创造出的新的购买力，本身就会使预期的价格上涨转变成现实的价格上涨。

再看对非金融企业和其他部门贷款。非金融企业及其他部门贷款占据了中国银行业信贷资产的80%以上，对这些部门信贷增长的变化相对于对居民部门信贷来说，对宏观经济的影响更大。从图6中可以看出，在2008年11月和12月，在政府采取适度宽松的货币政策之后，金融机构大幅度增长的贷款，主要集中在非金融企业部门。2009年，对非金融企业及其他部门的贷款余额为317897.92亿元，较2008年底增加了51009.88亿元，占全部9.59万亿新增人民币贷款的53%

表 2　人民币信贷（部门结构）

单位：亿元

科　　目	2007 年 12 月	2008 年 12 月	2009 年 3 月	2009 年 6 月	2009 年 9 月	2009 年 12 月
各项贷款合计	261690.88	303394.65	349554.82	377446.12	390407.85	399684.82
1. 居民户贷款	50652.26	57057.92	61423.56	67806.96	75561.16	81786.90
(1)消费性贷款	32729.00	37210.29	39392.92	43867.87	49854.13	55333.65
短期消费性贷款	3104.11	4136.86	4366.85	5092.64	5761.90	6377.85
中长期消费性贷款	29624.89	33073.43	35026.07	38775.23	44092.22	48955.79
(2)经营性贷款	17923.26	19847.63	22030.63	23939.08	25707.04	26453.25
短期经营性贷款	12791.90	14554.56	16340.44	17921.49	19268.02	19549.96
其中:农户贷款	10677.42	11971.73	13361.04	14308.27	14882.88	14622.99
中长期经营性贷款	5131.36	5293.07	5690.19	6017.59	6439.02	6903.30
2. 非金融企业及其他部门贷款	211038.62	246336.73	288131.26	309639.16	314846.69	317897.92
(1)短期贷款及票据融资	111262.65	125587.12	150373.41	156127.15	149075.79	144222.41
短期贷款	98444.58	106307.88	116269.34	119775.01	120985.97	120372.09
票据融资	12818.07	19279.24	34104.07	36352.14	28089.82	23850.32
(2)中长期贷款	96736.00	116584.00	133290.79	148284.42	159513.91	166500.94
(3)其他贷款	3039.97	4165.61	4467.06	5227.59	6256.98	7174.57

资料来源：中国人民银行网站。

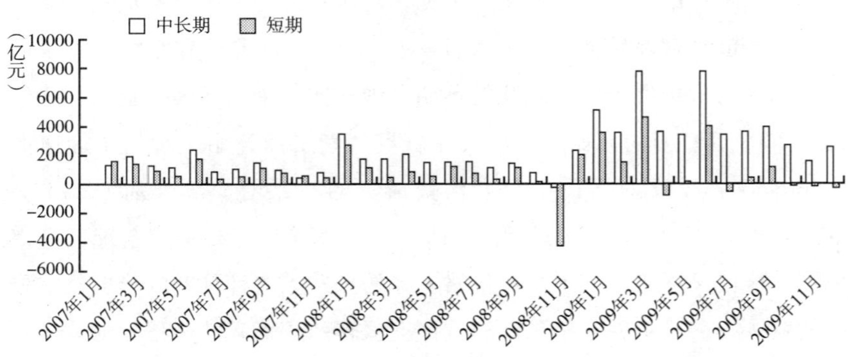

图 6　非金融企业中长期及短期贷款月度环比增加额

资料来源：根据中国人民银行网站数据整理而得。

强，这使得对居民部门贷款的占比较大幅度地下降了。对非金融企业及其他部门的贷款分为短期贷款与中长期贷款。无论是短期贷款还是中长期贷款，在 2008 年 12 月至 2009 年 3 月都出现了大幅度增长，不过，之后，无论是中长期贷款还是短期贷款，环比增长额均出现了下降，尤其是短期贷款，2009 年第四季度的环比增加额还变为负数。

票据融资也是人们在分析中国信贷扩张时所关注的。在实行适度宽松货币政策之前，票据融资处于相对萎缩的状态，2007 年曾出现了数月票据融资净额减少的状况（如图 7）。2008 年底，在适度宽松货币政策下，票据融资出现了爆发式的增长。2008 年 11 月、12 月和 2009 年 1 月，票据融资单月环比增加额分别为 2105 亿元、2147 亿元和 6247 亿元。如此高的票据融资增长，也是近年少有的情况。2007～2008 年适度宽松货币政策实施前，贷款中的票据融资总体萎缩，主要是因为在此期间从紧的货币政策导致银行贷款加权平均利率上升，推高了企业票据融资的利率，降低了企业将票据贴现融资的意愿，企业宁可将票据持有到期收回货款，也不愿意将其贴现从银行获得资金，因此，票据贴现萎缩而票据的签发量却相对较高。在适度宽松货币政策环境下，随着央行急剧地降低存贷款的基准利率，票据贴现利率也随之大幅度下降，企业通过票据融资的利息成本远远低于一般贷款的利率，企业将原来持有的承兑汇票提示给银行进行贴现，导致贴现放款迅猛增加。但是，随着贴现放款的大量增加，企业持有的承兑汇票余额逐步减少，银行票据贴现放款的基础也逐渐减少，这导致了 2009 年 1 月份之后，票据融资月度环比增加额逐月下降，到 2009 年的 5 月份，票据融资月度环比增加额就下降到了 862 亿元。到 2009 年 9 月份，票据融资月度环比增加额达近－4000亿元。由于中国的票据融资是以贸易为基础的真实票据，票据融资量在经历了爆发式增长之后又急剧下降，表明虽然信贷急剧地扩张了，但贸易量并没有

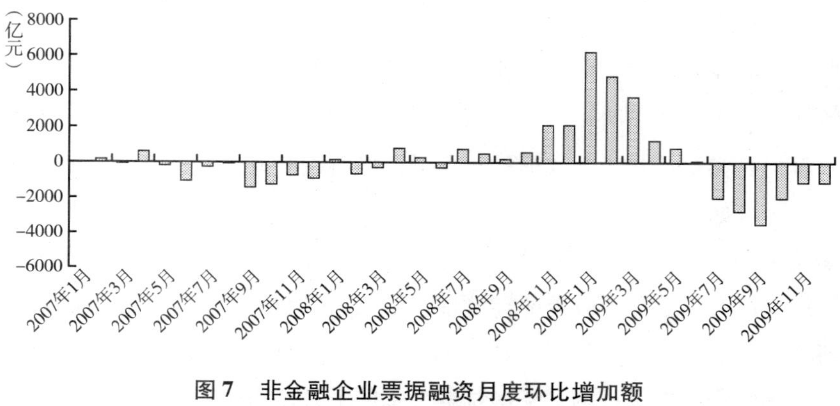

图 7　非金融企业票据融资月度环比增加额

资料来源：根据中国人民银行网站数据整理而得。

同信贷的亢奋一道迅速地活跃起来。

按照中国人民银行的分类，中国提供信贷的金融机构主要分为政策性银行、国有商业银行、股份制商业银行、城市商业银行、农村金融机构和外资金融机构等。这些不同类型金融机构的客户对象、自身经营理念和目标的差异，决定了它们在中国货币调控中的行为也不尽相同。

国有商业银行和政策性银行对政府宏观调控政策的配合最积极。从表3可见，2007年第四季度，当政府要求实施从紧的货币政策、减少金融机构的信贷投放量后，国有商业银行当季新增贷款量就迅速下降，当季新增贷款量仅为398亿元，仅相当于第三季度新增3185亿元贷款的约1/8；政策性银行新增贷款也明显减少。2008年前3个季度，国有商业银行的新增贷款并没有较2007年前3个季度明显增加，它们仍在自觉地落实从紧的货币政策。2008年第四季度，当政府宣布实行适度宽松的货币政策之后，国有商业银行的新增贷款便随之迅速上升，2008年第四季度和2009年4个季度，它们的新增贷款分别为5412亿元、23120亿元、9441亿元、4413亿元和4047亿元。国家控股的商业银行贷款行为在“从紧”与“适度宽松”货币政策之间的变化，充分表明它们在经营过程中政治影响力可能超过了商业原则。这从一个侧面反映了国家控股商业银行虽然有了“股份制”的外衣，但它们在经营过程中，市场原则还会时不时地让位于政治因素的考量，它们离真正意义上的市场化还有相当大的一段距离。鉴于国有商业银行资产占据了中国银行业资产较大的比重，国有商业银行的这种信贷行为特征不得不让我们对中国银行业未来的资产质量，更进一步地对中国金融稳定多少有些担忧。

股份制商业银行的信贷行为就表现出了与国有商业银行和政策性银行明显不同的特征，它们表现出明显的信贷规模扩张的强烈愿望，即便在2008年前3个季度政府仍在实行从紧货币政策的背景下，股份制商业银行的新增贷款总体上仍略有上升。例如，2008年第二、第三季度，股份制商业银行的新增贷款较2007年同期就有所上升。2008年第四季度，股份制商业银行新增贷款较2007年同期有所增加，但在宽松货币政策的环境里，可能出于金融危机下对风险的担心，它们的新增贷款表现得相对谨慎一些。但在2009年第一季度，股份制商业银行为了抢占更多的贷款市场份额，新增贷款大幅度上升。由于股份制商业银行追赶国有商业银行的信贷扩张，股份制商业银行的超额准备金比率在2009年第一季度就

表3　中国各类银行信贷季度新增额

单位：亿元

年份	季度	政策性银行	国有商业银行	股份制商业银行	城市商业银行	农村金融机构	外资金融机构
2006	第一	894	6005	2863	415	1925	160
	第二	550	3180	2055	1226	1579	220
	第三	727	2014	961	721	997	228
	第四	1247	999	1479	411	-224	365
2007	第一	858	5948	3517	894	2575	224
	第二	1406	3524	2099	1131	1986	431
	第三	1090	3185	1055	724	1121	459
	第四	926	398	1045	229	-597	590
2008	第一	1602	5227	2699	687	2323	389
	第二	1251	3778	2556	1055	1713	196
	第三	939	3605	2228	1187	1395	265
	第四	2125	5412	3996	1023	477	-222
2009	第一	3688	23120	11778	2706	4225	-264
	第二	2757	9441	8434	2686	3234	-63
	第三	1448	4413	1037	1739	2064	262
	第四	1603	4047	1034	789	204	83

资料来源：根据相关各期《中国人民银行货币政策执行报告》整理而得，中国人民银行网站。

急剧地降到了仅为0.49%的水平。在2009年第三、第四季度，城市商业银行的贷款增加额只有1000亿元左右，较之前的第一、第二季度大幅度萎缩。城市商业银行与政府货币政策之间的配合也不够“默契”，尤其是在2008年第四季度，政府明确适度宽松的货币政策之后，城市商业银行的新增信贷额较第三季度还有明显的减少。只是在看到国有商业银行和股份制商业银行的信贷扩张之后，城市商业银行才加入了信贷扩张的行列，但其贷款扩张的速度远远落后于国有商业银行和股份制商业银行。出现这种状况的原因可能在于，由于2008年底的信贷扩张完全是政府主导的，信贷需求的规模较大，城市商业银行受制于自身的资本金与资产总量的约束，无法参与这些项目的信贷活动，而在危机冲击下的民间企业信贷需求则相对不振，自然出现了城市商业银行与国有和股份制商业银行不同的贷款行为特征。

外资金融机构的贷款行为则“我行我素”，这几年与中国政府的宏观调控“反其道而行之”。2007年第四季度之前，外资金融机构贷款虽然总量相对较小，但也表现出了规模扩张的倾向，新增贷款逐季增长，即便在2007年第四季度中国明确提出要实行从紧货币政策后，外资金融机构的当季新增贷款还是出现了明显的上升，这与中资金融机构新增贷款立即下降形成了鲜明的反差。相应的，外资金融机构的贷款占比也从2005年的1.8%上升到了2006年的3.1%，再上升到了2007年的4.89%[①]。2008年，外资金融机构受其本土金融危机的影响，新增贷款的绝对额较2007年大幅度下降，相应的，新增贷款占比也明显下降。即便是在2008年第四季度中国宣布实行适度宽松的货币政策之后，中资商业银行的信贷出现了急剧的扩张，外资金融机构的贷款依然出现了连续2个季度的负增长，2008年第四季度和2009年第一季度的新增贷款分别为-222亿元和-264亿元。外资金融机构在华贷款出现2个季度的负增长，可能是由以下3个方面的原因所致：其一，通过压缩在中国的贷款业务去满足它们在本土的流动性需求；其二，过高估计了金融危机对中国经济的不利影响，出于对在中国放贷风险的担心而自动地收缩了贷款业务；其三，外资金融机构虽然在中国开展贷款业务，但其客户对象主要集中于外资企业，这些外资企业受到金融危机的打击较大，因业务的萎缩而减少了对信贷资金的需求。不过，受国外金融危机缓和的影响，外资金融机构2009年第三、第四季度的在华贷款又恢复了正增长。

3. 信贷利率

商业银行收取的贷款利率反映了借款者的资金成本。在一个完全市场化的利率体制下，贷款利率完全由信贷资金的供给与需求决定，中央银行的货币政策只能通过调整中介目标利率而间接地影响商业银行贷款利率。不过，在中国现行利率体制下，贷款利率仍然受到一定程度的管制，贷款利率依然是中国人民银行的一个货币政策工具。商业银行的贷款利率在中国人民银行确定的基准利率之上浮动的上限虽然完全放开了，但对一般工商业贷款只可下浮10%，因此，中国人民银行调整贷款基准利率就对商业银行发放贷款的实际利率水平有直接的影响。当中国人民银行上调贷款基准利率后，商业银行贷款加权平均利率也随之上升；反之，贷款加权平均利率则会相应的下降。不过，商业银行贷款加权平均利率并不是亦步亦趋地跟随央行贷款基准率的变动而变动，这反映了中国商业银行在确定实际的贷款利率水平时具有一定的自主性。

① 根据中国人民银行网站数据计算而得。

首先看看近几年来商业银行贷款加权平均利率的总体水平变动。2006 年初至 2008 年第一季度，随着中国人民银行连续提高贷款基准利率，商业银行贷款加权平均利率完全一致地上升，这也与此期间的宏观经济趋势相一致。在 2008 年的第二、第三季度，虽然中国人民银行并未上调贷款基准利率，但由于从紧货币政策的方向并未改变，央行提高法定存款准备金比率冻结了商业银行的超额准备金，减少了商业银行的可贷资金量，结果，贷款加权平均利率较大地高于央行确定的贷款基准利率（如图 8 所示），这反映了企业信贷资金可得性的下降。2008 年 9 月份以后，由于中国人民银行连续 5 次下调人民币贷款基准利率，金融机构人民币贷款加权平均利率持续大幅度走低。到 2008 年 12 月份，金融机构人民币贷款加权平均利率为 6.23%，较 8 月份下降 1.96 个百分点，较年初下降 1.66 个百分点。值得注意的是，自 2008 年第四季度起商业银行贷款加权平均利率已经低于中央银行确定的贷款基准利率。

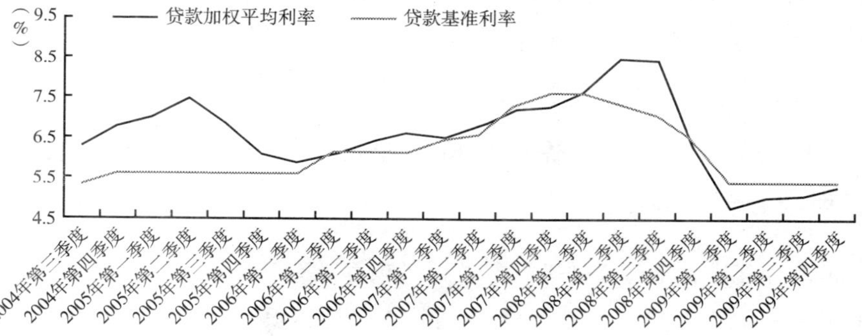

图 8　贷款加权平均利率与一年期贷款基准利率

资料来源：根据相关各期《中国人民银行货币政策执行报告》整理而得。

虽然商业银行贷款加权平均利率会跟随央行确定的贷款基准利率而变动，但金融机构在发放贷款时的利率灵活性也有所增强，商业银行会根据借款者的风险状况确定不同的利率，不同借款者所支付的利率与贷款基准利率或相同，或高于，或低于贷款基准利率。例如，在 2007 年金融机构发放的全部贷款中，下浮利率贷款占比逐步上升，2007 年第四季度，下浮利率贷款占比为 28.07%，在第一季度该占比为 26.89%；相应的，2007 年第四季度上浮利率贷款的占比为 44.24%，第一季度上浮利率的贷款占比为 45.24%。2008 年，在 8 月份之前，上浮利率贷款的占比总体上升，之后则明显下降。2008 年 1 月，上浮利率的贷款占比为44.30%，8月份上升到了50.62%，12月份金融机构执行上浮利率的贷款占比则下降到了44.31%。8月份之后，利率上浮贷款占比之所以下降，主要是因为央行大幅度降低了法定存款准备金比率和公开市场操作的力度，导致金融机构超额准备金比率大幅度上升；受金融危机的影响，企业贷款需求有所下降。信贷资金供需的变化是导致2008年8月份之后利率上浮贷款占比下降的主要因素。受中国人民银行下调贷款基准利率的影响，2009年金融机构贷款加权平均利率也大幅度下降。截至2009年9月份，贷款加权平均利率为5.05%，比年初下降0.51个百分点。进入第四季度，受市场环境变化影响，利率小幅度回升。12月份非金融企业及其他部门贷款加权平均利率达到5.25%，但比年初下降0.31个百分点。按照中国人民银行的统计，2009年在基准利率上向下浮动的贷款占比大幅度上升，执行基准利率和向上浮动利率的贷款的占比明显下降。例如，1月份向下浮动利率的贷款的占比为23.51%，12月份就上升到了33.19%；执行基准利率和向上浮动利率的贷款的占比，分别从1月份的34.27%和42.21%下降到了12月份的30.26%和36.55%。

（四）金融机构存款保持合适的增长率，但居民储蓄存款净额下降，财政存款大幅度上升

2009年年末，全部金融机构本外币各项存款余额为61.20万亿元，较2008年的47.84万亿元增长27.7%；金融机构人民币各项存款余额为59.80万亿元，较2008年的46.62万亿元增长28.2%。存款增长率较贷款增长率低5个百分点左右。结合前述贷款期限结构的变化——中长期贷款较多、短期贷款相对较少的情况，我们认为，2009年中国金融机构“借短用长”的期限错配较为突出，这可能加大银行体系的流动性风险。2006年和2007年居民储蓄存款增长率不断下降，尤其是在2007年4月以后，储蓄存款增长率就下降到了10%以下，居民储蓄存款余额甚至出现了净额减少的情况。2007年4月份和5月份，居民人民币储蓄存款环比分别下降了1674亿元和2859亿元。那时，居民储蓄存款的下降是受到了股票市场持续上涨的影响，越来越多的居民将储蓄存款转化为证券投资基金或直接投资于股票。2008年，随着股票市场的持续下跌，居民在股票、证券投资基金中配置的资产持续地减少，将金融资产转向了更加安全的储蓄存款，银行储蓄存款持续增加。在金融危机冲击、经济增长率持续下降的背景下，中国居

民储蓄存款增长率却大幅度上升的另一个原因，可能与一些个体或者私营小企业，在生产与销售不景气、市场前景非常不确定的情况下，将原来以企业存款形式存在的资金转入了个人储蓄账户之中。2009 年前 5 个月，居民存款环比增长率也呈下降之势，同样是受到 2009 年上半年股票市场上涨的影响，之后，随着股票市场波动性的增强，居民存款环比增长率又有所上升。以图 9 为基础进行比较分析可以发现，2003 ~ 2006 年，居民存款月度环比增加额呈现明显的季节性波动，第四季度存款环比大幅度上升，其他几个季度的环比变化相对较为稳定，但从 2007 年开始，虽然存款的变化还具有明显的季节性特征，但其他几个季度间的波动性增大了，表明中国居民的存款变动越来越不稳定了。

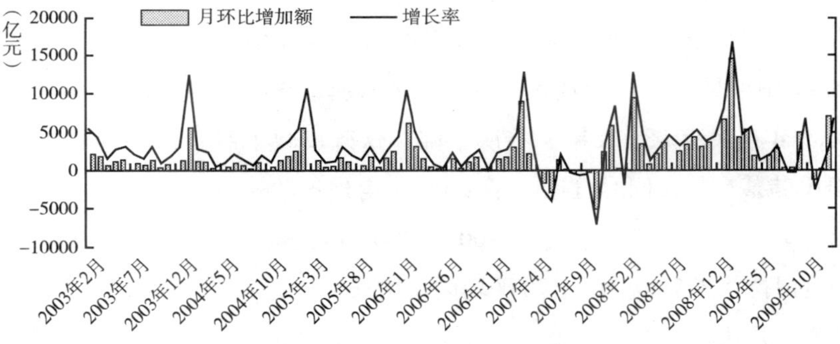

图 9　中国居民储蓄存款环比增加额及增长率

资料来源：根据中国人民银行网站数据整理。

自 2003 年以来，在人民币升值预期的影响下，居民部门的外币存款余额不断下降；升值预期越强烈，外币存款余额下降得越多。这表明，中国居民的资产选择越来越多地受到了汇率变动的影响，资产选择的视野也更开阔了。通过对图 10 的分析可见，到 2007 年年末，居民部门持有的外币存款余额为 503. 67 亿美元，较 2006 年底下降了 21% 以上。进入 2008 年之后，居民外币储蓄存款增长率回升，尤其是进入下半年之后，随着金融危机的加深，人民币汇率升值的暂时终结，居民外币储蓄存款增长率更进一步上升。到 2008 年年底，居民外币储蓄存款增长率上升到了 10% 左右。不过，到 2009 年年中，随着金融危机的逐步缓和，人民币升值的预期又逐步增强，在资本流动增加的同时，居民外汇存款增长率也明显地下降了。汇率预期的波动，对中国居民的资产选择确实具有突出的影响。

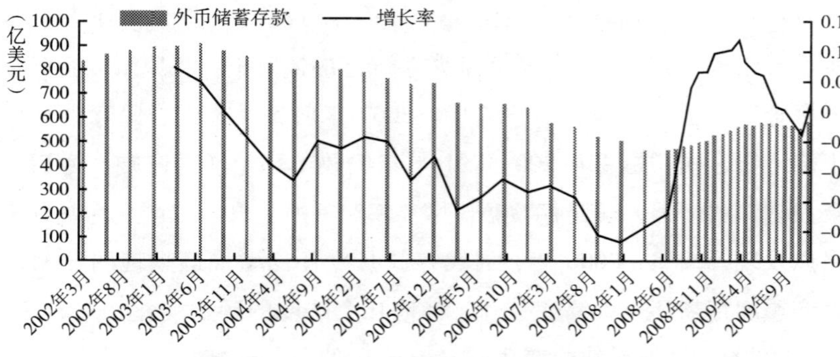

图 10　中国居民外币存款余额及增长率

资料来源：根据中国人民银行网站数据整理。

在存款总量大幅度增长的同时，各个部门的存款增长则表现出了明显的差异。从图 11 中可见，2007 年居民存款增长率有所下降，但进入 2008 年后则持续上升，2009 年居民存款增长率又有所下降，这既反映了股票市场的变化吸收了一部分居民储蓄存款，同时也反映了 2009 年房地产价格的大幅度上涨吸收掉了部分储蓄存款。财政存款增长率在 2005～2007 年大幅度上升，2007 年财政存款增长率一直保持在 37% 以上，各月平均同比增长率接近 45%，到年末时，财政存款的增长率更是达到 61% 的高水平。2007 年财政存款的大幅度增长显然是国民收入分配中，政府所得大幅度上升的结果，这从一个侧面反映了近年来中国国民收入分配结构出现了一些扭曲性的变化，对政府的宏观调控带来不利的影响。但进入 2008 年后，财政存款大幅度下降，尤其是在 2009 年 4 月之前，财政存款增长率一度降到 -20% 以下，反映了应对金融危机的积极财政政策对财政存款的影响。

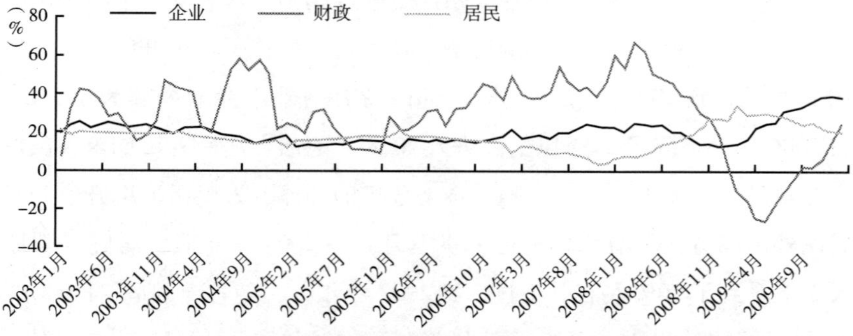

图 11　中国企业、财政及居民存款增长率的变化

资料来源：根据中国人民银行网站数据整理。

（五）货币市场交易继续大幅度增加，各个子市场得到了更加均衡的发展，市场利率波动较大

2009 年中国货币市场继续稳定发展，无论是同业拆借市场、债券回购市场还是票据市场，都得到了长足的发展，成交量不断扩大。2009 年，同业拆借累计成交 19.4 万亿元，较 2008 年的 15.0 万亿元增长了 29.1%，不过，增长率较 2008 年的 50% 左右有大幅度的下降。在债券回购方面，2009 年共成交 70.3 万亿元，较 2008 年增长 21.4%，增长率较 2008 年的 68.45% 同样大幅度下降。在这两年里，中国票据市场的发展也很突出（见表 4）。2009 年，商业汇票累计签发额达 10.3 万亿元，较 2008 年的 7.1 万亿元大幅度增长 45% 左右。未到期的商业汇票在 2009 年年末达到了 4.1 万亿元，较 2008 年的 3.2 万亿元增长了 28% 左右。2009 年商业银行累计贴现商业汇票 23.2 万亿元，较 2008 年的 13.5 万亿元增长了近 10 万亿元，增长率达到了 70% 以上；2009 年年末商业汇票贴现余额为 2.4 万亿元，较 2008 年年末的 1.9 万亿元增长 5000 亿元。从时间分布上看，票据贴现主要集中在 2009 年上半年，由于票据贴现的期限较短，所以票据贴现的余额增长率远远低于票据贴现发生额的增长率。与商业汇票签发量、贴现量不同，受中央银行独立性不强的制约，在 2007 年和 2008 年央行再贴现量仍然很少，2009 年央行再贴现发生额有所增加，但仍不足 250 亿元，在货币调控中发挥的作用仍然小到可以忽略不计的程度。在 2008 年 9 月份之后，随着中国人民银行下调存贷款基准利率、存款准备金率，货币市场利率逐步走低，票据市场利率持续下降，特别是 2008 年第四季度票据贴现、再贴现利率下降幅度较大，这极大地刺激了中国票据市场的发展。

表 4　2007～2009 年中国票据市场交易量

单位：亿元

科目 / 年份	商业汇票签发		贴现累计		再贴现累计	
	当年累计	未到期金额	当年累计	余　额	当年累计	余　额
2007	58700	24400	101100	12800	138.35	57.43
2008	71000	32000	135000	19000	109.70	—
2009	103000	41000	232000	24000	248.80	181.20

资料来源：根据中国人民银行 2007 年、2008 年和 2009 年《第四季度货币政策执行报告》整理。

在货币市场的资金流动方面，国有商业银行在回购交易中依然是资金的净融出部门，其他商业银行和金融机构、外资金融机构在回购市场上是资金的净融入部门。在 2009 年，国有商业银行在回购市场上融出的资金量大幅度增加，2009 年全年在回购市场融出资金达 254127 亿元，较 2008 年的 136684 亿元增长了近一倍。其他商业银行和证券及基金公司在回购市场融入的资金则有所增加。证券及基金公司在回购市场上融入的资金增长更为明显，2009 年它们融入资金 94468 亿元，较 2008 年的 33837 亿元增长了近两倍。保险公司在回购市场融入的资金，在经历了 2007 年的大幅度增长之后，2008 年略有下降，2009 年则再次大幅度增加。外资金融机构在回购市场上融入的资金总量继续下降。在同业拆借市场上，2006 年，国有商业银行和其他商业银行是资金的净融出部门，它们是资金的提供者。2007 年和 2008 年，国有商业银行在同业拆借市场上转变成了资金的净融入方，但 2009 年国有商业银行在同业拆借市场上又转变成了资金的净融出方。其他商业银行则一改 2007 年和 2008 年在同业拆借市场资金净融出部门的地位，2009 年成为了净融入部门。其他金融机构和外资金融机构同在回购市场一样，它们在拆借市场上也是净融入资金。外资金融机构在同业拆借市场上一直是资金的净融入者，但相对于 2008 年，其在同业拆借市场融入的资金总量有所下降。2007～2009 年中国货币市场的资金流动情况如表 5 所示。

表 5　中国货币市场的资金流动

单位：亿元

	回购交易			同业拆借		
	2009 年	2008 年	2007 年	2009 年	2008 年	2007 年
国有商业银行	-254127	-136684	-132639	-17539	24597	11031
其他商业银行	-8636	12690	9899	4367	-35809	-28619
其他金融机构	232790	92373	88364	7030	2540	10868
其中:证券及基金公司	94468	33837	15175	1739	2916	7670
保险公司	40327	26538	31055	—	—	—
外资金融机构	29973	31621	34376	6142	8672	6720

资料来源：根据中国人民银行各年《第四季度货币政策执行报告》整理。

2007 年，货币市场利率在波动中整体呈上升趋势，但并不稳定。在这一年里，货币市场利率明显受到了资本市场的影响。2007 年，新股发行对货币市场利率的影响更加突出：一遇大盘股发行，货币市场利率就会出现大幅度的上升；新股发行资金冻结期结束后，货币市场利率迅速回落至原水平。2008 年，货币市场利率则大幅度下挫，尤其是在 2008 年 9 月中旬中国人民银行开始降低存贷款基准利率和法定存款准备金率、金融危机加剧之后，货币市场利率的下跌速度更是加快了。2009 年货币市场改变了 2007 年和 2008 年那种较大幅度波动的状况，总体水平处于历史低位，且波动性很小。不过，在经历信贷的大幅度增长之后，货币紧缩的预期有所增强，这导致了货币市场利率的小幅度上升，到 2009 年底，质押式回购与同业拆借加权平均利率分别为 1. 26% 和 1. 25% 。近年中国同业拆借与债券回购市场利率变化如图 12 所示。

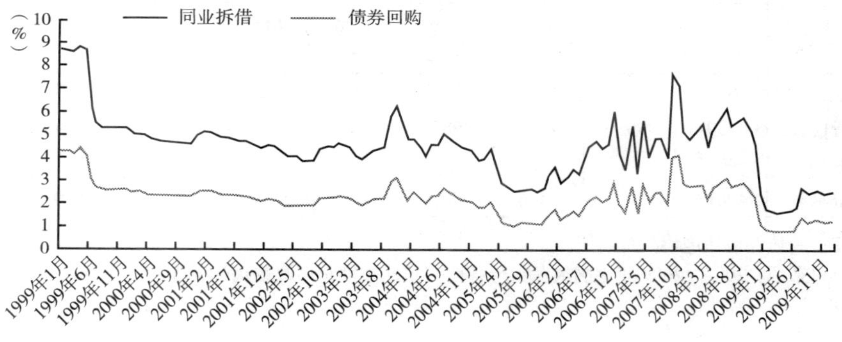

图 12　中国同业拆借与债券回购市场利率变化

资料来源：根据中国人民银行网站数据整理。

（六）股票市场先扬后抑，债券与银行信贷融资大幅度增长

2009 年上半年，受宽松货币政策刺激下的信贷大幅度增长、各类产品价格止跌回升及对企业赢利前景预期改善的影响，股票市场总体大幅度上扬，中国股票市场的上证指数较 2008 年危机冲击时的最低点上涨了一倍左右。由于股票价格上涨增加了企业的净值，有利于缓解借款者与贷款者之间的信息不对称问题，因而，这对促进中国信贷增长、避免危机冲击之下出现信贷紧缩发挥了一定的积极作用。但进入 8 月份之后，受央行信贷政策的微调、中国银监会强调加强商业银行资本充足性监管等政策的约束，中国股票市场随之出现了较大幅度的调整，波动性有所增强，相应的，信贷市场也出现了一些新的变化。随着股票市场表现

的好转，股票市场的融资功能也较2008年有明显的改善，2009年股票发行融资总额为5020亿元，较2008年的3657亿元增长了37%左右（见表6）。值得注意的是，2009年中国启动了所谓的“创业板”，一些创业公司陆续发行并上市，成为中国资本市场和金融体系中的新生力量。这为中小企业增加了一条新的融资渠道，同时也为创业者的人力资本提供了新的定价和变现的机制，因而从根本上改变了中国创业企业的激励机制，这无疑有利于推动更多的人加入到创业与创新之中，增强了中国经济发展的动力。

表6　2007～2009年银行信贷、股票与债券的净融资情况

	2007年			2008年			2009年		
	金额（亿元）	占比（%）	增长（%）	金额（亿元）	占比（%）	增长（%）	金额（亿元）	占比（%）	增长（%）
股票	6352	12.8	18.30	3657	6.1	-42.43	5020	3.8	37.27
银行信贷	39205	79.0	19.90	49854	83.1	27.16	105225	80.5	111.07
债券*	4056	8.2	-13.00	6473	10.8	58.70	20502	15.7	216.73
融资总额	49613	100.0	24.65	59984	100.0	20.90	130747	100.0	117.97

注：*债券包括国债和企业债。

资料来源：2007～2009年中国人民银行各期《第四季度货币政策执行报告》。

在融资结构中，贷款仍然是非金融部门融资的主要来源，其在非金融企业融资中的占比2007年、2008年和2009年分别为78.9%、83.1%和80.5%，虽然债券市场和股票市场得到了长足发展，但银行信贷在融资结构中依然占有绝对的主导地位。尽管银行信贷的增长在2009年远远超过人们的预期，但信贷融资占全部融资总量的比重则略有下降，这主要是由于债券融资在2009年得到了较大幅度的增长。2009年债券融资总量达到了20502亿元，较2008年增长了约217%，增幅远远超过新增贷款的增长率。尤其是2009年企业债券的发行总量达到了16629亿元，相当于新增银行贷款的16%左右，这表明中国企业的融资结构，尤其是债券市场长期发展滞后的不利局面得到了明显的改变。由于债券合约与股权合约在克服投资者与融资者之间的信息不对称方面具有不同的功效，债券市场相对于股票市场更快的发展，可以更好地缓解投资者与企业之间的信息不对称问题，有利于通过公开市场债权人约束进一步改善企业的治理结构。受政府实施积极财政政策的影响，2009年政府总共发行了17927亿元的国债，其中，2000

亿元的地方政府债券也出现在中国的债券市场体系之中。但 2009 年中国地方政府债券的出现带有尝试的性质，地方政府债券市场更大规模的发展，还要取决于中国财政体制与政府债券管理体系的进一步改革。

（七）人民币汇率重回盯住美元，外汇储备增长率回升

2008 年 7 月份之后，随着金融危机的加剧，人民币汇率加速升值的趋势被终结，人民币与美元之间的汇率回到了在极小的幅度内波动的状态，或者说，人民币汇率又回到了盯住美元的时代。从图 13 可见，2009 年这种状况得以延续，年底人民币兑换美元的汇率为 6.8282，较年初的 6.8367 略微升值 85 个基点。2008 年下半年到 2009 年，人民币重回盯住美元的状况，不仅是对 2008 年之前（尤其是 2007 年）试图用人民币升值来抑制所谓流动性过剩的不当做法的矫正，在危机冲击及全球外汇市场动荡之下稳定了中国的外汇市场，减少了汇率波动对国内经济的不利冲击，而且同亚洲金融危机之后人民币盯住美元一样，极大地减缓了危机冲击后表现在物价水平大幅度下跌中的所谓通货紧缩。不过，随着金融危机冲击的趋缓，2009 年下半年人民币升值的预期又有所增强，相应的，人民币汇率的波动性较之上半年也有所增加。

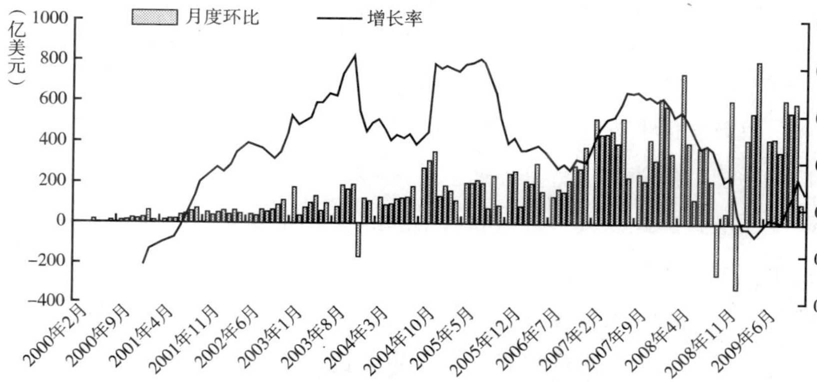

图 13　中国外汇储备月度环比增加额及同比增长率的变化

资料来源：根据中国人民银行网站数据整理。

2008 年，中国外汇储备增长率大幅度下降，这在一定程度上缓解了外汇储备增长对国内货币政策的冲击，为 2008 年第四季度降低法定存款准备金比率创

造了条件。是年外汇储备增长率的下降主要是由国际金融危机发生、人民币汇率政策的调整，使得资本流入相对减缓所致。2009 年初，中国外汇储备增长率下降的趋势还得到了一定程度的延续。但进入 2009 年下半年之后，发达国家的低利率、数量宽松的货币政策环境对国际资本流动性影响开始显现，加之对人民币升值预期的增强，流入中国境内的资本量开始增加，这些因素综合在一起，使得中国的外汇储备增长率在 2009 年下半年又明显地回升，单月新增外汇储备总量几乎达到了与 2007 ~ 2008 年升值预期最为强烈时相当的水平。到 2009 年年底，中国外汇储备达到了 24000 亿美元左右，占全球外汇储备总量近 1/3，外汇储备增长率又达到了 30% 左右，资本流动、储备增长对中国货币政策的冲击，在经历短暂的平静期后，又再次加强。这是导致中国危机管理货币政策先于其他国家而逐步退出的重要外部因素。

三　2009 年的货币政策操作：危机管理及其退出

2009 年的货币政策操作，大致分为两个阶段。首先是对 2008 年年底危机管理货币政策的延续。由于 2008 年第四季度的危机管理货币政策本身非常激进，在大幅度降低利率和法定存款准备金、降低央行票据的发行频率和发行规模，保障金融体系的流动性供给之后，中国的信贷出现了出人意料的高增长，这让 2009 年的货币政策没有采取进一步的刺激措施。实际上，在 2009 年 4 月份之前，中国的货币政策总体上处于“无所作为”的状态，只是对 2008 年第四季度货币政策的自动延续。但随着信贷呈加速上升之势，房地产价格的大幅度上涨引起了央行的高度关注，因此，自 4 月份起，中国的货币政策就开始出现了一些微妙的变化，货币政策操作便开始逐步进入了危机管理退出的新阶段。

危机管理货币政策的退出涉及两个维度，即退出的时机选择和退出策略的选择。在退出策略方面，基本的出发点在于中央银行资产负债的调整和降低金融机构资产的流动性。在许多方面，危机管理货币政策的退出与开始实施紧缩货币政策并无明显的差异，退出的重要条件之一就是经济的资源利用率上升对维护物价的稳定产生了冲击，在总需求对潜在供给产生较大的压力、通胀及通胀预期上升到超过价格稳定可持续性之前，货币当局就会考虑退出危机管理的货币政策。危机管理货币政策的操作是激进的，在非常短的时间内就大幅度地降低了利率、增加了金融机构的流动性供给，但危机管理货币政策的退出则应当是谨慎有序的，这决定了其退出可能需要相对较长的时间。

虽然各国危机管理货币政策在许多方面是相似的，但各国针对本国危机的深度和金融体系的特征又采取了有针对性的危机管理措施，因此，各国危机管理货币政策的退出措施也会是有所区别的。美国就在危机管理中创造了许多新的货币政策工具，为金融机构提供了大量的流动性，导致了美联储资产负债表中的资产急剧扩张，相应的，美国金融机构的超额准备金也大幅度地上升了。美联储危机管理货币政策的退出就在于缩小美联储的资产或降低金融机构超额准备金的流动性。澳大利亚危机管理货币政策的退出则直接提高了货币政策的指标利率。中国危机管理的货币政策操作没有像美国那样引起中央银行资产的扩张，也没有引起金融机构超额准备金比率的大幅度上升。不仅如此，在危机管理后，由于中国金融机构贷款的急剧扩张，中国金融机构的超额准备金比率还大幅度地下降了。因此，中国危机管理货币政策的退出应当是采取相应的措施来遏制信贷的高速膨胀。在具体的退出策略上，大致有几个方面：首先是央行与公众就政策趋向的信息沟通；其次是公开市场操作的转变；再次是央行与中国银监会对商业银行的窗口指导；最后是利率或法定存款准备金比率的调整。

危机管理货币政策的退出会在央行与公众的沟通中有所体现。中国人民银行与公众的沟通和传达货币政策信号的方式主要有以下几种：其一，公布月度金融运行数据；其二，季度货币政策执行报告会向公众传达货币政策趋向的信息；其三，中国人民银行的要员在公开场合发表对宏观经济、货币政策的看法，公众也往往会从中挖掘货币政策变动的信息。实际上，中国人民银行在发布货币信贷月度数据时的措辞的变化也表明了央行的态度。2009 年中国人民银行一改过去常用的“平稳增长”提法，多次强调货币信贷“快速增长”，这其中隐约传达了中国人民银行对贷款与货币供应过快增长的一种担忧。毕竟，在过去 20 多年里，每一次的贷款与货币供应量的高增长，都会伴随着较高的通货膨胀率。如果说，这还是在让公众去揣摩货币政策的信息，那么，《2009 年第二季度货币政策执行报告》则明确地向公众传达了政策变化的信息，它强调要“根据国内外经济走势和价格变化，注重运用市场化手段进行动态微调，把握好适度宽松货币政策的重点、力度和节奏”。“动态微调”被人们普遍视为货币政策转向的一个基本信号。《2009 年第三季度货币政策执行报告》指出，在经济持续回升过程中，要密切关注各类价格走势，并注意更长期及广泛意义上的整体价格水平稳定。这是近期央行对物价的较为新颖的提法，其中，“各类价格”以及“广泛意义上的整体价格”，被专家理解为不仅包括肉价、菜价等的消费品价格，同时也包括资产价格。中国人民银行行长周小川在一次论坛上指出，我国应保持一定水平的存贷款利差，以保持金融系统向实体经济提供服务的压力和动力，存款利率过低或者接近零利率有时会减小金融机构为实体经济服务的压力。同时，央行的其他官员明确表示，“在关注整个经济增长的同时，还要关注因前一段时间放贷过多引起的通胀预期和资产价格膨胀问题”①。

在具体的操作层面上，2009 年央行并没有进一步降低存贷款的基准利率，也没有降低法定存款准备金比率，只是在 2008 年年底已经到位的危机管理货币政策操作力度上继续运行。这表明，在“适度宽松货币政策”取向之名下，相对于已有的危机管理货币政策措施而言，2009 年的货币政策并没有行“扩张”之实，因为，就信贷与货币供应增长而言，30% 以上的贷款增长率和近 30% 的货币供应量增长率，实际上表明货币政策已经“宽松”过度，至少不需要进一步的政策措施来刺激更高的贷款与货币供应量增长率。但是，政府也没有明确宣布货币政策收紧的信号，由于 2009 年经济复苏的基础尚不稳固，危机管理货币政策的退出主要体现在公开市场操作的逐步转变上。回顾 2009 年前 10 个月的公开市场操作，我们不难发现，中国事实上在 2009 年 3 月份就开始退出了 2008 年 11 月份《国务院办公厅关于当前金融促进经济发展的若干意见》中“减少央行票据发行，降低央行票据发行频率”的危机管理的公开市场操作方式。从图 14 中可见，在危机管理要求央行保障流动性供给的要求下，2008 年 11 月和 12 月，央行票据的发行总量分别只有 300 亿元和 600 亿元。这是自 2004 年以来最小的单月央行票据发行量。面对贷款规模的急剧扩张，中国人民银行发行央行票据的力度在 2009 年一直在不断地增强，根据我们的统计，2009 年 1 ~4 月份的央行票据发行规模分别为 700 亿元、1400 亿元、2700 亿元和 3750 亿元②，央行票据发行量呈逐月递增的趋势。这表明，中国人民银行的货币政策操作中的公开市场操

① 参阅：“央行官员何以近期频频谈及货币信贷政策”，新华网，http：//news. xinhuanet. com/fortune/2009 -11/23/content_12525604_1. htm。

② 资料来源：根据《中国人民银行公开市场操作公告》逐期整理而得。

作，实际上在 2009 年的第一季度就在略微收紧，危机管理货币政策的公开市场操作在相当程度上有所淡化。尤其是随着通胀预期的增强，在 2009 年 8 月份和 9 月份，央行票据的发行规模进一步增加，这两个月的央行票据发行量分别达到了 4380 亿元和 7530 亿元，与 2008 年上半年各月平均发行规模大致相当，而在那时，政府恰恰一直在强调实行“从紧”的货币政策。更重要的是，2009 年 7 月份央行就重启了一年期央行票据的发行，这在一定程度上降低了商业银行持有央行票据的流动性。这样看来，到 2009 年第三季度后期，中国人民银行公开市场操作就基本上淡出了危机管理，回到了传统的日常流动性管理的轨道上来了。

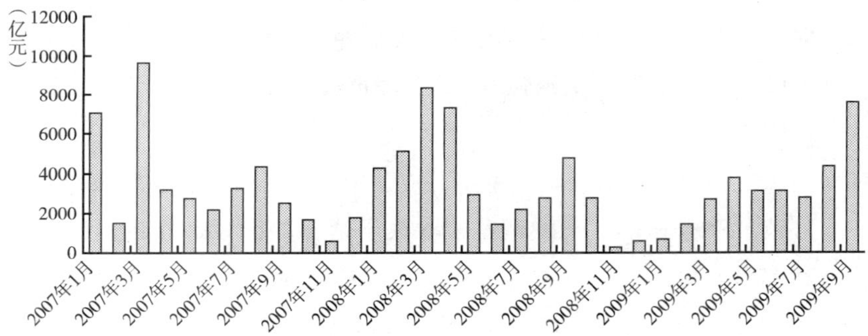

图 14　央行票据的月度发行量

资料来源：根据中国人民银行网站数据整理而得。

中国在 1998 年放弃了信贷规模控制，但是对信贷的直接控制并未真正停止过。2007 年第四季度至 2008 年第三季度，央行实质上回到了过去那种信贷控制的方式上去了，只不过在名称上以“信贷规划”取代了“信用分配”而已。为了区别于行政性的信贷分配，在货币政策操作中使用了“窗口指导”的称谓。窗口指导，既可以是对商业银行信贷投放总量及投放节奏的“劝说”，也可以明确表达希望的信贷结构。由于中国商业银行的风险约束机制不健全，又有着规模扩张的强烈愿望，在商业银行表现出强烈的、激进的信贷投放而可能威胁到物价与宏观经济稳定之时，专门针对信贷的窗口指导依然能够收到较好的效果。尤其是国有商业银行高层经理人员的选拔与任免机制，决定了国有商业银行一般都会积极地配合政府宏观调控中对信贷的窗口指导。但是，中国货币政策操作中的窗口指导，在很多时候是不具有透明性的，作为一种政策导向的指引并不会像公开市场操作或利率水平调整那样，很快让公众知道货币政策的转变。实际上，早在2009年的第三季度，中国的监管当局和央行就开始对商业银行的信贷加强窗口指导，比如，通过资本充足性管理办法的调整，改变对监管资本的计算规则，以增强资本充足性管理对商业银行信贷扩张的约束作用。另外，公开市场操作不仅可以直接收紧商业银行的流动性，也可以在一定程度上达到窗口指导的效果，这集中体现在所谓的定向央行票据上。在过去几年里，每当商业银行的贷款增长超过了央行的预期时，央行就会对那些信贷增长较多的商业银行发行期限较长、利率较低且不能在银行间市场流通转让的惩罚性央行票据，以达到对这些商业银行收紧流动性和窗口指导的双重之效。2009年，中国人民银行同样发行了2000多亿元的定向央行票据，以遏制一些银行的放贷冲动。中国人民银行在《2009年第三季度币政策执行报告》中则强调："合理把握信贷资金投放节奏，防止产生新的信贷风险。"

利率与法定存款准备金比率的调整可能是中国危机管理货币政策操作退出的最后一个环节。中国利率水平的调整，取决于诸多的因素，而且，在不同的时期，决定利率水平是否调整的主导因素是有所差别的，有时依CPI的变化而定，有时又依固定资产投资或信贷投放的变化而定。但总体而言，在危机管理货币政策操作之后的利率政策转变，似乎主要取决于以传统的CPI增长率来衡量的通胀率的变化。虽然以资产（房地产）价格来衡量的人民币币值已经很不稳定，远远偏离了货币政策对币值稳定的目标，2009年的信贷增长率高达34%，也是近20年来的最高值，以过去的标准来衡量，2009年的固定资产投资增长率可将中国经济归为"过热"的状态，但中国人民银行并未在2009年采取相应的利率政策行动，根本原因就在于中国的CPI增长率一直为负。一旦中国的CPI增长率开始转正，并形成趋势性的上涨之时，中国的利率政策才可能会做出相应的调整。在法定存款准备金比率方面，在过去两三年里，中国人民银行频频地以提高法定存款准备金比率来冻结商业银行的流动性，2008年第四季度急剧降低3个百分点的法定存款准备金比率也旨在为金融机构提供流动性保障。未来法定存款准备金政策仍然会在中国货币政策的流动性管理中发挥重要作用，但法定存款准备金比率的调整仍然要取决于诸多因素，比如国际收支的变化、商业银行信贷总量的变动趋势及中央银行对商业银行信贷扩张的容忍度、外汇管理体制与人民币可兑换的改革等。总体而论，由于发达国家的低利率及数量宽松的货币政策，会使得中国在未来较长的一段时间里面临资本流动的冲击，所以法定存款准备金比率可能会在相当程度上继续担当起冻结流动性的重任。

危机管理货币政策对宏观经济的稳定、投资者信心的恢复发挥了重要作用，但在中国催生了信贷膨胀和一定程度的资产泡沫。虽然经济成功地实现了“保8”的目标，但结构失衡却进一步加剧，通胀预期不断增强，因此，危机管理货币政策的适时退出是维护未来宏观经济稳定的重要条件。危机管理货币政策的退出时机和策略，因不同国家采取的危机管理货币政策具体操作而异。比如，美联储可能对金融机构的超额准备金支付利息，过去一年多时间里为金融机构和金融市场提供流动性援助的政策工具逐步退出货币政策工具箱；澳大利亚中央银行则直接采取了升息的措施。但是，就中国而言，实际上在2009年中国就开始有步骤地退出了危机管理的激进货币政策操作，公开市场操作回到了日常流动性管理的轨道上来，监管当局和央行也加强了对商业银行信贷总量和风险监管的窗口指导。至于利率和法定存款准备金政策什么时候退出，则要视以CPI增长率来衡量的通胀率的变化、国际收支失衡的变动及外汇管理体制改革等诸多因素而定。

银行业

一　银行业运行概述

受国际金融危机的影响，2009 年上半年，中国银行业的赢利水平一度有所下滑。到下半年以后，在宽松宏观经济政策的刺激下，中国银行业的资产/负债规模开始出现较快增长，并对促进实体经济的企稳回升发挥了重要的作用。截至 2009 年 12 月末，银行业金融机构境内本外币资产总额达到 78.77 万亿元，同比增长 26.3%，比 2008 年同期提高了 8 个百分点。分机构来看，国有控股商业银行①资产总额为 40 万亿元，同比增长 25.9%；股份制商业银行②资产总额为 11.78 万亿元，同比增长 33.7%，比 2008 年同期高了 11 个百分点；城市商业银行资产总额为 5.6 万亿元，同比增长 37.5%，增长速度居各类银行机构之首；其他类金融机构资产总额为 21.21 万亿元，同比增长 20.05%，明显低于 2008 年水平。

在负债方面，2009 年年末，银行业金融机构境内本外币负债总额为 74.33 万亿元，比上年同期增长 26.8%。其中，国有控股商业银行负债总额为 37.9 万亿元，同比增长 26.9%；股份制商业银行负债总额为 11.22 万亿元，同比增长 34.1%；城市商业银行负债总额为 5.3 万亿元，同比增长 37.7%；其他类金融机构负债总额为 19.89 万亿元，同比增长 20.6%。

（一）存款

2009 年年末，全部金融机构（含外资金融机构，下同）本外币各项存款余额为 61.2 万亿元，同比增长 27.7%，增速比上年提高 8.4 个百分点，比年初增

---

① 根据中国银监会的统计口径，从 2007 年起，交通银行被记入国有控股商业银行范畴。

② 根据 2007 年调整后的口径，股份制商业银行包括：中信银行、光大银行、华夏银行、广东发展银行、深圳发展银行、招商银行、上海浦东发展银行、兴业银行、中国民生银行、恒丰银行、浙商银行、渤海银行。

加13.2万亿元，同比多增5.4万亿元。其中，人民币各项存款余额为59.8万亿元，同比增长28.2%，增速比上年高8.5个百分点，比年初增加13.1万亿元，同比多增5.4万亿元；外汇存款余额为2089亿美元，同比增长8.4%，增速比上年低3.6个百分点，比年初增加162亿美元，同比少增157亿美元。

从人民币存款的部门分布看，非金融企业存款增长明显快于居民部门存款。受经济逐步回升、资本市场活跃等因素影响，居民部门存款增长明显放缓。2009年年末金融机构居民部门人民币存款余额为26.5万亿元，同比增长19.3%，增速比上年低7.0个百分点，比年初增加4.3万亿元，同比少增3290亿元。非金融企业存款全年加速增长态势较为明显，5月份后增速持续高于居民户存款。2009年年末，非金融企业人民币存款余额为29.8万亿元，同比增长37.2%，增速比上年提高22.0个百分点，比年初增加8.1万亿元，同比多增5.2万亿元。企业存款的大幅度增长，在很大程度上是贷款超常规发放所形成的派生存款。

从期限结构看，活期存款多增较多，企业活期存款同比多增3.1万亿元，居民户活期存款同比多增1.1万亿元。2009年年末，财政存款余额为2.2万亿元，同比增长24.2%，比年初增加4368亿元，同比多增4098亿元。随着通货膨胀预期的逐步升温，存款期限短期化的趋势在2010年还会继续延续。

（二）贷款

2009年，在国家先后确定了若干重点区域和重点行业的发展规划之后，全国掀起了一轮新的投资热潮。与此对应，中央确定的积极财政政策和适度宽松货币政策的导向基调，为商业银行信贷扩张创造了一个较好的外部环境，银行业信贷开始进入高位运行，规模、增速都远远超过了往年的水平，只是在进入第四季度，宏观调控适度收紧之后，信贷增速才有了明显的回落。到12月末，银行业信贷增长达到9.5万亿元，同比增长速度超过30%。

与往年相比，2009年的银行业信贷具有如下几个方面的特征。

第一，贷款期限长期化趋势明显。从前3个季度的数据看，中长期贷款占全部新增贷款的比重达到63.1%，其中，非金融企业和其他部门中长期贷款占了78.6%。贷款期限结构拉长的主要原因在于，受全球金融危机影响，实体经济存在较大的不确定风险，银行更愿意将信贷集中到由中央和地方政府主导的基础设施建设中，具体的贷款对象则是以各种形态存在的地方投融资平台。这样一种集中于政府主导基础设施的贷款投向，不可避免地会导致贷款期限的拉长，以及贷款集中度的提高。

第二，票据融资规模波动性较大。2009 年，票据融资规模出现了较大的波动。年初，票据融资规模以天量开场，占据了新增贷款的较大比重。其原因在于，年初国家制订了经济复苏计划，并对各家银行提出了扩张贷款以刺激经济增长的要求。但在整体经济低迷，经济前景不确定性较大的情况下，各家银行只好用票据融资来做大信贷规模，由此导致了票据融资规模的激增，甚至一度出现了票据融资利率与企业存款利率倒挂的现象，这也助长了企业利用票据融资套利的动机。2009 年上半年，新增票据融资达到 1.7 万亿元，同比增长 182.5%。

到 2009 年下半年，随着各项基础设施建设投资的逐步开展以及经济的企稳回升，银行开始将重点转向收益更高的中长期贷款发放，票据融资规模迅速下降，第三季度票据融资规模净减少 8262 亿元。进入第四季度之后，宏观政策开始转向，监管部门对银行的信贷增长开始进行窗口指导，为此，银行不得不进一步加强其资产结构调整的力度，即进一步压缩票据融资和其他短期贷款，为新增的中长期贷款腾出空间，其结果是导致了票据融资规模的进一步萎缩，第四季度票据融资净减少 4240 亿元。

第三，整体信贷规模波动较大，表现出明显的前高后低的倾向。第一季度是银行信贷集中投放期，新增贷款创历史最高，达到了 4.58 万亿元。如前所述，为做大信贷规模，满足监管当局的要求，银行普遍采用了票据融资作为短期内做大贷款规模的主要手段；第二季度，随着大量票据到期和直接融资手段的使用，信贷超速增长的态势有所缓和，新增贷款 2.79 万亿元；第三季度，受资本充足率的影响，各家银行开始调整信贷结构，并放缓了信贷投放的速度，信贷增长回落到了 1.3 万亿元；在进入第四季度后，出于对通货膨胀预期的担忧，监管部门明显加强了对银行信贷发放的调控力度，这导致银行信贷增长的进一步回落，第四季度新增贷款下降到 9300 亿元。

第四，贷款的产业结构相对集中。银行信贷向政府主导的基础设施项目的集中，不仅拉长了贷款的期限结构，也在一定程度上导致了银行信贷对少数产业的倾斜。根据中国人民银行的统计数据，本外币中长期贷款主要投向基础设施行业（交通运输、仓储和邮政业，电力、燃气及水的生产和供应业，水利、环境和公共设施管理业）、租赁和商务服务业、房地产业、制造业。2009 年，主要金融机构（包括国家控股商业银行、政策性银行、股份制商业银行和城市商业银行）投向这四个行业的本外币中长期贷款分别为2.5万亿元、6404亿元、6013亿元和5025亿元，占全部产业新增中长期贷款的比重分别为50.0%、13.1%、12.3%和10.2%。

二　银行业整体发展趋势

近年来，随着银行业竞争的不断加剧，许多商业银行开始关注战略转型问题，具体而言，就是通过调整原有的客户结构、产品结构、收入结构以及地区结构等来拓展自身的生存和发展空间，提升市场竞争能力和赢利能力。从前几年的实践看，中国银行业发展战略调整中有三个比较明显的趋势：其一是零售银行建设；其二是综合化经营；其三是国际化经营。应该说，这几个调整的方向，基本遵循了国际先进银行的发展模式。通过实践，中国商业银行在这几个方面都取得了一定的进展。尽管受到了2008年全球金融危机的影响，但中国银行业在上述方向上的努力仍取得了明显的进展。

（一）零售银行建设

近年来，零售银行成为一个热门词汇。所谓零售银行，就是以居民和小企业为主要服务对象的银行发展模式。从世界范围来看，来自于零售银行业务的收入，在银行的总收入中占据着相当重要的比重。对中国银行业而言，在过去相当长的时间里都是以大企业客户为主，对零售银行的发展并不重视。不过，近年来，一方面由于直接融资市场的快速发展，大企业的融资渠道越来越多（如股票、短期融资券以及企业债等等），对银行贷款的依赖性逐步降低，大企业市场的利润空间正在逐步萎缩；另一方面随着居民收入水平的不断提高，对金融产品和服务的需求日趋膨胀和多元化，为零售银行的发展提供了机遇。正是在这样的背景下，一些中资银行纷纷提出了建设零售银行的目标并积极予以实践。

从相关数据看，在过去几年中，中资银行的零售业务有了较大的发展，转型取得了一定的进展。据统计，中国累计发行的银行卡数量从2004年的7.6亿张上升到12亿张左右，增长了60%；其中，信用卡发行数量从2003年的300万张增长到5000万张。居民消费信贷在过去几年中也经历了一个快速发展阶段，

2007年更是出现了超速的增长。此外，在2006年和2007年资本市场活跃时期，银行的基金、保险代销规模迅速扩大，银行理财产品的发行种类和规模也出现了爆发式的增长。

总体上看，在2009年中，各家银行的零售业务延续了良好发展的势头，较2008年底有了较快的增长。不过，由于政府主导项目的大规模上马，吸引了国内银行绝大多数的信贷资源，各家银行的零售业务总量虽有增长，但在新增贷款中所占的比重却有所下降。个人客户以及中小企业所占据的信贷资源有所下降。特殊的外部环境，对银行零售业务发展战略产生了一定的负面影响。

（二）综合化经营

除零售银行以外，综合化经营也是近年来银行提及较多的词汇。综合化经营在实质上是指银行超越传统的银行业务范围，涉足多元化的金融服务领域。从某种意义上，可以将其视作在分业监管框架下从事混业经营的同义语。

自20世纪80年代以来，综合化经营一直都是国际银行业发展的主流趋势，也给银行业收入结构多元化和赢利水平提高带来了巨大的好处。随着中国金融开放程度的不断提高和竞争的加剧，中国银行业监管部门开始尝试放松对银行业的管制，促进银行的综合化经营，以此提高中国银行业的创新和竞争力。在过去几年中，监管当局逐渐放松对银行业务的诸多限制，允许其涉足非传统的银行业务领域。这其中包括允许银行进行短期融资券和金融债的承销、发起设立基金管理公司、开展资产证券化业务、发展银行理财产品、开展QDII业务、参股保险公司等等方面。

在2009年中，由于受国际金融危机的影响，银行综合化经营的前景一度被蒙上了阴影。所幸的是，政策制定部门和监管部门对综合化经营的认识并未因金融危机而“因噎废食”。2009年9月，经中国保监会批准，交通银行收购了中保康联保险，中国保监会原则上同意中国银行参股恒安标准人寿公司。此外，在2009年年末，中国保监会允许保险公司对商业银行进行投资。在银行监管方面，中国银监会继续支持商业银行综合化经营的发展方向，在银行系金融租赁公司和基金管理公司前期试点成功的基础上，批准新设立一批金融租赁公司和基金管理公司，同时，也支持银行参与对信托公司的重组和收购。

（三）国际化经营

随着中国经济开放程度的提高，许多中资企业开始走出国门，与之相适应，其对金融服务的需求也开始延伸到国门之外。面对客户需求的这一发展，中国一些商业银行进行了国际化经营尝试。当然，从长远看，中国商业银行实现国际化经营的意义远不限于对本国客户的追随。作为市值排名居全球前列的银行，如果没有提供全球化金融服务和参与全球竞争的能力，其地位显然很难得到认可。

在过去几年中，中国一些主要的商业银行已经开始了在国际化经营方面的尝试，并取得了一定的进展。

第一，加快海外分支机构建设。2005 年以后，中国银行海外分支机构扩张步伐加快，机构数量不断增加，覆盖的地区也迅速扩大。到目前为止，中国工商银行已经获准建立莫斯科分行、卢森堡有限公司、印度尼西亚分行、卡塔尔多哈分行。2007 年年末，美联储正式批准招商银行设立纽约分行，2008 年，批准中国工商银行建立纽约分行，2009 年 2 月，中国建设银行纽约分行也获准成立。交通银行则设立了首尔和法兰克福分行。

第二，加快了海外并购步伐。与新设机构相比，并购是相对更快的一种发展方式，也是国际银行业进行跨地区扩张的主要手段。近两年来，中国主要银行通过上市获得了大量的资金，并购能力显著提升。据不完全统计，自 2006 年以来，中资银行已经先后进行了 11 次海外并购和参股活动（见表 1）。其中，在 2009 年 6 月，中国工商银行以 7300 万美元收购了加拿大东亚银行 70% 的股权，一举获得了加拿大的银行业牌照和客户资源；9 月份，中国工商银行签署协议收购泰国 ACL 银行 19.26% 的股权，同时宣布对其发起全面收购，有望以最多 37 亿元人民币获得其全部股权。中国建设银行则于 11 月完成对美国国际信贷（香港）有限公司的收购，获得了超过 50 万个信用卡账户以及超过 5% 的香港信用卡市场占有率。

不过，由于国际金融市场的动荡，中国银行业的国际化尝试，在账面上并不算成功。根据现有数据，民生银行对美联银行的投资、国家开发银行对巴克莱银行的投资以及中投公司的投资等等，账面损失都已超过 50%。但考虑到中国商业银行的国际化仍处于尝试阶段，加之恰逢全球金融危机这样的不可预期事件，投资损失应属可接受之列。从长期看，随着中国经济、金融的进一步开放，商业

表 1　2006 年以来中国商业银行的海外并购和参股概况

银行名称	海外并购和参股对象	持股及交易金额
中国工商银行	印尼哈利姆银行 南非标准银行 澳门诚兴银行 加拿大东亚银行 泰国 ACL 银行	90% 股权 54.6 亿美元,20% 股权 45.65 亿港元,79.9333% 股权 7300 万美元,70% 股权 37 亿元人民币,100% 股权
中国建设银行	美银亚洲 美国国际信贷(香港)有限公司	97.1 亿港元,100% 股权 不详
国家开发银行	英国巴克莱银行	22 亿欧元,3.1% 股权
民生银行	美国联合银行控股公司	9.9% 股权(有权增持到 20%)
中国银行	法国爱蒙德・罗斯柴尔德银行	2.363 亿欧元,20% 股权
招商银行	香港永隆银行	193 亿港元,53.1% 股权

资料来源：各银行相关公告。

银行的国际化经营是不可逆转的趋势，这既是国家发展战略的需要，也是中国商业银行发展的必然。因此，尽管目前出现了一些亏损，但在金融危机所提供的百年难遇的国际化机遇面前，在未来一段时间，或可看到更多的中国银行业在国际化方面的发展。

三　银行业改革与发展

2008 年，中国银行业改革继续深入。中国农业银行改革方案最终确定，并在 2008 年正式启动，清产核资以及坏账剥离工作都在积极展开之中；2009 年 1 月，中国农业银行股份有限公司正式挂牌成立，这标志着中国国有商业银行改革已进入最后阶段。除中国农业银行的改革外，另外两家规模巨大的政策性金融机构——国家开发银行以及邮政储蓄银行的改革也得到了推进。2008 年 12 月 16 日，国家开发银行股份有限公司正式挂牌成立，正式转型成为商业银行。邮政储蓄银行在 2007 年 3 月挂牌成为商业银行，此后一年多时间里，致力于分支机构的建设。此外，在农村金融方面，除继续原有的农信社改革之外，新型农村金融机构的发展也进入了新的阶段，一大批机构得以试点建立，以配合中国农村发展战略的实施。

在2009年，中国农业银行改革、国家开发银行转型以及邮政储蓄银行的改制都在按前期既定的方案有序推进。农村金融方面的一些创新发展成为中国银行业进一步深化改革的主要方面。为了有效解决农村地区银行业金融机构网点覆盖率低、金融供给不足、竞争不充分等问题，2006年年末，中国银监会调整放宽农村地区金融市场准入政策，按照“低门槛、严监管”原则，吸收引进境内外银行资本、产业资本和民间资本，大力培育发展村镇银行、贷款公司和农村资金互助社三类新型农村金融机构，首批选择在6省（区）进行试点；2007年10月，经国务院同意，试点范围扩大到全国31个省（区、市）。3年来，试点工作得到党中央、国务院高度重视和充分肯定，得到社会各界广泛认同和大力支持。截至2009年11月末，全国共有138家新型农村金融机构开业，其中村镇银行118家，贷款公司8家，农村资金互助社12家，另有13家村镇银行获准筹建。截至2009年10月末，新型农村金融机构134家机构共引入资本53亿元，吸收存款175亿元，发放贷款137亿元。目前，试点机构总体运行良好。

（1）从机构类型看，村镇银行数量最多。截至2009年11月末，在已开业的138家新型农村金融机构中，村镇银行118家，占85%；贷款公司8家，占6%；农村资金互助社12家，占9%。投资人投资村镇银行的意愿更强。

（2）从地域分布看，主要在中西部地区。在全国已开业的138家新型农村金融机构中，有58家设在西部地区，39家设在中部地区，41家设在东部地区，中西部地区合计97家，占70%。从3类机构情况分别看，在118家村镇银行中，有81家设在中西部地区，占69%；在8家贷款公司中，有6家设在中西部地区，占75%；在12家农村资金互助社中，有10家设在中西部地区，占83%。

（3）从经营情况看，多数机构赢利。截至2009年10月末，新型农村金融机构不良贷款余额2103.7万元，不良贷款率0.15%。新型农村金融机构资本充足率36.4%，核心资本充足率35.8%，比例仍然较高；共实现净利润7932.6万元，较年初（-450.5万元）增加8383.1万元。除10家新开业尚未发生业务的机构外，共有83家赢利，占62%，赢利总额1.1亿元；有41家亏损，占31%，亏损面进一步缩小。从开业时间上看，开业1年以上的机构有107家，其中有82家赢利，占76.6%；开业时间不到1年的机构有27家，除去9月份以来新开业的7家未要求报送数据外，其余20家中，1家赢利，2家盈亏平衡，17家亏损。

大中型商业银行发起设立的15家机构，除4家新开业机构外，有6家赢利。

（4）从主发起人看，商业银行是中坚力量。目前，共有89家各类银行业金融机构作为主发起人，发起设立了126家村镇银行和贷款公司。其中，69家商业银行发起设立99家机构（村镇银行92家、贷款公司7家），占村镇银行和贷款公司总数的79%。在商业银行中，有6家大中型商业银行发起设立13家机构，全部为村镇银行，占村镇银行和贷款公司总数的10%，比例明显偏低。具体是：农业银行2家、建设银行2家、交通银行1家、浦发银行5家、民生银行2家、光大银行1家。除商业银行外，国家开发银行发起设立6家村镇银行；13家农村合作银行发起设立14家村镇银行、1家贷款公司；2家城市信用社发起设立2家村镇银行；4家农村信用联社发起设立4家村镇银行。由银行业金融机构作为村镇银行和贷款公司的主发起人，使新型农村金融机构在管理和技术上得到了较好的保证。

总体上看，新型农村金融机构的试点取得了较好的成绩，对促进农村金融发展起到了一定的积极作用。不过，试点中也还存在一定的问题。其中，风险处置机制和配套机制等是制约新型农村金融机构长期健康发展的主要障碍。

从风险处置方面看，由于尚处于试点发展初期，新型农村金融机构总体经营状况还算良好，有关各方对相关风险以及风险处置问题关注的并不多。从长远看，这些小型的金融机构由于规模所限，业务结构单一，其抵御风险的能力远小于大银行。从国外的实践看，在经济周期波动中，小银行往往首当其冲，破产数量较多。因此，随着试点的大规模推开，上千家的村镇银行和其他小金融机构，一旦出现破产风潮，对中国经济和社会的影响不可忽视。但有关各方对村镇银行风险处置的问题还没有明确规定。如果有村镇银行出现了风险，该由谁来承担相应的损失和责任？债权人的权利该由谁来保障？破产的银行如何退出市场？这一系列问题都还没有具体的制度安排。因此，在未来一段时间里，随着村镇银行试点的推开，相关的风险处置制度也需要逐步建立起来，明确相关风险的具体承担者，相应的资金来源以及应遵循的风险处置程序，等等。

从配套支持体系方面看，在政策意图上，设立村镇银行的目的是要其支持中小企业和农村金融的发展，这意味着村镇银行尽管属于股份制商业银行，但其业务与一般的商业银行并不相同。在过往的实践中，中国对那些专注于中小企业和农村金融的银行业机构（如农村信用社）在相关业务领域也都存在一定的支持性政策，如根据财政部、国家税务总局有关文件，中国中西部地区农村信用社暂免征收企业所得税；其他地区农村信用社，按其应纳税额减半征收企业所得税；对农村信用社取得的金融保险业应税收入，按3%的税率征收营业税；等等。但村镇银行目前并不能享受这些优惠，这给还处于发展初期的村镇银行带来了一定的困难，使之不得不将有限的资金投向非农领域，以获取更高的回报。此外，从国际范围的实践来看，对于成立初期的小额金融机构，补贴也是必不可少的手段。目前，尽管各地政府对成立村镇银行都允诺了一些优惠条件和补贴，但落实情况并不尽如人意。

四　主要商业银行经营状况

（一）净利润

2009年，受宏观经济下行影响，银行业利润增速较往年有明显下降。第一季度，14家上市银行净利润同比增长-8.88%；第二季度下滑趋势有所缓解，净利润同比增长-3.16%；第三季度开始扭转负增长趋势，实现净利润3422.2亿元，同比增长2.32%。从可获得的数据看，影响银行净利润的主要因素是净息差的大幅度收窄，这是央行2008年5次降息的滞后影响所致。上市银行在资产负债的重新定价过程中，净息差空间大幅度缩小导致了银行利润的下滑。此外，成本上升也是造成银行利润下滑的一个重要因素。2009年前3个季度上市银行净利润增长构成如表2所示。

表2　2009年前3个季度上市银行净利润增长构成

单位：%

类　别	赢利资产	净息差	非息收入	其他收支	成本	拨备	税收	净利润
大型银行	24.50	-31.20	3.89	1.39	-2.91	8.41	0.82	4.90
中型银行	24.42	-35.00	1.13	3.28	-4.60	2.76	0.47	-7.54
城商行	39.97	-24.40	0.95	-2.50	-7.62	-8.01	0.12	-1.49
上市银行	31.93	-32.20	1.95	1.81	-4.54	2.84	0.53	2.32

资料来源：招商银行研究部。

从表 2 可以看到，尽管银行业整体利润有下滑趋势，但不同类型银行之间也存在较大的差异。大型银行的赢利状况相对好于中型银行和城商行。主要成因有三：其一是中小型银行的贷款整体收益率偏低。在 2009 年上半年，中小型银行票据融资占新增贷款比重要明显高于大型银行，而票据融资的收益率较低。其二是在 2009 年的贷款整体投向中，中小企业客户所得到的金融资源明显减少，大部分信贷资源都集中在大型项目和基础设施建设领域；在这一领域，大型银行有较强的竞争优势。其三是收入结构存在差异。相比较而言，大型银行的资产更为多元化，贷款占总资产比重要低于中小型银行。同时，大型银行收入结构也更趋多样，非利息收入占比较高。这意味着，净息差收窄对大型银行的负面影响要小于中小型银行。

（二）业务结构

到目前为止，利差收入还是中国商业银行最主要的收入来源。不过，在外部环境（尤其是风险资本充足率监管要求）发生变化的情况下，由于利差收入所占用的风险资本较多，而银行资本金来源又相对有限，过度依赖利差收入的发展模式自然会受到限制。要想进一步提升银行的赢利能力，就必须要转向占用资本金较少甚至不占用资本金的中间业务（手续费和佣金收入），拓展非利差收入来源。在近几年中，中国商业银行在中间业务发展方面已经取得了一定的进展。自 2007 年以来，由于资本市场交易的活跃，商业银行在与资本市场相关的各项中间业务中获取了丰厚的收益，各家银行以手续费收入为主的中间业务收入有明显提升，这也是上市银行业绩提升的重要来源。

从可获得的数据看，在 2009 年中，商业银行的业务和收入结构有两个明显的变化：第一，手续费和佣金收入占比有明显提高。在表 3 列出的几家银行中，工行、招行和建行的中间业务收入占比均已超过业务收入的 15%，其他两家也在 10% 左右。这反映了中国商业银行业务转型战略已取得了初步的成绩。第二，在业务板块方面，零售业务的贡献度明显下降，公司银行业务贡献度大幅度提高，国内商业银行的零售业务发展战略遭遇了一定的阻力。从数据上看，工行和民生银行的零售业务贡献度下降明显，占比下降超过 5 个百分点，民生银行的绝对占比更是跌到了 10% 左右；中信银行略有下降；建行和招行的零售业务则略有上升。在公司业务方面，除民生银行外，其他几家银行公司业务贡献度都有不同程度的上升。工行最为突出，占比上升超过 10 个百分点。

表 3　部分上市银行各项业务收入占比

单位：%

银行名称	零售银行业务收入占比		公司银行业务收入占比		手续费及佣金收入占比	
	2008 年第三季度	2009 年第三季度	2008 年第三季度	2009 年第三季度	2008 年第三季度	2009 年第三季度
工商银行	33. 30	28. 60	45. 80	56. 90	15. 79	18. 70
建设银行	27. 01	29. 21	51. 23	54. 45	14. 92	17. 90
招商银行	29. 45	32. 81	48. 20	50. 13	13. 97	16. 03
中信银行	15. 56	14. 97	78. 43	79. 48	6. 82	9. 69
民生银行	16. 56	10. 08	70. 53	54. 10	17. 38	10. 82

资料来源：招商银行研究部。

银行业务板块贡献度的变化与 2009 年中国特殊的经济环境有关。在经济下落的环境中，政府主导的投资成为 2009 年拉动中国经济增长的主要动力，由此，大量的银行信贷资源也就集中到了和这些建设项目相关的企业和项目上，导致了零售业务所占用资源有明显下降。应该看到的是，这种情况有其特殊性，随着经济形势的全面好转和城乡居民收入的提高，降低对企业业务的依赖度，大力拓展零售银行业务，仍然是中国银行业值得追求的战略发展方向。

（三）资产质量

根据中国银行业监督管理委员会公布的数据，到 2009 年年末，中国商业银行不良贷款余额为 4973. 3 亿元，占全部贷款的比率为 1. 58%。其中，损失类贷款余额为 627. 9 亿元，占全部贷款的比重为 0. 20%。分机构来看，不良贷款的主要部分依然集中于国有控股商业银行，2009 年年末，国有控股商业银行不良贷款余额为 3627. 3 亿元，不良率为 1. 8%。股份制商业银行的资产质量状况较好，2009 年年末，12 家股份制商业银行总体的不良贷款余额为 637 亿元，不良率为 0. 95%。城市商业银行的资产质量也略有改善，2009 年年末不良资产余额为 376. 9 亿元，不良率为 1. 3%。2009 年年末农村商业银行不良贷款余额为 270 亿元，不良率为 2. 76%，较上年下降了 1 个百分点。外资银行资产质量较上年略有下降，2009 年年末不良贷款余额为 61. 8 亿元，较上年增加 0. 7 亿元左右，不良率为 0. 85%，比上年上升 0. 02 个百分点。中国银行业不良资产状况如表 4 所示。

总体上看，中国银行业资产质量在 2009 年继续保持了不良率和不良贷款数额

"双降"的态势。在国际金融危机的环境中，取得这样一个结果已属不易。从表5可见，各家上市银行的不良贷款较往年有进一步的下降，资产质量状况良好。

表4　中国银行业不良资产状况

银行类型	2007年		2008年		2009年	
	不良贷款余额（亿元）	不良率（%）	不良贷款余额（亿元）	不良率（%）	不良贷款余额（亿元）	不良率（%）
国有控股商业银行	11149.5	8.05	4208.2	2.81	3627.3	1.80
股份制商业银行	860.4	2.15	736.6	1.51	637.2	0.95
城市商业银行	511.5	3.04	484.5	2.33	376.9	1.30
农村商业银行	130.6	3.97	191.5	3.94	270.1	2.76
外资银行	32.2	0.46	61.0	0.83	61.8	0.85

资料来源：中国银行业监督管理委员会。

表5　上市银行不良贷款率情况

单位：%

银行名称	2007年	2008年	2009年
工商银行	2.74	2.29	1.68
建设银行	2.60	2.21	1.57
中国银行	3.12	2.65	1.60
中信银行	1.48	1.36	0.96
交通银行	2.05	1.92	1.44
北京银行	2.06	1.55	1.01
南京银行	1.79	1.64	1.26
宁波银行	0.36	0.92	0.79
民生银行	1.22	1.20	0.82
兴业银行	1.46	1.21	0.93
招商银行	1.54	1.11	0.83
华夏银行	2.25	1.82	1.50
深发展	5.62	0.68	0.68

资料来源：各行公开资料。

值得注意的是，在2009年年中，银行贷款扩张的主要方向集中于基础设施产业，而且期限多以中长期为主，这部分资产质量的真实情况，或许要在未来几年才会逐步显现出来。目前，国家管理层和银行自身也都开始了对城市建设类贷款风险的重新审视，并开始逐步采取一些调整措施。

（四）风险抵补

在资产质量继续改善的同时，监管当局针对国际金融危机所反映出的一些问题，提高了对银行风险抵补能力的要求。一方面中国银监会在2009年3月进一步提高了对商业银行拨备覆盖率的要求，将拨备覆盖率提高到了150%。根据中国银监会公布的数据，到2009年年末，全国银行业整体的拨备覆盖率已经达到155%。另一方面，中国银监会年中颁布了《商业银行资本充足率监督检查指引》，进一步规范了商业银行资本的计算以及对资本金结构的相关要求。此外，中国银监会还通过窗口指导的形式，要求商业银行提高资本充足率水平。上市银行资本充足率状况如表6所示。

表6　上市银行资本充足率状况

单位：%

银行名称	2008年		2009年第三季度	
	核心资本充足率	资本充足率	核心资本充足率	资本充足率
工商银行	10.75	13.06	9.86	12.60
建设银行	10.17	12.16	9.57	12.11
中国银行	10.81	13.43	9.37	11.63
中信银行	12.32	14.32	9.84	11.24
交通银行	9.54	13.47	8.08	12.52
北京银行	16.42	19.66	—	—
南京银行	20.68	24.12	11.63	13.21
宁波银行	14.60	16.15	10.02	11.25
民生银行	6.60	9.22	—	—
兴业银行	8.94	11.24	7.50	10.63
浦发银行	5.03	9.06	6.76	10.16
招商银行	6.56	11.34	6.61	10.54
华夏银行	7.46	11.40	—	—
深发展	5.27	8.58	5.20	8.60

资料来源：Wind资讯。

资本充足率监管标准的提高，在一定程度上可以提升银行应对风险的能力。不过，在经历了2009年信贷的高速扩张后，各家银行的资本金都有较大程度的摊低。监管要求的提升，给相当部分的银行带来了较大的资本金补充压力。在

2009年，招商银行、民生银行先后进行了配股，中国银行则通过发行混合资本债券对附属资本进行了补充，之后交通银行、浦发银行以及兴业银行等也提出相应的资本金补充计划，并已在实施过程中。预计在2010年，受资本金补充的约束，银行信贷增长可能会较2009年有较明显的回落。从长期看，资本充足率监管的强化，对中国银行业目前的经营模式可能产生深远的影响。

五　银行业对外开放

2006年年底，中国履行“入世”承诺，向外资银行开放全部金融市场，开始实施法人银行导向的监管政策，此后，外资银行在中国的业务发展保持了较快的增长势头。截至2009年10月末，在华外商独资银行20家，下设分行95家；合资银行有3家，下设5家分行和1家附属机构；外商独资财务公司有3家。另外，有22个国家和地区的72家银行在华设立了130家分行；有46个国家和地区的191家银行在中国25个城市开设了241家代表处。可以看出，从2006年年底中国银监会实施法人银行导向政策以来，外资银行在华发展的市场格局已经由以往的分行主导向外资法人主导平稳过渡。2009年10月末，中国银监会已经批准了21家外资银行将其中国境内分行改制为法人银行。

在2007～2009年期间，外资银行发展趋势有很大的变化。2006年年底，中国银监会取消了对外资银行人民币业务的限制，在随后的2007年，外资银行人民币业务迅速发展，全年资产总额同比增长41%，贷款同比增长57.8%，负债同比增长64.7%，各项存款增长38.47%，实收资本同比增长40.51%。增长速度远远高于中国银行业平均水平，成为增速最快的银行业群体。

但在进入2008年之后，随着全球金融危机的扩散，主要外资银行的母公司大多深陷其中，损失惨重，这对外资银行在华发展战略的实施造成了较为明显的影响。2008年全年，外资银行新增贷款628亿元，比2007年大幅度减少近1100亿元，惜贷现象非常明显；同时，不良贷款数额增加30亿元，不良贷款率上升了0.37个百分点。进入2009年后，尽管中国经济复苏势头明显，但外资银行新增贷款却依然疲软，新增贷款市场份额迅速下降。外资银行市场份额下降的原因可能有二：第一是外资银行母公司所受危机冲击较大，新的问题还在不断暴露，在一定程度上限制了外资银行的扩张能力；第二是2009年国内银行新增贷款多数集中于基础设施建设方面，在这个市场上，外资银行显然缺乏竞争力。到2009年第三季度末，外资银行总资产为13409亿元人民币，占全部银行业总资产的比重下降到0.5%以下，与其高峰时占比2.4%的水平相比有较大降低。

尽管外资银行总体资产负债的扩张势头有所减弱，但在2007~2008年间，外资银行对进入中国农村金融市场的兴趣并未因金融危机而有所消减。在中国银监会开放新型农村金融机构的设立之后，外资银行纷纷表现出了对该领域的兴趣，积极参与村镇银行以及贷款公司的组建工作。到目前为止，汇丰银行先后在湖北随州、重庆大足、福建永安、北京密云等地开设了5家村镇银行；渣打银行在内蒙古和林格尔建立了首家村镇银行；花旗银行则先后成立了3家贷款公司。对于许多市场分析人士来说，外资银行对于农村金融市场的热情，似乎有些不好理解。原因是，农村金融市场的赢利前景目前尚不明确，农村金融较小的规模似乎也很难给外资银行贡献很大的利润。无论外资银行积极参与中国农村金融市场的目的，是出于其长期战略发展目标，还是出于想与监管层建立起良好的关系，或是其他意图，其对促进中国农村金融的发展都有着非常积极的作用。

保险业

一　保险业发展概况和特点

2008～2009年是新世纪以来中国经济发展最为困难的时期，国际金融风暴的持续、蔓延及由此引发的世界经济危机给中国经济带来了严重冲击。中国政府实施积极的财政政策和适度宽松的货币政策，使经济增长率达到了8.7%，实现了平稳较快发展，2009年国内生产总值达33.53万亿元①。面对复杂多变的宏观经济环境，中国金融市场格局和内外部环境也发生了深刻的变化。保险市场发展呈现增长平稳、风险可控、结构优化、秩序好转、效益提升、协调发展的良好态势。

（一）保险业发展的市场环境复杂多变，宏观调控政策不确定性增强

2008年，中国发生了南方雨雪冰冻和汶川大地震两场突如其来的特大自然灾害，经历了全球金融市场急剧动荡和经济衰退的巨大冲击，加上中国经济改革和发展中尚未解决的深层次矛盾和问题，宏观经济增长明显减速，国外需求急剧萎缩，净出口对经济增长的贡献率大幅度下降，工业生产增长放缓，企业利润增速回落，中国经济发展压力明显加大。针对复杂多变的国际经济形势与国内经济运行中的突出矛盾和问题，中国的宏观调控政策经历了从年初的“两防”到8月份以后的“一保一控”。针对国际金融危机快速蔓延的态势，2008年11月中国政府及时调整宏观经济政策取向，迅速出台了扩大国内需求的10项措施，陆续制定和实施了一系列政策，形成了系统完整的促进经济平稳较快发展的一揽子计划，使2008年的经济总体上保持了平稳较快发展。

---

① 数据来源：本文使用的数据除特别说明外均来自历年《中国统计年鉴》、《中国保险年鉴》、《中国金融发展报告》、中国保险监督管理委员网站和相关公开出版物及报告，以及中华人民共和国2009年国民经济和社会发展统计公报。部分数据由作者计算得到。

2009年，中国经济面临更加复杂的国内外形势。国际经济复苏之路一波三折。全球贸易水平持续萎缩，主要经济体失业率居高不下，财政赤字水平令人担忧，金融危机的影响远未消除，全球经济复苏仍面临着较大的不确定性。由于前期大规模财政刺激政策引发各国出现巨额财政赤字，导致2009年年末至今相继爆发迪拜危机、希腊危机等不稳定因素，危及世界经济的复苏，刺激政策的退出时机和策略成为各大经济体面临的一个主要难题。中国经济较快扭转了增速下滑的局面，国家强调在继续实施积极的财政政策和适度宽松的货币政策的同时，根据新形势、新情况着力提高政策的针对性和灵活性，特别是更加注重提高经济增长质量和效益，更加注重推动经济发展方式转变和经济结构调整，更加注重推进改革开放和自主创新、增强经济增长活力和动力，更加注重改善民生、保持社会和谐稳定，更加注重统筹国内国际两个大局，努力实现经济平稳较快发展；明确了提高宏观调控水平、加大经济结构调整力度、扩大内需增长空间、深化经济体制改革、推动出口稳定增长、着力保障和改善民生等6大任务。

在这些背景下，保险市场保持了平稳发展，保费收入增长13.8%，年保费收入首次突破1万亿元大关。

（二）保险业增速明显放缓，保费收入世界排名第六

伴随经济高速发展，中国保险市场业务规模持续扩大。1980年全国保费收入仅为4.6亿元，2009年实现保费收入11137.27亿元，年均增长超过30%，增幅远高于同期国内生产总值的增长水平，是国民经济中发展最快的行业之一（见图1和图2）。2009年中国保险业保费收入增长速度放缓，但仍高于同期国内生产总值的增长水平，保持了平稳较快发展态势。2009年保险公司原保险保费收入11137.27亿元，比上年增长13.8%，其中，财产险保费收入2875.80亿元；寿险保费收入7457.44亿元；健康险保费收入573.98亿元；意外险保费收入230.05亿元。中国保费收入的国际排名达到第6位，已逐步成为令世界瞩目的新兴保险大国。

（三）保险密度和保险深度大幅度上升

中国自1980年恢复保险业，特别是金融体制改革以来，保险市场逐步进

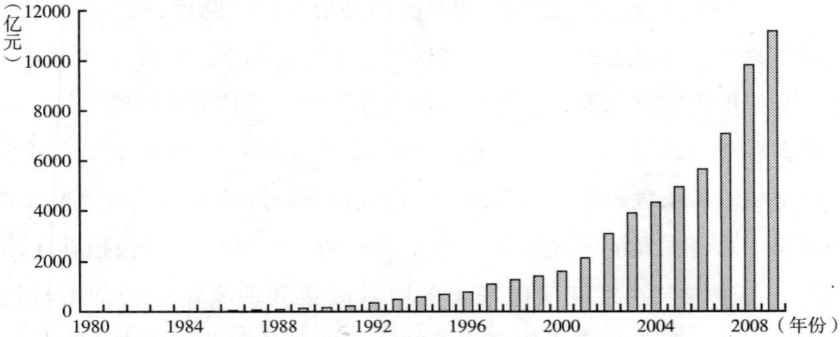

图1　改革开放以来保费收入变化趋势

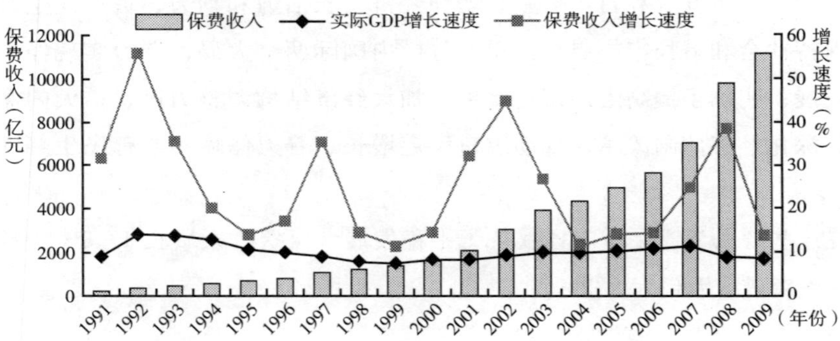

图2　1991年以来保费收入及其增长速度、实际GDP增长速度对比

入快速成长期，保险深度由1980年的0.1%增长到2009年的3.32%，保险密度则由1980年的0.47元/人提高到2009年的834.4元/人（见图3和图4）。

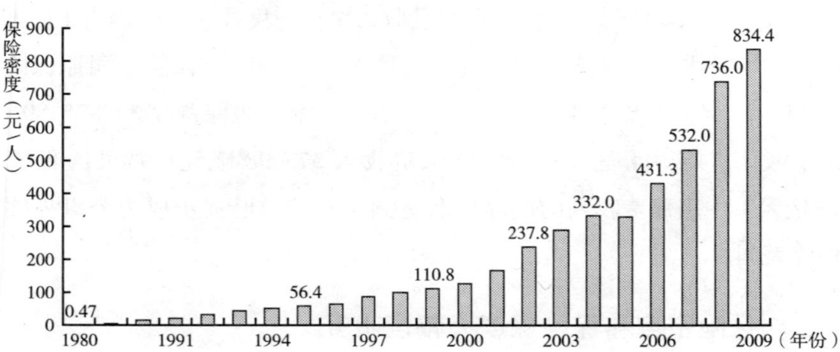

图3　改革开放以来保险密度增长趋势

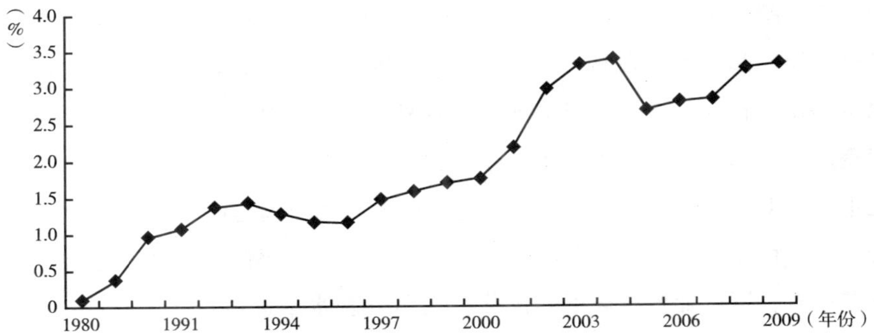

图4　改革开放以来保险深度变化趋势

（四）保险业整体赢利水平大幅度提升，保险公司整体实力明显增强

2008年，南方雨雪冰冻和汶川大地震、金融危机以及中国保险业长期以来“重规模速度、轻利润质量”的赢利模式给保险业的赢利水平带来了沉重压力，保险公司利润总额锐减126.06%，全行业亏损额达175.27亿元，比2007年利润总额减少847.93亿元。其中，财产险公司利润总额为－83.47亿元，同比减少138.17亿元，增长－252.6%；人身险公司利润总额为61.64亿元，同比减少466.71亿元，增长－88.33%。2009年保险公司一举扭亏，利润总额达到530.6亿元。财产险公司扭亏为盈，实现利润35.1亿元。人身险公司实现利润434.6亿元，业务价值显著提升。全行业实现投资收益2141.7亿元，收益率6.41%，比上年提高4.5个百分点，共有22家保险公司的资金运用收益率超过8%。

近年来保险业整体实力明显增强，资产规模迅速扩大，保险业积累第一个1万亿元资产用了24年，积累第二个1万亿元资产用了3年，而积累第三个和第四个1万亿元资产仅用了1年时间。截至2009年年底，保险公司总资产突破4万亿元大关，达到4.1万亿元。此外，偿付能力监管力度的加大，促进了行业资本金总体水平的提高，资本实力也大为增加，净资产达到3904.6亿元，比上年末增加1097.4亿元。保险公司改革稳步推进，中国人民保险集团公司整体改制，中国太平洋保险集团在香港发行H股。商业银行投资保险公司试点启动。

（五）结构调整取得积极进展

2009年，保险市场结构调整取得积极进展。从业务结构看，财产险中的农业险、信用险、工程险等非车险业务分别同比增长21%、91.3%和31.6%；非寿险投资型产品投资金余额为506.4亿元，较上年末减少426.5亿元；寿险中标准保费同比增长19.5%，增速高于规模保费增速8.6个百分点；新单业务中，期交保费占比25.2%，同比上升5.4个百分点，其中10年期及以上保费占新单业务比重上升1.7个百分点。从业务渠道结构看，个人代理业务占比43.8%，同比上升1.8个百分点，银邮代理业务占比47.7%，同比下降1.2个百分点。从保险投资结构看，资产配置结构不断优化，投资管理水平逐步提高。从收益结构看，固定收益资产实现收益1029.5亿元，占比48.1%，权益资产实现收益1035.8亿元，占比48.4%，两个方面的收益基本相当，收益结构更加均衡。

（六）保险市场主体在改革开放的进程中不断增加

改革开放初期，国内只有1家保险公司——中国人民保险公司。1983年7月，中国人民保险公司设立了董事会和监事会，作为国务院直属局级经济实体，在国内保险市场上实行独家垄断经营。1986年，经中国人民银行批准，成立了新疆生产建设兵团保险公司；1988年3月和1991年4月，平安、太平洋等股份制保险公司相继成立。从此，国内保险市场由中国人民保险公司独家经营的格局被打破了。1992年9月，美国友邦保险有限公司在上海设立分公司，经营人寿保险业务和财产保险业务。截至2009年年底全国共有保险机构136家，其中中资机构84家，外资机构52家。人身保险公司共计59家，其中中资公司31家，外资公司28家，从数量上分析，外资人身保险公司已经占47%。财产保险公司共计52家，其中，中资公司34家，外资公司18家。保险集团公司8家、再保险公司（含外资再保险公司在华分公司）8家、资产管理公司9家。保险市场形成了以国有商业保险公司和股份制保险公司为主体、政策性保险公司为补充、中外保险公司并存、多家公司竞争发展的新格局。2009年年底，全国共有保险专业中介机构2570家，兼业代理机构14.9万家，营销员290万人。

（七）保险资金运用领域不断拓展

2008年年底，保险公司资金运用余额为30552.77亿元，较年初增长2.62%。其中，银行存款8087.55亿元，较年初增长14.74%，占资金运用余额的比例为26.47%；债券17684.17亿元，较年初增长50.47%，占比57.88%；

证券投资基金 1646.46 亿元，较年初下降 34.93%，占比 5.39%；股票（股权）2425.36 亿元，较年初下降 48.57%，占比 7.94%；投资性房地产 86.55 亿元，较年初增长 24.91%，占比 0.28%。受金融危机影响，2008 年保险公司共实现资金运用收益 529.87 亿元，资金运用平均收益率由 2007 年的 10.9% 迅速滑落到 1.91%。

2009 年，面对经济形势变化和宏观政策调整，保险机构不断优化资产配置，化解投资运作风险，保险资产管理取得较好成效。在国际金融危机面前，保险机构及时调整资金运用方向，以稳健投资、价值投资为先，在确保资金的安全性的同时，资金运用收益大幅度提高。2009 年全行业实现投资收益率 6.41%（见图 5），同比提高 4.5 个百分点，固定收益资产实现收益 1029.5 亿元，占比 48.1%，权益资产实现收益 1035.8 亿元，占比 48.4%。在金融危机的大背景下取得这样的成绩实属不易。

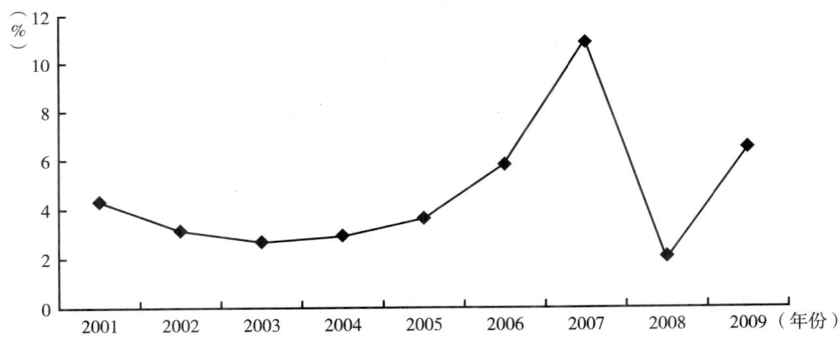

图 5　保险资金运用收益率变化趋势

在资产配置方面，各保险机构对大类资产配置进行了及时、灵活的调整，截至 2009 年第三季度末，中国保险资金运用 3.4 万亿元，其中债券占 50.6%，银行存款占 29.3%，基金占 6.4%，股票（股权）占 10.8%①。

2009 年，包括修订《中华人民共和国保险法》在内，保险业出台与投资有关的监管法规达 11 项之多，尤其在债券投资渠道方面迈出了很大的步伐，为投资工作健康发展奠定了基础。在规范保险资金运用和能力建设方面，中国保监会

① 摘自 2009 年 11 月 15 日中国保监会副主席李克穆在“2009 北京国际金融论坛”上的讲话，中国保监会网站，http://www.circ.gov.cn。

于3月发布《保险资金运用管理暂行办法（草案）》（征求意见稿）、《关于规范保险机构股票投资业务的通知》，决定对保险公司股票投资由审批制改为以偿付能力为基准的备案制；发布《关于加强资产管理能力建设的通知》，提出了《保险公司股票投资管理能力标准》，允许保险机构对照标准自行评估股票投资管理能力，符合标准的可进行投资备案。在债券投资方面，中国保监会3月份发布《关于增加保险机构债券投资品种的通知》、《关于保险资金投资基础设施债权投资计划的通知》和《关于印发〈基础设施债权投资计划产品设立指引〉的通知》，10月份发布《关于债券投资有关事项的通知》和《关于加强保险机构债券回购业务管理的通知》，12月份发布《关于保险机构投资无担保企业债券有关事宜的通知》，增加债券投资品种、提高企业债券投资上限，突出债券的投资主战场地位。

（八）保险中介市场发展迅速

近年来保险中介市场增长速度较快。2009年全国保险公司通过保险中介渠道[①]实现保费收入9161.09亿元，同比增长13.89%，占全国总保费收入的82.26%。全国保险中介渠道共实现业务收入881.94亿元，同比增长22.49%。

2009年，全国保险专业代理机构和保险经纪公司实现保费收入573.53亿元，同比增加11.75%，占全国保费收入的5.15%，比2008年同期降低0.12个百分点。

（九）寿险公司业务增长速度迅速下滑，非寿险公司业务增长速度减缓

图6给出了非寿险公司和寿险公司近年来业务增长速度与GDP增长速度的对比走势。从中可以看出，寿险业务在经历2008年的爆发式增长（增长率达49%）后，2009年迅速滑落到12%，其主要原因有二：其一是需求方面，2008年再次发生的投连险风波给2009年的寿险需求带来严重影响。2006~2007年资本市场的高涨使许多寿险公司忘却了数年前发生在投资连接产品上的危机，利用高比例投资权益类资产一时体现在账户价值上的高收益，似乎也可将业务规模狂飙突进。但随着资本市场的逆转，被标为“创新产品”的投资连接产品退保风

① 保险中介渠道包括：保险代理公司、保险经纪公司、保险营销员、保险兼业代理机构。

波又一次不期而至。其二是供给方面，是不合理的业务结构发展带来的必然后果。近年来寿险公司越来越偏重于投资型业务（特别是投连险和万能险），而随着中国为应对金融危机不断调低基准利率，投资型业务受到非常大的影响。

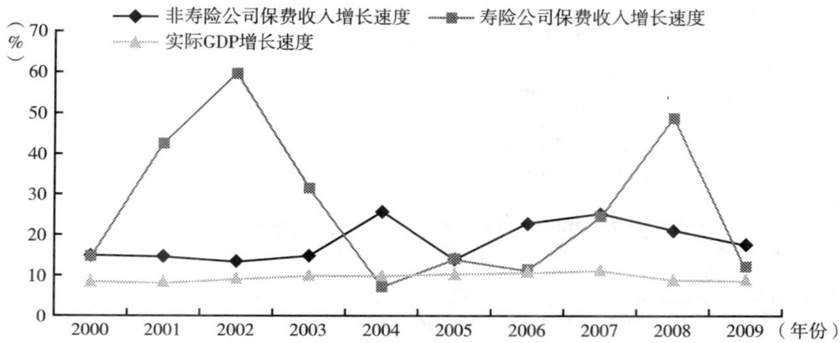

图 6　寿险、非寿险公司保费收入增长速度与实际 GDP 增长速度对比

非寿险业务则延续了 2008 年的弱势，增速由 2008 年的 21.5% 进一步下降到 17.7%，这主要是受财险业承保周期的影响，因为 2008 年的两场巨灾对财产险供给能力产生了一定影响，导致供给不足。

（十）银行保险业务增速减缓

近年来银行保险一直是中国保险业务增长的主要渠道之一。2008 年银行保险渠道实现的保费收入达到 3546.52 亿元，比 2007 年增长 107%，但 2009 年银行保险渠道实现的保费收入仅为 3083.99 亿元，出现 14.3% 的负增长。图 7 给出了银行保险近年来的发展状况①。图 8 给出了近年来银行保险保费收入占总保费收入比重的变化情况。

从图 7 可以看出，银行保险 2000～2004 年经过跳跃式发展，2004 年后呈现

① 由于没有专门的银行保险统计数据，在图 7 和图 8 的分析中，2000 年数据来自张洪涛、苗力主编《银行保险》，中国人民大学出版社，2005；2001 年数据来自陈文辉《2003 中国人身保险发展报告》，中国财政经济出版社，2004；2002～2004 年数据来自陈文辉、李扬、吴焰《2005 中国人身保险发展报告》，中国财政经济出版社，2006；2005～2009 年的数据根据中国保险监督管理委员网站（http://www.circ.gov.cn）、中国保险监督管理委员会中介监管部、《2007 年保险中介市场发展报告》、《2008 年保险中介市场发展报告》、《2009 年保险中介市场发展报告》相关数据整理。银行保险保费收入包括银行代理和邮政储蓄代理保费收入。

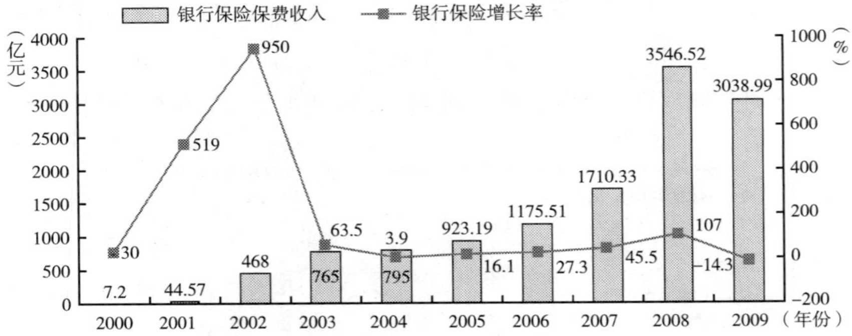

图 7　2000～2009 年银行保险及其增长速度

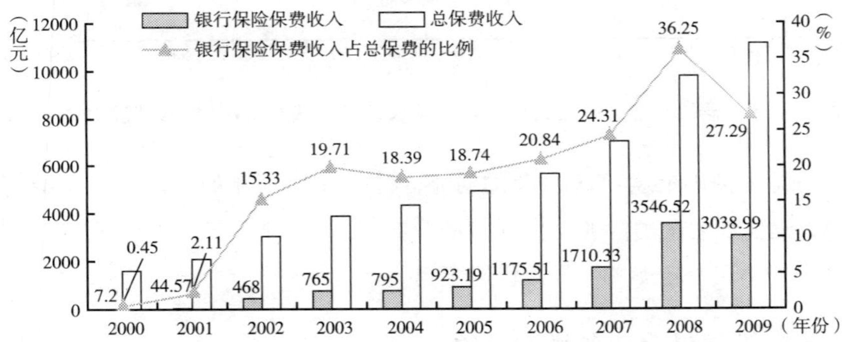

图 8　2000～2009 年银行保险保费收入占总保费收入比重

平稳增长，2007 年、2008 年呈现爆发式增长，银行保险保费增长速度远远大于总体保费收入增长速度。由于银行保险保费收入 2008 年已经占总保费收入 1/3 以上，其波动对保险市场影响越来越大。

2009 年银行保险业务出现较大波动也直接影响了保险业特别是寿险业的发展。2009 年银行保险保费收入占全国总保费收入的比例由 2008 年的 36. 25% 迅速滑落到 27. 29% （见图 8），但在保险兼业代理中仍然发挥着主渠道作用（占兼业代理保费收入的 68. 13%）。银行保险业务发展受挫主要基于以下两方面原因：一方面在保险业全行业“调结构”的大背景下，很多保险公司收缩了银行保险渠道；另一方面，监管部门针对银行保险业务存在的问题，联合中国银监会开展了整顿规范银行保险业务市场秩序的专项工作，打击销售误导和违规支付手续费行为，在一定程度上影响了银行保险业务的发展速度。

（十一）保险服务领域不断拓展

2009年，保险业稳步推进“三农”保险发展。主要表现有：其一是在总结近年来农业保险发展经验的基础上，扩大政策性农业保险覆盖区域和试点品种，鼓励各地开展具有地方特色的农业保险试点。配合相关部门推进农业保险法律法规建设和政策性农业保险协调机制建设。其二是按照积极稳妥、试点先行、互惠互利、风险可控的原则，加强与小额信贷金融机构的合作，逐步扩大小额信贷保证保险的试点区域。其三是探索创新“三农”保险经营组织形式，推动农村相互保险和村镇保险试点。其四是探索小额保险与扶贫机制的结合，创新小额保险发展模式。其五是研究制定相关政策措施，支持边疆和少数民族地区“三农”保险发展。

2009年保险业深入贯彻落实新医改政策，积极参与多层次医疗保障体系建设，大力推动健康养老保险发展，加强商业保险在产品、数据、理赔等方面与社会保险的衔接。加强保险业参与医疗机构改革的研究。支持上海开展个人税延型养老保险试点，加强对其他地方个人税延型养老保险试点的指导。继续推进健康和养老保险专业化经营。

2009年保险业扩大了责任保险试点险种的覆盖范围，条件成熟的逐步在全国推广。服务国家促进旅游业发展战略，大力发展旅游保险。推进环境污染责任保险、安全生产责任保险、医疗责任保险等与公众利益密切相关的责任保险发展。进一步完善交强险制度，协调相关部门做好救助基金办法实施准备工作。

2009年保险业围绕服务“保增长”，充分发挥保险“经济助推器”的作用。贯彻落实国务院关于稳定外需的政策措施，积极推动出口信用保险发展。不断扩大出口信用保险覆盖面，鼓励出口信用保险公司创新产品和服务，在资信调查、生产管理、商账追收、贸易融资等环节，帮助出口企业提高风险管控能力和国际竞争能力。

（十二）市场竞争加剧，区域结构优化

2009年中国人寿股份公司和中国人保股份公司市场份额进一步下降，两家公司的市场份额已分别降至39.9%和36.2%，为历史最低。市场竞争呈现复杂化局面，反映市场集中度的CR4和CR8指标进一步上升，产险CR4上升了6.62个百分点，而CR8上升了6.24个百分点；寿险CR4上升了2个百分点，而CR8

上升了 0.9 个百分点。

保险市场区域发展协调性显著增强，重点城市的差异化开始显现。全国绝大部分地区业务均实现了快速发展，超过全国平均增速的地区达 18 个。西部地区增长最快，分别高于东部和中部 2.7 个和 3.2 个百分点。年保费收入过 500 亿元的省市由 2008 年的 5 个增加为 9 个，分别为广东约 959 亿元、江苏约 907 亿元、北京约 697 亿元、上海约 665 亿元、山东约 677 亿元、河北约 601 亿元、四川约 579 亿元、河南约 565 亿元、浙江约 538 亿元（见表 1）。正在逐步形成东部地区向发达国家看齐、率先发展，中部和西部地区快速跟进、迅速崛起的市场发展格局。

表 1　2009 年中国各省（自治区、直辖市）保费收入

单位：万元

地　　区	原保险保费收入	财产保险	寿　险	意外险	健康险
北　京	6975952.1	1644197.3	4660528.9	102891.0	568334.9
天　津	1512872.7	457959.2	924958.8	26842.0	103112.7
河　北	6010863.6	1286741.6	4392582.7	81483.4	250056.0
辽　宁	3454932.6	864687.1	2369937.0	49080.0	171228.5
大　连	1163310.6	328789.2	739916.4	22287.0	72318.0
上　海	6650258.8	1518069.8	4583951.6	131567.5	416669.9
江　苏	9077307.3	2283865.9	6194941.1	203953.4	394546.9
浙　江	5380952.5	1963373.4	3020056.5	141655.8	255866.8
宁　波	1074435.3	510768.0	503075.6	25713.2	34878.5
福　建	2722579.8	726691.1	1753662.9	66294.4	175931.4
厦　门	583933.4	194160.1	339380.9	12700.4	37692.1
山　东	6775768.7	1736748.7	4505592.9	148808.9	384618.2
青　岛	1153100.9	343380.0	705595.9	18627.0	85498.0
广　东	9595713.7	2391023.1	6519771.4	215207.0	469712.3
深　圳	2715944.8	970684.3	1536505.8	72215.7	136539.0
海　南	330698.4	118533.3	188422.1	8873.9	14869.1
山　西	2892494.5	671258.4	2056844.8	43922.8	120468.6
吉　林	1848668.9	404585.9	1342904.6	22197.8	78980.6
黑龙江	2783743.0	567223.3	2074353.5	39266.0	102900.3
安　徽	3572103.9	875885.0	2515583.8	45861.6	134773.5
江　西	1871351.4	441298.6	1300827.1	42551.1	86674.6
河　南	5653914.0	977354.1	4344465.8	82958.2	249135.8
湖　北	3724234.4	689729.7	2786488.6	70964.1	177052.0
湖　南	3484465.0	749702.6	2477659.5	83775.3	173327.6
重　庆	2447045.4	470584.0	1815984.5	60530.7	99946.2

续表 1

地　区	原保险保费收入	财产保险	寿　险	意外险	健康险
四　川	5790282.9	1487178.9	3861051.3	156561.0	285491.7
贵　州	952286.6	360529.3	524716.2	30654.8	36386.3
云　南	1800824.6	681665.3	923981.2	69868.8	125309.3
西　藏	40141.7	34250.1	1955.5	2170.4	1765.7
陕　西	2595947.6	605288.3	1812429.3	50670.4	127559.6
甘　肃	1143842.3	270537.5	803374.1	20823.5	49107.1
青　海	182081.9	79624.4	87871.5	5777.2	8808.8
宁　夏	392775.1	118414.5	224482.5	11100.7	38777.5
新　疆	1566941.7	518242.2	885276.5	41048.5	122374.4
内蒙古	1713104.2	673405.1	925089.3	38692.2	75917.7
广　西	1486201.3	497070.8	863342.4	53414.1	72374.0
全国合计	111372989.2	28758335.5	74574384.4	2300494.0	5739775.4

注：不包括港、澳、台地区。

数据来源：中国保险监督管理委员会网站。

（十三）保险监管体系不断完善

改革开放初期，保险监管职能由中国人民银行行使，保险监管体系很不健全。1998 年中国保监会成立后，深刻认识到保险市场风险具有潜在性、长期性和复杂性的特点，把保险市场风险的识别、预警、防范和化解当做一项长期而艰巨的任务，始终贯彻将防范风险作为保险市场生命的监管理念，确立把改革作为防范化解风险的有效措施、把发展作为提高抵御风险能力的根本途径、把加强改善监管作为防范风险重要保障的工作思路。2007 年以来，中国保监会不断完善现代监管体系，切实防范化解保险风险。逐步形成了保险监管的“三个支柱”、“五道防线”、“四位一体”监管框架。

2009 年以来，保险监管部门坚持把推动结构调整和应对金融危机、转变发展方式结合起来，为增强行业可持续发展能力创造条件。通过加强窗口指导，引导保险机构发展风险保障型和长期储蓄型业务，从强化产品审查入手，加强市场动态监测，合理把握结构调整的力度和节奏。保险业以新保险法实施为契机，把制度建设作为加强改进监管的根本性、全局性和长期性工作，不断健全保险监管和保险经营的制度体系，全面推进依法监管和依法经营。保险监管部门切实加大了市场行为监管力度，加大了对财产险业务违规行为的查处力度；开展银行保险业务专项检查，打击集资诈骗、侵占挪用保费等非法行为，规范短期意外险市场；开展保险中介专项检查，重点查处保险公司利用中介业务进行违规操作的行为；深入开展打击“三假”专项工作，取得阶段性成果，查处各类假冒保险机构案件 32 起、虚假理赔案 1.6 万件，涉及保费金额超过 1 亿元，涉及赔款金额 4.2 亿元。2009 年监管机构稳步推进分类监管，创新监管方法，强化偿付能力监管，完善保险公司治理监管，保护被保险人利益工作进一步加强。

（十四）保险市场在经济社会发展中的地位明显上升

伴随改革开放 30 年的历史进程，中国保险业从小到大，服务和谐社会建设，服务经济发展，积极推进重点业务领域发展，不断扩大覆盖面，较好地发挥了经济“助推器”和社会“稳定器”作用，逐步提高了保险在经济社会发展中的渗透率和贡献度。中国保险业发展已经跃上新的历史起点，中国已经成为全球最具活力的新兴保险市场。

2009 年保险业干本行、想全局，全力服务“保增长、保民生、保稳定”。第一，围绕服务“保增长”，充分发挥保险的经济“助推器”作用。贯彻落实国务院关于稳定外需的政策措施，大力发展出口信用保险。短期出口信用险累计承保额 902.7 亿美元，同比增长 122.6%，超额完成国务院部署的 840 亿美元承保任务。主动服务国家 10 大重点产业调整振兴规划，积极推动新型车贷保险、小额贷款保证保险和科技保险试点。第二，围绕服务“保民生”，积极服务“三农”和参与社会保障体系建设。大力发展农业保险，保费收入 133.9 亿元；提供风险保障 3812 亿元，同比增长 59%；参保农户 1.33 亿户，同比增长 48%。贯彻落实《中共中央国务院关于深化医药卫生体制改革的意见》，推动保险业参与社会医疗保障体系建设。争取相关部门支持，推动上海市个人税延型养老保险试点。稳步推进小额保险试点，截至 2009 年年底，小额保险保费收入 2.3 亿元，为 871 万人提供风险保障 1364 亿元。第三，围绕服务“保稳定”，切实发挥社会风险管理功能。大力推动医疗、交通、教育以及环保等领域的责任保险发展，环境污染责任保险在 8 个省市试点，医疗责任保险在 16 个省区市的 56 个地市启动。医疗责任保险成为中央综治办建立平安医院的重要措施，在化解医患事故纠纷、分担医疗责任风险方面发挥了积极作用。指导有关公司做好婴幼儿奶粉事件患儿医疗赔偿基金管理工作。积极应对东北地区旱灾和部分地区雪灾，做好理赔服务。

2009 年保险业共支付赔款和给付 3125.5 亿元，同比增长 7.2%。其中寿险给付 1268.7 亿元，财产险赔款 1575.8 亿元，健康险赔款和给付 217.0 亿元，人身意外伤害险赔款和给付 63.9 亿元。

改革开放以来，保险市场快速发展，增长方式不断转变，结构调整取得明显成效，服务领域不断拓宽，服务社会的能力不断增强，支持经济发展能力不断提高，促进了经济发展。同时，保险市场的迅速发展大力支持了金融改革，促进了金融结构优化，保险业成为中国金融业三大支柱之一。保险业在促进经济发展和维护社会稳定中的作用日益明显。根据 2008 年 7 月 29 日中国保监会第二季度新闻发布会资料，截至新闻发布会日，南方雨雪冰冻灾害保险业支付赔款已超过 50 亿元，汶川地震灾害已支付赔款 5.2 亿元。同时，在行业自身遭受 3.7 亿元严重损失的情况下，保险业为地震灾区捐款 4.6 亿元。

保险公司竞争力不断提高，保险业资产管理能力得到提升，风险防范能力逐步增强，服务经济社会的能力不断提高，为人民群众未来的养老和健康积累准备金 2 万亿元，逐步成为服务民生、改善民生和保障民生的重要手段，成为支持投资、扩大消费和保障出口的重要因素，成为优化金融结构、提高金融市场资源配置效率的重要力量，成为促进社会管理和公共服务创新、提高政府行政效能的重要方式。

二　保险市场运行状况

（一）非寿险市场运行情况

改革开放以来，非寿险一直保持了较快的发展速度，体现出中国非寿险市场巨大的发展潜力和发展空间。基本走势是，以车险、企财险、意外险、责任险、货运险等为主体的非寿险业务稳定增长，农业保险和责任保险发展势头较好，成为非寿险市场新的业务增长点。

1. 保费收入

非寿险市场规模和容量进一步扩展，但增速自 2008 年开始放缓，2009 年进一步下降。

2008 年非寿险公司实现保费收入 3216 亿元，同比增长 21.5%，占全国保费收入的 32%，增长速度和所占比重均有所下降。

2009 年非寿险公司实现保费收入 3679 亿元，同比增长 17.7%（见图 9），占全国保费收入的 33%，增长速度有所下降，但所占比重提升了一个百分点。

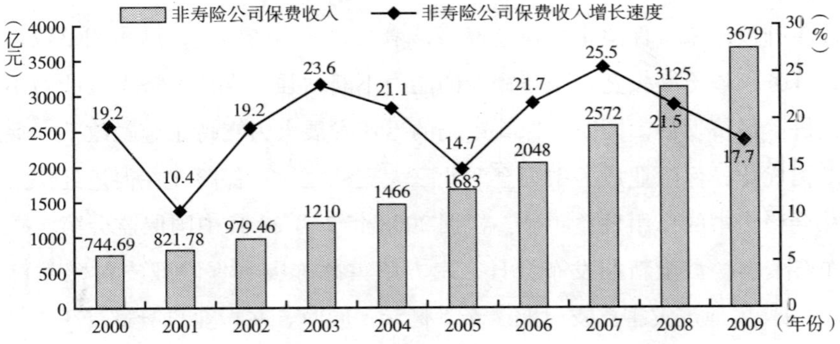

图 9　2000 ~ 2009 年非寿险保费收入及其增长速度

2. 非寿险市场结构

表 2 列示了 1999 ~ 2009 年财产险、意外险和健康险三大类非寿险保费构成情况。财产险始终占据着非寿险市场的主导地位，约占 80% 的市场份额，意外险和健康险两者仅占 20% 左右的市场份额。在意外险和健康险中，健康险增长的势头较强，绝对保费收入和市场份额都呈上升趋势。

表 2　1999 ~ 2009 年非寿险市场保费收入结构

年份	保费收入(亿元)				份额(%)		
	合　计	财产险	健康险	意外险	财产险	健康险	意外险
1999	624.91	521.12	36.54	67.25	83.39	5.85	0.11
2000	744.69	598.39	65.48	80.82	80.35	8.79	0.11
2001	821.78	685.39	61.55	74.84	83.40	7.49	0.09
2002	979.46	778.30	122.45	78.71	79.46	12.50	0.08
2003	1210.91	869.40	241.92	99.58	71.80	19.98	0.08
2004	1466.83	1089.89	259.88	117.07	74.30	17.72	0.08
2005	1683.06	1229.86	312.30	140.89	73.07	18.56	0.08
2006	2048.81	1509.43	376.90	162.47	73.67	18.40	0.08
2007	2572.01	1997.74	384.17	190.11	77.67	14.94	0.07
2008	3125.72	2336.71	585.46	203.56	74.76	18.73	0.07
2009	3679.86	2875.85	573.98	230.05	78.15	15.60	0.06

数据来源：中国保险监督管理委员会网站及历年《中国保险年鉴》。

3. 市场主体和市场集中度

非寿险市场主体逐年增加，截至2009年年底，进入中国保险监督管理委员会业务统计的财产险经营主体共计52家。其中34家中资财产险公司，18家外资财产险公司。

非寿险市场集中度逐步上升，CR4和CR8等市场集中度的代表性指标进一步上升，2009年财产险CR4上升了6.62个百分点，而CR8上升了6.24个百分点。

从资本结构看，中资财产保险公司占有绝对优势的市场份额。表3中可见，中资保险公司市场份额为98.94%，外资财产保险公司市场份额合计为1.06%。

表3　2009年财产保险公司保费收入及市场份额

资本结构	公司名称	原保险保费收入(亿元)	市场份额(%)
中资	人保股份	1194.64	39.92
	大地财产	102.53	3.43
	出口信用	68.44	2.29
	中华联合	194.40	6.50
	太保财	342.28	11.44
	平安财	384.83	12.86
	华泰	29.00	0.97
	天安	70.00	2.34
	大众	14.41	0.48
	华安	28.09	0.94
	永安	53.39	1.78
	太平保险	45.00	1.50
	民安	12.77	0.43
	中银保险	19.93	0.67
	安信农业	6.38	0.21
	永诚	41.23	1.38
	安邦	53.12	1.77
	信达财险	0.14	0.00
	安华农业	22.27	0.74
	天平车险	19.06	0.64
	阳光财产	65.97	2.20
	阳光农业	16.49	0.55
	都邦	39.77	1.33
	渤海	10.38	0.35
	华农	1.47	0.05
	国寿财产	79.06	2.64
	安诚	13.71	0.46
	长安责任	11.22	0.37
中资	国元农业	9.22	0.31
	鼎和财产	3.62	0.12
	中煤财产	0.24	0.01
	英大财产	6.49	0.22
	浙商财产	1.27	0.04
	紫金财产	0.30	0.01
	小计	2961.14	98.94
外资	美亚	8.10	0.27
	东京海上	3.30	0.11
	丰泰	1.52	0.05
	太阳联合	1.32	0.04
	丘博保险	1.17	0.04
	三井住友	3.28	0.11
	三星	2.64	0.09
	安联	2.58	0.09
	日本财产	1.30	0.04
	利宝互助	2.22	0.07
	安盟	0.43	0.01
	苏黎世	1.22	0.04
	现代财产	0.80	0.03
	中意财产	1.14	0.04
	爱和谊	0.24	0.01
	国泰财产	0.23	0.01
	日本兴亚	0.07	0.00
	乐爱金	0.18	0.01
	小计	31.75	1.06
合计		2992.90	100

（二）寿险市场运行情况

改革开放以后，寿险市场经历了从小到大跨越式发展历程。1982 年寿险业务恢复开办，当年保费收入仅为 159 万元。进入 20 世纪 90 年代以来，寿险业务一直保持高速增长，1997 年保费收入首次超过同期财产险保费收入，在总保费收入中的比重稳步上升。

1. 保费收入

寿险市场规模和容量进一步扩展，2008 年、2009 年增速波动明显。

2008 年寿险公司寿险业务实现保费收入 6658.37 亿元，同比增长 49.2%，占全国保费收入的 68%。

2009 年寿险公司寿险业务实现保费收入 7457.44 亿元，同比增长 12%（见图 10），占全国保费收入的 67%。

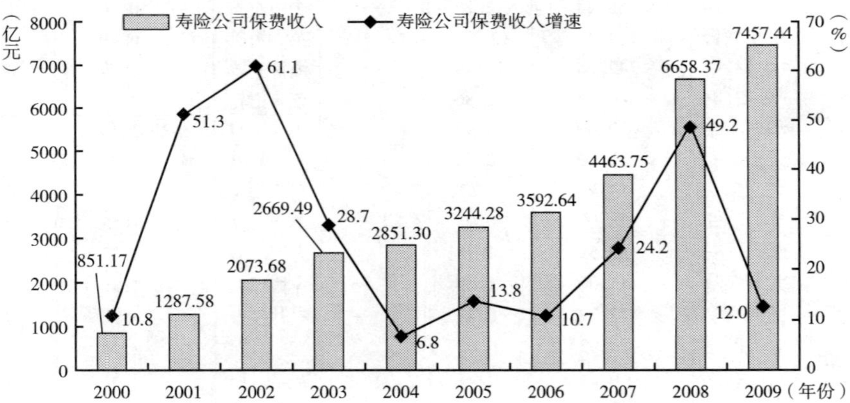

图 10　2000～2009 年寿险公司保费收入及其增长速度

2. 寿险市场主体和市场结构

2008 年，进入中国保险监督管理委员会业务统计的寿险经营主体共有 56 家，其中中资 30 家、外资 26 家，中资寿险公司数量大于外资寿险公司数量。2009 年寿险公司共有 60 家，其中中资 31 家、外资 29 家，中资寿险公司数量大于外资寿险公司数量，且中资公司的市场份额为 95%，外资仅占 5%。

（三）保险中介市场①

1. 保险专业中介机构

截至2009年年底，全国共有保险专业中介机构2570家。其中，保险专业代理机构1903家，保险经纪公司378家，保险公估公司289家，分别占74.05%、14.71%和11.24%。全国保险专业中介机构注册资本达到73.03亿元，同比增长7.54%；总资产达到107.21亿元，同比增长12.92%。

2009年，全国保险专业代理机构和保险经纪公司实现保费收入573.53亿元，同比增长11.75%；占全国保费收入的5.15%，同比降低0.12个百分点。保险专业代理机构实现代理保费收入328.87亿元，同比增长21.94%；占全国总保费收入的2.95%，同比提高0.19个百分点。从业务结构来看，保险专业代理机构实现的财产险保费收入为222.95亿元，人身险保费收入105.92亿元，分别占全部代理保费收入的67.79%和32.21%。

保险经纪公司实现保费收入242.66亿元，同比减少0.27%，占全国总保费收入的2.20%，同比降低0.31个百分点。其中，实现财产险保费收入194.10亿元，占全部经纪保费收入的79.33%，占同期全国财产险保费收入的6.75%；实现人身险保费收入38.30亿元，占全部经纪保费收入的15.65%，占全国人身险保费收入的0.46%；再保险业务类经纪保费收入10.26亿元。

保险公估公司评估估损金额223.38亿元，同比减少15.69%。

2009年，保险专业中介机构共实现经营收入89.23亿元，同比增长24.88%。保险专业代理机构实现佣金收入44.82亿元，同比增长33.67%。其中，财产险佣金收入31.17亿元，同比增长32.30%，占全部代理佣金收入的69.54%；人身险佣金收入13.65亿元，同比增长36.91%，占全部代理佣金收入的30.46%。

保险经纪公司实现营业收入33.01亿元，同比增长24.91%。其中，财产险佣金收入25.02亿元，同比增长24.35%，占全部经纪业务收入的75.59%；人身险佣金收入3.80亿元，同比增长35.23%，占全部经纪业务收入的11.48%；再保险业务类佣金收入4825万元，咨询业务类收入3.71亿元，两者合计占营业收入的12.93%。

保险公估公司实现业务收入11.31亿元，同比减少0.96%。财产险公估服务

① 参见中国保监会中介部《2009年保险中介市场发展报告》。

费收入为10.90亿元，其中，机动车辆险为5.98亿元，占财产险公估服务费的54.86%；企业财产险为2.89亿元，占26.51%；货运、船舶险为1.08亿元，占9.91%；建筑、安装工程险为3932万元，占3.61%；其他险种占5.11%。人身险公估服务费收入150万元，其他收入3939万元。

2. 保险兼业代理机构

如表4所示，截至2009年底，全国共有保险兼业代理机构148971家，同比增加12337家。

表4 2009年保险兼业代理机构数量情况

类 型	数量(家)	占比(%)	类 型	数量(家)	占比(%)
银 行	85019	57.07	车 商	18049	12.11
邮 政	17543	11.78	其 他	25788	17.31
铁 路	462	0.31	合 计	148971	100.00
航 空	2110	1.42			

截至2009年底，保险兼业代理机构实现保费收入4460.64亿元（见表5），同比增长7.53%，占总保费收入的40.05%，同比下降2.35个百分点。

表5 2009年保险兼业代理机构业务情况

类 型	保费收入(亿元)	占比(%)	类 型	保费收入(亿元)	占比(%)
银 行	3038.99	68.13	车 商	328.44	7.36
邮 政	627.85	14.08	其 他	460.15	10.32
铁 路	2.41	0.05	合 计	4460.64	100.00
航 空	2.80	0.06			

从表6中可见，截至2009年底，保险兼业代理机构实现佣金收入222.11亿元，同比增长24.61%。

表6 2009年保险兼业代理机构经营情况

类 型	佣金收入(亿元)	占比(%)	类 型	佣金收入(亿元)	占比(%)
银 行	112.73	50.75	车 商	36.48	16.43
邮 政	21.27	9.58	其 他	50.39	22.68
铁 路	0.24	0.11	合 计	222.11	100.00
航 空	1.00	0.45			

3. 保险营销员

2009 年年底，全国共有保险营销员 2905804 人，比上季度末增加了 111938 人。其中，寿险营销员 2576680 人，产险营销员 329124 人。

2009 年年底，保险营销员共实现保费收入 4126.91 亿元，同比增长 22.10%，占总保费收入的 37.06%。其中，人身险保费收入 3250.59 亿元，财产险保费收入 876.32 亿元，分别占同期全国人身险保费和财产险保费收入的 39.35% 和 30.47%。

2009 年，保险营销员共实现业务收入 570.59 亿元，同比增长 21.32%。其中，寿险营销员佣金收入为 484.20 亿元，产险营销员佣金收入为 86.39 亿元①。

（四）保险监管理念和目标

2009 年，保险监管部门坚持把推动结构调整和应对金融危机、转变发展方式结合起来，为增强行业可持续发展能力创造条件。保险监管部门切实加大市场行为监管力度，先后对财产险业务、保险中介特别是银保业务中的违规行为开展专项检查，深入开展打击“三假”专项工作，取得阶段性成果。2009 年保险监管部门继续稳步推进分类监管，创新监管方法，强化偿付能力监管，完善保险公司治理，监管保护被保险人利益，监管工作取得突破性进展。

2009 年 2 月 28 日新修订的《保险法》第一百三十四条进一步明确规定，保险监督管理机构依照本法和国务院规定的职责，遵循依法、公开、公正的原则，对保险业实施监督管理，维护保险市场秩序，保护投保人、被保险人和受益人的合法权益。全行业以新《保险法》实施为契机，把制度建设作为加强改进监管的根本性、全局性和长期性工作，不断健全保险监管和保险经营的制度体系，全面推进依法监管和依法经营。

三　2010 年保险业发展展望

（一）保险业发展面临的挑战

2010 年，国内外经济形势更趋复杂，中国保险市场面临诸多挑战，国内外

① 由于现有保险统计信息系统没有统计产险营销员的手续费支出金额，此处保险营销员中的产险业务收入为测算数据，不作对比。等式为：产险营销员的业务收入 = 产险公司手续费和佣金支出 × 产险营销员保费占全部产险保费的比例。

不确定性因素增多，使保险市场发展面临诸多困难。

从外部宏观经济环境看，目前全球经济发展的态势仍不稳定，外部需求恢复增长需要较长时期。尽管美、欧、日等主要经济体开始出现复苏迹象，但目前仍面临失业率飙升、财政赤字剧增和消费不振等诸多挑战，经济刺激计划也将收缩或陆续退出，经济全面复苏将是一个曲折而漫长的过程。国际贸易保护主义升温，外贸形势仍然不容乐观。在中国经济与全球经济联系越来越紧密的背景下，境外金融风险跨境转移的风险还依旧存在。

从内部宏观经济条件看，虽然 2010 年中国经济整体向好态势趋于明显，经济增长的内在动力依然较强，经济仍具备实现平稳快速增长的有利条件，但在当前就业形势严峻、农民增收困难的情况下，消费增长难以保持在一个较高的水平上，经济增长还主要依靠政府投资拉动，民间投资意愿依然不强，通货膨胀的压力逐步显现，经济结构调整的任务相当严峻。因此，2010 年政府在宏观调控的方向和力度上肯定会有许多变化，由此导致利率、汇率、资产价格、资本市场等的变动，这无疑将给保险业的经营带来更大的不确定性。

从行业发展趋势和规律看，保险业在长期发展中存在一些顽症，特别是粗放的增长方式、非理性竞争、弄虚作假、销售误导等问题，不会在新的一年中自然消失，如果不采取有效措施进行遏制，其“惯性”必然会对保险业的进一步发展产生严重影响。

（二）保险业发展难得的机遇

首先，从保险周期与经济周期的关系来看，一般而言，保险与经济发展之间具有相关关系。研究表明，新兴市场受经济周期的影响非常显著，重要经济变量的周期波动是保险业波动的重要原因，经济波动对保险业的波动具有决定性的影响，中国的情况更是如此。2009 年中国的 GDP 增长 8.7%。综合各方的情况，虽然不确定因素仍然很多，但总体来看，2010 年的中国经济应当比 2009 年有更好的表现，所以，对保险业发展的影响也会更加积极。

其次，从保险业自身的经营规律来看，经过 30 年的发展，中国保险市场已经初具规模，市场基本制度的建设已经初步完成，市场结构已经呈现出垄断竞争型的特征，竞争的程度在不断加深，保险资产扩张的能力在急剧增强，行业防范风险的能力在不断提高。新《保险法》的实施为保险市场发展提供法律保障，

"新会计准则"的颁布使得行业的经营更加向国际惯例靠拢，商业银行投资保险股权的政策规定使行业的运作更加向国际趋势靠拢。所有这一切都表明目前中国保险业已处于加速发展阶段。

最后，保险创新深化。结构调整，必然出现新的风险因素和新的风险种类，必然会增加保险需求。保险业参与国家新医改战略的实施、一系列保险投资规范性文件的颁布、保险改革试验区的建立、环境污染责任保险和医疗责任保险等在许多省市的试点和启动等，以及上海世博会的召开、低碳经济和绿色经济模式的倡导等，都将给保险业的发展带来新的业务和利润增长点。这一切无疑都为2010 年保险业的发展创造了有利的条件。

（三）保险业发展的前景

2010 年，保险市场将继续充分发挥保险业经济补偿、资金融通和社会管理功能，在促进企业自主创新、产业结构调整、居民消费和社会和谐稳定等方面发挥重要作用。

主要措施有五个方面：一是通过开发包括科技保险、营业中断保险、出口信用保险、高管责任保险在内的新险种，促进企业自主创新。二是通过大力发展信用担保、出口信保，支持中小企业发展，支持出口和境外投资；通过发展环境污染责任险，支持节能减排，最终服务于经济和产业结构调整。三是积极发展政策性保险、农业保险、农村小额信贷保险和小额人身保险，促进农村经济社会发展。四是积极发展递延型个人团体养老保险，引导消费预期；积极发展住房、汽车消费贷款保证保险，提高消费能力；积极发展责任险，优化消费环境，促进居民消费。五是积极发展相关责任险（如煤矿、建筑业），促进社会和谐稳定。

2010 年，保险覆盖面将不断扩大，深度将不断增加，服务和谐社会的能力将不断增强，中国的保险市场仍将是全球最具活力的保险市场。

金融市场：货币市场

2009年，在适度宽松的货币政策环境中，中国货币市场总体运行良好。货币供应量延续了高速增长的态势，信贷投放迅猛增长。银行体系内良好的流动性推动了货币市场交易规模迅速扩大。全年货币市场整体利率处于较低水平，但受下半年货币政策微调、股市资金分流等的影响，市场利率水平呈上升趋势。

一 货币市场交易量及结构的变化

2009年，中国货币市场交易活跃，各子市场——债券回购市场、同业拆借市场和票据市场均保持较快增长。其中，债券回购累计成交70.3万亿元，同比增长20.9%；同业拆借累计成交19.4万亿元，同比增长28.9%；票据市场交易总量为33.5万亿元，同比增长62.6%。同时，货币市场交易结构也发生了较大的变化，各子市场得到更加均衡的发展（见图1），虽然2009年同业拆借市场和票据市场的交易额仍然低于债券回购市场，但前两个市场的增长速度均高于债券回购市场。这表明，中国货币市场各子市场的功能在中国金融体系中更加突出了，非金融

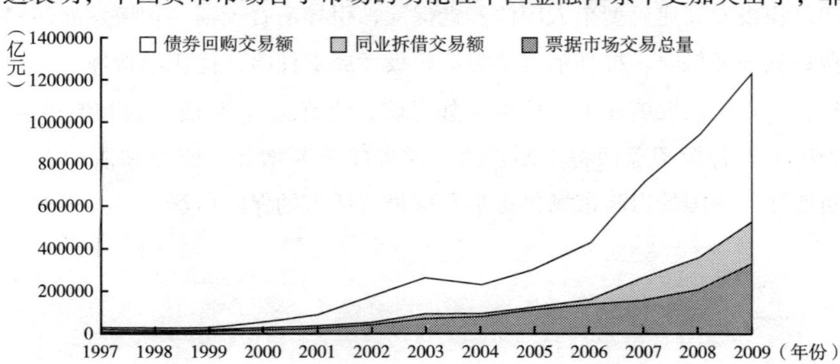

图1 货币市场结构

资料来源：各年中国人民银行《货币政策执行报告》、《中国人民银行统计季报》及中国人民银行网上统计数据。

性公司、非银行金融机构和银行金融机构均可以较为充分地利用货币市场为其流动性管理或者短期融资服务。尤其是在此次前所未有的金融危机冲击下，中国货币市场的短期货币调控机制推动中国经济率先摆脱全球金融危机的不利影响。

（一）债券回购市场

依托于银行间债券市场的发展，银行间债券回购市场自 1998 年正式成立以来，一直保持着较快的发展速度，目前已成为中国货币市场乃至金融体系中最活跃的部分。2009 年银行间债券回购累计成交金额为 70.3 万亿元，同比增长 20.9%，占整个货币市场（包括债券回购市场、同业拆借市场、票据市场）成交总额的 57.1%。其中，质押式回购成交金额达到 67.7 万亿元，同比增长 20.1%，占全部回购成交金额的 96.3%，仍是银行间回购市场的绝对主体。

整体上看，2009 年银行间质押式回购市场经历了四次较大幅度的涨跌（见图 2）。1 月份，由于恰逢元旦、春节等节日，受交易日较少这一因素的影响，债券回购市场交易量明显减少，较 2008 年 12 月份下跌 43%。2 月份、3 月份，受市场资金面宽裕的支撑以及股指上涨的影响，回购交易量大幅回升，并超过 2008 年底的水平，达到 68290.27 亿元。4 月份，受信贷规模放缓的影响，市场对经济的乐观预期有所缓和，债券回购市场进行短期调整，成交量下跌 23%。5、6 月份，货币供应量继续加大，新增贷款大幅增加，虽然 6 月份大盘股 IPO 重启，但对市场资金面并未形成太大压力。此外，受股票二级市场价格上涨的影响，债券回购市场交易活跃，并在 6 月份达到 72914.29 亿元的当年月度最高交易量。7、8 月

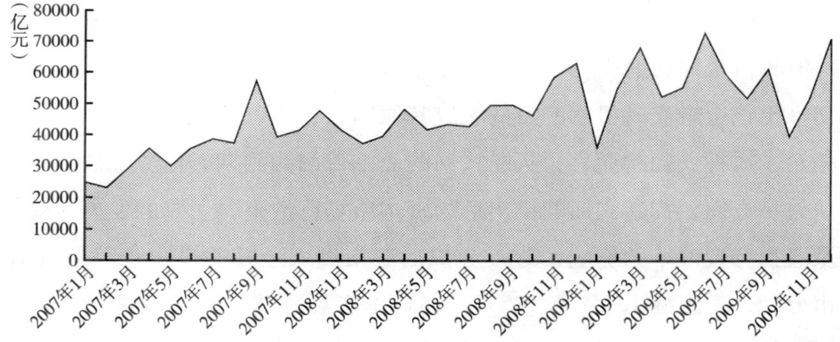

图 2　银行间质押式回购月度交易金额（2007～2009 年）

资料来源：根据中国人民银行网站数据整理绘制。

份，央行表态将对货币政策进行微调，信贷增长放缓，债券回购交易量连续两个月下跌，跌幅达29%。9月份回购交易量有所回升，但是受国庆和中秋长假的影响，10月份回购交易量再次大幅下跌36%。11月份，债券回购交易量回到2009年正常水平。12月份，受国内外宏观经济数据向好的影响，回购交易量再次上涨，单月回购交易量达到71065.86亿元，接近2009年的月度最高交易量。从图2中可以看出，2009年债券回购交易量的震荡幅度要大于2007年和2008年，一方面是因为2009年的节假日相对比较集中，1月份和10月份的交易日较少，由此导致当月交易量骤减；另一方面，对经济发展前景的不确定也加大了市场交易量的波动幅度。

2009年，债券回购交易继续朝着短期化的方向发展。其中，隔夜（1天）质押式回购品种占全部交易总量的77.8%，比2008年上升了14个百分点。1天和7天质押式回购已经占全部质押式回购交易量的93.1%。债券回购交易的短期化，使其在流动性管理方面的职能更加突出了。

除质押式回购外，还有一种交易形式是买断式回购。2004年中国推出债券买断式回购的目的，就是希望提高债券市场的流动性。同时，从理论上分析，可以增加回购的交易量，为交易双方增加回购期间收益的机会和提高回购交易的灵活性，因而有助于回购市场的深化发展。更重要的是，在中国缺乏利率期货的情况下，买断式回购为金融机构创造了做空机制，为利率上升和债券价格下跌的时期提供了赢利机会。但是，自2004年推出买断式回购以来，市场反应一直不积极，买断式回购的交易量并不大。从图3可以看出，虽然近几年，买断式回购的成交量有比较明显的提高，但相对于数十万亿元的回购交易而言，它只占极其微小的一部分。2009年买断式回购的成交量为2.6万亿元，较2008年上涨了50%，但其占全部回购交易量的比重还不到4%。可以说，买断式回购并没有达到当初推出该金融交易机制的目的。究其原因，主要可能包括以下两方面：一方面，相对于质押式回购而言，买断式回购面临着回购到期时债券无法交割的信用风险。另一方面，买断式回购推出后的资本市场行情阻碍了它的发展。受全球经济以及股权分置改革的影响，2006年以后股市进入上升通道，特别是2007年沪深股市分别大幅上涨137%和185%。在资本市场预期收益率较高的情况下，机构投资者往往会通过正回购的方式融入资金，期望获取更高的收益，因而对买断式回购做空的预期收益并没有太多的热情；2008年金融危机以来，债市大幅上涨，货币市场利率大幅下跌。2009年中后期，货币市场利率虽略有回升，但仍

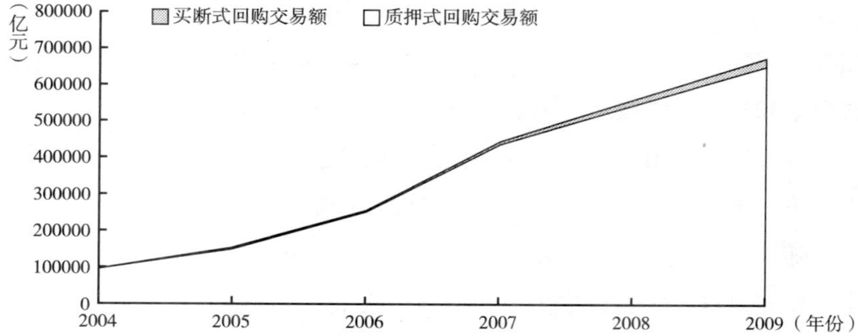

图3　质押式回购与买断式回购交易额比较

资料来源：各年中国人民银行《货币政策执行报告》、《中国人民银行统计季报》及中国人民银行网上统计数据。

处于较低水平，在此情况下，通过买断式回购做空债券市场显然是不合情理的。

无论是质押式回购还是买断式回购，债券回购交易的基础债券都是以政府债券、央行票据和金融债券为主。在质押式回购交易中，2009 年金融债券的回购量较 2008 年大幅上升了 32.7%，达到 221633.82 亿元，超过了央行票据和政府债券，成为质押式回购交易基础债券规模最大的券种（见表 1）。金融债券回购

表 1　银行间市场质押式债券回购券种结构

单位：亿元

券　　种	2008 年			2009 年		
	债券交割量	资金支付额	结算笔数	债券交割量	资金支付额	结算笔数
政府债券	170502.13	168091.27	40704	193428.20	192472.54	40807
央行票据	219062.28	214480.53	40603	214756.98	212213.42	35120
金融债券	170564.23	166972.68	59617	223538.43	221633.82	70837
政策性银行债	157543.68	154289.42	54590	211996.35	210293.75	66454
商业银行债券	12099.77	11789.87	4253	11026.93	10837.03	3889
非银行金融机构债券	822.71	793.96	666	466.13	454.99	451
证券公司债	98.07	99.42	108	49.02	48.04	43
企业债券	9139.11	8868.80	5042	22968.92	22550.87	12157
短期融资券	10778.07	10579.71	5129	24508.26	24048.26	9035
资产支持证券	184.21	183.20	134	41.80	39.62	49
中期票据	2133.94	2114.18	1342	20463.51	20243.07	8240
集合票据	0	0	0	4.50	4.41	9
外国债券	12.65	12.09	21	0.60	0.59	1
合　　计	582376.61	571302.46	152592	699711.21	693206.60	176255

资料来源：中国债券信息网 www.chinabond.com.cn。

交易量的大幅上涨主要是政策性银行债券回购交易增长的结果，除此之外，其他金融债券的回购交易均有不同程度的下降。2009 年中国政府为了贯彻执行积极的财政政策和扩大内需政策，筹资需求增加，导致政策性金融债和国债发行量增加，并直接促进回购市场上相应券种交易量的增加。相应的，为了执行适度宽松的货币政策，央行票据发行量减少也是导致央行票据质押式回购交易量下降的一个原因。随着企业债券市场的发展，越来越多的企业发行了企业债券、短期融资券和中期票据，这些债券也成为中国债券回购市场上日益重要的基础债券。特别是在 2009 年，金融市场整体利率较低，企业融资成本降低，导致企业债券、短期融资券和中期票据的大量发行，相应券种在回购市场上交易量激增。其中，中期票据回购交易最为突出。2009 年，中期票据质押式回购交易量为 20243. 07 亿元，较 2008 年大幅上涨了 859. 0% 。企业债券质押式回购交易量为 22550. 87 亿元，较 2008 年上涨了 151. 3% ，其中中央企业债券回购交易量上涨 75. 5% ，地方企业债券回购交易量上涨 298. 6% 。短期融资券回购交易量增长虽然相对较少，但也达到了 127. 4% ，而且其交易量在这三种回购交易中仍是最高的，为 24048. 26 亿元。

在买断式回购交易中，基础债券是以央行票据为主，其次是金融债券（见表 2）。2009 年，央行票据买断式回购交易量为 12385. 65 亿元，较 2008 年增长 70. 3% ；金融债券买断式回购的交易量为 8047. 78，较 2008 年增长 25. 0% 。同质押式回购交易的情况相似，2009 年，企业债券、中期票据和短期融资券在买断式回购交易中的表现都相当突出，特别是企业债券和中期票据，其买断式回购交易量分别增长 545. 9% 和 230. 3% ，是买断式回购交易量增长率最高的两个券种。

表 2　银行间市场买断式债券回购券种结构

单位：亿元

券　　种	2008 年			2009 年		
	债券交割量	资金支付额	结算笔数	债券交割量	资金支付额	结算笔数
政府债券	2498. 17	2500. 94	1224	1769. 28	1785. 40	797
央行票据	7368. 81	7271. 23	2142	12453. 10	12385. 65	1302
金融债券	6474. 72	6439. 64	2838	8146. 86	8047. 78	2580
政策性银行债	6362. 17	6327. 46	2736	8129. 16	8029. 69	2560
商业银行债券	110. 06	109. 81	100	17. 70	18. 09	20
非银行金融机构债券	1. 50	1. 38	1	0. 00	0. 00	0
证券公司债	1. 00	1. 00	1	0. 00	0. 00	0

续表 2

券种	2008 年			2009 年		
	债券交割量	资金支付额	结算笔数	债券交割量	资金支付额	结算笔数
企业债券	179.99	181.79	186	1160.80	1174.12	719
短期融资券	579.10	583.92	649	916.60	926.04	587
中期票据	476.20	480.22	330	1572.24	1586.19	947
资产支持证券	0.00	0.00	0	0.00	0.00	0
外国债券	0.00	0.00	0	0.00	0.00	0
合计	17576.99	17457.74	7369	26018.88	25905.18	6932

资料来源：中国债券信息网 www.chinabond.com.cn。

（二）同业拆借市场

同业拆借市场是最古老的货币市场，它的出现，要比债券回购市场早得多，它不仅是金融机构进行流动性管理的重要场所，也是中央银行货币政策传导的重要环节。虽然中国的同业拆借交易量远远小于债券回购的交易量，但这并不意味着同业拆借市场在中国金融体系中的重要性要弱于债券回购市场。促进同业拆借市场稳定、有序地发展，不仅可以完善中国的货币市场体系，也有助于推进中国货币调控机制的改革。2007 年，中国人民银行推出了 Shibor，希望将其建设成中国的基准利率。同业拆借市场交易的深度、参与者的广度，以及同业拆借市场与债券回购、票据市场之间能否协调发展，直接影响着 Shibor 能否真正成为中国的基准利率。

2009 年，同业拆借市场全年成交量为 19.35 万亿元，比 2008 年的 15.05 万亿元增长了 28.6%。同债券回购市场相同，同业拆借市场交易量在 2009 年也经历了四个涨跌阶段（见图 4）。其中，由于 1 月和 10 月份的假期过于集中、交易日少，这两个月的同业拆借市场成交量分别骤减 53.7% 和 33.2%，成为 2009 年同业拆借市场的两个最大跌幅。另外两个明显的下跌所发生的时间以及原因同债券回购市场的情况基本相同：下跌分别发生在 4 月和 8 月，究其原因，主要是由于信贷增速放缓，市场对未来经济走向不确定造成的。2009 年年底，各项宏观经济数据显示中国经济全面向好，已率先走出金融危机的不利影响，沪深股市稳步回升。受此利好影响，11 月、12 月两个月同业拆借市场成交量大幅上涨 54.3%，12 月的单月成交量达到 21715.86 亿元，成为 2009 年月度最高交易量。

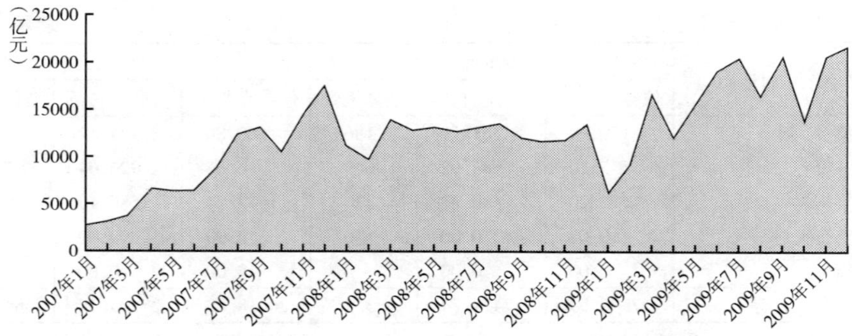

图4　同业拆借月度交易量（2007～2009年）

资料来源：根据中国人民银行网站数据整理绘制。

货币市场中的同业拆借的期限继续短期化，货币市场的流动性功能更突出。2009年隔夜拆借品种仍旧是拆借市场主体，交易量占全部品种的83.5%。另外，2009年隔夜拆借品种交易量超过2008年全年所有品种交易量的总和。同业拆借和回购交易的短期化，再结合交易总量的大幅上升，体现了在金融危机中投资者的谨慎性，因而，对短期资金和流动性的需求大量增加。这与金融危机期间其他国家资金市场的表现是一致的。

（三）票据市场

除了同业拆借与债券回购市场外，票据市场也逐渐成为中国货币市场的重要组成部分。2009年中国票据业务发展呈现以下几个特点：第一，受适度宽松货币政策的积极影响，2009年票据市场交易活跃，票据融资规模较2008年明显提高。根据中国人民银行的统计，2009年企业累计签发商业汇票10.3万亿元，同比增长45%；累计贴现23.2万亿元，同比增长71.4%；累计办理再贴现248.8亿元，同比增长126.8%。期末商业汇票未到期金额4.1万亿元，同比增长29.4%；贴现余额2.4万亿元，同比增长23.7%；再贴现余额181.2亿元，同比增长684.8%。第二，票据融资受货币政策调整及相关监管措施的影响显著，融资增幅逐季下降。2009年初，在适度宽松的货币政策环境下，票据融资规模大幅增加。第一季度末，票据贴现余额为3.1万亿元，同比增长130.3%，环比增长63.2%；当季新增票据贴现1.5万亿元，占新增贷款量的32.3%。票据融资规模高速增长引起了监管层的极大关注，央行连续对商业银行进行“窗口指导”，要求商业银行合理把握信贷投放进度，加强票据业务合规经营和风险防范意识。受此影响，第二季度末，票据贴现余额为3.6万亿元，环比增长16.1%，票据融资规模增速明显趋缓。第二季度票据融资增长2248亿元，占新增贷款的8.1%，比重明显下降。进入下半年，央行开始对适度宽松的货币政策进行动态微调，有意收缩市场流动性和约束银行放贷冲动。商业银行开始自觉地调整资产在票据与信贷中的配置，票据融资在下半年连续出现负增长，在新增贷款中的占比明显回落。其中，第三季度，票据融资规模连续三个月出现下降，且票据融资余额减量和降幅均呈现逐月扩大趋势，三个月合计票据融资减少8262.62亿元。第四季度，票据融资规模仍继续下降。年末，全国金融机构票据融资余额为23850.32亿元，较上季末下降了4239.51亿元。

票据市场作为联系实体经济与货币市场最紧密的一个子市场，在向实体经济传导央行货币政策方面的作用越来越突出。特别是票据市场贴现量的比重加大，说明融资资金已经进入银行体系，为央行进行宏观调控提供了重要的操作工具。在票据市场交易量不断扩张的同时，市场参与主体不断增加。国有大型企业和效益较好的私人企业、商业银行、票据经营机构，特别是农村金融机构和外资银行都积极参与票据市场，为发展和繁荣票据市场作出了突出贡献。虽然中国票据市场得到了极大的发展，但票据市场结构仍然单一。因为中国的票据市场是以真实贸易为基础的银行承兑汇票市场，这样，商业票据业务的发展完全依赖于银行的信用，不仅增加了银行的风险，同时不利于票据市场的健康发展，其顺经济周期的特点可能会加大经济的周期性波动。另外，与其他货币市场相比，票据市场表现为断裂分离状况——局部性、区域性特征表现明显，缺乏全国范围内公认的权威资产评估机构，缺乏全国统一的票据印刷、登记、鉴证等机构，缺乏一个全国统一完善的票据市场，各金融机构之间没有跨系统的票据信息查询网络。这些问题都直接加大了中国票据交易的成本和风险。最后，制度建设还不够完善。《中华人民共和国票据法》于1996年起施行，该法以规范票据行为，保护票据权利为宗旨，为促进经济的发展提供了有利的法律保障。但是票据法的制定侧重于规范和约束票据行为，从而在一定程度上削弱了票据的流通性，忽视了票据的信用功能，因而许多内容已显现局限性和不适应性。票据法把“真实票据原则”作为立法基础，阻碍了票据市场的发展空间。过多采用了银行结算的规则，使票据市场交易无法稳定和协调运转。

二　货币市场利率的变动

（一）货币市场利率的总体状况

图5反映了2007～2009年中国货币市场利率的总体变动状况，从中可以看出，这期间货币市场利率经历了三个阶段。第一阶段是2007年初至2008年第三季度，货币市场利率呈上升趋势，且波动性很大，这主要是受到几个方面的影响：第一，国际收支的持续顺差和资本的大量流入，导致中国货币供应量不断增长，货币供应量的增加带来的通胀预期效应、收入水平效应超过了它带来的流动性效应，从而促使货币需求有所上升，并进一步导致货币市场利率上升。第二，央行货币政策的影响。央行提高存贷款的基准利率，直接改变了商业银行资产结构之间的风险溢价水平，为了恢复货币市场利率与贷款之间的均衡风险溢价，货币市场利率也相应地上升了。另外，中国人民银行通过提高法定存款准备金率来冲销膨胀的流动性，直接减少了货币市场的流动性供给，这也是促使货币市场利率上升的一个重要因素。第三，自从证券公司、基金管理公司等非银行金融机构可以进入货币市场后，货币市场与资本市场之间就建立了一个正式的资金流动渠道和机制。自此，货币市场利率也就不可避免地受到资本市场变动的影响。股票市场的上涨、预期投资收益的上升都会增加资本市场机构投资者在货币市场上的资金需求，因此，当股票市场行情看涨的时期，往往会伴随着

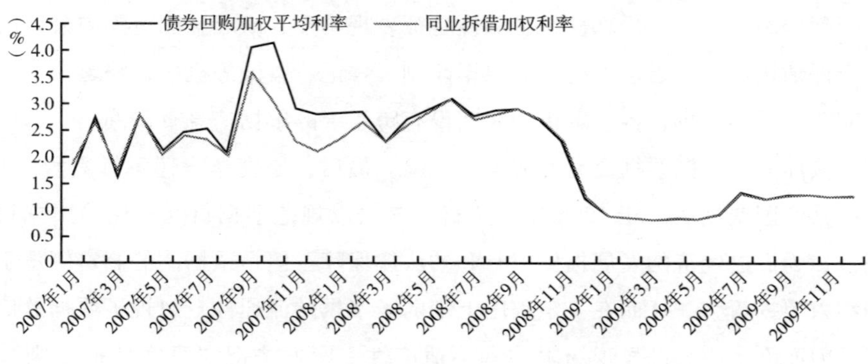

图5　债券回购与同业拆借利率

资料来源：根据中国人民银行网站数据整理绘制。

货币市场利率的上升。

第二阶段是2008年第四季度至2009年第二个季度末，这期间货币市场利率大幅下跌，并于2009年3月探底，随后在低位平稳运行。2008年9月，在金融危机的冲击下，市场对流动性偏好迅速增强，再加上中国人民银行大幅下调存贷款基准利率，数次下调法定存款准备金比率，以及将超额准备金利率下调至0.72%的历史最低水平，导致货币市场利率应声而落。2008年第四季度末，债券回购加权平均利率和同业拆借加权平均利率分别比上一季度末大幅下降了57.9%和57.1%。2009年上半年，居民消费价格指数CPI持续下降，2月份同比增长由正转负，出现了继2002年12月以来的首次负增长。为配合政府“保增长”的首要目标，央行延续执行适度宽松的货币政策，货币供应量持续增加，信贷投放迅猛增长。2009年上半年人民币贷款增加7.37万亿元，同比增加4.9万亿元，其中前三个月新增贷款分别为1.62万亿元、1.07万亿元和1.89万亿元，屡创单月信贷投放的历史新高。贷款激增并未撼动宽松的资金面，银行系统流动性充裕，货币市场利率保持低位运行。

第三阶段是2009年7月以后，货币市场利率小幅回升，并保持到年底。2009年上半年，中国政府执行的积极的财政政策以及适度宽松的货币政策取得了良好的刺激效果。下半年开始，在GDP增长“保8”无忧的基础上，央行在不改变适度宽松政策基调的基础上，进行动态微调，以重新平衡信贷规模、信用风险和经济增长三者之间的关系。下半年新增信贷明显放缓。7月当月人民币各项贷款仅增加3559亿元，较6月的1.53亿元相比回落幅度较大。此外，7月22日，IPO重启后首只超级大盘股——中国建筑开始网上申购，市场资金面受到短期干扰，货币市场利率小幅回升。7月份，债券回购加权平均利率和同业拆借加权平均利率分别升至1.35%和1.32%，达到2009年最高水平。此后，受信贷窗口收紧、宏观经济指标向好、IPO重启、创业板开闸等因素影响，货币市场利率再未回到7月份之前的水平，而是保持在1.25%左右平稳运行。

从同业拆借利率与债券回购利率之间的关系来看，由于同业拆借是信用拆借，而债券回购是以债券作为质押品的资金借贷活动。后者可以在一定程度上减少资金借贷双方因存在信息不对称而产生的道德风险与逆向选择问题，因此，债券回购利率的风险溢价理应低于同业拆借利率的风险溢价，由此决定了债券回购的利率总体上应该低于同业拆借利率。不过，从图5中可以看到，中国同业拆借利率与债券回购利率之间在多数时间并不遵循这一原则。2007～2008 年的大部分时间里，债券回购利率都要高于同业拆借利率。但进入 2008 年第四季度，两者之间表现出了高度的同合性。

在货币市场的利率期限结构方面，根据利率期限结构的预期理论，同一类债券或金融工具不同期限的利率取决于长短期的预期利率水平，或者根据市场分割理论，同业期限的利率取决于投资者对不同期限债券的特定偏好，而根据期限升水或流动性升水理论，不同期限债券之间的利率关系取决于期限升水或流动性升水。图 6 和图 7 分别刻画了同业拆借市场和债券回购市场的利率期限结构，从中可以看出，同业拆借与债券回购市场利率的表现有较明显的区别。从图 6 中可见，在同业拆借市场上，期限为 1 天、7 天和 14 天的拆借利率的月度波动性相对较小，但期限为 20 天、30 天和 60 天的拆借利率的月度波动性较大，呈现出期限越长，利率的月度波动性越强的特征。这表明，在同业拆借市场上，不同期限的拆借利率之间的期限升水与流动性升水并不稳定。图 7 显示，债券回购市场不同期限的利率波动不同，它们之间的总体波动特征大体一致，反映了债券回购市场上各种不同期限利率之间的期限升水与流动性升水相对较为稳定。

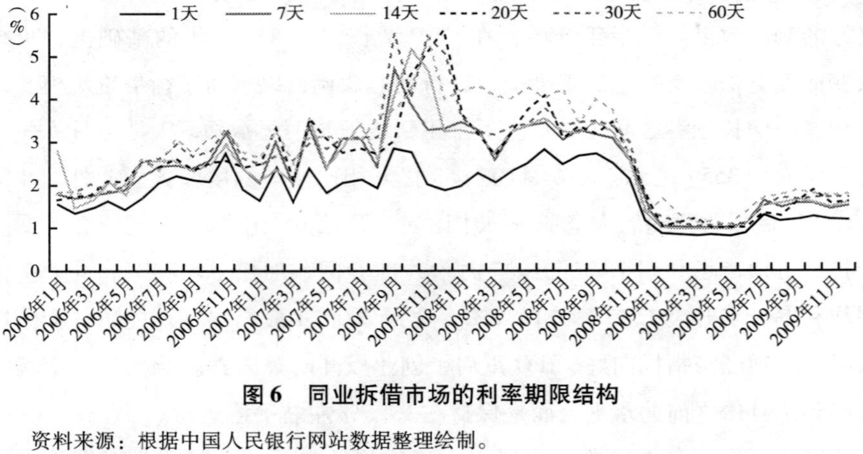

图 6　同业拆借市场的利率期限结构

资料来源：根据中国人民银行网站数据整理绘制。

（二）Shibor

为了推进利率市场化和货币调控机制的改革，央行于 2006 年底开始尝试运行上海银行间同业拆放利率（简称 Shibor），随后于 2007 年 1 月 4 日正式运行，

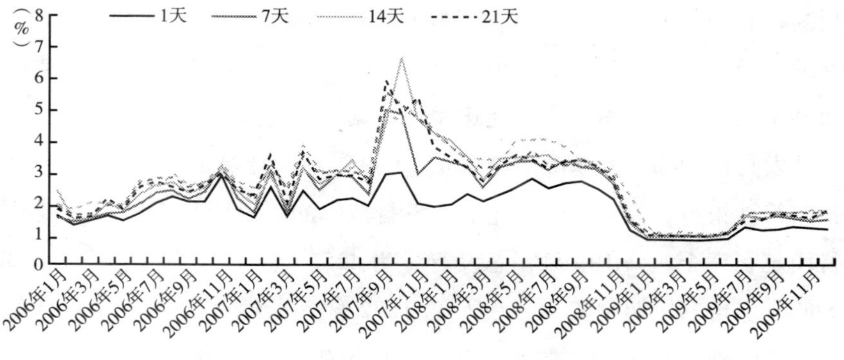

图 7　银行间债券回购市场的利率期限结构

资料来源：根据中国人民银行网站数据整理绘制。

这是 2007 年中国利率体系建立的重要事件。Shibor 以位于上海的全国银行间同业拆借中心为技术平台计算、发布并命名，是由信用等级较高的银行组成报价团自主报出的人民币同业拆出利率的算术平均值，是单利、无担保和批发性利率。报价银行是公开市场一级交易商或外汇市场做市商，且在中国货币市场上人民币交易相对活跃、信息披露比较充分的银行。目前，对社会公布的 Shibor 品种包括隔夜、1 周、2 周、1 个月、3 个月、6 个月、9 个月及 1 年（见图 8）。Shibor 报价银行团现由 16 家商业银行组成。

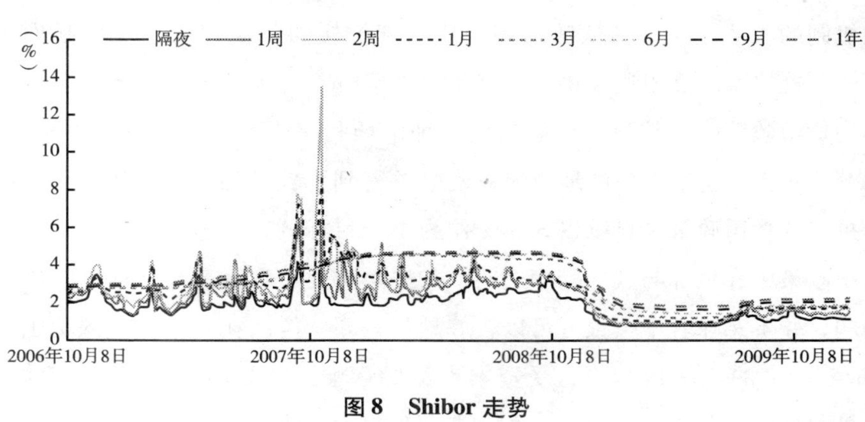

图 8　Shibor 走势

资料来源：根据 Shibor 网站数据整理绘制。

2007 年初上海银行间同业拆放利率正式运行以来，已初步确立了其作为货币市场的基准利率的地位。这表现在，Shibor 报价的准确性、灵敏性、代表性稳步提高，与同业拆借利率、债券回购利率的利差稳定性不断增强，以Shibor为基准的市场交易持续扩大，同时，Shibor在市场化产品定价，尤其是在一些人民币利率衍生产品中得到了广泛运用。根据央行的统计，2007年6月至2009年末，共发行以Shibor为基准的浮息债23只，总发行量为1860亿元，发行主体包括政策性银行、商业银行和企业，发行范围涵盖内地和香港；2009年全年共发行固定利率企业债190只，总发行量为4252亿元，全部参照Shibor定价；参照Shibor定价的短期融资券共发行逾1272亿元，约占该类债券发行总量的28%。除此之外，Shibor还推动了中国利率衍生品市场的发展，截至2009年末，以Shibor为基准的利率互换累计成交2501亿元，约占全部交易量的22%；远期利率协议成交184.1亿元，全部以Shibor为基准。2008年10月以来，中国人民银行与马来西亚、韩国等国家的中央银行签署了6500亿元货币互换协议，全部以Shibor为基准利率。另外，票据转贴现、回购业务也初步建立了以Shibor为基准的市场化定价机制，一些商业银行的内部资金转移价格已经不同程度地与Shibor结合。总体来看，虽然Shibor推出才短短三年，但中国金融市场正在形成以Shibor为基准的定价群，它作为其他金融工具定价基准的功能已得到了初步显现。

如果Shibor确立了其基准利率的地位，那么，它也将有助于推进中国货币调控机制的改革，为中国从数量型的货币调控转向价格型的调控机制创造条件。所谓价格型的货币调控机制，就是中央银行不再以货币供应量或者信贷总量作为货币政策的调控目标，而是以某种市场利率作为货币政策的中介目标。如果Shibor作为基准利率的地位得以确立并得到了较好的巩固，那么，在理论上，央行的货币政策是可以以Shibor作为中介目标的。不过，这只是解决了作为货币政策中介目标与其他利率之间，并进而与货币政策最终目标之间的相关性问题，并不意味着中央银行可以较好地将Shibor控制在其目标值的范围。从Shibor三年来的实际运行看，受资本市场的影响，Shibor的波动性过于剧烈，这就极大地弱化了央行对Shibor的可控性。而作为货币政策中介目标的利率，需要央行的平滑操作。另外，Shibor波动过于剧烈，也会导致那些以它作为定价基准的债券利率的剧烈波动，使得这些债券的利率难以真实地反映其发行的信用风险溢价。

（三）票据市场利率

票据市场的发展不仅促进了中国银行业资产结构的调整，也促进了企业融资方式的变化，更重要的是，票据市场利率是中国企业从银行体系融资中市场化最早的。票据市场利率的变动同样受宏观经济周期性波动、货币政策调整的影响，当然，票据市场利率水平的变动、利率机制也直接左右着票据市场的发展和深化。10 多年来，中国票据市场之所以得到了快速发展，一个重要原因就在于，市场化的票据市场利率与受管制的银行贷款利率之间形成了较大的利差，企业通过票据贴现融资可以节约数额可观的财务费用，商业银行则通过票据贴现贷款规避中国人民银行的利率管制，成了它们相互之间争夺客户的重要手段。市场化的票据市场利率为银行贷款利率的进一步市场化积累了经验，创造了条件。

2009 年票据市场利率的总体表现是在低位区间震荡运行后出现回升，与同业拆借加权平均利率和债券回购加权平均利率的走势基本相同（见图 9）。上半年，买断、卖断、正回购和逆回购四大类票据市场交易利率均呈现在低位区间震荡整理的运行态势。1 月份，票据市场利率延续 2008 年末利率走低的惯性继续下探至历史低位水平。2 月份，票据市场利率小幅走高，但又在 3 月份有所回落，并一直维持低位震荡整理的走势至第二季度末。第三季度，票据市场利率开始出现较为明显的上升趋势。7 月下旬和 9 月下旬连续两次冲高，并将震荡上行

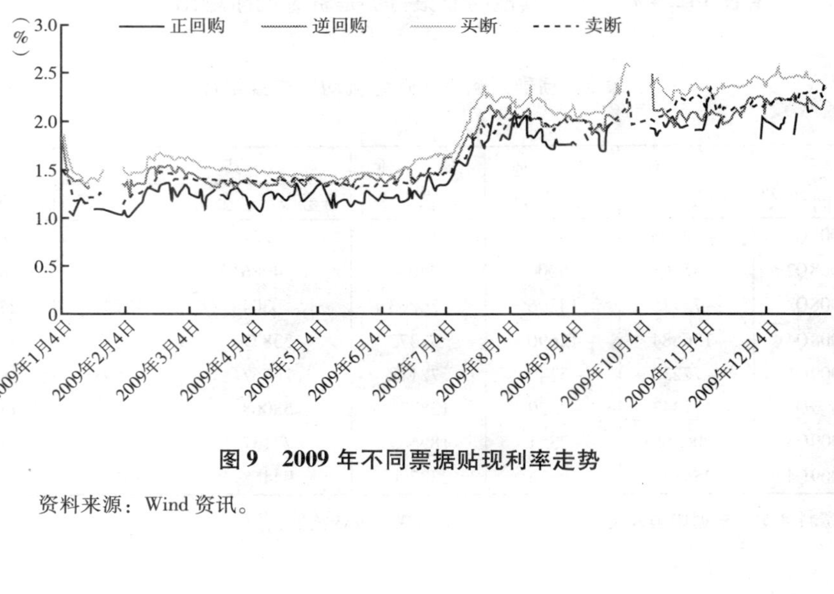

图 9　2009 年不同票据贴现利率走势

资料来源：Wind 资讯。

的态势持续到年底。从图9中可以看出，年末买断、买断、正回购和逆回购四大类票据交易利率与年初相比均出现显著上升。

三　货币市场资金流动

随着中国货币市场向越来越多的金融机构开放，货币市场的资金流动也日益呈现多元化的格局。不仅商业银行利用货币市场进行流动性管理、调剂临时性的资金余缺，证券公司、保险公司、财务公司等非银行金融机构也逐步利用货币市场进行流动性管理。中国加入WTO，并全面实现金融的对外开放后，外资金融机构也成了中国货币市场的重要参与者。因此，中国货币市场的资金流动不仅促进了资源在国内商业银行之间的重新配置，也加深了货币市场与资本市场之间的联动关系，促进了国内商业银行与外资商业银行之间流动性管理、业务发展的互动局面。

2009年，央行执行适度宽松的货币政策，银行体系流动性保持充裕。与2008年国有商业银行在债券回购市场上是净融出方，而在同业拆借市场上是净融入方的情况不同，2009年国有商业银行在两个市场上都保持着连续四个季度资金净融出的状态，其资金供给的主导地位进一步增强（见表3、表4）。综合债券回购市场和同业拆借市场来看，2009年国有商业银行净融出资金27.17万亿元，同比增长142.4%。虽然其他商业银行仍是资金的净融出方，但是受货币市场

表3　债券回购市场资金流动（季度累计）

单位：亿元

时间＼类别	国有商业银行	其他商业银行	其他金融机构	其中		外资金融机构
				证券及基金公司	保险公司	
2008Q1	-22396	-401	13686	2221	6909	9111
2008Q2	-45761	5000	24094	4986	11575	16667
2008Q3	-73725	14296	36063	6304	13739	23504
2008Q4	-136684	12690	92373	33837	26538	31621
2009Q1	-77238	-3740	72118	28767	12595	8860
2009Q2	-151343	-4529	138777	53068	21500	17095
2009Q3	-206565	-7351	189689	77137	32013	24226
2009Q4	-254127	-8636	232790	94468	40327	29973

资料来源：根据中国人民银行各季度货币政策执行报告整理。

表 4　同业拆借市场资金流动（季度累计）

单位：亿元

时间\类别	国有商业银行	其他商业银行	其他金融机构	其中		外资金融机构
				证券及基金公司	保险公司	
2008Q1	7155	-8577	-389	1329	—	1811
2008Q2	17672	-21822	704	2832	—	3446
2008Q3	23300	-30951	577	2877	—	7069
2008Q4	24597	-35809	2540	2916	—	8672
2009Q1	-4130	-103	1790	317	—	2443
2009Q2	-12349	2714	4888	1103	—	4746
2009Q3	-16876	5274	5790	1475	—	5812
2009Q4	-17539	4367	7030	1739	—	6142

资料来源：根据中国人民银行各季度货币政策执行报告整理。

融资收益相对较低及资产配置策略的影响，其资金净融出规模同比明显减少，而且资金流动格局同 2008 年完全不同。在债券回购市场上，其他商业银行从净融入方转变成为净融出方；而在同业拆借市场上，则从净融出方转变成为净融入方。综合两个市场看，其他商业银行在 2009 年净融出 4269 亿元，同比大幅下降 81.5%。

无论是债券回购市场还是同业拆借市场，包括证券公司和保险公司在内的其他金融机构、外资金融机构一直是资金的净融入者。这是因为证券公司和保险公司并不像商业银行那样可以吸收存款，因此，其日常的流动性管理在相当程度上只能依赖于货币市场融资。它们通过货币市场的短期资金流动，来加强流动性管理，同时也可能通过循环的货币市场短期融资而转化为中长期的资金运用。2009 年，受资本市场回暖、下半年新股 IPO 重启、创业板开闸等因素影响，证券与基金公司及保险公司等非银行金融机构的融资需求大幅上升。其中，证券与基金公司在债券回购市场上融入的资金总量为 94468 亿元，同比增长 179.2%；保险公司为 40327 亿元，同比增长 52.0%。但是，在同业拆借市场上，2009 年证券及基金公司净融入资金 1739 亿元，同比减少 40.4%。这是因为同业拆借是资金的信用拆借，没有抵押品，在金融市场动荡不安的时期，拆借市场上的资金贷出者与借入者之间的信息不对称问题就较为严重。因此，2009 年证券及基金管理公司在同业拆借市场融入的资金净额下降，并不意味着它们的资金需求的绝对量下降，而是资金的贷出者基于风险的考虑而减少了对证券及基金公司的信用拆放量。2009 年，外资金融机构资产扩张放缓，融资需求有所减弱。其在债券回购市场和同业拆借市场上净融入资金分别为 29973 亿元和 6142 亿元，比 2008 年分别下降 5.2% 和 29.2%。外资金融机构之所以在债券回购和同业拆借市场上均净融入资金，是因为外资金融机构在中国开展人民币业务的时间并不长，营业网点很有限，像证券公司与保险公司一样，难以在短期内吸收到大量的存款，它们在中国境内的资产负债业务相当程度上得依赖货币市场融资。

2009 年，中国货币市场资金流量、市场规模较 2008 年都有大幅增长，货币市场的健康稳定发展，在解决中国金融机构的流动性、满足企业的短期资金需求、促进货币政策的传导等诸多方面，都发挥了积极的作用。

金融市场：股票市场

2009年，中国股票市场对国内外经济形势的变化和中国宏观经济政策的调整，作出了积极而及时的反应。1～8月份，中国股市基本保持一路上行的态势，上证指数最高在8月4日达到3478点，与2008年底的收盘指数1820.81点相比，上涨了91%，成为国际主要股市上涨幅度最高的市场。8月5日以后，中国股市进入盘整期，涨跌幅度明显扩大，最低时探底2700点，上行摸高3200点。2009年12月31日，上证指数最终收盘于3277.14点，与2008年底的收盘指数相比，全年上涨79.98%。这些走势与我们在2009年初的预测（2009年上证指数将突破3000点，股市震荡将进一步加大）基本一致。2010年，预计金融危机等国际性因素对中国股票市场运行的影响将逐步减弱，宏观经济政策面临再次调整。受国内经济走势影响，股票市场可能进入新的调整时期。

一　2009年股票市场运行分析

根据中国证监会发布的数据，截至2009年末，中国股票市场上市公司共计1718家，发行总股本2.6万亿股，市价总值24.4万亿元，其中流通市值15.1万亿元。2009年股票市场运行有以下几方面特点。

（一）市场总体保持向上走势

一级市场新股发行逐步恢复，创业板IPO正式启动，上市公司再融资额度逐月增加；二级市场交易量大幅上升，股指震荡上行。股票市场运行总体呈现向上走势。

从一级市场看，为减少新股发行对市场的冲击，上半年监管部门暂停了新股发行，但保留了上市公司增发通道。7月份以后，新股发行得以恢复，当月A股IPO融资额达到544亿元。从表1可见，截至2009年末，中国境内证券市场筹资额达到5228.1亿元，同比增长22.6%。其中增发融资近3000亿元，成为股市筹资的首要途径。A股IPO融资1831.4亿元。

表1　2009年股票市场融资情况

时　间	境内外筹资合计（亿元）	境内筹资合计（亿元）	首发筹资			再筹资			
			A股（亿元）	B股（亿美元）	H股（亿美元）	A股（亿元）			H股（亿美元）
						增发	配股	可转债	
2008年累计	4581.8	4264.5	1036.5	0	38.1	2271.8	151.6	77.2	7.5
2009.01	86.7	86.7	0	0	0	86.7	0	0	0
2009.02	112.3	91.6	0	0	0	91.6	0	0	3
2009.03	67.3	67.3	0	0	0	67.3	0	0	0
2009.04	230.8	230.8	0	0	0	230.8	0	0	0
2009.05	213.7	213.7	0	0	0	213.7	0	0	0
2009.06	203.9	188.5	0	0	0	188.5	0	0	2.3
2009.07	930	853.7	544.3	0	8.8	309.5	0	0	2.3
2009.08	484	476.7	146.1	0	0	319.4	11.2	0	1.1
2009.09	598.8	349.7	225.8	0	36.5	98.3	4.4	21.2	0
2009.10	541.6	541.6	202.0	0	0.0	257.6	7.5	25.5	0.0
2009.11	1215.0	940.4	226.6	0	40.1	478.5	52.8	0.0	0.1
2009.12	1585.8	1187.5	486.6	0	57.1	556.9	30.1	0.0	1.3
2009年累计	6269.8	5228.1	1831.4	0	142.4	2898.9	106.0	46.7	10.1

数据来源：中国证监会网站。

从二级市场看，在扩大内需、刺激经济的宏观调控政策作用下，中国经济逐步止跌回升。继2008年11月份以后股市逐步上行的走势，2009年前7个月中国股市基本保持上扬走势。从图1可见，2009年春节后第一个交易周，上证指数即升至2200点附近，恢复到2008年9月末的水平。此后股指一路震荡上行，6~7月份市场出现一轮快速上涨，股指在8月初一度爬升至3400点以上，此后，市场进入回调震荡区间，截至2009年末，上证指数收盘为3277.14点。

在股指震荡上行的同时，市场成交量也迅速放大。从表2中可见，自2月份以后，市场日成交量迅速增加，7月份超过6000亿股，为全年最高，此后随着市场回调，成交量有所下降，但扣除节日因素，各月成交量基本保持在4000亿股以上，远超过2008年同期水平。在2009年244个交易日中，共成交股票5.1万亿股，同比增长111.8%，日均成交210亿股，金额2119亿元。从二级市场交

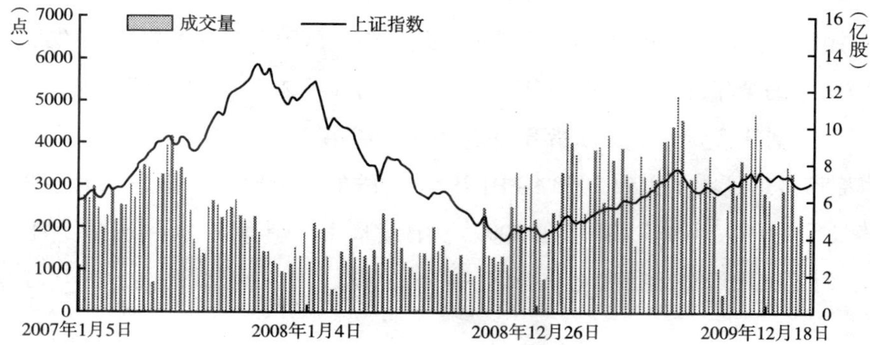

图1　上证指数周线图

数据来源：招商证券行情系统。

易情况来看，中国股市已经基本摆脱了2008年大幅回落的走势，市场信心全面恢复。

表2　2009年股票市场交易情况

时　间	交易天数	股票成交金额		日均成交金额		股票成交数量		日均成交数量	
		成交金额（亿元）	同比（%）	成交金额（亿元）	同比（%）	成交量（亿股）	同比（%）	成交量（亿股）	同比（%）
2008年累计	246	267112.6	-42.0	1085.8	-43.0	24131.4	-33.7	98.1	-34.8
2009.01	15	14916.8	-67.9	994.5	-53.0	2042.1	-22.8	136.1	13.2
2009.02	20	40390.0	91.3	2019.5	53.1	4960.3	294.3	248.0	215.4
2009.03	22	37554.8	31.6	1707.0	25.6	4301.7	130.5	195.5	120.0
2009.04	21	45740.1	70.0	2178.1	70.0	4818.4	144.7	229.5	144.6
2009.05	18	37075.8	25.8	2059.8	39.8	3776.3	78.5	209.8	98.3
2009.06	22	46178.8	173.9	2099.0	149.0	4454.2	193.8	202.5	167.1
2009.07	23	70896.2	204.8	3082.4	204.8	6186.4	279.2	269.0	279.2
2009.08	21	50537.5	328.0	2406.6	328.0	4349.4	220.8	269.0	316.6
2009.09	22	44198.2	282.9	2009.0	230.7	3919.4	158.0	178.2	122.8
2009.10	16	32372.2	211.4	2023.3	289.2	2768.6	84.6	173.0	130.8
2009.11	21	64011.4	247.1	3048.2	256.3	5377.4	98.7	256.1	89.3
2009.12	23	52115.0	120.9	2265.9	120.9	4152.9	19.9	180.6	19.9
2009年累计	244	535986.7	100.7	2196.7	102.3	51107.0	111.8	209.5	113.5

数据来源：中国证监会网站。

2009年，中国股市快速震荡上行，在全球经济低迷中展示了一幅亮丽的风景。中国股市虽然在2008年遭受严重下跌，跌幅达到全球各主要股市的第二位，但2009年的全年涨幅却位居全球主要股市前列（见表3）。其中深证成指升幅达111.2%，居第3位，上证综指升幅达80%，居第7位，二者均领先于主要发达国家股市。这证明了引致2008年中国股市下跌的主要原因，不是“大小非”的解禁（因为“大小非”解禁在2009年继续展开，其累计数额明显大于2008年），而是国民经济运行和上市公司的业绩走势。

表3　2009年全球股市涨幅排名

排名	国家和地区	指　数	涨跌幅（%）	排名	国家和地区	指　数	涨跌幅（%）
1	俄罗斯	RTS指数	128.6	13	马来西亚	KLSE指数	45.2
2	阿根廷	MERVAL指数	115.0	14	澳　洲	标普澳洲200指数	30.9
3	中　国	深证成指	111.2	15	加拿大	S&P/TSX综合指数	30.4
4	印　尼	雅加达综合指数	87.0	16	美　国	标准普尔500指数	24.7
5	巴　西	博维斯帕指数	82.7	17	德　国	DAX指数	23.9
6	印　度	BSE30指数	81.0	18	法　国	CAC指数	22.3
7	中　国	上证综指	80.0	19	英　国	富时100指数	21.7
8	中国台湾	台湾加权指数	78.3	20	美　国	道琼斯指数	20.2
9	新加坡	海峡时报指数	64.5	21	日　本	日经225指数	19.0
10	中国香港	恒生指数	52.0	22	新西兰	NZX50指数	18.9
11	韩　国	首尔综合股价指数	49.7	23	瑞　士	SMI指数	18.3
12	美　国	纳斯达克指数	45.3				

数据来源：全景网。

（二）上市公司业绩出现回升走势

自2008年第三季度，受金融危机影响，上市公司整体业绩出现下滑。从表4的数据可以看到，2008年第三季度全部上市公司营业利润为2440.1亿元，同比下降0.18%；第四季度又降至1776.3亿元，同比下降近11%。进入2009年，上市公司的主营业务继续呈现负增长，但下降幅度有所减小。第一季度主营业务收入为2.35万亿元，同比下降10.08%，第二季度为2.9万亿元，下降3.09%。环比来看，上市公司在第二季度基本扭转了业绩下滑趋势，营业利润出现了

46.5%的正增长，达到3722.3亿元；利润总额实现了2.17%的正增长，达到3823.8亿元。2009年上半年，上市公司营业利润合计为6439.5亿元，同比增加15.63%；但受资产减值等因素影响，利润总额同比下降9.81%，为6622.8亿元。

表4　2008～2009年上市公司主要业绩指标

时　间	主营业务收入		主营业务成本		营业利润		利润总额	
	总额(亿元)	增长(%)	总额(亿元)	增长(%)	总额(亿元)	增长(%)	总额(亿元)	增长(%)
2008Q1	26151.4	59.78	17282.5	54.54	3028.2	45.97	3600.9	70.05
2008Q2	29993.5	57.55	20752.3	57.98	2540.9	3.95	3742.5	48.42
2008上半年	56144.9	58.58	38034.8	56.40	5569.1	23.24	7343.4	58.29
2008Q3	29112.3	44.95	20466.4	51.05	2440.1	-0.18	3052.1	5.30
2008Q4	31192.8	37.04	36235.7	131.91	1776.3	-10.97	453	-83.78
2008全年	116450	48.82	94736.9	77.10	9785.5	9.23	10848.5	5.01
2009Q1	23515.8	-10.08	17777.3	2.86	2717.2	-10.27	2799	-22.27
2009Q2	29065.9	-3.09	22732.4	9.54	3722.3	46.50	3823.8	2.17
2009上半年	52581.7	-6.35	40509.7	6.51	6439.5	15.63	6622.8	-9.81

数据来源：根据Wind资讯数据计算得出。

在市场回暖和上市公司业绩预期转好的作用下，进入2009年以后，A股市场股票估值开始回升。如图2所示，A股市场静态市盈率由年初的19倍，逐步攀升至7月末的34.6倍，此后有所回落。截至年末，市场平均市盈率为33倍，相当于2008年3月份的水平。

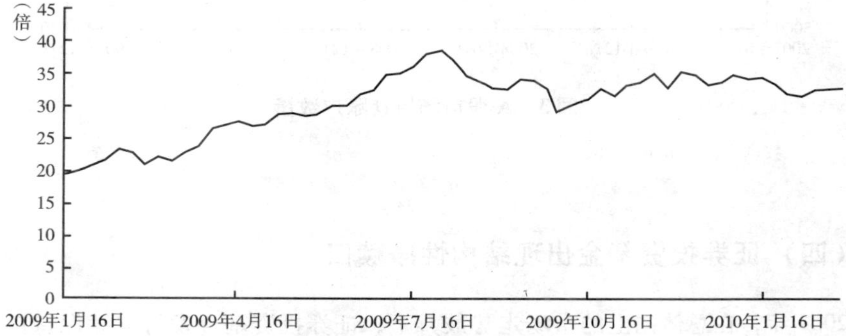

图2　A股市场静态市盈率

数据来源：Wind资讯。

（三）投资者信心有所增强

随着股指上升和成交量的快速增长，投资者信心有所增强。如图 3 所示，A 股市场持仓账户数量基本保持逐月增长，其中 8 月份单月增长 150 万户，为 2007 年 12 月以来单月持仓账户增加最多的月份。至年末，A 股持仓账户增至 5147.5 万户，创历史新高，持仓比例达到 43.7%，反映出投资者特别是个人投资者的市场信心有所增强。另一个数据是，2009 年 7～8 月份，城乡居民储蓄存款余额出现了净减少的情形，其中 7 月份减少了 436.65 亿元，8 月份减少了 439.86 亿元，由此，似乎又将延续 2007 年 3 月份以后城乡居民储蓄存款持续 7 个月减少而同时 A 股市场持续上行的走势。但必须看到的是，持仓账户占全部账户的比例仍然比较低，到 6 月末该比例为 37.8%，尚未回到 2008 年的平均水平。只是由于 7 月份 A 股有效账户总数大幅减少 14% 和 8 月份持仓账户增加较多，才使得这一比例有所上升。因此，不应过分乐观地评价当前的投资者信心，毕竟有着 2007 年 10 月 16 日之后股市严重下跌的教训。

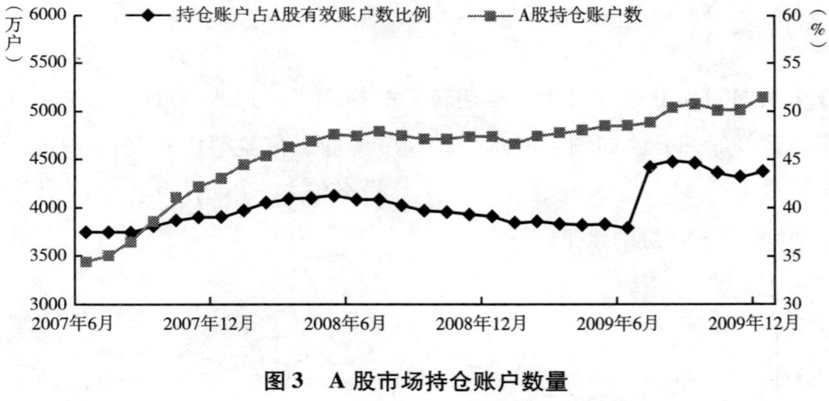

图 3　A 股市场持仓账户数量

数据来源：Wind 资讯。

（四）证券投资基金出现结构性净赎回

2009 年，在总体向上的市场走势鼓舞下，证券投资基金发行继续保持良好趋势。根据晨星公司统计，全年发行各类公募基金 122 只。新基金规模估计在 4000 亿份左右，相当于上年基金发行规模的 2 倍多，接近 2007 年的水平。尽管基金发行形势较好，但从基金行业整体规模衡量，却比2008年有所缩减（见图4）。2009年末，中国556只证券投资基金的总规模是2.45万亿份，同比下降2.2%，这是中国证券投资基金规模在历史上的首次下降。尽管下降幅度不大，但是值得警惕。

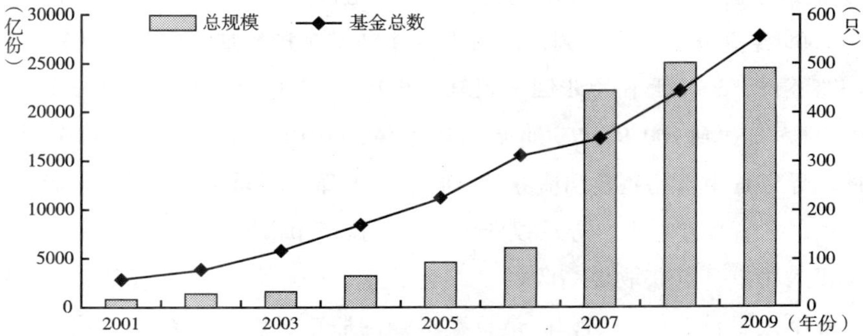

图4　证券投资基金规模年度变化趋势

数据来源：Wind资讯、晨星公司。

从基金规模下降的过程来看，主要是发生在2009年的3月（见图5），该月基金规模由2月末的2.5万亿份降至2.3万亿份，下降了2000亿份。此后几个月尽管基金规模有所增加，但始终没能超越年初水平。如果不是12月新发行基金规模较大，导致基金总规模快速增加，则年度规模降幅还有可能进一步扩大。

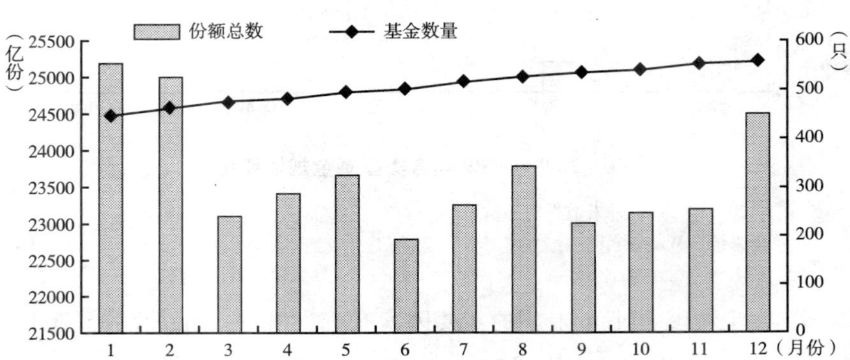

图5　2009年证券投资基金规模月度变化趋势

数据来源：Wind资讯、晨星公司。

基金规模的净减少，意味着资金的净流出。在股市行情整体向上的情况下，为什么会出现这种现象？实际上，如果对基金规模结构进一步分析，不难发现基金规模净减少主要源于货币市场基金和债券基金的净赎回。如图 6 所示，同 2008 年末相比，2009 年 11 月末股票型基金规模是净增加的，但货币市场基金则大幅减少了近 2400 亿份，债券型基金减少 750 亿份，混合型基金也减少了 80 亿份。货币市场基金和债券基金的主要投资品种是债务类投资工具。而中国债券市场进入 2009 年即开始逐步回调，1 ~ 2 月份中债综合指数基本稳定在 103 点上方，此后一路下行，3 ~ 6 月份逐步回落到 102 点上方，7 月份以后指数继续下行，最低在 11 月 5 日达到 100.97 点，此后市场趋稳，至 12 月 31 日指数为 101.13 点。债市回调导致货币市场基金和债券基金收益率下降，而同期股票型基金收益率则稳步上扬，二者反差增大，导致投资者大幅减持货币市场基金和债券基金，转而将资金投入股市，以获取更高收益。综上所述，2009 年证券投资基金规模的净减少，并不代表行业性萎缩，而是日益增强的股市、债市“跷跷板效应”对投资者决策产生的影响。

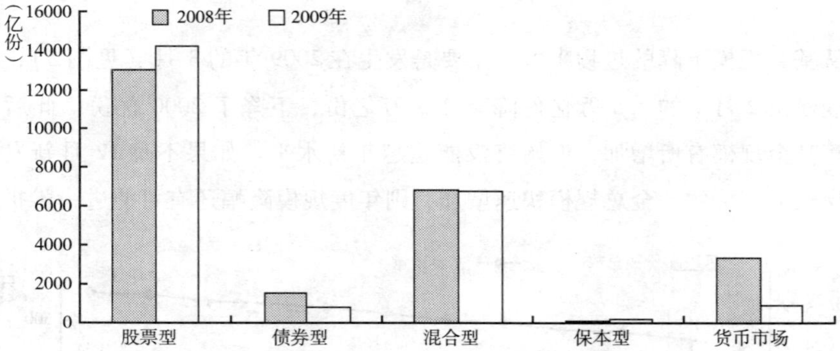

图 6　2008 ~ 2009 年各类型基金规模变化

注：2009 年为 11 月末数据。

数据来源：Wind 资讯。

2009 年，影响中国股市走势的主要因素有五：第一，超跌反弹。2008 年中国经济在尚有 9.6% 增长率的条件下，股市下跌的幅度（上证指数下跌 65.39%）严重超过了道琼斯指数下跌 29.42% 的幅度，这是缺乏基本面解释的。与此对应，2009 年中国股市上行的主要根据是超跌回补。第二，扩大内需、刺激经济的宏观政策。2008 年 11 月份，为了应对由美国引发的国际金融危机给中国经济造成的冲击，中国宏观经济政策调整为扩大内需、刺激经济，中央政府出台了一系列旨在保障国民经济平稳较快发展的政策措施，这不仅给上市公司运行创造了较为良好的外部环境，而且使股市投资者的信心大为增强。第三，适度宽松的货币政策引致的资金充裕。从图7中可见，从2008年11月份起，中国的新增贷款就快速增加，新增贷款的月度绝对额屡创历史新高。到2009年6月新增贷款数额已达到2007年全年的2倍。新增贷款的大幅增加，给股市带来了新的资金，由此，推高了股市上行。同理，在2009年下半年，新增贷款数额呈下降走势，这导致了8月份以后的股市下行。第四，居民收入和入市资金的变化。从图8可见，在2009年中国居民的储蓄存款大幅增加，从2008年底的217885.35亿元增

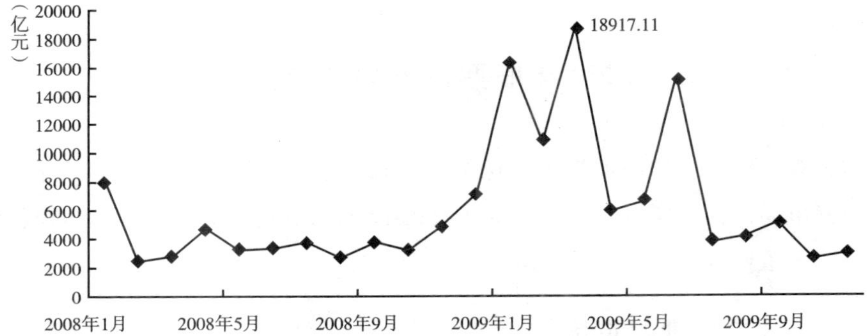

图7　新增贷款月度走势图（2008～2009年）

资料来源：中国人民银行网站。

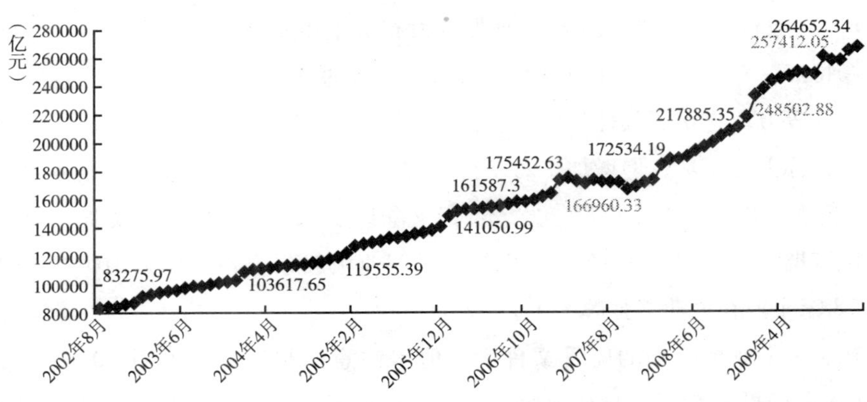

图8　城乡居民储蓄存款余额（2002～2009年）

资料来源：中国人民银行网站。

加到2009年底的264652.34亿元，净增46766.99亿元。通过投资者直接入市、购买证券投资基金和各种理财产品等路径，投资者入市资金也呈增加走势，这给股市走势以资金面的重要支持。从图8可以看到，2009年的8月、10月和11月居民储蓄存款余额分别出现了绝对额减少的情形，这与2007年4~10月的情形有相似之处（当时股市呈一路上行走势）。第五，对经济运行后期状况的担忧。在国民经济的快速止跌回升过程中，各种担忧也随之产生，其中包括：担心经济回升势头过快引致宏观经济政策回调，新增贷款过多引致通货膨胀并由此引致货币政策紧缩，新增贷款过多引致贷款质量降低，股价和房价大幅上行引致资产泡沫膨胀等等。这些担心通过媒体和其他传导机制影响了股市投资者的投资选择。

二　2009年股票市场的制度性变化

为克服金融危机的负面影响，保持股票市场稳定健康发展，2009年证券监管部门将市场监管工作与基础性制度建设相结合，在设立创业板市场和新股发行制度改革等重要方面取得了积极进展。

（一）设立创业板市场

2009年3月31日，中国证监会发布《首次公开发行股票并在创业板上市管理暂行办法》（以下简称《暂行办法》），标志着创业板市场已经进入了实质性准备阶段。《暂行办法》参照主板市场股票发行和上市管理的有关规定，结合创业板市场特点，对企业在创业板发股上市所应具备的条件、上市程序、信息披露和监管责任等方面作出了具体规定。总体而言，监管部门适当调低了对拟上市企业在财务指标上的要求，但增加了对发行人在完善公司治理和持续经营能力方面的要求。《暂行办法》发布以后，监管部门又陆续发布一系列配套性文件，深圳交易所也依据《暂行办法》精神，发布了《创业板股票上市规则》。10月30日，首批28家企业在创业板挂牌上市。

在有关创业板市场的监管文件中，值得注意的是证监会6月30日发布的《创业板市场投资者适当性管理暂行规定》。这项规定是创业板市场所特有的，其初衷是依据创业板市场风险偏高的特点，适当控制风险识别和承受能力较弱的投资者进入创业板市场的节奏，体现保护弱势投资群体的政策意图。但是在此文件中，却没有关于投资者身份的具体限定，而是重点强调了证券中介机构向投资者充分揭示风险的义务。监管部门将制定投资者准入条件的权力转给交易所。在交易所于 7 月 1 日发布的相关规定中，仅要求入市投资者需有 2 年以上的股票交易经验，而实际上经验不足 2 年的投资者在履行一定手续以后也可以入市。创业板市场的合格投资者制度实际上并没有建立起来。

实行这些规定的主要原因有三：其一，对于投资者身份的甄别和具体标准的设定是一项复杂的工作，同时，中国个人投资者数量庞大，要求证券中介机构在短期内对所有客户进行准确分类并进行差别管理，实施难度较大。其二，相当一部分个人投资者尽管风险识别和承受能力偏弱，但却具有较强的风险偏好，加之传统上监管部门在新市场设立和新业务开展初期，大多会提供扶持性的政策配套措施，甚至隐性的政府担保，这进一步刺激了部分投资者的入市积极性，在此种情况下推行严格的禁入规定，监管部门将会承受较大压力。其三，创业板市场能否顺利开办，很大程度上决定于投资者的热情和入市资金数量。对于大型机构投资者而言，稳健型投资策略仍占主流，这决定了机构投资者入市资金比例将会受到限制。同时，中国激进型投资者的数量还不多，高风险偏好的个人投资者成为推动市场运行的重要力量。借用旺盛的市场人气树立良好形象，以促进市场的进一步发展，这一策略符合市场中的经营主体和监管者的利益考量标准。作为市场经营者的证券交易所，缺乏足够动力来限制投资者进入市场。制定合格投资者制度，目前可能仍然主要是监管机构的责任。

不可否认，创业板市场的设立，为中小型创业企业提供了公开发股上市的重要通道，是完善中国多层次资本市场的重要步骤。但在发行审核程序、监管规则和市场交易规则等各个方面，创业板仍然基本沿用了主板市场基础性制度架构，并没有出现太大突破。从根本上讲，创业板市场仍是以 A 股为基础的交易所集中竞价市场的组成部分，还没有成为交易规则不同的第二股票市场。与海外成功市场相比，其在基础性制度方面存有缺陷。当然也要清醒地认识到，在当前的体制架构和市场条件下，要求监管部门在短期内作出重大制度性创新是不现实的，创业板市场的发展还需要走循序渐进的道路。

（二）新股发行制度改革

过分行政化的新股发行制度以及不尽合理的申购机制，是中国股票市场上新股溢价上市的重要原因。2009 年，监管部门在新股发行制度改革上进行了探索，对原有发行制度进行了一定调整。

考虑到 2008 年市场大幅调整之后，投资者对新股发行的承受力变得十分有限，为了促进市场稳定运行，上半年监管部门实际上停止了对新股发行和上市的审核工作。随着市场逐步转暖，监管部门开始有步骤地恢复新股发行。6 月 10 日，针对发行制度存在的不足，证监会发布了《关于进一步改革和完善新股发行体制的指导意见》（以下简称《指导意见》）。《指导意见》对新股发行制度改革的总体思路和目标进行了简要描述，并且提出了完善报价约束机制、优化网上发行机制、对网上单个申购账户设定上限和加强新股认购风险提示四项措施。其中具有较强约束力的措施主要有三项：一是将网下网上申购分开，任一股票配售对象只能选择网下或者网上一种方式进行新股申购；二是对网上单个申购账户设定上限，原则上不超过当次网上发行股数的千分之一；三是单个投资者只能使用一个合格账户申购新股。这三项措施的共同目标是限制单一投资者参与同一新股申购的次数和资金量，以提高中签投资者比例，改变在以往申购中个人投资者中签率偏低的局面。当然，鉴于监管机构对监管对象的较强行政约束力，《指导意见》中对于证券承销机构和发行人的指导性意见，也会在今后的新股发行活动中得到一定程度的贯彻。此次改革主要是对新股发行中的利益分配格局进行了一定程度的调整，总体而言，比较有利于个人投资者，对于控制多个账户和巨额申购资金的机构投资者起到了一定的限制作用。《指导意见》发布不久，A 股市场的新股发行即重新启动，2009 年全年 A 股市场 IPO 融资达到 1831.4 亿元。

正如监管部门在文件中所述，需要在统筹兼顾市场发展的速度、改革的力度和市场承受力的基础上，择机推出改革措施。此次《指导意见》的发布仅仅是本轮新股发行改革的第一步，后续措施应当还会陆续出台。与此同时还应看到，在中国总体储蓄过剩的格局下，只要一级市场的无风险收益继续存在，大量资金参与新股发行的局面就很难在短期内彻底改变。鉴于新股发行的总量控制，仅是内部分配结构的调整不太可能满足全部中小投资者的申购愿望，10 多年已形成的新股卖方市场对发行人和承销商则十分有利。因此，如何更好地平衡各方的利益，是改革的真正难点所在。

2009 年，股票市场还发生了一些其他政策性变化，比如证监会明确了对于基金管理公司开办“一对多”专户理财业务监管要求，基金公司从此增加了新的业务品种，将在资产管理方面同商业银行、信托公司等展开竞争；银监会进一步规范了商业银行个人理财产品的投资品种，明确规定理财资金不得投资于境内二级市场公开交易的股票或与其相关的证券投资基金，从而，在二者间建立了防火墙。总体来看，2009 年股票市场的基础性制度架构仍然保持稳定，渐进式的改革思路继续指导着市场的发展。

三　2010 年股票市场运行展望

展望 2010 年，在世界经济走向复苏的大背景下，金融危机及其他外部经济因素对中国股票市场的影响将逐步减弱，来自国内经济和政策调整方面的因素对市场的影响作用将有所加强。

（一）宏观经济走好

国内经济形势和政策变动是影响中国证券市场走势的主导性因素。2010 年初以来，国内经济开始摆脱金融危机的影响，经济增长逐季加快。GDP 的增长率第一季度为 6.2%，第二季度为 7.9%，第三季度为 9.1%，第四季度为 11.0%，全年达到 8.7%①。

在国家一系列刺激经济的政策引导下，社会固定资产投资大幅增长，成为拉动经济增长的最重要因素。2009 年全年城镇固定资产投资总额 19.4 万亿元，从图 9 可见，全年投资增长 30.5%，增幅比 2008 年高出 4.4 个百分点。

在国内消费需求方面，如图 10 所示，全年社会消费品零售总额共实现 12.5 万亿元，同比增长 15.5%，增幅比 2008 年回落 6.1 个百分点，各月消费品零售总额的增长速度均明显低于 2008 年同期。外贸方面，出口部门是受金融危机和国际经济衰退影响最大的部门，全年出口总额 1.2 万亿美元，同比下降 16%。在主要贸易伙伴国家和地区经济衰退和调整时期，贸易保护主义有所抬头，针对中国的贸易纠纷和摩擦呈上升趋势，在当前形势下中国出口态势恢复到 2007 年状况的可能性几乎没有。

根据国家统计局数据，2009 年 8 月份居民消费价格指数同比下降 1.2%，但

① 年度数据引自国家统计局《2009 年国民经济和社会发展统计公报》。

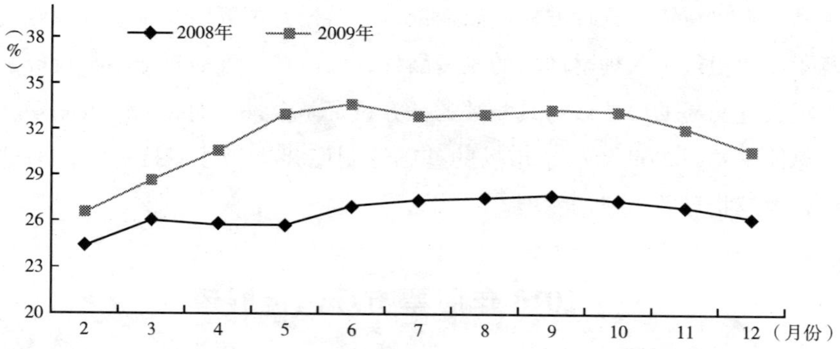

图 9　2008～2009 年各月固定资产投资增长率

数据来源：国家统计局。

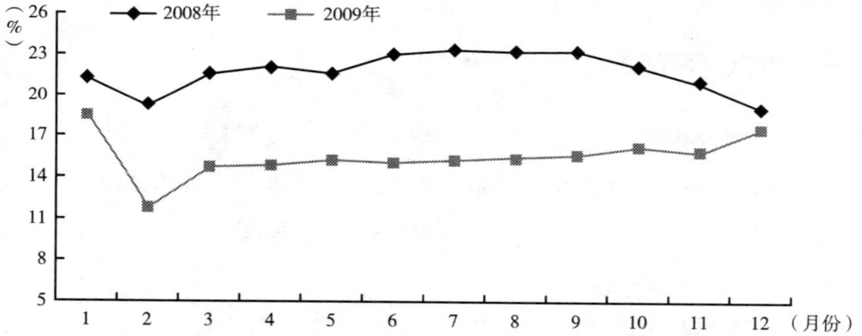

图 10　2008～2009 年社会消费品零售总额月度增长率

数据来源：国家统计局。

环比上涨 0.5%，这是 2009 年 CPI 首次出现环比正增长，11 月份 CPI 同比上涨 0.6%，首次转为正值。社会上对于通货膨胀的预期有所增加。我们认为，2010 年的物价上涨率将呈现正增长走势，这种变化主要由调价因素和农产品价格上涨因素所致，并非因货币发行过多引致通货膨胀，因此，不应成为影响宏观经济政策调整的主要因素，原因如下。

首先，如图 11 所示，除 1 月份外，2009 年 CPI 各月同比涨幅变化基本保持在 -1.2% ～ -2.0%，总体比较平稳。8 月份的环比上涨和 11 月份的同比上涨具有某种程度的趋势性特征，但因其幅度较小，所以，还不具有转折性意义。其次，2010 年的物价增长率将高于 2009 年 -0.7% 的水平，如无影响物价变动的重大事件发生，基本走势为“前后低中间高”。2009 年《政府工作报告》提出的 CPI 控制指标为 4%，如无特殊因素影响，2010 年的物价上涨率不可能超过 3%。再次，2008 年同期 CPI 上涨较多，2009 年以来的指数同比温和下降，具有均值回归的意义。最后，从图 12 中可见，代表生产资料价格的原材料、燃料和动力购进价格指数，自 2009 年初以后就大幅度下降，全年仍然保持在 -7.9% 的水平。即便考虑到燃料和动力价格调整的滞后性，但仍然无法从中发现即将出现物价大幅上行的根据。

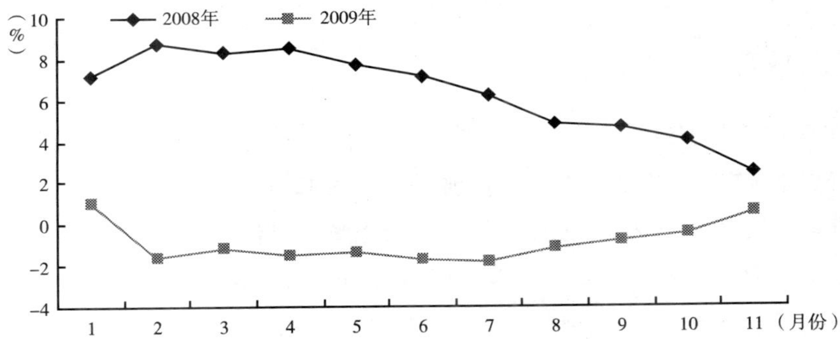

图 11　2008～2009 年居民消费价格指数

数据来源：国家统计局。

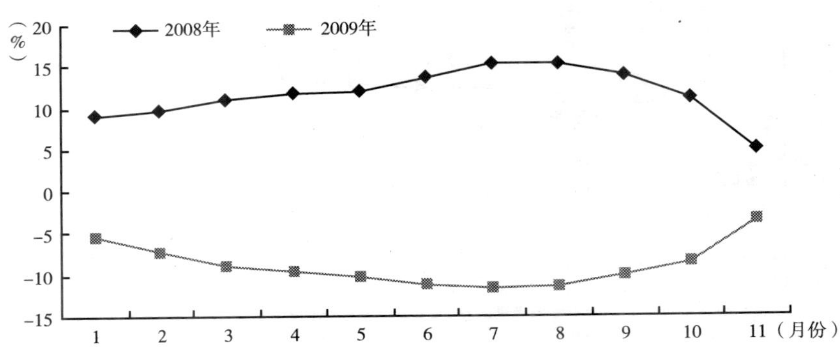

图 12　原材料、燃料、动力购进价格指数

数据来源：国家统计局。

值得注意的是，2009 年 GDP 呈现逐季走高的趋势，与此对应，2010 年的 GDP 增长率将呈现“前高后低”的走势。在此背景下，如果 2010 年第一季度和第二季度的 GDP 增长率达到 10% ~11%，应属正常状态，并非经济过热的表现。毫无疑问，在 GDP 增长率超过 10% 以后，各种关于经济过热的议论将大量增加，对此，应有清晰的认识。

综上所述，2010 年中国经济总体将保持稳步较快的发展态势。在拉动经济增长的三个因素中，投资拉动依然为主力，消费贡献率还难有大的提高，净出口增长率将由负转正，但对 GDP 增长率的贡献率不可能回到 2007 年水平。国民经济走势总体向好，将为股票市场的稳定运行提供必要的外部条件，因此，2010 年中国股市不可能呈现如 2008 年的明显大幅下行走势。

（二）资金面可能趋紧

在适度宽松的货币政策引导下，2009 年中国商业银行等金融机构信贷投放量大幅增加。年末，金融机构本外币各项贷款余额 42.6 万亿元，同比增长 33.1%，累计新增贷款 10.6 万亿元，比 2008 年同期增加 6.4 万亿元。其中，人民币贷款新增 96288.96 亿元，同比增长 31.74%。同 2008 年相比，2009 年各月贷款的月度增长率呈逐月上扬趋势，而且增长幅度自 3 月份以后明显高于 2008 年同期水平（见图 13）。贷款额度增加不仅为实体经济增长提供了支持，而且企业暂时闲置的信贷资金也可以通过多种渠道进入资本市场进行短期投资，从而为市场注入一定流动性。

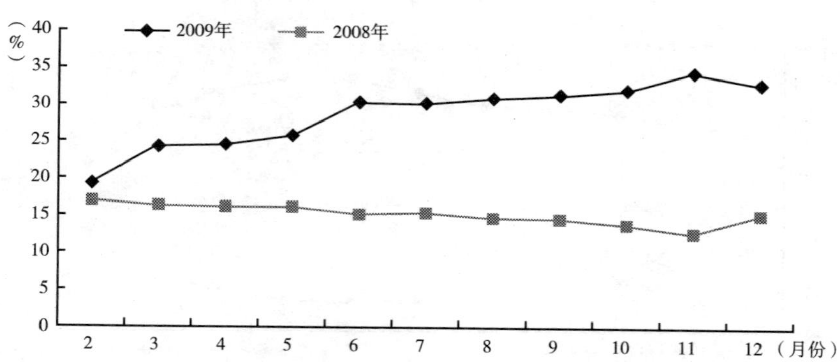

图 13　金融机构本外币贷款月度增长率

数据来源：中国人民银行。

随着信贷投放的增加和企业利润及居民收入增长，2009 年商业银行等金融机构各项存款明显增加。截至 2009 年末，商业银行等金融机构本外币各项存款余额为61.2万亿元，累计新增13.4万亿元，同比增长27.9%，比2008年同期增加5.7万亿元。其中企业存款增量明显高于居民储蓄存款。3月和6月是企业存款增量较多的月份，分别增加1.4万亿元和1.2万亿元（见图14）。这两个月的单月信贷增量也是最多的，金融机构本外币信贷资金当月分别增加1.9万亿元和1.8万亿元，表明2009年企业存款增量的变动主要来自信贷增量变化。居民储蓄存款在7、8、10三个月出现了负增长，这应当与股票市场回暖和新股发行重启有关。2010年，随着信贷增量的逐步回落，存款增量也将同步回落。

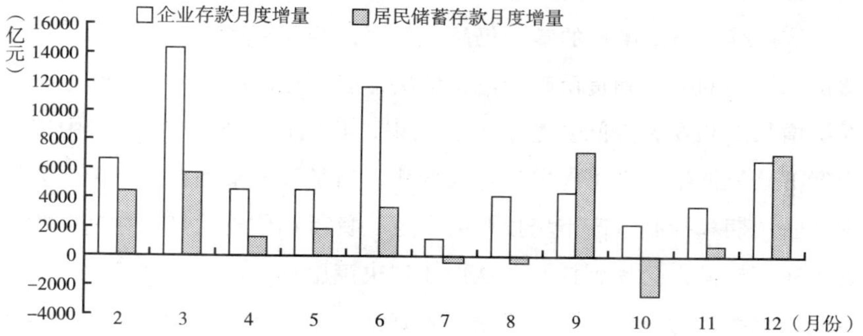

图14　2009年各月存款增加额

数据来源：中国人民银行。

受宽松货币政策和低通胀预期的影响，2009年银行间市场利率上半年保持在较低水平。隔夜拆借加权平均利率维持在0.81%～0.87%。下半年形势发生变化，利率有所上升，至年末时为1.19%。利率上升表明银行体系在经历了连续半年的信贷投放大幅增加以后，出现了一定的流动性需求，对信贷政策收紧，对通胀预期有所增加。信贷增量是影响2010年资金松紧程度的最主要因素，目前信贷扩张已经受到了存贷款金融机构资本充足率提高、潜在不良贷款风险增加和实体经济中可贷项目不足等瓶颈性因素的约束，不太可能长时间继续保持目前的增长速度。2010年新增贷款预计在7.5万亿元左右，据此计算的新增贷款增长率与2009年相比将明显降低（不会超过20%，而2009年在30%以上）。从季度看，2010年第一季度的新增贷款数额还将处于高位，但第二季度以后，月度新增贷款将比2009年同期明显减少，信贷增速也将下行，与此同时，市场利率再度出现上升。这些因素影响着股市的资金供给数量和债市的利率、价格走势。

（三）政策性因素

“保增长、保民生、保稳定”是2009年政府工作的中心目标。2010年，宏观经济调控目标将转向保增长与调结构并重，新政策的出台和调整都必须考虑到能否有力推动这些目标实现。

2009年下半年以来，国家为抵御金融危机影响所采取的积极的财政政策和适度宽松的货币政策取得明显效果，经济下滑趋势得以控制。在宽松货币环境中，股票市场、房地产市场走势上扬，对于经济基本面的变化作出了乐观反应。但是，经济持续、稳定增长的基础仍然不稳固，特别是经济内在的结构性矛盾并不能够依靠短期的财政和货币政策给予解决，必须在体制机制上有所创新，发掘新的经济增长点和发展空间。基于上述认识，我们认为在2010年年中以前，现有宏观经济政策框架不太可能发生重大变化，但是政策微调在所难免，尤其是出于管理通胀预期和抑制资产市场投机的考虑，货币和信贷政策存在适度收紧的可能，财政赤字规模也会受到控制，从而体现决策层从力保总量增长向总量与质量并重转变的意图，为下一年的政策调整做好铺垫。

预计2010年第二季度以后将出现市场比较敏感的政策调整期，其形势可能与2007年下半年比较相似。为了避免经济硬着陆，保护前期经济振兴成果，需要根据中国经济在2003年以后的运行发展状况，符合实际地对经济走势作出判断，防止简单地以“过热”冠之。决策层有可能采取相对温和的调控措施，控制政策调整的力度和节奏，以促进稳定与增长这一目标的实现。可选择的政策手段包括：增加央票发行数量，提高发行频率；适当提高存款准备金率和存贷款基准利率；加强信贷投放的窗口指导；加强查处违规放贷、用贷行为，规范地方政府融资和担保行为；等等。

2010年是“十一五”的最后一年，也是制定和准备实施“十二五”规划的重要一年，股票市场相关监管部门既要努力完成既定任务，又要着手准备各项中长期政策调整规划。因此，在这一年中不太可能出现计划外的重大改革措施。但一些已经长期酝酿的股票市场加快改革与扩大开放政策，可能择机推出。

（四）股票市场的可能走势

2010年，鉴于CPI走势将由负转正，在水、电、燃气、交通和农产品价格上行的背景下，央行有可能上调存贷款利率；同时，与 2009 年相比，资金面可能处于不太宽松的格局中，股票市场的走势很可能受到约束。

2010 年的股市走势，要延续 2009 年上半年的大幅上涨行情（上涨 60% 以上）是不太可能的。利好因素主要包括：宏观经济运行态势良好、上市公司业绩提高、市场资金虽紧但还算充裕、股指期货推出和创业板市场的创新等等。但可做利空文章的因素也很多，其中包括新增贷款增长率下行、通货膨胀、新股发行规模扩大且密度提高以及“大小非”解禁压力增大等等。在这些因素的作用下，2010 年的股市上行空间有限，但总体上看，波动的上行空间和下行空间不会太大，但波动频率将加大、持续时间将延长。在此背景下，个股的价格走势有可能进一步分化，防范和化解投资风险的程度取决于投资者的审时度势能力和操作技能的高低。

金融市场：债券市场

2009 年，在大规模刺激性经济政策的推动下，全球经济见底复苏。中国经济一枝独秀，取得了高增长、低通胀的好成绩。但货币、信贷快速增长，投资增加迅猛，以及外汇占款大幅上升，在左右资金流向的同时，也给未来的政策操作带来了压力。由此，市场一方面担心物价回升，另一方面，也产生货币政策和财政政策可能收紧的预期——上述因素在 2009 年的大部分时间内，都在对债券市场产生影响。除此之外，影响债券市场的另外一个重要因素，则是股指大幅上涨，IPO 开闸。

这两方面因素的直接结果，是债市风光不再：中债财富指数在 2008 年由 118.10 点升至 132.05 点，上涨 11.8%；而截至 2009 年 12 月 31 日，同一指数为 131.63 点，较年初下跌 0.42 点，微跌 0.32%。上述是总指数。若细分来看，情况也有差别：第一，期限不同，指数变化有异，比如，5 年以内的中债财富指数均呈上升状态，而 5 年以上则下跌，且期限越长，下跌越多；第二，产品类别不同，情况也不一样，比如信用产品，按同一口径考量，也是有跌有涨。如上所述的中债财富指数与年初基本持平，以及不同期限、不同产品的有涨有跌，构成 2009 年债券市场的主要特点。

若以收益率曲线的变动看，除中低信用等级的短期融资券收益率下降外，其他债券收益率均从历史低位震荡上行。

不同于利率产品的整齐划一，信用产品的收益率变动出现明显分化。

中国债券市场各品种收益率曲线的变动，正日益呈现极强的差异化特点，且与信用级别的关联性已经大大提高。

债券发行总量仍然逐年增长，而净额发行规模则相对稳定。中期票据和商业银行次级债券成为亮点。信贷资产证券化陷入停顿。新出现的品种则有地方政府债券、城投债、中小企业集合票据以及美元中期票据。

在债券发行市场，监管机构加强了风险控制。比如，上海证券交易所于 11 月份发布了《关于调整公司债券发行、上市、交易有关事宜的通知》，对公司债券的发行、上市和交易进行分类管理。按此要求，达到一定标准的公司债券，原则上可采用“网上发行和网下发行”相结合的方式，向全市场投资者（包括个人投资者）发行，否则，只能向机构投资者发行，而不得向个人投资者发行；达到标准的债券，才可通过交易所集中竞价系统、大宗交易系统和固定收益证券综合电子平台进行交易，否则，只能通过固定收益证券综合电子平台上市交易。

2009 年，中国债券市场交易增速放缓。虽然当年占主体的银行间债券交易规模增长 20.48%，达到 121.44 万亿元，但较最近数年平均 60% 左右的增速，则是大大放慢了脚步。初步评估，交易量增长之所以减速，一是市场发展到一定程度，基数增大所致；二是中国人民银行自 2009 年 10 月份开始，加大了对所谓的“异常交易”的监控，交易价格及收益率偏离一定幅度，需要提交书面文件进行解释说明，这会挤压掉部分交易“泡沫”，对交易量的放大会起到抑制作用。

在利率衍生市场，从结构上看，2009 年债券远期、利率掉期和远期利率协议的交易量分别为 6400 亿元、4611 亿元和 60 亿元，前两者合计占据了 99% 以上的份额，且增长很快，而远期利率协议始终鲜有交易。就利率掉期的浮动基准而言，7 天回购利率的地位非常重要，Shibor 的影响力也在增强，而其他基准则趋于式微。掉期利率水平及掉期利差变化，基本能够对利率预期和资金的流动性提前作出反应。2009 年 3 月发布的《中国银行间市场金融衍生产品交易主协议（2009 年版）》，是推进我国金融衍生品产场发展的又一重大举措。

债券市场国际化有所突破。2009 年 1 月 12 日，银监会向外商独资银行和中外合资银行下发通知，允许其在内地银行间债券市场交易及承销（非金融）企业债券融资工具，意味着境内（非金融）企业债券承销市场向外资银行打开窗口。2009 年 6 月 25 日，汇丰银行（中国）在香港地区发行了规模 10 亿元、期限为 2 年、挂钩 Shibor 的浮息人民币债券，这是外资银行首次发行人民币债券。之后，东亚银行（中国）有限公司于 7 月 23 日在香港发行 40 亿元人民币债券，期限 2 年，年息 2.80%，半年付息。9 月 28 日，财政部在香港发行 60 亿元人民币国债，这是中国首次在内地以外地区发行以人民币计价的主权债券，分 2 年期、3 年期和 5 年期，票面利率分别为 2.25%、2.70% 及 3.30%，比同期内地国债二级市场收益率均高出 40 个基点。另外，在继 2005 年 10 月后亚洲开发银行再次发行了 10 亿元熊猫债券。

一　中国债券发行市场的主要特点①

2009年，中国债券市场发行总量仍然保持了一定的增长速度，而净额发行规模则相对稳定。从各产品看，中期票据进入大发展时期，非常引人注目。商业银行掀起了通过发行次级债券补充附属资本的高潮。公司债券上半年空白，下半年开闸放量，体现了监管政策的某种变化。经过2008年短暂的热度之后，信贷资产证券化市场陷入停顿，2009年未曾有一单亮相——商业银行的信贷资产证券化被商业银行的次级债券抢尽风头。

新的债券品种继续涌现，比如地方政府债券、城投债、中小企业集合票据以及美元中期票据。地方政府债券由中央政府代理发行，隐含中央财政担保，赤字列入中央预算，其发行利率与国债相差无几。而城投债则由地方政府所属融资平台直接发行，2009年发行的4000多亿元企业债券，有一半以上是城投债。5月份，中国石油天然气集团公司在银行间市场发行了10亿美元中期票据，开启了非金融企业在境内发行外币债券的大门。接近年底，中小企业集合票据终于推出，有3只产品，共12.65亿元，虽然过程艰难，毕竟有所突破。9月21日成立的中债信用增进投资股份有限公司，参与推动了这一进程。除此之外，中国人民银行和中国银监会于2009年8月18日发布公告（［2009］第14号），允许金融租赁公司和汽车金融公司发行金融债券，但当年未有产品推出。

（一）债券发行的规模与品种结构

从总量上看，2009年由各类发行主体发行的全部债券总量为89286亿元，较2008年的73025亿元增加16261亿元，增幅为22.3%。从品种看，2009年央行票据、资产支持证券和可转换债券的发行分别减少了3220亿元、302亿元和633亿元。其他债券均有不同程度的增长：政府债券增加最多，为9667亿元，增长113%；中期票据发行量突飞猛进，当年增加5148亿元，居于次席，增长率

① 本报告所指的债券，包括政府债券、金融债券、央行票据、企业债券、公司债券、短期融资券、中期票据、集合票据、资产支持证券、外国证券和可转换债券等所有在银行间和交易所市场发行、上市的品种。

则高至296%；金融债券增加2966亿元，增长25.2%；企业债券增加1885亿元，增长79.6%；公司债券和短期融资券分别增加447亿元和280亿元，分别增长155%和6.5%（见表1）。

表1　中国债券市场发行总量与分类统计

单位：亿元（面值）

券　种	发行规模							托管余额
	2009年	2008年	2008年	2009年				2009年
	全年	全年	Q4	Q1	Q2	Q3	Q4	年底
政府债券	18213	8546	2331	1119	7355	6158	3582	63370
凭证式	3495	1881	400	300	1296	1300	600	8043
记账式	12718	6665	1931	749	4470	4517	2982	53327
地方政府债	2000	0	0	70	1589	341	0	2000
央行票据	39740	42960	3710	4800	9250	14710	10980	42326
金融债券	14749	11783	3902	1593	2831	5396	4929	50952
政策性银行债	11678	10809	3710	1103	2104	3971	4500	44498
商业银行债券	2846	974	192	490	617	1372	367	5884
其他金融债券	225	0	0	0	110	53	62	570
企业债券	4252	2367	1056	662	1175	859	1556	10971
公司债券	735	288	0	0	0	361	374	1135
短期融资券	4612	4332	1385	925	574	1601	1512	4561
中期票据	6885	1737	1002	1671	2686	1327	1201	8622
集合票据	13	0	0	0	0	0	13	13
资产支持证券	0	302	137	0	0	0	0	399
外国债券	10	0	0	0	0	0	10	40
可转换债券	77	710	68	0	0	68	8	120
债务证券总量	89286	73025	13591	10770	23871	30480	24165	182509

注：①本表是中国债券发行及托管余额的总表，除境内美元债外，所有的以人民币计价的债券均包括在内；②“其他金融债券”包括财务公司、中国中信集团公司和证券公司在银行间市场发行的债券（含证券公司短期融资券）；③本表的“可转换债券”项下，发行数据同时包括普通转债和可分离交易的转债，但托管数据则不再含分离交易转债，因该类债券上市后，债券部分和权证分离交易，已不再具有转债的性质了——这部分债券2009年底余额为950.65亿元；④本表将国家发改委审批的“企业债券”和中国证监会审批的“公司债券”分列；⑤本表的“凭证式国债”将储蓄国债也一并计算在内；⑥因数据来源的不同，各类债券按季统计的数据与全年加总的数字略有误差，但误差较小，可忽略不计。

数据来源：中央国债登记结算公司、中国证券登记结算公司、中国国债协会、中国人民银行、财政部、上海证券交易所、α－债券投资分析系统、Wind资讯、中信资本市场数据库。

2009 年，财政部累计发行政府债券（包括代理地方政府发行）18213 亿元，同比增加 9667 亿元。其中，凭证式国债发行 3495 亿元，较 2008 年增加 1614 亿元，增长 85.8%；记账式国债发行 12718 亿元，较 2008 年增加 6053 亿元，增长 90.8%；代理地方政府发行 2000 亿元。2009 年政府债券发行总规模的显著变化，充分反映了积极的财政政策和刺激性经济举措的直接影响。值得关注的是，9 月 28 日，财政部在香港发行了 60 亿元人民币国债——这是首次在内地以外地区发行以人民币计价的主权债券。

中国人民银行 2009 年共发行 71 期央行票据，发行总量为 39740 亿元，较 2008 年减少 3220 亿元，减幅为 7.50%。与发行量的减少相一致，当年央票净发行为 -5795 亿元，自 2003 年以来，首次出现发行增量为负的情况，体现出为防止经济收缩，货币当局的公开市场操作是非常宽松的。

扩展来看，若将票据的发行与中央银行的正回购合并计算，则本币的公开市场操作，仍然是净投放的状态。[①] 2009 年央行通过正回购和发行票据方式累计回笼基础货币 79717 亿元，因票据和正回购到期累计投放基础货币 82937 亿元，投放与回笼相抵，通过人民币公开市场操作净投放基础货币 3220.12 亿元，同 2008 年净回笼 7879.68 亿元形成鲜明对比（见图 1）。

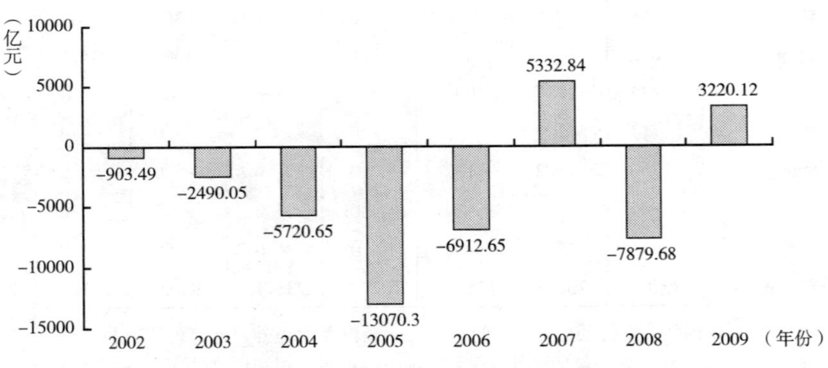

图 1　央行本币公开市场操作回笼/投放资金情况比较

注：本币公开市场操作指的是包括央票发行和正、逆回购及买断与卖断交易的合计。
数据来源：北方之星 α - 债券投资分析系统、中信资本市场数据库。

① 2009 年货币当局的本币公开市场操作只有正回购和央票发行两种方式，逆回购、买断式和卖断式交易则均未使用。

数据显示，自2002年至今，央行的本币公开市场操作只有2007年和2009年是净投放的。2007年出现本币公开市场操作净投放的原因是复杂的：宏观经济热度较高，资产价格涨幅过大，货币政策的基调以紧缩为主，因此，为防范风险，当年法定存款准备金率上调6次，并发行特别国债1.55万亿元。与此相关联，之所以会出现本币公开市场操作不是净回笼而是净投放，一方面是因为货币市场资金紧张，短期利率大幅上升且波动性强，导致央票发行困难且成本较高；另一方面，准备金率上调和特别国债发行的对冲，所起的作用也非常重要。对比来看，如果说2007年的本币公开市场是紧缩货币政策基调下的净投放，那么2009年则相反，完全是宽松政策使然。

2009年金融债券累计发行14749亿元，同比增加2966亿元，同比增长25.2%，改变了2008年的下降势头。其中，政策性银行债券增加869亿元，商业银行债券增加1872亿元。商业银行大量发行债券，而且大部分是次级债和混合资本债券，是2009年引人关注的事件。这样看来，当年银行体系大量放贷，而监管部门又提高了对资本的要求，是导致这一现象的主要原因。

具体来说，2009年共有28家商业银行发行了30期金融债券（43只，2846亿元），其中有24家发行了26期次级债券（37只，2681亿元），有2家发行了2期混合资本债券（3只，65亿元），另有2家商业银行发行了2期普通金融债券（3只，100亿元）。而相比之下，2008年只有13家商业银行发行了19期金融债券（27只，974亿元），其中有11家发行了17期次级债券（22只，724亿元），有2家发行了2期普通金融债券（5只，250亿元）。2008年发行金融债券的商业银行大都是股份制商业银行，也有少数其他商业银行，但没有一家位于五大商业银行之列；而2009年，工、农、中、建、交这五大商业银行无一例外都发行了次级债券，总规模高达2350亿元，其中仅建行一家就发行了800亿元。另外一个特点是，2009年非银行金融机构债券发行量较大，7家财务公司共发行7期金融债券（8只），规模225亿元；而2008年，没有一家发行此类债券。最后，2008年也没有混合资本债券发行，而2009年则有2家商业银行发行了65亿元混合资本债券。

可转换债券的发行规模大幅萎缩。2009年，共有76.61亿元可转换债券发行，其中普通可转债46.61亿元，分离交易可转债30亿元。相比之下，2008年可转换债券发行710亿元，其中，普通可转债和分离交易可转债分别为77.2亿元和632.85亿元。我们在2009年的报告中曾经提到，“自2005年‘零发行’的尴尬记录被改写后，可转换债券发行量增加很快，尤其是分离交易可转债，呈现相当强的生命力；但因有关方面对分离交易可转债中内含的权证抱有疑虑，所以其前景恐怕难测”。这一判断不幸被证实，作为可转换债券的主要组成部分，2009年，分离交易可转债实际上已经限于停顿状态。

因地方城投债的加入，2009年的企业债券发行突飞猛进。163家企业发行了168期（190只）企业债券，总规模4252.33亿元，无论是规模还是家数，较2008年均有爆发性增长：2008年，发行企业债券的企业为57家，发行了61期（71只），总规模2366.90亿元。铁道部和国家电网公司仍然是当年最大的两家发行体。2009年，铁道部发行了5期企业债券，共1000亿元，国家电网公司则发行了2期，共400亿元。而2008年，国家电网公司发行了2期，共395亿元，铁道部发行了4期，共800亿元。

大概是担心对资金产生“抽水效应”，为避免股票市场受冲击，2009年上半年公司债券停发，至7月17日才有当年第一只公司债券发行。虽然如此，由于较快的发行节奏，至年底，共有45家发行体发行了45期公司债券（47只），总规模734.9亿元，较2008年的288亿元大增155.2%。

2009年有213家企业发行了短期融资券（共263期），总规模4612亿元，较2008年的4332亿元增加280亿元，发行企业的家数与2008年也大体相当。经历了2007年和2008年的信用重估和收益率的大幅波动后，短期融资券市场在2009年趋于稳定，需求和流动性也渐强。

中期票据市场突飞猛进，2009年发行6885亿元，较2008年增加5148亿元，同比大增296.37%。伴随着规模的增长，发行企业的家数也迅速增加，2009年已达122家，较2008年的26家增加近百家，显示出广泛的覆盖范围和极高的市场认同度。值得一提的是，2009年有两家企业发行了美元中期票据，总量15亿美元，开启了非金融企业发行境内美元债券的先河。另外，中小企业集合票据也首次现身，当年共有北京市顺义区、山东省诸城市和山东省寿光市的三只中小非金融企业集合票据发行，规模12.65亿元。

另外，在2009年的报告中，我们曾提到，虽然笼罩在“次债危机”的浓重阴影下，但2007年和2008年中国的资产证券化市场仍取得突破性进展。然而这一势头并未能持续，2009年整个资产证券化市场处于停顿状态，显示出谨慎的政策取向。

在债券市场国际化方面，除了前述财政部赴港发行人民币国债外，汇丰银行（中国）于2009年6月28日在香港发行了首个人民币债券，系与Shibor挂钩的浮息债，规模10亿元，期限2年。亚洲开发银行则于年底发行了10亿元熊猫债券——这是事隔三年后熊猫债券的再次现身。令外资银行欢呼雀跃的是，银监会于2009年初发出通知，正式允许其在银行间市场进行非金融企业债券的交易和承销，未来债券发行市场的竞争将更加激烈。

（二）债券发行的期限结构

中国的债券发行以短期品种为主，中长期债券所占的比重很小。发行结构的这种短期化特点，在2009年得以保持。虽然如此，与2008年相比，2009年3年期以上各品种发行的数量和占比，均有明显增加，而此增加，是通过1~3年期品种的大幅下降来实现的[①]：2009年共发行债券86475亿元[②]，其中，1年期以下的债券规模最大，为51111亿元，占比59.1%，较2008年的56.5%略有增加；1~3年期的债券10028亿元，占比11.6%，较2008年的20.8%大幅减少，已是连续两年出现下降；3~5年期的债券7947亿元，占比9.2%；5年期以上的债券17389亿元，仅占20.2%，较2008年的16.1%增加了4个百分点，其中，10年期以上的债券4630亿元，在全部发行总量中占比仅为5.4%，但仍比2008年的2.9%提高了近一倍（见图2）。

（三）中国债券存量的市场分布

分市场看，2009年发行的债券仍大部分集中在银行间市场（见图3）[③]。虽然目前全部的记账式国债（不包括2007年发行的特别国债）均为跨市场发行，

① 对于期限的界定是不含下限，含上限，比如1年以下含1年，1~3年含3年，依此类推。

② 不分银行间、交易所和柜台；这里指除凭证式国债、可转换债券、公司债券和专项资产管理计划外的所有债券。

③ 按照目前的分类，在中央国债登记结算公司一级托管的债券被归到四个市场，即银行间、交易所、柜台和其他。其中，柜台指商业银行开办的国债柜台交易市场和证券公司开办的企业债柜台市场，而“其他”则分两种情况：一是在2002年末之前发行的企业债券的托管量未按发行范围、流通场所分类，二是尚未及统计、正处于分校期间的债券托管量，这两类均被归入“其他”项。

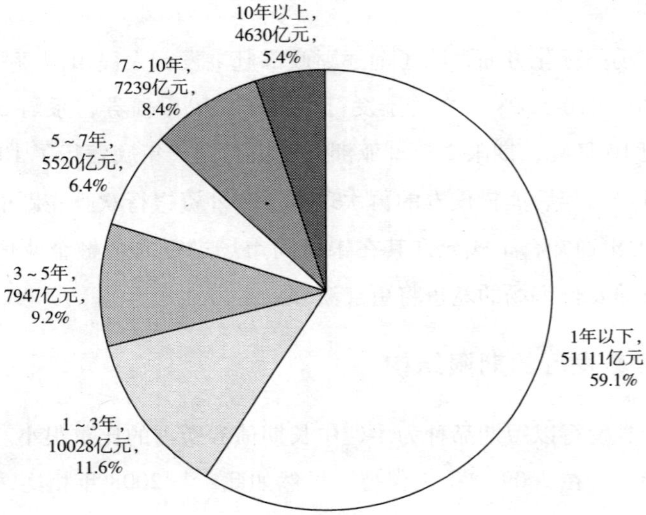

图2　2009年债券发行的期限结构分布

注：不分银行间、交易所和柜台；包括除凭证式国债、可转换债券、专项资产管理计划和公司债券外的所有债券。

数据来源：中央国债登记结算公司。

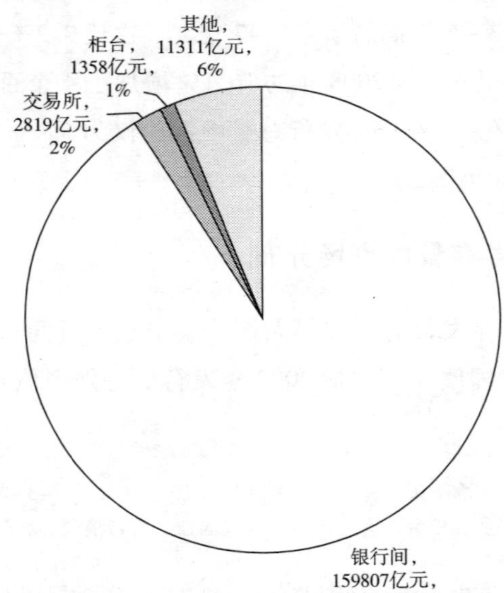

图3　2009年底中国债券存量的市场分布

数据来源：中央国债登记结算公司。本图数据不包括凭证式国债、可转换债券、公司债券、专项资产管理计划和境内美元债券。

但实际上大部分机构仍然选择了在银行间市场注册，因此难改两个市场的分配格局。

截至 2009 年 12 月 31 日，按面值计，在中国证券登记结算公司托管的政府债券为 2113.2 亿元，企业债券 467.3 亿元，公司债券 1296.5 亿元，可转换债券 119.8 亿元，分离式可转债 950.7 亿元，债券托管总量为 4947.4 亿元。

比较而言，2009 年底，在银行间市场托管的债券余额高达 17.53 万亿元，较 2008 年底的 15.11 万亿元增长 16.02%。托管债券的类型包括政府债券、金融债、中央银行票据、企业债、短期融资券、中期票据（包括集合票据）、资产支持证券和外国债券等，以上债券的币种均为人民币。除人民币债券外，2003 年 9 月之后开始托管境内发行的美元债券，虽然规模不大，但基本上每年都有新的美元债券发行，2007～2009 年，境内美元债发行规模分别为 14 亿美元、2 亿美元和 15 亿美元，截至 2009 年 12 月 31 日，美元债券托管余额为 67.3 亿美元，较 2008 年的 52.3 亿美元增加 15 亿美元。

（四）中国债券存量的品种结构

截至 2009 年 12 月 31 日，在中国债券市场面值 17.53 万亿元债券中，有 194 只政府债券，380 只金融债券，479 只企业债券，120 只中央银行票据，259 只短期融资券，213 只中期票据，4 只集合票据以及 38 只资产支持证券和 4 只外国债券，合计为 1691 只①。以政府债券的存量最多，为 5.74 万亿元，占比 32.75%；政策性金融债券紧随其后，为 4.45 万亿元，占比 25.38%；排名第三的为央行票据，总量 4.23 万亿元，占比 24.15%；企业债券排名第四，为 10971 亿元，占比 6.26%；中期票据 8635 亿元，占比 4.93%，排名第五；其他金融债券 6454 亿元，占比 3.68%，排名第六；短期融资券 4561 亿元，占比 2.60%，排名第七；其他类债券规模较少，如资产支持证券 399 亿元，外国债券则只有 40 亿元（见图 4）。

总的趋势是非金融企业债券占比大大提高了，如 2009 年企业债券、中期票

---

① 对于只数的统计口径：包括所有在中央国债登记结算公司托管的债券，含 1691 只可流通债券和 72 只非流通债券。

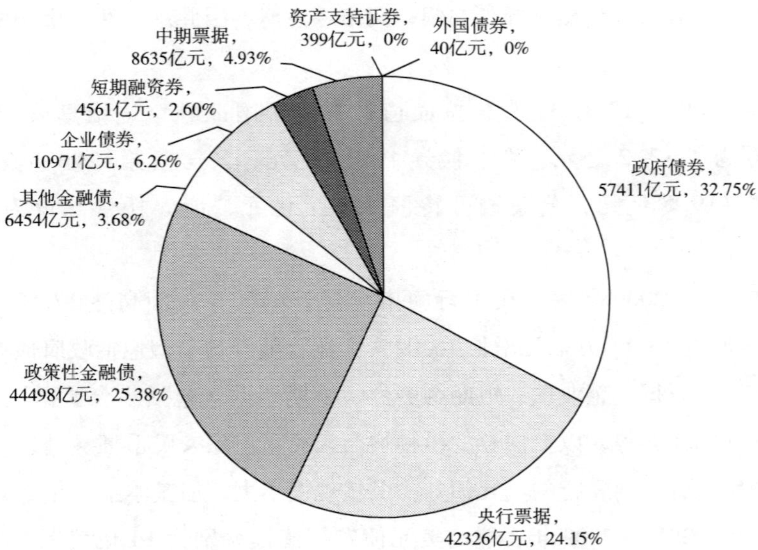

图 4　2009 年底中国债券市场各品种存量结构

注：①本图数据包括统计时点所有在中央国债登记结算有限公司托管的债券（未包括在内的有凭证式国债、可转换债券、公司债券、专项资产管理计划和境内美元债）；②政府债券包括记账式国债、储蓄国债和地方政府债。

数据来源：中央国债登记结算有限公司、中信资本市场数据库。

据和短期融资券的托管量合计为 24167 亿元，占比 13.79%，而 2008 年只有 12678 亿元，占比 8.39%——仅仅相隔一年，便已翻倍。

（五）债券存量的期限分布

2009 年 12 月 31 日，中国债券市场的债券余额为 175225 亿元，较 2008 年的 151043 亿元增加 24182 亿元，增长 16%。其中，1 年期以下的短期债券 50451 亿元，占比 28.8%，较 2008 年增加 3.6 个百分点；1～3 年期的债券 36872 亿元，较 2008 年的 43343 亿元减少 6471 亿元，下降 14.9%，占比也由 28.7% 降至 21.0%，降幅高达 7.7 个百分点；5～7 年期债券 13961 亿元，占比 8.0%；7～10 年期债券 25232 亿元，占比 14.4%；10 年期以上债券 27410 亿元，占比 15.5%（见图 5）。总体上看，3 年以下债券余额下降 4 个百分点，而相应的，3 年以上债券余额则上升了 4 个百分点。

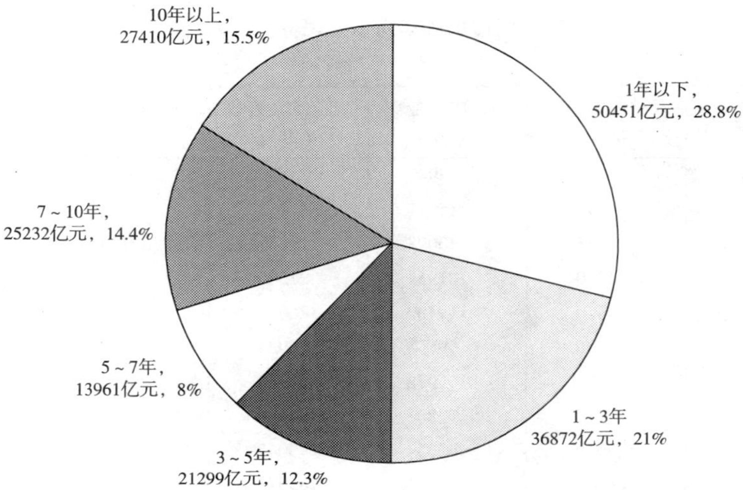

图5　2009 年底中国债券存量的期限结构

注：①不分银行间、交易所和柜台；包括除凭证式国债、可转换债券、公司债券和专项资产管理计划外的所有债券。②对于期限的界定，是不含下限但含上限，如1年以下含1年，1～3年含3年，依此类推。

数据来源：中央国债登记结算公司。

二　交易规模与流动性变化

（一）债券交易类型与市场分布

在银行间市场，继2008年债券总成交金额首次突破百万亿元之后，2009年，债券交易规模又增长20.48%，达到121.44万亿元，较2008年增加20.62万亿元。其中，现券交易48.87万亿元，较2008年的40.83万亿元增加8.04万亿元，增长16.5%；回购交易72.57万亿元，增加12.57万亿元，增长20.95%（见表2）。

分品种看，中期票据增速最快，由7350亿元增至65643亿元，增加58293亿元，增速793.1%；企业债券次之，由7293亿元增至24909亿元，增加17616亿元，增长241.5%；金融债券排名第三，由76836亿元增至182971亿元，增加106135亿元，增长138.1%；外国债券虽然成交有限，但增速也达到了50%，居第四位；政府债券排名第五，由36300亿元增至41330亿元，增加5030亿元，增幅13.9%（见表3）。

表2　银行间市场近年来债券现券与回购交易情况

年　份	现券成交金额（亿元）	回购成交金额（亿元）	现券成交笔数（笔）	回购成交笔数（笔）	总成交金额（亿元）
1999	98	3949	107	3587	4047
2000	645	15677	915	14545	16322
2001	843	40098	1350	36118	40940
2002	4300	101954	7205	69178	106254
2003	31600	119700	26013	71444	151300
2004	28196	99653	26033	69442	127849
2005	63379	165078	54724	68997	228457
2006	109216	272837	87886	94672	382053
2007	165919	465354	90045	132944	631273
2008	408270	599954	183573	159961	1008224
2009	488682	725730	—	—	1214412

注：①2004年以来的回购交易数据包括质押式回购与买断式回购；②现券成交金额只计算买入或卖出数据；③回购成交笔数与回购成交金额均为首期数据。

数据来源：中国债券信息网（www. chinabond. com. cn）、中信资本市场数据库。

表3　银行间市场现券交易分类统计

单位：亿元

券种＼年份	2009	2008	2007	2006	2005	2004	2003
现券成交金额	488682	408270	165919	109216	63379	28196	31600
政府债券	41330	36300	21447	12542	10873	5318	8201
金融债券	182971	76836	34029	33965	18940	11406	13969
央行票据	145604	251473	92076	45628	30663	11471	9439
短期融资券	28104	28863	13427	12187	2790	—	—
中期票据	65643	7350	0	0	0	0	0
集合票据	21	0	0	0	0	0	0
企业债券	24909	7293	4910	4812	108	1	0
资产支持证券	96	152	8	5.6	0	—	—
外国债券	3	2	19	76.5	4	—	—

注：①本表中的现券交易=自营+委托；②只包括单向数据，即买入量或卖出量，不重复计算。

数据来源：根据中国债券信息网（www. chinabond. com. cn）的有关数据计算整理。

回顾2009年，中期票据、企业债券和金融债券取得如此高的交易量增速，令人惊叹，而尤其是前两者的表现，更是中国债券发展史上的奇迹。

引人注目的是，一向活跃的央行票据和短期融资券的交易量出现萎缩，其中，央行票据的交易量由251473亿元降至145604亿元，减少105869亿元，降幅高达42.1%；短期融资券的交易量则由28863亿元降至28104亿元，减少759亿元，下降2.7%。

继2008年之后，交易所市场2009年的债券成交总额再度大幅增长：回购与现券交易成交金额合计，由2008年的2.92万亿元增至3.94万亿元，增幅34.9%，与2008年的37.75%基本持平。其中，回购交易由2.43万亿元增至3.55万亿元，增幅45.9%，远高于2008年的30.6%；但现券交易则由4861亿元降至3877亿元，未能保持2008年大幅增长态势，出现了显著回落，降幅高达25.38%，与2008年大增136.2%相比，形成天壤之别（见表4）。

表4　交易所市场债券交易总量与分类统计

单位：亿元

券种＼年份	2009	2008	2007	2006	2005	2004	2003
全部债券	39353	29168	20665	18130	28138	49963	61596
现券交易	3877	4861	2058	1831	3219	3361	6261
回购交易	35476	24307	18607	16299	24919	46602	55335
国债	37531	26345	19605	17024	26394	47012	58482
现券交易	2055	2076	1262	1537	2773	2926	5500
回购交易	35476	24269	18343	15487	23621	44086	52982
企业债券	366	1177	577	937	1423	2612	2669
现券交易	366	1139	312	125	125	96	316
回购交易	0	38	264	812	1298	2516	2353
公司债券	436	267	4	0	0	0	0
可转债	418	302	212	169	322	338	445
分离式可转债	602	1077	267	0	0	0	0
日均债券成交额	161	119	85	75	116	206	256

注：①因深圳证券交易所债券交易量较少，所以本表只包括上海证券交易所的统计数据。②2004年以来的国债回购交易包括买断式回购。交易所市场第一笔买断式回购交易发生在2004年12月份，2005年上交所买断式回购交易量只有100万元，2006～2009年连续四年，买断式回购交易量均为零。③上证所新质押式国债回购自2006年推出，当年成交6395亿元；随后，新老国债质押式回购于2007年6月8日成功并轨运行，6月5日，老回购7天期品种达成最后一笔交易，之后老回购所有品种再未有成交。截至6月7日最后交易日，老回购未到期规模仅1.78亿元，均为7天期品种。根据交易结算规则，老回购已于6月12日全部到期，正常清算交割。④“日均债券交易额”包括全部现券和回购交易。

数据来源：上海证券交易所《市场资料（Fact Book）》有关各期、上海证券交易所网站、上海证券交易所债券基金部、中信资本市场数据库。

（二）流动性分析

如何衡量市场的流动性，目前并无统一标准和方法。粗略划分，通常使用的主要有价格法、交易量法、量价结合法和时间法等。无论使用哪种方法，如果交易的即时性强，并且具有显著的宽度、深度和弹性，则流动性就好。

相比2008年，2009年银行间债券市场的流动性虽然有所回落，但仍达到较高水平，其中有个别券种如中期票据的换手率甚至超过10倍；交易所债市[①]的流动性与银行间市场的表现基本同步，处于历史平均水平之上，但低于2008年。之所以出现这种变化，主要还是因为市场环境的不同：2008年的债券市场是个大牛市，整个市场的换手率都创下历史新高；而2009年债市出现调整，整体上是个波动市。

第一，交易规模。如前所述，2009年银行间市场包括现券和回购在内的债券总成交金额再创纪录，由100.82万亿元增至121.44万亿元，较2008年增加20.62万亿元，增长20.45%。其中，现券交易48.87万亿元，同比增幅为19.7%，与2008年创纪录的146.1%不可同日而语；回购交易72.57万亿元，同比增长20.95，低于2008年的28.92%。

交易所市场2009年的债券成交总额继续保持较快增长：回购与现券交易成交金额合计由2008年的2.92万亿元增至3.94万亿元，增幅34.9%，与2008年的37.75%大体相当。其中，回购交易量高达3.55万亿元，同比增长45.9%，远高于2008年的30.6%；但现券交易显著回落，由4861亿元降至3877亿元，降幅高达25.38%。可以说，国债回购交易量的大幅增加，是2009年交易所债市的一大亮点，标志着在2007年新老回购并轨之后，国债回购市场在迅速恢复。虽较2003年巅峰时的5.30万亿元还有很大差距，但已是2005年以来的最高水平，且增速很快。

第二，债券换手率。换手率是衡量流动性的一个重要指标。2008年，银行间市场现券交易的换手率创下历史新高，由2007年的184.5%增至330.6%。因市场波动较大，2009年降至299.4%，但仍处于历史较高水平。其中，中期票据的换手率最高，达到惊人的1275.4%，显示出这一市场具有的活力和可喜前景；

① 这里专指上海证券交易所债券市场。

短期融资券由2008年的首位降至2009年的次席，换手率由779.4%降至641.4%；排名第3～8位的分别为金融债券、央行票据、企业债券、国债、资产支持证券和外国债券，其换手率分别为398.1%、322.0%、280.3%、77.9%、20.2%和8.6%。

在交易所市场，2009年现券交易的换手率与2008年相比，有一定下降，全部债券的换手率由126.6%降至93.4%。其中，可转债和国债分别由413.7%和78.1%升至509.8%和90.8%，均连续两年出现显著增长；企业债、公司债和分离式可转债则都有不同程度的下降，企业债由328.2%降至125.8%，公司债由119.2%降至65.4%，分离式可转债则由201.3%降至71.1%（见表5）。

表5　债券现券交易换手率比较

单位：%

券　种	银行间市场			交易所市场		
	2009年	2008年	2007年	2009年	2008年	2007年
全部债券	299.4	330.6	184.5	93.4	126.6	56.9
国债	77.9	94.9	80.7	90.8	78.1	42.6
金融债券	398.1	214.4	123.8	—	—	—
央行票据	322.0	638.5	304.9	—	—	—
短期融资券	641.4	779.4	457.5	—	—	—
中期票据	1275.4	439.6	—	—	—	—
企业债券	280.3	144.8	200.4	125.8	328.2	79.9
公司债券	—	—	—	65.4	119.2	6.7
资产支持证券	20.2	37.7	3.9	—	—	—
外国债券	8.6	6.3	63.3	—	—	—
可转债	—	—	—	509.8	413.7	359.3
分离式可转债	—	—	—	71.1	201.3	174.5

注：①银行间市场中的“全部债券”包括整个市场中的所有现券，包括国债、金融债券、央行票据、短期融资券、企业债券、资产支持证券和外国债券等；②交易所市场只统计上海证券交易所的情况，包括国债、企业债券、公司债券、可转换债券和分离式可转换债券，不包括专项受益凭证；③换手率＝全年成交量/平均托管余额；平均托管余额＝（年初托管余额＋年末托管余额）/2。

资料来源：中国债券信息网 www.chinabond.com.cn、上海证券交易所《市场资料（Fact Book）》、α－债券投资分析系统、上海证券交易所债券基金部、中信资本市场数据库。

三　银行间债券市场的投资者结构

分析债券市场的投资者结构问题，所关注的层面主要有三个：一是各类机构现券交易量的大小，二是自营买卖净额，三是债券承销的实际认购额。现券交易规模只代表投资人的市场活跃程度，并不能完全显示各类机构对债券投资的需求，为此，需要以其他两个指标对其实际投资情况进行衡量。另外，通过分析投资者的账户结构和数量及其持仓规模的变化，也有助于加深对投资者结构的理解。

（一）投资者的数量分布

2009 年，在中央国债公司直接或间接开立一级托管账户的投资者共 9247 个，较 2008 年的 8299 个显著上升，增加 948 个，增幅 11.4%，较 2008 年的 16.97% 略低（见表 6）。增加最多的是基金，由 1053 个增至 1589 个，净增 536 个。基金之所以增加较多，与中国人民银行允许基金管理公司以特定资产管理组合名义（基金专户理财业务）在银行间债券市场开立债券账户有关①，意味着基金公司在银行间债券市场的固定收益类产品的专户理财自此开闸②。非金融机构紧随基金之后，由 2008 年增加最多降至第二位，增加了 309 个。商业银行和信用社分别增加 50 个和 42 个，分列第三位和第四位。

另外，在中央国债公司二级托管的非金融机构和个人投资者也有相当幅度的增长③，如二级托管的非金融机构由 2008 年的 1561 家增至 2251 家，个人投资者由 627.4 万个增至 756.7 万个。总体来看，投资者的类别已相当广泛，基本覆盖几乎所有种类的投资者。

（二）持仓结构

中国最大的债券投资者群体是商业银行，包括全国性商业银行、外资银行、

---

① 参见中国人民银行公告［2009］第 5 号，3 月 18 日发布。

② 在投资者准入方面，2009 年证券公司设立的各类资产管理计划也获准进入银行间债券市场。在 7 月 23 日中国人民银行发布的公告中（［2009］第 11 号），要求证券公司在银行间债券市场从事证券资产管理业务时，应为其设立的各资产管理计划（包括集合资产管理计划、专项资产管理计划和定向资产管理计划）分别开立单独的专用债券账户。

③ 这部分投资者均是托管在柜台。

表6　在中央国债公司开立一级托管账户的投资者结构

单位：个

类　别	合　计		甲　类		乙　类		丙　类	
	2009年	2008年	2009年	2008年	2009年	2008年	2009年	2008年
特殊结算成员	16	16	3	3	11	9	2	4
商业银行	391	341	48	45	266	231	77	65
全国性商业银行	83	87	18	17	54	58	11	12
外资银行	56	55	0	0	37	36	19	19
城市商业银行	141	124	27	25	93	80	21	19
农村商业银行	36	25	3	3	31	17	2	5
农村合作银行	60	47	0	0	51	40	9	7
村镇银行	15	0	0	0	0	0	15	0
其他	0	3	0	0	0	0	0	3
信用社	843	801	0	0	287	254	556	547
非银行金融机构	164	154	5	5	97	74	62	75
证券公司	123	117	55	55	60	55	8	7
保险机构	131	128	0	0	82	75	49	53
基金	1589	1053	0	0	1163	673	426	380
非金融机构	5990	5681	0	0	3	0	5987	5681
个人投资者	0	0	0	0	0	0	0	0
其他	0	8	0	0	0	2	0	6
合　计	9247	8299	111	108	1969	1373	7167	6818

注：①“甲类”指可办理自营和代理业务的金融机构，包括证券公司；“乙类”指只能办理自营业务的机构；“丙类”指必须委托其他金融机构为其办理债券结算业务的投资者，包括委托证券公司代理企业债业务的机构和个人；②特殊结算成员包括央行、财政部、三家政策性银行及沪、深证券交易所和中国证券登记结算公司等；③非银行金融机构包括财务公司、信托公司、融资租赁公司和投资公司。原来国家邮政局邮政储汇局也包含在内，后成立国家邮政储蓄银行后，则被归入商业银行；④基金包括证券投资基金和社会保障基金两类；⑤本表的“全国性商业银行”系将原来的“国有控股商业银行”和“股份制商业银行”合并而得；⑥均为年底数据。

数据来源：根据中国债券信息网 www. chinabond. com. cn 有关数据整理。

城市商业银行、农村商业银行、农村合作银行和村镇银行等。截至2009年12月底，商业银行持有的债券数量高达121496亿元，较2008年的95678亿元增加25818亿元，增长26.98%，远高于2008年14.83%的增幅（见表7）。持有数量在中央国债公司登记托管的全部债券中占80.41%，较2008年的63.32%提高了17.09个百分点，自2007年以来首次出现上升，且升幅惊人。

这个问题很值得关注。2007年特别国债发行和2008年基金、保险机构大量增仓，是导致当年商业银行债券占比下降的主要原因。但2009年商业银行债券占比大增，在我们看来，并非其他机构有明显的减仓行为所致（基金虽然持债减少 3871 亿元，但与商业银行增加的 25818 亿元相比，微不足道），而是商业银行主动大幅增仓的结果。考虑到 2009 年银行贷款投放也创下天量，这一行为尤其耐人寻味，或许意味着资产结构的战略性调整（参见表 7）。

表 7　投资者的债券持仓结构

类　别	2009 年 12 月 31 日		2008 年 12 月 31 日		2007 年 12 月 31 日	
	托管量（亿元）	占　比（%）	托管量（亿元）	占　比（%）	托管量（亿元）	占　比（%）
商业银行	121496	80.41	95678	63.32	83322	67.56
特殊结算成员	18633	12.33	18430	12.20	17610	14.28
信用社	5010	3.32	4386	2.90	2879	2.33
非银行金融机构	840	0.56	1158	0.77	698	0.57
证券公司	1143	0.76	1294	0.86	435	0.35
保险机构	15767	10.43	13951	9.23	9347	7.58
基金	7959	5.27	11830	7.83	5147	4.17
非金融机构	311	0.21	455	0.30	309	0.25
个人投资者	1306	0.86	898	0.59	337	0.27
交易所	2819	1.87	3009	1.99	3237	2.62
其他	11	0.01	13	0.01	18	0.01
合　计	175295	116.01	151102	100.00	123339	100.00

注：本表债券均在中央国债公司一级托管。其中，“交易所”一项指的是由中国证券登记结算公司代理持仓的部分。另外，本表中的“特殊结算成员”仅包括央行、财政部和三家政策性银行；如无特别说明，本部分后面所提到的特殊结算成员的含义均与此相同。

数据来源：中央国债登记结算公司、中信资本市场数据库。

（三）现券交易布局[①]

银行间市场的债券投资者主要包括商业银行、基金、证券公司、非银行金融机构、信用社、保险机构和特殊结算成员以及部分非金融机构。[②] 在 2009 年全年 94.97 万亿元的现券交易量中，商业银行以 74.53 万亿元在金融机构中排名榜首，占比 78.5%，与 2008 年的 78.7% 基本持平。其他依次为证券公司 7.82 万亿

① 这里的现券交易均指自营交易，并不包括委托交易；交易量指买入交易量与卖出交易量之和。

② 因非金融机构只进行委托交易而无自营交易，因此其交易数据在这里没有体现。

元，占比8.2%，比2008年高1个百分点；2008年排名第四的信用社以4.72万亿元超过了基金，排名第三位，占比5.0%；特殊结算成员4.55万亿元，占比4.8%，排名第四位；基金则由上年的第三位跌落至第五位，交易量2.19万亿元，占比2.3%，远低于2008年的4.9%；保险机构和非银行金融机构分别为0.96万亿元和0.1911万亿元，占比分别为1.0%和0.2%（见图6）。

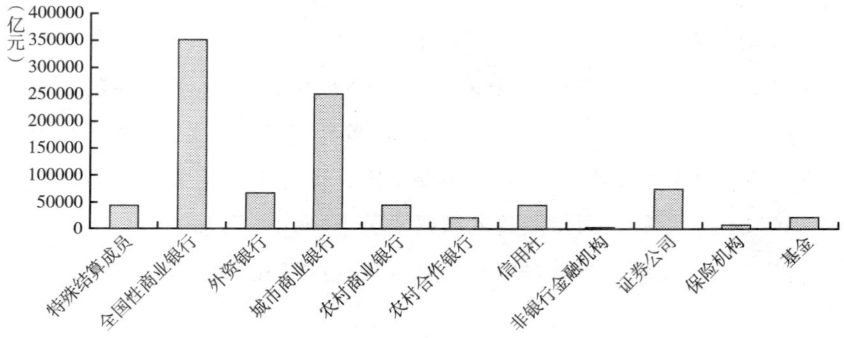

图6　2009年银行间市场各类机构现券交易规模

注：①仅限在银行间市场交易的债券；②这里的现券交易数据，包括买入和卖出数据之和；③均为各类机构自营数据，不包括委托数据；④农村合作银行在2005年8月份之后才开始进场交易。

资料来源：中国债券信息网 www.chinabond.com.cn、中信资本市场数据库。

如图6所示，在商业银行中，全国性商业银行所占比重最多，为37.3%，较2008年有3.6个百分点的下降；其次为城市商业银行，占比26.6%，提高3.7个百分点；外资银行交易量仍然高于农村商业银行和农村合作银行，由2008年的6.28万亿元增至6.86万亿元，占比7.22%，比重稍有回落；农村商业银行交易量为4.77万亿元，占比5.02%，排名第四；农村合作银行最少，交易量为2.27万亿元，占比2.4%，虽在商业银行中排名第五，但已经提升了1.1个百分点。

（四）现券交易净额

现券交易量大，并不意味着实际交易净额增加得多，甚至净额为负也有可能。比如，2009年城市商业银行的现券交易总量高达25.24万亿元，但其实际自营的交易净额是负的，为-5589亿元，身处第一大卖方位置。第二大卖方为证券公司，2009年净卖出4408亿元。需要说明的是，证券公司多年来一直是银行间市场中的净卖出机构，而银行作为一个整体[1]，虽然在多数时间里是净卖出机构（比如2005～2008年），但偶尔也会成为净买方（如2009年）。而且，若进行净卖方排名的话，在最近的5年里，证券公司有3次排在银行之前，有2次落后。但是若与城市商业银行“单挑”，则证券公司在最近5年里，一直是落后的，而且落后的幅度相当大。考虑到城市商业银行2009年托管量实际增加了1906亿元这一事实，则可推断其承销业务是相当活跃的。而这部分承销的债券，大部分或者通过交易方式分销出去，或者为实现一定的操作目标，在持有一段时间后卖出。

基金和保险机构在连续两年净买入后，2009年均为净卖出，净卖出规模分别为2534亿元和1454亿元（见图7），而2008年净买入分别为6513亿元和843亿元。基金弃债投股是其抛售债券的主要原因，即便是在基金募集量增加的情况下，也未改变这一趋势；而保费收入增幅显著下降，则很大程度上导致保险机构净卖出，当然，对股票市场看好引起的配置策略的变化，也起了相当的作用。

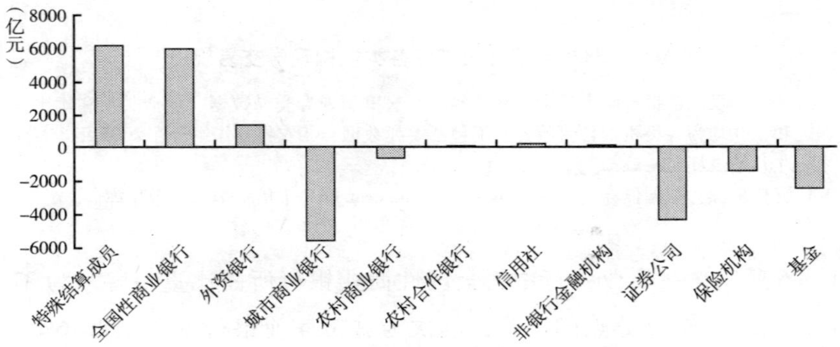

图7　2009年银行间市场各类机构现券买卖净额

注：①图中数据仅包括在银行间市场交易的债券；②均为自营数据，不包括委托数据；③买入总量不等于卖出总量，原因在于本图的交易数据不包括委托交易，仅为参与统计机构的自营交易。

资料来源：中国债券信息网 www. chinabond. com. cn、中信资本市场数据库。

特殊结算成员和信用社仍是净买入机构，其中，特殊结算成员净买入量由2008年的3665亿元增至6132亿元，增加2467亿元，增幅高达67.3%；信用社净买入量有所下降，由1724亿元降至196亿元。

---

① 这里的银行包括全国性商业银行、外资银行、城市商业银行、农村商业银行和农村合作银行。

（五）债券承销实际认购量①

在银行间债券发行市场，2009 年各类机构的实际认购量合计为 28648 亿元，较 2008 年的 19842 亿元增加 8806 亿元，增幅为 44.4%，与 2008 年的下降 5.5% 形成鲜明对比。其中，商业银行规模最大，为 22902 亿元，占比 79.9%，较 2008 年的 68.3% 高出 11.6 个百分点；保险机构仍然排名第二，总量 2350 亿元，占比 8.2%；以下依次为信用社、证券公司和基金，规模分别为 1278 亿元、968 亿元和 594 亿元，占比分别为 4.5%、3.4% 和 2.1%；而特殊结算成员、非银行金融机构和非金融机构认购数量则非常少，分别为 82 亿元、61 亿元和 24 亿元，占比分别为 0.3%、0.2% 和 0.1%（见图 8）。

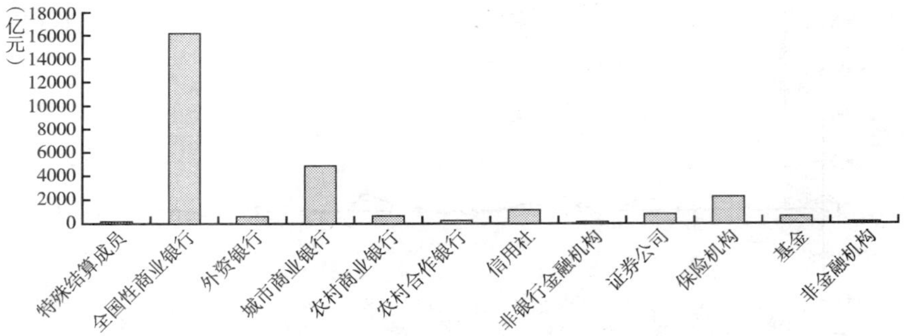

图 8　银行间市场新发债券认购额

注：①本图数据仅包括国债（但不包括未直接面向市场发行的特别国债）、政策性银行债和企业债，不包括央行票据、除政策性银行债之外的其他金融债、短期融资券、资产支持证券和外国债券；②仅包括在发行时点注册托管在银行间市场的上述债券。

资料来源：中央国债登记结算公司、中信资本市场数据库。

在商业银行中，全国性商业银行和城市商业银行的规模分别为 16234 亿元和 4851 亿元，在全市场认购总规模中占比分别为 56.7% 和 16.9%，农村商业银行、外资银行和农村合作银行则只认购很少的比重，在总量中占比分别为 2.9%、2.1% 和 1.4%。总体上看，与 2008 年相比，全国性商业银行认购的规模和比重均大幅提高，体现出其增持债券资产的特点。

---

① 本部分数据包括国债、政策性银行债和企业债，不包括央行票据、除政策性银行债之外的其他金融债、资产支持证券、短期融资券和外国债券；2007 年国债数据没有包括未对市场直接发行的特别国债。

（六）持仓量增减变化

2009年，债券市场各类投资人债券持仓量有增有减，增减相抵，净增加24192亿元，较2008年的27764亿元略有减少。2009年持仓量净增加的投资者只有5类，远少于2008年的9类。按由多到少的顺序排列，分别为商业银行、保险机构、信用社、个人和特殊结算成员，增量分别为25819亿元、1816亿元、625亿元、408亿元和202亿元，占全部投资人净增加量的比重分别为106.7%、7.5%、2.6%、1.7%和0.8%（见图9）。持仓量净增加的机构减少，与当年的市场环境有关。整体看，商业银行尤其是全国性商业银行持仓量的大增，则是2009年最大的变化。

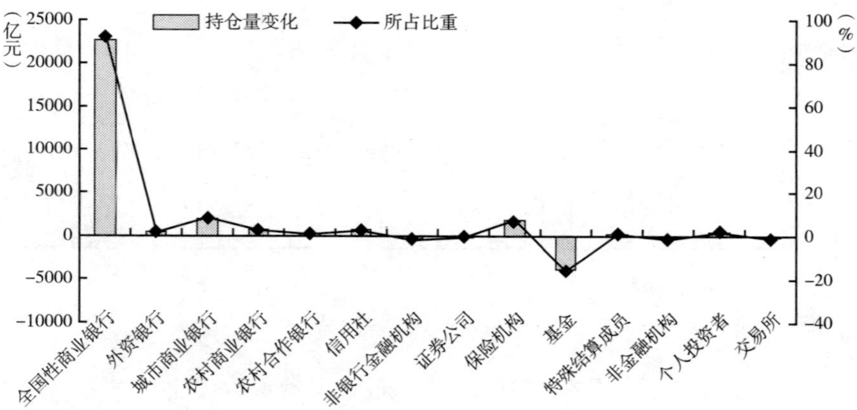

图9　2009年各机构债券持仓量增减变化

注：①“托管量或持仓量增减变化”＝“一级市场认购”＋“二级市场买入”－“到期兑付”；②这里的“非金融机构”指的是其在银行间和柜台市场持仓量的变化；③2006年的统计口径将原来的“国有独资商业银行”和“股份制商业银行”合并，统称为“全国性商业银行”；④邮政储蓄银行已经移出“非银行金融机构”口径而转入“商业银行”序列。

数据来源：中央国债登记结算有限公司。

（七）特征总体描述

由以上分析可知，目前在银行间债券市场开立账户的机构范围已经非常广泛，但表现活跃、投资量较大的机构还是具有相当的垄断性，账户数量占60%以上的非金融机构法人在市场上发挥的作用相当小，金融机构尤其是银行仍然占据绝对主导地位，参与机构同质性的局面并没有根本改变。无论是从现券交易总额、现券交易净额、债券承销实际认购量，还是从各类机构的持仓结构各项指标看，虽然不同年度表现不一，彼此位次会有一定调整，但综合评价，保险机构、基金、证券公司和信用社都是当然的第二梯队。这些非银行类机构的成长壮大，将对银行间债券市场的发展起重要作用。非银行金融机构因邮政储蓄银行的成立和退出，相比之下较前逊色很多，而特殊结算成员则相当特殊，这两类机构的行为方式未来有何变化，也值得关注。

四　利率衍生品渐入佳境

来自国际清算银行（BIS）的数据显示，截至2009年6月末，全球场外衍生品名义存量为604.6万亿美元，较2007年6月末危机初期的516.4万亿美元增加88.2万亿美元，增长17.1%；其中利率衍生产品规模437.2万亿美元，增长25.9%，外汇衍生产品规模48.8万亿美元，增长0.3%（见图10）。以上数据表明，始于2007年的这场肆虐全球的金融危机并未抑制场外金融衍生市场的发展，各国利率与汇率的频繁波动，反而促使对利率和汇率衍生产品的需求继续增加，并具有长期趋势。

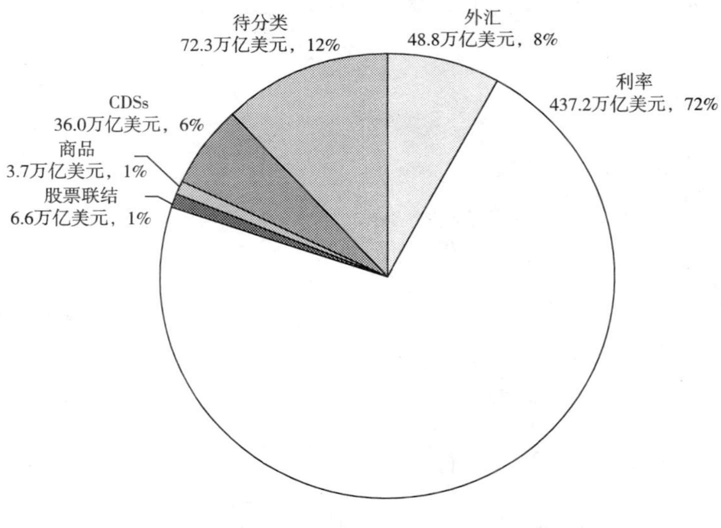

图10　2009年6月底全球场外衍生品结构与规模

数据来源：BIS。

从中国的情况看，国际收支的不平衡、人民币与外汇市场资金流动的变化、汇率制度改革的推进、货币政策作用的发挥及其限制条件，以及与全球经济和金融的日益融合等因素，使中国经济越来越多地暴露在利率和汇率风险之下。因此，应形势的变化，采取措施进行必要的调整和改革，成为必然。在此背景下，2005 年以来，有关方面相继推出了各类场外金融衍生产品，其中，利率衍生产品包括债券远期、远期利率协议和利率掉期，外汇衍生产品则包括外汇远期、外汇掉期和货币掉期。

（一）利率衍生品：市场结构及走势

2005 年 6 月，中国人民银行在银行间债券市场正式推出债券远期交易，标志着我国首个场外人民币衍生产品正式诞生；随后，又分别于 2006 年 2 月和 2007 年 11 月，启动人民币利率掉期交易试点和推出远期利率协议，其中利率掉期在经过两年的试点后，于 2008 年 1 月 25 日全面推开。这标志着我国场外利率衍生市场已初步形成。

从市场结构看，2009 年，债券远期、利率掉期和远期利率协议的交易量分别为 6400 亿元、4611 亿元和 60 亿元，债券远期和利率掉期合计占据了 99% 以上的份额，而远期利率协议则始终鲜有交易（见图 11）。

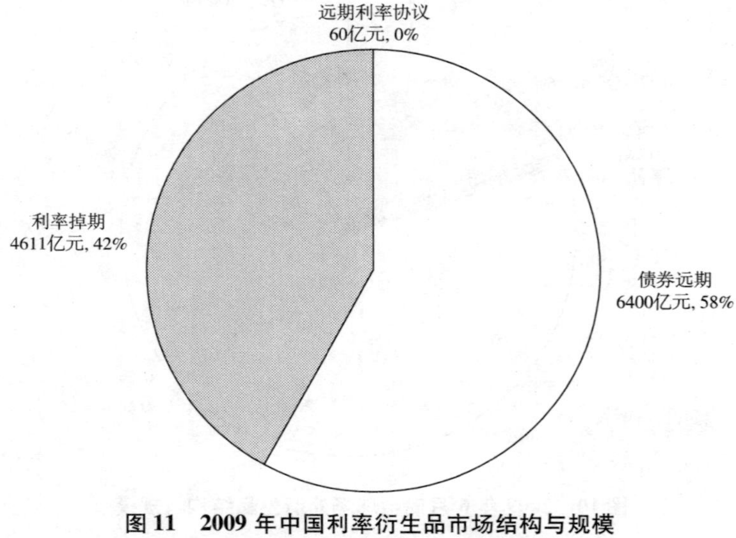

图 11　2009 年中国利率衍生品市场结构与规模

数据来源：中国货币网 www. chinamoney. com. cn、中信资本市场数据库。

从趋势上看，债券远期和利率掉期的交易量增加很快（见图12）。其中，债券远期由2005年的133亿元增至2009年的6400亿元，在2008年增速翻倍的情况下，2009年仍取得28.5%的同比增长，交易机构则由2005年的22家增至2009年的43家；利率掉期的交易量由2006年的340亿元增至2009年的4611亿元，2008年的增速也几近翻倍，2009年虽增速下降，但较2008年仍增长14.7%，备案机构已达到75家。远期利率协议的推出晚于利率掉期一年，从次序上有些尴尬，虽备案机构高达51家，但因其作用暂时被利率掉期部分替代，市场成员参与的积极性不高，其前景不容乐观。

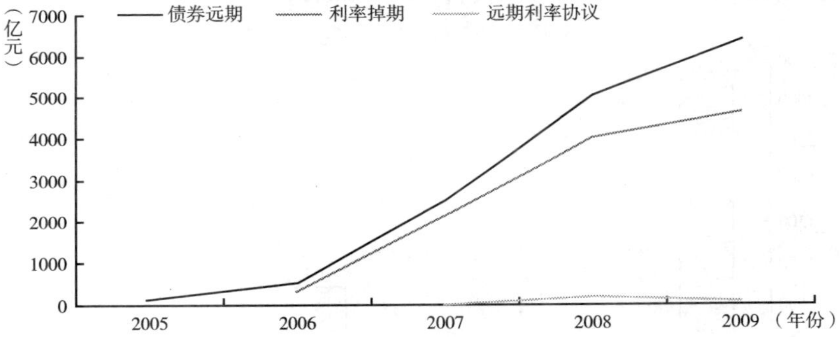

图12　各利率衍生品交易量趋势

数据来源：中国货币网 www. chinamoney. com. cn、中信资本市场数据库。

几年的实践表明，利率衍生产品的出现，对于形成真实、有效的人民币利率，引导市场预期，管理和对冲风险，均发挥了积极作用。当然，因时间尚短，我国利率衍生品市场也还有很多不完善的地方，存在规模不足、参与机构有限、参考利率基准性不强、对冲风险的机制和渠道不畅等问题，需要在发展中逐步改进和提升。

（二）利率掉期市场的新特点

利率掉期在利率衍生品市场中，占有特殊重要的地位。尤其是因境外人民币利率掉期市场的存在，境内利率掉期的交易情况及掉期利率走势，就更加引人关注。

2009年，人民币利率掉期交易量4611亿元，较2008年的4020亿元增加591

亿元，增长14.7%，较2008年85.34%的增速明显放缓了。如图13所示，以7天回购利率为参考利率的部分3242亿元，占比70.3%，与2008年的73.49%基本持平；以Shibor为参考利率的规模为1299亿元，占比32.32%，较2008年的22.36%又提高近10个百分点，自2007年以来，已由占比13.16%提升了近20个百分点，引人注目；以1年期定期存款利率为基准的规模69.4亿元，较2008年167.1亿元减少97.7亿元，占比1.5%，最近三年里占比连续下降，与2006年的41.5%、2007年的7.45%和2008年的4.16%相比，已不能同日而语；1年期贷款基准的交易量更是只有1亿元，几近消失。若照这种趋势下去，利率掉期市场的浮动端基准将只剩下7天回购利率和Shibor。

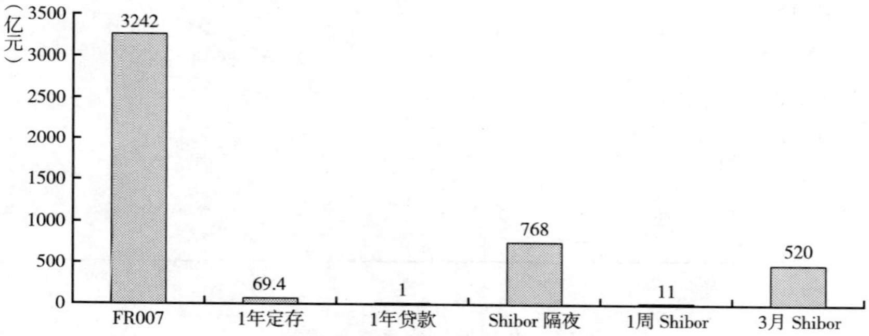

图13　2009年各浮动基准利率掉期交易量分布

数据来源：中国货币网 www.chinamoney.com.cn、中信资本市场数据库。

从期限分布看，2009年共有13个品种的利率掉期有交易，比2008年减少1个。如图14所示，对比最近三年的变化可以看出，掉期交易的期限分布呈现相对分散且短期化特点：2007年1年期、3年期、5年期、2年期和3个月期分列前五位，交易量分别为602.2亿元、390.7亿元、383.7亿元、231.3亿元和226.4亿元，占比分别为27.8%、18.0%、17.7%、10.7%和10.4%，合计占比84.6%；2008年集中度明显提高，1年期品种的交易量为1668.5亿元，占比由2007年的27.8%大幅提高至41.5%；而2009年引人注目的变化则是，出现了期限在10天以内的交易，且成交量高达648亿元，占比14.1%——这里有真实需求的交易，但也不排除某些机构为了争取排名，将长期限交易拆成多笔短期限交易所致。

2009年，掉期利率曲线整体呈上升态势。以7天回购为浮动基准的掉期利

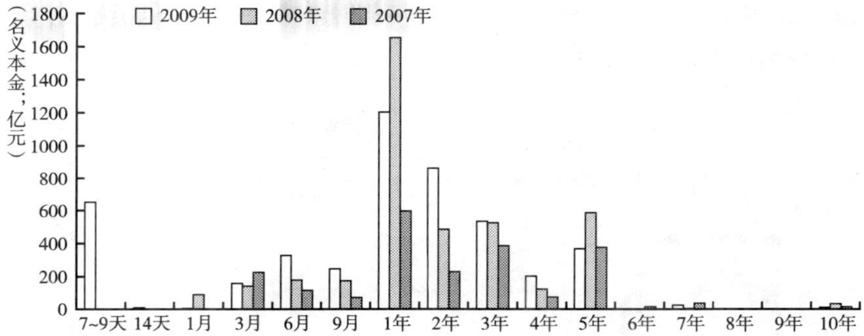

图 14　2009 年各期限利率掉期交易量分布

数据来源：中国货币网 www. chinamoney. com. cn、中信资本市场数据库。

率为例（见图 15），1 年期由年初的 0. 95% 升至 2. 26%，3 年期由 1. 15% 升至 3. 2%，5 年期由 1. 45% 升至 3. 7%，平均升幅达 130 ~ 225 个基点，反映了随着经济的快速恢复，对刺激性经济政策退出的担心和加息预期的变化。

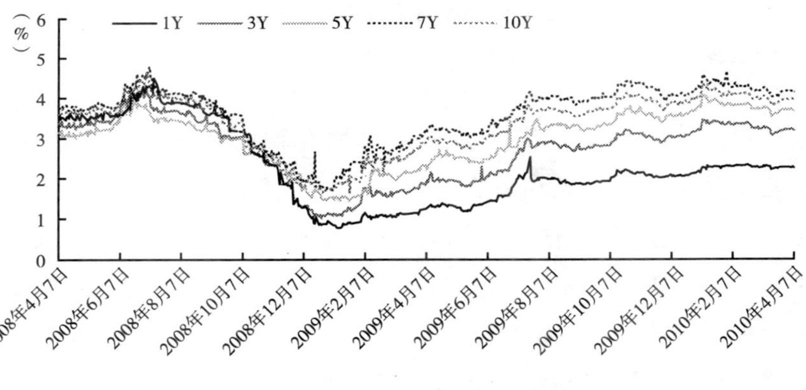

图 15　以 7 天回购为浮动基准的掉期利率走势

数据来源：Bloomberg。

与 2008 年相比，2009 年掉期利差大幅提高，并出现正负转折性的变化。如图 16 所示，以 2 年期为例，在 2008 年的大部分时间里，国债的掉期利差处于正负 25 个基点之间的区域，而政策性金融债的掉期利差则位于负的 50 个基点至负的 125 个基点之间，掉期利率显著低于政策性金融债，并与国债大体重合。2009 年则正相反，掉期利率在年初迅速超越国债，而自 6 月底开始，达到与政策性金融债基本相当的位置，并延续了整个下半年；但最高点仅为2.71%，与2008年的超过4%相比，仍有显著差距。

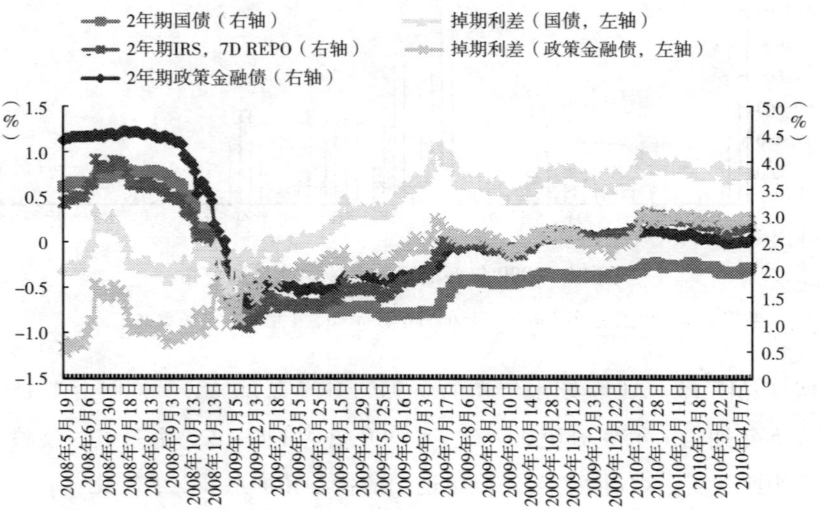

图16　掉期利率与掉期利差走势

数据来源：中央国债登记结算公司、Wind资讯、Bloomberg。

总体看，在不长的时间里，中国利率掉期市场取得了很大进展。就利率掉期的浮动基准而言，7天回购利率的地位非常重要，Shibor的影响力也在增强。掉期利率水平及掉期利差变化，基本能够对利率预期和资金的流动性提前作出反应。但也存在问题，比如因市场多变和风险增加，流动性不足的缺陷开始显现，一些报价机构在对冲其掉期组合上，较为吃力，导致掉期成本提高。曾经的长期掉期利率跳升，且买卖价差大幅增加。这表明，进一步推进利率掉期市场的发展，仍有很多工作要做。值得一提的是，2009年3月发布的《中国银行间市场金融衍生产品交易主协议（2009年版）》，统一了协议文本，确立了“单一协议”原则和终止净额制度，对发展我国金融衍生品市场，具有里程碑意义。

（三）基础设施与制度建设

银行间市场的基础设施建设卓有成效。全国银行间同业拆借中心管理运行的交易系统是银行间市场的主要交易平台，中央国债登记结算公司的债券簿记系统和中国人民银行的大额支付系统负责债券过户和资金清算。银行间债券市场绝大部分的现券、回购交易都是通过交易系统完成的。2004 年 11 月，簿记系统顺利接入大额支付系统，债券结算实现券款对付（DVP），从而基本消除了结算风险。以上均为利率衍生品交易提供了技术保证。

同时，在利率衍生产品推出前，银行间市场已经出台了一系列政策规章，对债券托管、交易和结算等环节作出了安全、高效、分层有序的制度安排。比如，一级托管制度能够有效保护托管债券安全；做市商制度有助于提高市场流动性；结算代理制度则为有关各方进入市场交易提供了渠道。

2007 年 9 月，中国银行间市场交易商协会成立，并在加强市场自律管理，维护投资者权益，促进市场专业化水平的提高，推动产品创新等方面发挥了重要作用。2009 年 3 月，在交易商协会的推动下，《中国银行间市场金融衍生产品交易主协议（2009 年版）》出台，为金融衍生品市场提供了一个统一的、适用于所有本外币衍生品的主协议版本，是我国金融衍生品市场基础设施建设的又一个里程碑。

五　债券市场的“大行情”与“小机会”

整体来看，2009 年的债市波动性大，风险不小，操作难度高，但其中也不乏结构性和阶段性的投资机会：对于包括国债在内的利率产品，有四次阶段性的反弹；而信用产品则有两次较大的行情，主要在上半年和第四季度。因此，2009 年债市依然可为，存在利率产品的“小机会”和信用产品的“大行情”。如果能合理把握，进行波段操作，仍能获得相当收益。展望 2010 年，在防范风险之余，结构性与趋势性的市场把握，仍然是取得投资收益的关键。

（一）利率产品的“小机会”

利率产品主要包括国债、政策性银行债和央行票据。以国债为例，从收益率的角度看，在 2009 年年初开始调整，至 1 月底便已基本到位，当时 10 年期国债的收益率为 3.40%，仅比年底的 3.55% 低 15 个基点。因此，这里所谓的利率产品的“小机会”，主要是在 2 月份之后的波动起伏中，捕捉几次小幅反弹。

从走势看，国债和政策性金融债收益率出现了4次小幅下行（见图17），即2月中旬至3月初、4月末至5月中旬、8月中旬至9月中旬以及11月中旬以后，这就是市场给予投资者的“小机会”，其特点是收益率下行幅度较小（多则20～30个基点，少则10～20个基点），同时机会也是稍纵即逝，不易把握。

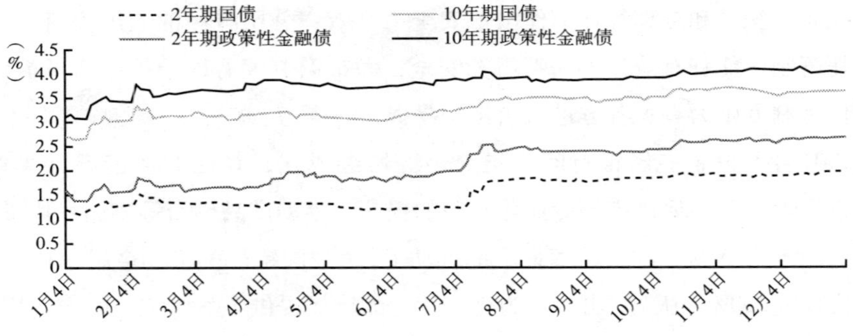

图17　2009年国债和政策性金融债收益率走势

数据来源：Wind资讯、中国债券信息网 www. chinabond. com. cn。

第一次反弹主要缘于股市调整，基金等机构抛售力度减弱，债市获得喘息机会，10年期国债收益率则由3.40%下行至3月中旬的3.10%。

第二次反弹的主要原因有二：一是4月份新增贷款环比显著下降，二是4月份CPI低于市场预期。在此过程中，10年期国债由4月中旬的3.20%下降至5月中旬的3.05%。

第三次反弹始于8月中旬。在5月末至7月末，持续不断的利空（包括IPO重启、1年期央票重启、信贷高增长等），使债市再次面临压力，并于7月初指数大跌。进入8月后，由于流动性宽裕、股票市场开始调整、新股申购收益率下降以及央票发行利率走稳等因素，使得对利率产品的需求回升，收益率下行，10年期国债收益率由8月中旬的3.50%下调至9月中旬的3.40%。

第四次反弹是在11月中旬。由于10月份的信贷增量较低，且市场对通胀预期降温，再加上迪拜世界公司违约事件使得市场对外围经济体复苏的疑虑再起，债券收益率再次下降，10年期国债收益率由11月中旬的3.70%下降至12月初的3.55%。

可以看到，在后两次反弹中，金融债收益率的下降幅度要小于国债，这一方面与国家开发银行的商业化改革有关，同时也是国债和金融债的利差处于历史低位所致。

（二）信用产品的“大行情”

相对于利率产品稍纵即逝的“小机会”，以企业债、公司债、中期票据和短期融资券为主体的信用产品，分别在2009年第一季度和第四季度出现了两轮较大的行情——当然在两轮行情之间，市场也曾进行幅度不小的调整。

银行间市场信用产品的“大行情”出现于第一季度，短期融资券和中期票据的收益率明显下降。主要原因是，受积极财政政策和宽松货币政策组合影响，市场对经济复苏的预期增强，对信用风险担忧减弱，信用债投资逐渐升温。

短期融资券收益率自2009年初就开始大幅下行（见图18）。而中期票据收益率虽在1月中上旬短暂上升，但之后便大幅下降，AA+等级的中期票据，表现最为突出（见图19）。总体上看，信用产品收益率的下行经历了由高等级别—中等级别—低等级别的传导过程。比如，AA+和AA级短融收益率滞后于AAA级别，而AA-级别和A+级别则滞后于AA+和AA级别。对于中期票据，AA+等级收益率在3月份开始大幅下降，滞后于AAA等级。

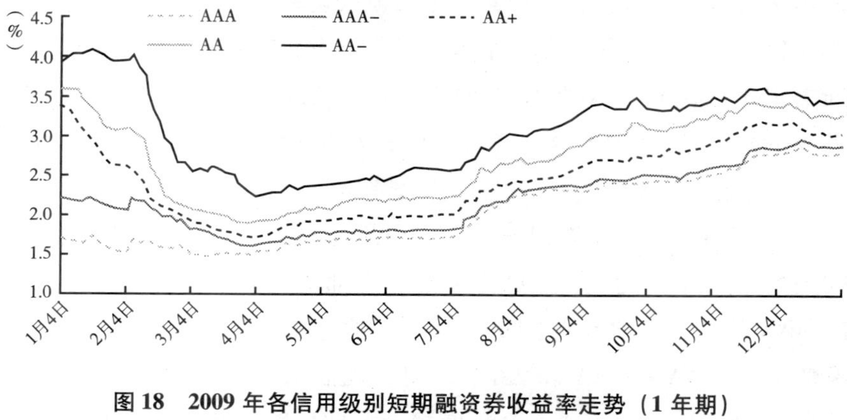

图18　2009年各信用级别短期融资券收益率走势（1年期）

数据来源：Wind资讯、中国债券信息网www.chinabond.com.cn。

2009年第一季度以后，银行间信用市场仍有两个小反弹：一是在4月末至5月中旬，这一反弹与利率产品同步，主要缘于信贷和CPI的下降；二是在11月

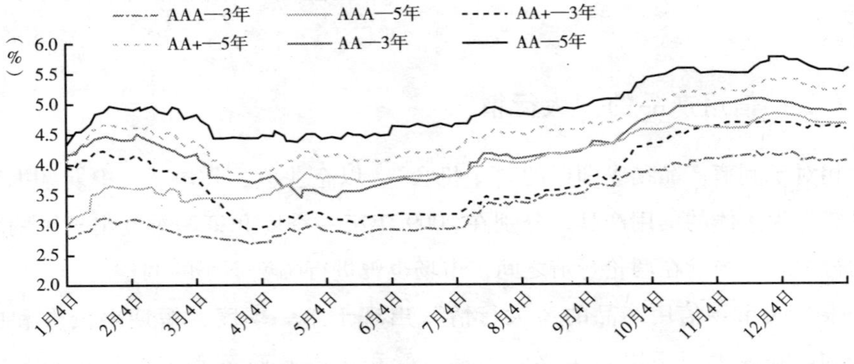

图 19　2009 年各信用级别中期票据收益率走势

数据来源：Wind 资讯、中国债券信息网 www. chinabond. com. cn。

初，部分与保险机构进入中期票据市场相关，中期票据需求强劲反弹，收益率有所下降。

（三）利率的期限结构变化

2009 年中国债券市场利率的期限结构，除中低信用等级的短期融资券收益率曲线重心下移外，其他债券收益率均从历史低位震荡上行。对于利率产品，国债收益率平均上行 80 个基点，政策性金融债收益率平均上行 104 个基点。收益率曲线中段（3 ~7 年）上升幅度最大，国债平均上升 115 个基点，政策性金融债则上升 130 个基点；而在收益率曲线的两端，随着期限的延长（或缩短），收益率提高的幅度逐渐递减。这一变动特点导致收益率曲线头部（3 年以内）趋于陡峭，而在中长端（3 年以上）则较前明显平坦。

不同于利率产品的整齐划一，信用产品的收益率变动出现明显分化：各等级企业债收益率平均上行 100 个基点，中部上升幅度超过两端；中期票据方面，AAA 等级 3 年期、5 年期收益率分别上行 125 个基点和 170 个基点，AA 等级（包括 AA +、AA 和 AA –）则一概分别上行 65 个基点和 120 个基点，信用级别越高，收益率上升幅度越大，且长端上升幅度超过短端，收益率曲线呈现陡峭化趋势；短期融资券方面，AAA 的 1 年期短期融资券收益率上行 105 个基点，而 AA 等级（包括 AA +、AA 和 AA –）却平均下降了 40 个基点。

总体来看，中国债券市场各品种收益率曲线的变动，正日益呈现极强的差异化特点，其与信用级别的关联性已经大大提高。

2009 年银行间市场国债收益率曲线显著上移，平均幅度为 80 个基点（见图 20）。收益率曲线中部（3～7 年）上升幅度最大，平均 115 个基点；头部（3 年以内）和远端（7 年以上）上升幅度略小。其中，1 年期上升 40 个基点，20 年期上升 50 个基点，呈现明显的“中间大两头小”的特点。

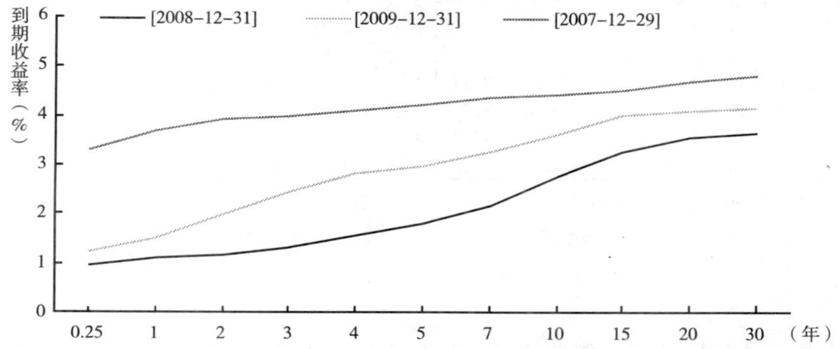

图 20　银行间市场国债利率的期限结构变化

数据来源：Wind 资讯、中央国债登记结算公司。

除上升幅度大于国债平均 30 个基点外，银行间市场政策性金融债的收益率曲线在中部、前端和远端表现的特点，与国债如出一辙（见图 21、表 8）。

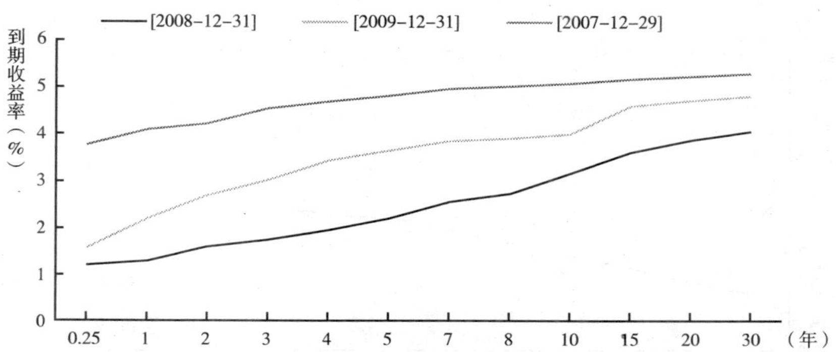

图 21　银行间市场政策性金融债利率的期限结构变化

数据来源：Wind 资讯、中央国债登记结算公司。

表 8　2009 年银行间市场国债与政策性金融债收益率比较

单位：%

年限	银行间国债						银行间政策性金融债					
	即期利率		到期收益率		远期利率		即期利率		到期收益率		远期利率	
	年初	年底	年初	年底	年初	年底	年初	年底	年初	年底	年初	年底
0.25	0.95	1.23	0.95	1.23	1.24	1.95	1.20	1.56	1.20	1.56	1.56	3.12
1	1.11	1.51	1.10	1.50	1.23	2.45	1.29	2.21	1.28	2.19	1.91	3.18
2	1.17	1.99	1.17	1.97	1.44	2.93	1.60	2.71	1.59	2.68	1.97	3.43
3	1.33	2.47	1.32	2.44	1.72	3.28	1.75	3.05	1.74	3.00	2.19	3.88
5	1.83	3.02	1.81	2.96	2.19	3.53	2.23	3.73	2.20	3.65	2.62	4.15
7	2.22	3.37	2.17	3.28	2.56	3.72	2.62	3.97	2.56	3.87	2.99	4.23
10	2.87	3.78	2.75	3.64	3.11	4.02	3.33	4.12	3.18	4.01	3.58	4.33
15	3.49	4.22	3.27	4.01	3.55	4.27	3.86	4.91	3.63	4.61	3.92	4.89
20	3.86	4.31	3.56	4.10	3.76	4.31	4.19	5.02	3.89	4.72	4.12	4.93
30	3.93	4.39	3.66	4.18	4.35	—	4.42	5.13	4.07	4.82	—	—

注：远期利率的期限为 12 个月。

数据来源：即期利率与到期收益率数据来自中国债券信息网 www.chinabond.com.cn，远期利率数据来自 Wind 资讯。

交易所市场国债收益率曲线的变化与银行间市场有相同之处（见图 22）：曲线中部上升幅度最大，平均 93 个基点，近端和远端稍小。二者的区别在于，前者近端上升的幅度小于后者，而远端则大于后者。

在交易所市场，企业债（包括城投债）、公司债和分离交易可转债上市后的纯债多品种混杂，有担保债券与无担保债券兼有，以及与股市相关的投资者结构分化和流动性差异，随时都在影响这个市场的估值体系和收益率曲线

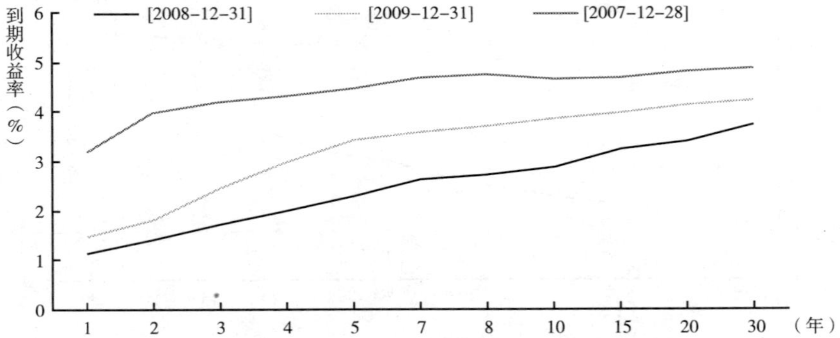

图 22　交易所市场国债利率的期限结构变化

数据来源：Wind 资讯、中央国债登记结算公司。

变动[①]。但在经过2007年风险溢价的大幅上升、2008年收益率曲线的超常下降后，2009年交易所企业债的估值趋于稳定，与银行间市场相比，无论是在收益率水平还是曲线各端的变动幅度上，均明显接近（见图23）。

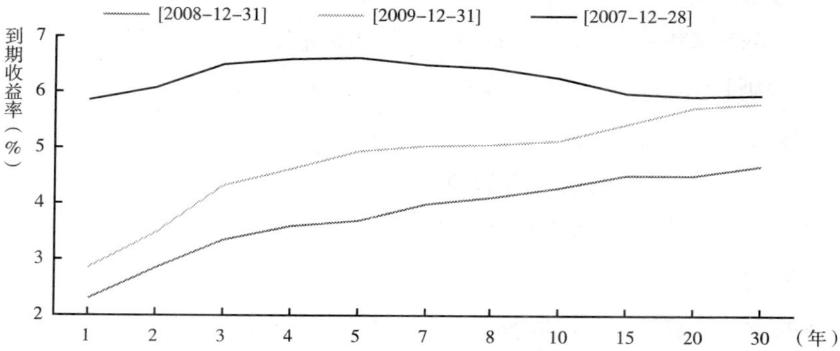

图23　交易所市场企业债券利率的期限结构变化

数据来源：Wind资讯、中央国债登记结算公司。

2009年证券交易所国债与企业债收益率的比较见表9。

表9　2009年证券交易所国债与企业债收益率比较

单位：%

年限	交易所国债						交易所企业债					
	即期利率		到期收益率		远期利率		即期利率		到期收益率		远期利率	
	年初	年底	年初	年底	年初	年底	年初	年底	年初	年底	年初	年底
1	1.14	1.47	1.13	1.46	1.68	2.19	2.32	2.88	2.30	2.84	3.45	4.12
2	1.41	1.84	1.40	1.82	2.00	2.96	2.90	3.52	2.86	3.47	3.90	5.12
3	1.72	2.49	1.71	2.45	2.31	3.49	3.41	4.43	3.35	4.32	4.07	5.28
5	2.34	3.54	2.30	3.43	2.77	3.95	3.79	5.10	3.71	4.94	4.22	5.53
7	2.69	3.69	2.63	3.58	2.98	4.06	4.11	5.19	4.00	5.04	4.45	5.46
10	2.97	4.01	2.88	3.87	3.18	4.22	4.45	5.31	4.30	5.16	4.65	5.52
15	3.39	4.10	3.24	3.97	3.47	4.21	4.71	5.69	4.53	5.44	4.74	5.77
20	3.59	4.33	3.41	4.14	3.60	4.36	4.68	6.17	4.53	5.74	4.71	6.01
30	4.07	4.42	3.72	4.22	4.39	—	4.99	6.23	4.70	5.82	—	—

注：远期利率的期限为12个月，企业债券的信用级别为AAA。

数据来源：即期利率与到期收益率数据来自中国债券信息网 www.chinabond.com.cn，远期利率数据来自Wind资讯。

① 这里的“企业债券”也包括中国证监会审批的公司债券和分离交易可转换债券上市交易后的纯债部分，均为AAA评级。

六 2010年：驾驭“波动市”

展望2010年，经济更快增长、物价水平上升和政策收紧预期，将给债券市场的整体走势带来更大压力。但如2009年，面对各方压力，在防范风险之余，仍然存在结构性与阶段性的机会可以把握。总体上看，结构性的机会将产生于信用产品，这类产品极有可能脱离基准利率而独立有所表现；而阶段性配置的时机主要在上半年，并寄希望于第四季度能够成为收获的季节。

2010年债券市场最大的风险是政策风险。在本轮危机中，为力挽狂澜，各国实施了规模庞大的刺激措施，除减息外，注入的资金总额也高达13万亿美元。随着经济的复苏，必须为上述激进的“量化宽松”政策寻求适宜的“退出策略”，其操作是否得当，节奏与力度如何，对包括中国在内的全球债市，均会产生重大影响。

就中国来说，我们认为货币政策大幅收紧的可能性不大，其原因有二：第一，包括提高资本充足率要求、严格资本标准以及约束贷款出表等审慎监管措施的强化，将在一定程度上，对冲传统货币政策工具的使用。第二，根据我们的预测，2010年的CPI将处于2.5%～3%的温和增长态势，不必过于担心。

2010年，债券市场产品供应充足，并显著超出2009年的水平。2009年，债券发行规模8.9万亿元，净发行2.5万亿元，而2010年则分别为8.73万亿元和3.05万亿元。其主要原因在于积极财政政策仍然保持、各类企业投融资需求较强以及央行公开市场操作仍需维持一定力度等。具体来看：①国债。财政赤字占GDP的比重会维持在3%左右，当年财政赤字为1.05万亿元。国债发行量1.6万亿元，净发行9000亿元。②地方政府债。发行规模2000亿元，净发行2000亿元。③政策性金融债。发行量1.1万亿元，净发行7000亿元。④非政策性金融债。次级债新规使得商业银行次级债发行动力降低，预计发行量2000亿元，净发行1000亿元。⑤企业债和公司债的发行量分别为3500亿元和1000亿元，净发行分别为3000亿元和700亿元。⑥短期融资和中期票据的发行量分别为5000亿元和5500亿元，净发行量则分别为500亿元和5000亿元。⑦可转换债券发行量300亿元，净发行280亿元。⑧央票发行4.1万亿元，净发行2000亿元。

从债券需求看，商业银行2009年末资产总值超过76万亿元，假设其资产保持23%～25%的增长率，且新增债券投资占比保持在15%，则商业银行可用于债券投资的资金总量为2.6万亿～2.9万亿元；保险机构2009年保费收入11000亿元，假设保费增速为20%，债券投资占保费收入比维持30%～40%的比率，则保险公司可用于债券投资的资金总量为4000亿～5000亿元。再考虑基金、证券公司等其他机构的情况，2010年债券供需可望达到基本平衡。

虽然总体平衡，但在某一条线上，也存在被打破的契机。这些契机可能存在于：第一，包括提高资本充足率要求、严格资本标准以及约束贷款出表等审慎监管措施的强化，能够对冲货币政策，也会同时影响对债券的供给和需求；第二，银行补充资本的方式和规模，也会影响平衡；第三，银行在交易所市场参与力度加大，保险公司投资限制放松，直接影响到某一市场或某一类产品的需求；第四，宏观调控上，压缩投资规模，限制贷款增长，调控行业政策，同样也会对债券供给产生影响。

衍生工具方面，目前主要是利率掉期，预计2010年交易量可达5500亿元，远超过2008年的4000亿元和2009年的4600亿元。随着交易量的增加，利率掉期在套期保值、锁定套利方面的作用将更加显著。除此之外，国债期货和信用违约互换工具受关注的程度将加大，可能成为讨论的重点，甚至不排除推出信用违约互换工具的可能。

在产品创新上，高收益债券是关注的重点。2009年已经推出了中小企业集合票据，其规模有望较快增加。私募方式可转债正处酝酿之中。而当前政策环境下，信贷资产证券化在暂停一年之后，可能于2010年重开。有关方面正在探讨建立信贷转让市场。需要强调的是，随着需求的多样化，现有产品都有较大的创新潜力。

经过长时间的努力，在2009年临近收官之时，商业银行终于重返交易所市场。虽然目前有资格参与的银行数量、可参与的交易平台以及可使用的交易方式均受限，但仍然具有历史性的意义。随着更多银行获得资格及期限的限制逐渐放开，其中有可供利用的机会。另外，随着新《保险法》的实施，保险机构可投资债券的范围与比例有所扩大，包括中期票据等无担保债券也纳入投资的视野，对于某些产品需求的影响，也可重新评估和把握。

债券市场国际化是另一个受关注的领域。2009 年，在内地有分行的外资机构赴港发行人民币债券，以及中央政府首次在港发行人民币国债，对于人民币离岸市场的建立，推动人民币的国际化进程，均有积极意义。但通过发债将内地以外地区存量不多的人民币抽回，是否存在负面效应也值得关注。若发生境外人民币的短缺，或许不利于人民币的国际结算。另外，监管机构也于 2009 年允许外商独资银行和中外合资银行参加内地银行间市场非金融企业债券的承销。以上举措，将在未来若干年里继续产生影响，并大大提高中国债券市场国际化的程度。

金融市场：银行理财产品市场

“稳中求新”构成了2009年银行理财产品市场的主旋律。2009年上半年的银行理财产品市场[①]呈现“风险低、收益稳健、流动性高”的非典型特征，主要表现为保本与止损条款的逐步运用、普通类理财产品的高比重和结构类产品的短期化等。2009年下半年，银行理财产品市场逐步回归“规避高风险、博取高收益”的自然状态，主要表现为结构类理财产品市场的逐步回暖、非保本浮动收益型产品的比例回升和投资组合保险策略的合理运用等。总体而言，2009年的银行理财产品市场呈现四个方面的主要特点。

第一，开放式（亦称组合管理类或动态管理类）理财产品受到热捧。开放式产品的主要特点为投资者可以按照固定频率进行申购和赎回，如7天或14天产品滚动投资系列等。2009年第四季度共发售开放式产品75款，其中交通银行发售59款，数量最多。虽然该类产品的投资方向丰富，但该类产品的投资组合不明，从而导致开放式产品的信息透明度普遍不高，不足以支持评价，值得监管机构和发行主体深思。

第二，通胀概念挂钩的结构性产品受到发行主体的青睐。为应对全球金融危机，2009年初各国政府相继推出了经济刺激计划，由此造成的流动性充裕推高了部分资产价格，从而引发了投资者对未来市场的通胀预期，所以各商业银行相继推出通胀概念挂钩的银行理财产品，主要挂钩标的为黄金价格和原油价格，星展银行更是首次推出白银挂钩结构性产品。

第三，理财产品市场的短期化。1年期以下产品占2009年全年产品总量的86%，其中3个月以下产品占比高达50%强。结构性产品的期限也是一短再短，如荷兰银行发售6个月期的商品挂钩结构性产品，农业银行发售挂钩美元兑欧元

① 文中涉及的产品分类（如看涨型和看跌型等）、评价指标（如期望收益率和最差值等）、排名指标（如发售动力、市场规模和安全性等）指标或概念的释义参见由中国财政经济出版社出版的殷剑峰等编著的《中国理财产品蓝皮书》。文中不再予以注释说明。

汇率的7天结构性产品。

第四，产品创新层出不穷。如限制性看涨和多区间结构性产品的首次推出，冷静期的首次引入和假日理财产品的首次发售等。时隔一年后，外币信贷产品再次推出。特定对象和特定节日等专属理财产品日益丰富多样。

一　2009年银行理财产品市场发展的总体情况

2009年，银行理财产品市场共发售产品5986款，平均期望收益率为1.98%，平均最差值为1.38%。当年，银行理财产品市场共有3948款银行理财产品到期，平均到期名义收益率为3.40%，其中英镑产品的名义到期收益率最高，为4.84%。3948款到期产品中名义收益率最高的为46.5%，最低的为-43.73%，共有115款零/负收益产品，占到期产品总量的2.91%。就月度数据表现而言，无论是产品的发行数量，还是产品的风险收益水平，2009年的银行理财产品市场几乎都呈一路上扬趋势。

（一）基本分布特点

由图1可以看出，就产品的发行数量而言，除2009年3月（信贷飙升影响）、2009年7月和10月（银监会“新规”出台影响）出现异常波动外，几乎呈一路上涨趋势；就到期产品的数量而言，1月份到期产品的数量最多，高达

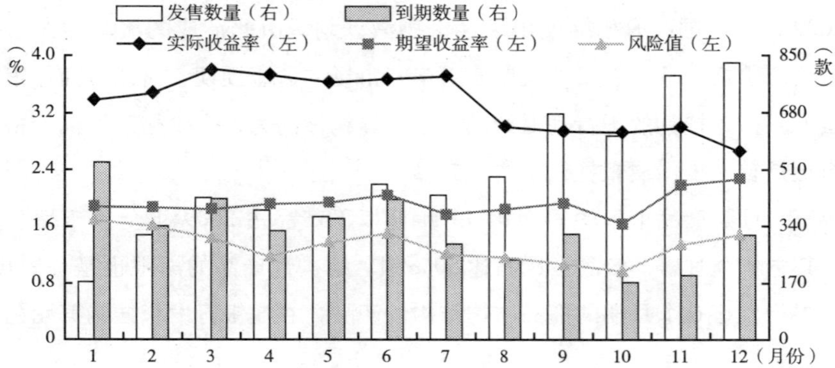

图1　2009年银行理财产品市场发售产品基本信息时序图

数据来源：中国社会科学院金融研究所金融产品中心。

533 款，零/负产品数量也最多，为 32 款，这主要是受 2008 年初结构类产品数量飙升和产品“同质化”因素影响。就评价产品期望收益与最差值之间的离差而言，几乎呈一路扩大趋势，原因在于后期结构类产品的增多且部分产品设置了非保本浮动收益条款。

从产品的发行主体来看，中资银行发售产品的数量占所有产品总量的 95% 强。但中资银行的产品创新动力、期望收益率和名义收益率水平明显劣于外资银行，如 2009 年外资银行产品的总体平均期望收益率为 2. 55%，位居四类商业银行之首，但该类产品的潜在风险较大，完美体现了外资银行高风险高收益的产品属性。然而，外资银行的创新也为其带来了一定程度的负面影响，如零/负产品数量较多等。

从产品的结构类型来看，除传统的结构类和普通类产品外，2009 年增加了开放式产品的统计口径。其中普通类产品占据了 92% 的市场份额，结构类产品的市场份额仅为 7%，其余 1% 为开放式产品。就结构类产品而言（见图 2），看涨型产品占结构类理财产品市场的 63% 强，但 2009 年看涨型产品的设计理念与过去略有不同，即限制性看涨支付条款的设计——当基础资产的涨幅超过一定额度时，发行主体仅支付投资者额度的收益。其次是区间类产品，其中渣打银行发售的类固定收益的利率类产品占区间类产品总量的一半。银行理财产品市场共发售看跌型产品 12 款，除 1 款华侨银行的利率类产品外，其余均为外资银行发售的低风险稳健收益的汇率和利率类产品，所以看跌型产品的离差水平较小。荷兰

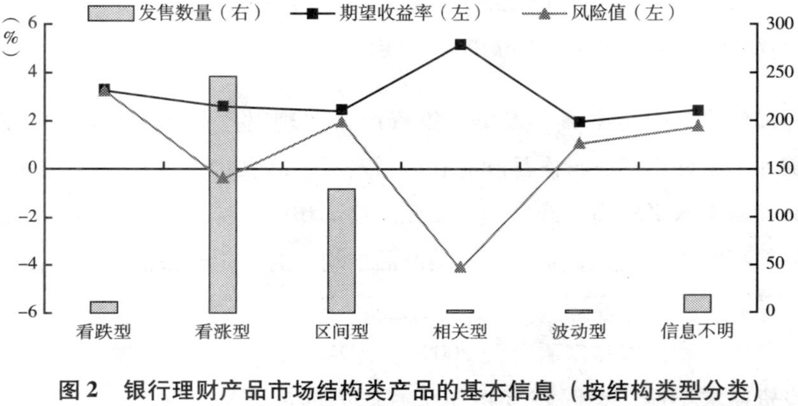

图 2　银行理财产品市场结构类产品的基本信息（按结构类型分类）

数据来源：中国社会科学院金融研究所金融产品中心。

银行发售了 2 款本金最高损失额度高达 10% 的非保本浮动收益型产品，2 款产品的离差水平较大。另外，2 款波动型产品的表现正常。

从产品的挂钩标的来看（见图 3），利率类和信用类产品的数量最多，在考虑了发行主体的信用违约之后，信贷类产品的离差水平远大于利率类产品。结构类产品中，商品类和股票类产品的离差最大，除受结构类产品高风险高收益的特性影响外，基础资产价格的深幅波动和非保本浮动收益型支付条款的设置也是导致上述两类产品离差较大的主要原因。利率类和混合类产品的离差水平较小，主要原因在于利率类产品的收益类型多为保息浮动收益型。就各挂钩标的产品的到期收益表现来看，信贷类理财产品名义收益率最高，其次是利率类产品。造成股票和商品类产品名义收益率较低的一个主要原因在于部分超低收益产品平滑了产品的总体收益水平，如股票类产品中亏损达 40% 以上产品的平滑作用较大。

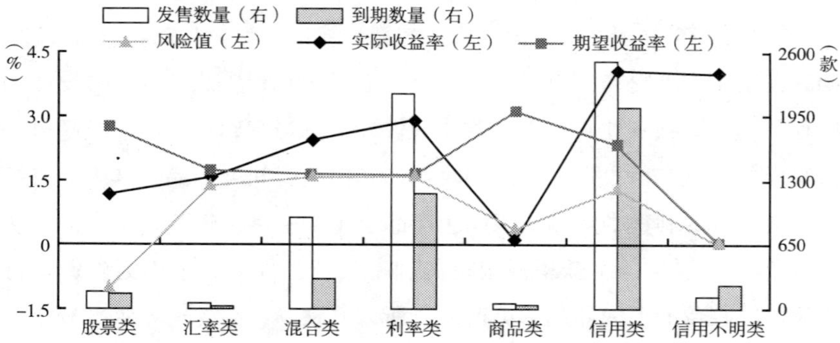

图 3　银行理财产品市场的基本信息（按挂钩标的分类）

数据来源：中国社会科学院金融研究所金融产品中心。

从产品的投资币种来看，人民币投资产品占理财产品市场份额的 85% 强，其次是美元和澳元产品，再次是欧元和港币产品。高息货币澳元产品的期望收益率和名义收益率水平较高，低息货币美元产品的相应指标较低。人民币、美元和澳元产品的离差水平较大，是因为三类产品中均含有一定数量的高风险高收益的结构性产品。

从产品的流动性安排来看，受 2009 年上半年高流动、低风险、收益稳健类产品的投资需求影响，期限跨度在 3 个月以内的产品数量最多，占比近 50%，期限跨度 1 年以下产品数量更是占理财产品市场份额的 93% 强。产品的期望收益率曲线呈上翘的正常结构，而到期收益率则呈倒 V 形结构，主要原因在于：其一，结构类产品的期限较长，部分低收益的结构性产品平滑了产品的到期收益水平；其二，短期融资成本较高，发行主体不惜以较高代价获得融资。

（二）主要创新盘点

从产品创新的角度而言，2009 年的银行理财产品市场呈现投资方向不断丰富、结构类型日益精细化、合作模式不断拓展、流动性安排灵活多变和专属产品适度普及的五大新意。

1. 投资方向不断丰富

金融投资品种的不断丰富逐步拓宽了银行理财产品的投资渠道，如地方债和城投债对信贷类理财产品投资方向的补给作用，再如德意志银行推出首款挂钩希腊国债违约率的信用违约产品。就利率类产品而言，外资银行首发人民币理财产品，如东亚银行的人民币信托产品系列；时隔一年，中资银行再次发售外币信贷类理财产品，如北京银行的心喜系列 FX09019；挂钩定存利率和 Shibor 的产品数量不断增多，如渤海银行发售的 2009 年第 7 期产品挂钩人民币定存利率。就“实期结合型”① 产品而言，2008 年工商银行发售的红酒类理财产品具有市场的标杆作用，后期相继推出挂钩普洱茶、白酒、攀枝花新钢钒有限公司股权和艺术品投资的“实期结合型”产品，譬如民生银行的国窖 1573 高端定制白酒收益选择权理财产品。除传统挂钩美元兑欧元、美元兑港元的汇率类产品外，法兴银行首推挂钩美元兑日元的期末下跌型产品。受通胀预期影响，白银资产一度成为商品类理财产品挂钩标的的新宠，如星展银行的股得利 0917 期产品。

2. 结构类型日益精细化

看涨型、看跌型、区间型、波动型和相关型五类产品中，2009 年的创新焦点集中在看涨型和区间型两类产品上，一是受经济刺激计划引发的高通胀预期，发行主体将原有的看涨型支付条款提升为限制性看涨的支付条款，即当基础资产的涨幅超过设定上限时，发行主体支付投资者固定额度的封顶收益，封顶收益的参考基准为同期限同币种的定存利率，如东亚银行的“立盈宝”系列 16 产品。

---

① 其主要设计理念为，投资者到期既可以选择获得一定额度的收益，也可以选择以期初价格购买一定数量的实物资产，但二者不能重叠。

二是为规避单一区间型产品的集中风险，发行主体将原有的单一区间推广为多区间累积，即基础资产价格表现落于不同区间内，产品支付的收益额度不同，如荷兰银行的多区间累积汇率挂钩结构性存款第一期产品。另外，理财产品市场的观察频率也有一定的提高，常见的观察频率主要有月度、季度、半年、一年或整个存续期等，如部分产品将观察频率提升为每半月观察一次，更有部分产品设计了实时观察频率。

3. 合作模式不断拓展

起初，银行理财产品市场合作模式主要为境外商业银行和境内商业银行的银银合作模式，以及境内商业银行与境内信托公司开展的银信合作模式。为适应国内理财需求的增长和商业银行增加中间业务收入的政策要求，较早介入银行理财产品市场的国内商业银行将原有境内境外之间的银银合作模式推广为国内商业银行之间的同业理财模式。另外，地方债和城投债的理财产品化也将原有的银信合作模式提升为银信政合作模式，即在挂钩地方债和城投债的理财产品中增加政府担保措施。除上述两类合作模式的提升外，还催生了三类新生模式：一是类基金/开放式/动态管理类理财产品的不断繁荣带动了银证/基合作模式的不断深入，如光大银行阳光配置计划的双顾问模式；二是银监会限制零售产品投资股票市场新规的推出成就了银私合作模式，如光大银行联手五家私募基金推出了阳光私募基金宝；三是银租合作模式的不断深化，如宁波银行和华融信托合作相继推出租赁计划类理财产品。目前，银行与保险公司、期货公司、典当公司等机构的合作也在不断深入，后期将会衍生更多合作模式。

4. 流动性安排灵活多变

考察产品流动性的主要指标有存续期限、封闭期、赎回频率和质押四个方面。存续期限方面的主要创新有结构类产品的短期化和普通类产品的见缝插针，金融危机的爆发导致部分中长期产品出现了零/负收益现象，从而引发了商品和股票类结构类产品设计的短期化，如荷兰银行盈富基金挂钩结构性存款第二期的存续期限为 6 个月；另一方面，中国银行推出的假日理财普通类产品实现了股票市场与理财市场投资的无缝连接。质押率意为产品质押贷款额度与产品面值的比率，如北京银行 2009 年第 13 期 FX09019 号产品的质押率为 50%。东亚银行“溢利宝”投资产品系列 22 首次在银行理财产品市场中设置冷静期，在购买产品的 3 天之内可无条件撤销购买协议。动态管理类产品封闭期限跨度从 3 个月到

6 个月不等，产品的赎回频率一般从半个月到 3 个月不等。

5. 专属产品适度普及

专属产品是指针对具有特殊意义的事件、时间和人物设计的银行理财产品，共有三种主要形式：一是事件专属产品，如建设银行发售的“利得盈”“5·12”灾后重建理财 1 号；二是时间专属型，也称节日专属产品，每逢重大节日，商业银行都会发售与对应节日主题相关的银行理财产品，如元旦和春节专属产品等；三是人物专属型，如六一儿童节推出的儿童专属产品、教师节推出的教师专属产品和针对奥运冠军设计的理财产品。纵观 2009 年的专属产品，可以发现其共同特点之一就是名存实亡，如儿童专属型产品的投资主体依然为具有一定投资经验的家长，部分节日专属型产品不外乎传统的信贷产品，有待商业银行进一步改进，以便将专属产品的概念真正落到实处。

（三）普通类产品的结构化

局限于国内投资渠道的匮乏和产品设计能力不强，国内商业银行主要发售挂钩信贷资产、商业票据、债券等固定收益债券的普通类产品。受全球金融危机影响，部分原本风险较低的信贷类理财产品也未能实现预期最高收益，受到了投资者的谴责。为此，发行主体对普通类银行理财产品进行适度创新，主要表现是普通类产品的结构化。普通类产品的结构化主要采取如下三种方式。

第一，随息而动的支付条款设计。为避免因利率下调而造成长期产品收益不达标的现象再次发生，发行主体将原有的固定预期收益水平改为随息而动的预期收益水平，即产品的预期最高收益水平随贷存利率的变化而调整。如建设银行“利得盈”基础设施建设型 2009 年第 3 期产品的支付条款为：当贷款基准利率小于等于 5.4% 时，产品收益为 5%；当贷款基准利率大于 5.4% 时，收益为 5% +（当前贷款利率 – 5.4%）× 110%，即在固定预期收益水平基础之上浮动基准利率调整幅度。工商银行、建设银行、光大银行及浦发银行均推出此类产品。

第二，分期支付的本金返还机制。对中长期理财产品而言，投资者提前赎回机制的缺失大大提高了产品的流动性风险。为缓解此不利局面，发行主体推出了分期支付型的本金返还机制，即在理财产品的存续期内定期定额返还本金，大大降低了产品的流动性风险。如光大银行教育理财“E 计划”2009 年第一期产品的存续期限为 3 年，按年返还本金。不仅如此，该款产品在第二年和第三年还设置了随息而动的支付条款。

第三，资金和期限阶梯形的支付条款设计。资金阶梯形支付条款是指产品的预期收益水平与申购产品的资金量呈正相关关系，即申购资金越多，产品的预期收益水平越高，反之亦然。期限阶梯形支付条款则是指产品的预期收益水平与其存续期限正相关，如北京银行“本无忧”2009086号产品的支付条款为：当产品的存续期限小于等于7天时，产品的预期收益水平为1.25%；当产品的存续期限大于25天时，产品的预期收益水平为1.65%；当产品的存续期限大于7天但小于等于25天时，产品的预期收益水平为1.4%。

（四）法律法规的脉冲响应

2007年，一、二级股票市场的利差导致了打新股类银行理财产品数量的暴增，也成就了打新股类产品高达15%的平均到期收益率。然而，2009年《关于进一步改革和完善新股发行体制的指导意见》（以下简称“文件A”）的推出在规范新股申购市场的同时也降低了打新股产品的投资热情。全球金融危机的爆发和零/负收益产品的不断出现致使监管机构逐步认识到银行理财产品市场有效监管的不足。为此，中国银监会先后颁布《关于进一步规范商业银行个人理财业务报告管理有关问题的通知》（简称“通知A”）和《中国银监会关于进一步规范商业银行个人理财业务投资管理有关问题的通知》（以下简称“通知B”）两个与银行理财市场相关的文件。2009年12月，中国银监会加强了信贷类理财产品的监管力度，先后推出了《关于进一步规范银行合作有关事宜的通知》和《关于规范信贷资产转让及信贷资产类理财业务的通知》（以下分别简称“通知C”和“通知D”）两个规范信贷类理财产品的重要通知。上述文件、通知的主要内容以及银行理财产品市场的脉冲响应主要有如下四点。

其一，“文件A”中对银行理财产品市场有影响的主要内容有网上网下申购方式二选一、每次申购不超过上限的千分之一和单个投资者只能使用一个账号申请。文件的推出消除了一、二级股票市场的套利机会，单纯的打新股类理财产品已无市场前景，而将打新作为投资组合配置的元素则较为适宜，从而造成了打新股类理财产品市场中“几家欢喜几家愁”的局面。“新规”推出时，中信银行发出通告称，局限于资金使用效率和申购收益的不确定性，投资者面临风险加大，提前终止“中信理财之新股支支打计划1号”产品，而交通银行则新发“得利宝新股连连打”新股申购类理财产品。

其二，“通知 A”的主要内容是将原来的售后 5 日报告改为售前 10 日报告并要求总行收回部分下放权限。短期内，“通知 A”对银行理财产品发行数量造成了一定的负面影响；然而从中长期来看，理顺了银行理财产品市场的监管流程，引导银行理财产品市场继续平稳、较快、健康地发展。

其三，“通知 B”的主要内容包含三个方面：第一，确立了投资管理原则，具体有审慎、稳健的科学投资管理原则、尽责履行信息披露业务和分级销售原则；第二，细化了投资管理方式，建议可进行第三方托管并对部分资产进行风险计提；第三，明确了禁止投向，个人零售产品不得进行二级股票市场或其他证券投资基金投资，也不得进行高风险或过于复杂的结构类产品投资，但私人银行业务不受此约束。通知对银行理财产品市场的最大冲击莫过于对零售产品和私人银行产品实行了分级销售和分类监管制度。分级销售体现在向有经验投资者和无经验投资者销售产品的收益风险水平不同；分类监管体现在关闭零售产品投资股票市场大门的同时，为私人银行理财产品投资二级市场打开了未来之窗。“通知 B”的推出也催生了银行理财产品市场中的银私合作模式。

其四，“通知 C”有三点主要内容：第一，银信合作理财产品不得投资于产品发行银行自身的信贷资产或票据资产；第二，银信合作产品投资于权益类金融产品或具备权益类持证的金融产品的，商业银行理财产品的投资者应符合《信托公司集合资金信托计划管理办法》规定的合格投资者标准；第三，银信合作产品投资于政府项目的，信托公司应全面了解地方财政收支状况和对外负债及或有负债情况，建立并完善地方财力评估、授信制度，科学评判地方财政综合还款能力，禁止同出资不实、无实际经营业务和存在不良记录的公司开展投融资业务。“通知 D”的主要内容为：一是介绍资产转让的真实性原则，规定在进行信贷资产转让时，转出方不得安排任何显性或隐性的回购条件，禁止资产转让双方采取签订回购协议、即期买断加远期回购等方式规避监管；二是介绍整体性和一致性原则，投资的信贷资产应包括全部未偿还本金及应收利息，单一的、有明确到期日的信贷类理财产品的期限应与该信贷资产的剩余期限一致；三是介绍风险评估细则和信息披露机制，银行业金融机构应在信贷类理财产品方案设计阶段充分评估该资产的信用风险、市场风险和流动性风险等主要风险，还应在信贷类理财产品销售协议中向客户充分披露信贷资产的风险收益特性及分级分类状况。

目前，市场上的信贷类理财产品共有两种运作方式，一是通过信托产品替换商业银行自身的存量贷款，二是通过信托产品进行新增贷款的发放。“通知 C”和“通知 D”对第一种运作方式进行了限制，即商业银行不得通过信托产品购买自身的存款贷款。然而，从近期的实践效果来看，已有商业银行通过互持信贷资产来替换自身的存量贷款，如工商银行的“稳得利”第 4 期信托投资型人民币产品 SXT1001 号产品的投资对象为国有控股银行和全国股份制商业银行的存量信贷资产转让项目，或新增贷款项目以及企业信托融资项目。无论是互持信贷资产，还是公布信贷类产品的风险收益特性和五级分类状况，都将对提高信贷类理财产品的信息透明度起到积极的引导作用。

（五）理财品牌排名结果

总体而言，单项和综合排名前五位的商业银行有两个明显特征：特征之一是发售动力、资金规模、多样化程度和综合排名前五位的商业银行以中资的国有控股银行和上市股份制银行为主，主要原因有二：其一，营业网点覆盖面积大且值得投资者信赖的两大优势，成就了国有控股银行的高资金规模和多样化程度；其二，上市股份制银行的优势之一在于其创新动力较高。特征之二是在不进行任何净化处理的前提下，收益水平和安全性水平排名前五的商业银行中以中资的城市商业银行为主，主要原因有三：其一，部分城市商业银行发售的产品数量较少，有的甚至只发售了 1 款产品；其二，城市商业银行多发低风险稳健收益的信贷类产品；其三，出于自身的融资能力和信用水平，城市商业银行产品给定的预期最高收益水平普遍较高。

从发售动力的分类表现来看，以 2008 年各商业银行的发售动力为基准，2009 年同比表现的主要特点有：其一，有 25 家商业银行的排名有所下降，其中广发银行的表现较差，原因在于该行在 2009 年只发售了 1 款产品；其二，有 4 家商业银行的发售动力排名持平，包括排名前五位的招商银行和中信银行，以及排名第 11 位的工商银行和排名第 24 位的杭州银行；其三，有 22 家商业银行的排名有所提升，其中东莞银行的表现较好，发售产品数量 46 款，排名较 2008 年提升 29 个名次；其四，汉口银行等 28 家商业银行新加入了银行理财产品的发售行列。

从市场规模的分类表现来看，自 2009 年增加了理财产品的募集资金规模统计口径以来，先后有41家商业银行公布产品的募集资金规模，资金规模明确的产品募集资金规模总量为5200.79亿元，工商银行产品的募集资金规模为1733.12亿元，占资金规模总量的33.32%。资金规模前五名的商业银行募集规模总量均在100亿元以上，排名第六的中国银行的资金规模也在100亿元以上，其他商业银行的募集资金规模总量都在30亿元以下，如光大银行的募集资金规模为23.9亿元，再如石家庄商业银行1款产品的募集资金规模总量为1000万元。

从收益水平的分类表现来看，较2008年而言，2009年有32家商业银行的收益水平排名有所降低，其中湛江市商业银行的表现较差，原因在于发售的8款信用类产品中有5款产品的超额收益水平为负。有14家商业银行的收益水平排名有所提高，其中德意志银行的表现较好，发售的12款产品中有4款保息浮动收益型产品和2款保本浮动收益型产品，提高了产品整体的收益水平。

从安全性水平的分类表现来看，2009年有35家商业银行的安全性水平排名有所降低，其中荷兰银行的表现较差，原因在于发售的56款结构性产品中有22款产品为非保本浮动收益型产品，且产品的最高损失额度高达10%，加大了发行主体的总体风险。有14家商业银行的安全性水平排名有所提高，其中渣打银行的表现较好，主要原因在于渣打银行多发利率挂钩的低风险收益稳健区间型产品。

从信息透明度的分类表现来看，2009年有19家商业银行的理财产品信息透明度为100%，主要由中资的城市商业银行和外资银行组成，原因有二：第一，城市商业银行多发可以评价的信贷类理财产品，外资银行多发信息明确的结构性产品。第二，组合管理类产品的信息不明问题是造成国有控股银行和上市股份制银行产品信息透明度不高的一个主要原因，如民生银行等。另外，有12家商业银行的信息透明度水平低于50%，如中信银行产品的信息透明度为40.10%、杭州联合银行的信息透明度为14.29%等。从年度同比表现来看，有27家商业银行的信息透明度水平排名有所降低，其中杭州联合银行的表现较差；有15家商业银行的信息透明度水平排名有所提高，其中广州商业银行的表现较好；有5家商业银行的信息透明度水平保持不变，其中三峡银行、福建海峡银行和富滇银行三家城市商业银行连续两年的信息透明度为100%。

从多样化程度的分类表现来看，有20家商业银行的多样化排名有所降低，其中徽商银行的表现较差，缘于该行2009年仅发售两款人民币信用类理财产品；

汇丰银行和上海银行的多样化排名保持不变；有 29 家商业银行的多样化排名有所提高，其中德意志银行的表现较好，主要原因在于 2009 年德意志银行共发售产品 12 款，3 倍于 2008 年的发售数量。

从综合排名的结果来看，有三个主要特点：首先，外资银行无一入选前五名，主要原因在于上市股份制银行的多样化程度和创新能力较强、城市商业银行的收益指标较高和风险水平较低、外资银行只发一年期左右的结构性产品；其次，交通银行表现优异的主要原因在于其发售动力、多样化程度和信息透明度指标表现较好；再次，泉州商业银行表现优异的主要原因在于该行仅发售 1 款预期收益水平较高的"银信政"合作的隐保证收益型信贷产品。

表 1 列出了 2009 年单项和综合指标排名前 5 位的银行。

表 1　2009 年单项和综合指标理财品牌排名

指标＼名次	第一名	第二名	第三名	第四名	第五名
发售动力	招商银行	交通银行	中国银行	中信银行	建设银行
市场规模	工商银行	交通银行	农业银行	招商银行	建设银行
收益水平	泉州市商业银行	德意志银行	重庆银行	南昌银行	滨海银行
安全性水平	泉州市商业银行	重庆银行	三峡银行	南昌银行	福建海峡银行
多样化程度	中国银行	光大银行	招商银行	工商银行	民生银行
综合排名	交通银行	招商银行	泉州市商业银行	中国银行	工商银行

数据来源：中国社会科学院金融研究所金融产品中心。

（六）零/负收益产品评析

2008 年 1 月 1 日至 2009 年 12 月 31 日，共有 23 家商业银行的 55 款产品到期实现了零收益，有 101 款产品到期实现了负收益。这不仅给略显稚嫩的国内投资者上了一堂生动的风险教育课，也给监管机构的声誉风险管理敲响了警钟。

从产品的发行主体来看，外资银行类和城市商业类银行中分别有 14 款和 8 款零/负收益产品，5 家国有控股银行共有 40 款零/负收益产品，其余 94 款零/负收益产品均由上市股份制银行发售。由于外资银行到期产品的信息透明度较低，所以上述外资银行的数据不足以刻画其所有信息。就商业银行个体而言，交通银行的零/负收益产品数量最多，高达 23 款（见表 2）。

表2　零/负收益理财产品的发行主体分布（2008～2009年）（按到期数量）

发行主体	到期数量	平均到期收益（%）	最大值（%）	最小值（%）
交通银行	23	-2.56	0.00	-8.98
招商银行	20	-7.44	0.00	-45.92
华夏银行	18	-4.81	0.00	-43.72
民生银行	14	-5.43	0.00	-30.84
深发展银行	12	-0.35	0.00	-4.15
光大银行	12	-1.50	0.00	-8.00
中信银行	8	-3.10	-1.54	-5.67
农业银行	7	-0.72	0.00	-3.87
渣打银行	6	0.00	0.00	0.00
建设银行	5	0.00	0.00	0.00
浦发银行	5	0.00	0.00	0.00
东亚银行	4	0.00	0.00	0.00
兴业银行	3	-1.85	0.00	-5.54
徽商银行	3	-13.31	-10.18	-19.43
工商银行	3	0.00	0.00	0.00
花旗银行	2	0.00	0.00	0.00
中国银行	2	0.00	0.00	0.00
汇丰银行	2	0.00	0.00	0.00
深圳平安银行	2	-13.97	-12.64	-15.30
上海银行	2	0.00	0.00	0.00
广发银行	1	-7.49	-7.49	-7.49
中国平安	1	0.00	0.00	0.00
宁波银行	1	0.00	0.00	0.00
总　　计	156	-3.23	0.00	-45.92

数据来源：中国社会科学院金融研究所金融产品中心。

从产品的亏损额度来看，156款产品的平均到期收益率为-3.23%，不劣于同期股票市场的总体表现，其中招商银行一款类基金产品的到期收益水平最低，亏损额度高达45.92%。另外，徽商银行3款产品和深圳平安银行2款产品的亏损额度均达到10%以上。

从产品的资产主类来看，首先是股票类产品，有96款，位居榜首，主要原因在于除部分结构性产品外，中资银行的多款打新股和类基金产品到期实现了零/负收益；其次是商品类产品，共有46款产品到期实现零/负收益，主要原因在于2008年初多家商业银行发售了一年期左右的看涨商品类产品，而后期多数商品资产价格呈一路下滑态势，导致了基础资产走势和支付条款的错配；再次是12款混合类和2款汇率区间类产品，混合类产品的主要投资方向依然为新股申购或证券投资基金，2款汇率区间类产品均由农业银行发售。

从产品的投资币种来看，人民币产品的数量最多，其次是美元类产品，港币、欧元和澳元类产品数量均不足10款。人民币产品数量较多的原因之一在于中资银行多发以人民币为投资币种的打新股和类基金产品。

造成银行理财产品实现零/负收益的原因是多方面的：

其一，基础资产走势与支付条款的错配。产品收益水平与基础资产走势和支付条款的吻合度息息相关，吻合度越高，产品收益越高；吻合度越低，产品收益越低。多款产品的零/负收益现象都是由此原因造成的。

其二，基础资产波动周期与产品投资期限的错配。银行理财产品的入场时机和投资期限是否与基础资产的波动周期相吻合，也是影响产品收益水平的一个重要原因。如对某款1年期的看涨型产品而言，虽然前半年基础资产一路上涨，但后半年基础资产的走势一路狂跌，则产品的到期收益水平较低。

其三，“兄弟款”产品导致“一荣俱荣，一损俱损”的尴尬局面。投资方向、投资币种、支付条款和期限跨度是银行理财产品的四个基本要素。部分商业银行在发售产品时将产品的投资方向和支付条款固定，仅对产品的投资币种、期限跨度和预期收益水平进行微调，从而衍生出具有相同投资方向和支付条款的“兄弟款”产品。由于产品的收益决定因素相同，所以当“兄弟款”产品中的1款产品到收益为零或为负时，所有产品都将实现零收益或负收益。

其四，风险敞口的过大是造成部分产品超额亏损的一个主要原因。零收益产品基本都设置了保本条款，而负收益产品中的大部分产品都未设置警戒线或止损线，从而造成部分产品亏损高达20%、30%、40%，甚至有部分QDII产品的亏损额度高达90%以上。

（七）争议产品评述

2009年银行理财产品市场发售了一些颇具争议的问题产品，主要有如下几方面表现。

第一，缺乏标的的支付条款设计。自零/负事件爆发以来，中资的结构类理财产品市场几乎处于停滞状态，与外资银行相比，多少有些难堪。中资银行为打破这种局面，尝试重新发售结构类理财产品。以招商银行发售的“金葵花”焦点联动系列之精选银行股票表现联动1年期产品为例，与四只金融股挂钩，在保本的基础之上锁定产品的最高收益为3.8%。结构类理财产品的本质是在规避高风险的基础之上博取高收益，该款产品虽然做到了规避高风险的目的，但并没有为投资者博取高收益，因为产品的收益计算方式几乎与基础资产的表现毫无关系，实在难逃为发售结构类产品而发售结构类产品之嫌。

第二，名存实亡的普通结构混合产品。为规避单一投资品种的集中风险，光大银行发售了融合普通类产品和混合类产品的POP产品，值得借鉴。然而，后期在售的部分产品却掩藏了一定的问题，如阳光套餐2009年第三期产品的投资期限为1年，预期最高收益水平为7.2%，产品投向为人民币结构性理财产品和信托计划理财产品，投资比例各占50%，其中结构类产品按季提供4个观察期，按顺序观察，若观察期的期末观察日符合终止条件，产品在该观察日自动终止；若不符合终止条件，则产品继续运作，进入下一观察期；若在最后一个观察期仍不符合终止条件，则银行到期返还100%本金，产品到期收益率为0%。产品终止条件为观察日篮子基金收盘价均不低于产品期初观察日各自收盘价的105%（百分比保留2位小数）。仔细研究产品说明书可以发现，发行主体只是把结构类产品中基础资产的表现作为提前终止的触发条件。如果基础资产始终没能达到触发条款，产品的到期收益为0%，远远低于同类普通类产品的收益，偏离了普通混合产品的设计初衷，即收益高于普通类产品，风险低于结构类产品。

第三，Madoff式的信贷类理财产品。“只有当海水退去时，才知道谁在裸泳。”麦道夫（Madoff）骗局的暴露无遗是这句话的最好例证。然而事实上，麦道夫使用的是最简单的“庞氏骗局”策略，即用新投资者的后续投资资金支付给老投资者作为本息收益。近期，中国银行发售的“中银平稳收益理财计划2009年第4期（C）”隐现“庞氏骗局”倾向，产品的本息来源于贷款主体偿还的本金、新发理财计划的募集资金和信托贷款转让资金三个方面。其中，用新发理财计划的募集资金支付前期投资者的本息收益，恰是庞氏骗局的雏形。诚然，用短期理财产品对冲中长期贷款是解决理财产品期限与中长期贷款期限错配的重要手段。但在实际操作中，应注意把握尺度，避免如下潜在风险：贷款主体的信用风险、新理财计划不能成立的风险或剩余期限的信托贷款无法转让的风险。以受让后续理财计划所支付资金作为还款来源的做法，容易使产品陷入连环式陷阱，极端情况下，如果产品到期时，新的理财计划未能如期成立，剩余期限的信托贷款也无法转让出去，投资者的本金和收益有可能受到损失。

第四，收益实现条件相当苛刻的支付条款设计。在结构类理财产品说明书中适度运用数学公式，可增加收益计算表述的逻辑性和严格性。然而，如果在理财产品说明书中过度使用数学公式表达，不仅给投资者理解产品说明书增加了难度，同时也给投资者带来了“故弄玄虚”之嫌。不仅如此，部分产品还通过复杂的数学表达加大了产品获得高收益的难度。比如，恒生银行的指数挂钩“乒乓盈”人民币理财产品，支付条款规定在单月内当基础资产价格波动幅度至少超过18%时，产品才能获得预期最高收益，否则，产品收益为零。再如，德意志银行的“赢势宝”II 指数基金篮子挂钩结构性投资产品，理财产品的存续期限为2年，产品收益与基础资产中月度最差表现中前18个较好表现的平均值挂钩，用月度表现的平均值计算产品两年的收益，这表明只有当基础资产大幅上涨时，该产品才能取得较好表现。

二　人民币银行理财产品的发展与评价

受益于2009年银行理财产品市场的总体繁荣，人民币银行理财产品发行数量急剧增长，占比继续攀升。为提高产品的流动性，总体委托期限略有缩短，发行机构提供的平均预期最高收益明显下降。银行理财产品市场共发售人民币产品5088款，剔除信息不明产品，共对3201款信息明确产品予以评价，可评价比率为63%，产品的平均委托期限为0.44年，环比缩短0.02年，发售银行提供的平均预期最高收益率为2.86%，环比下降308个基点，评价结果的期望收益率和最差值分别为2.11%和1.42%，产品的期望收益率水平高于基准利率31个基点。银行理财产品市场共有3412款人民币产品到期，占到期产品总量的86%，其平均委托期限为0.46年，平均名义年收益率为3.40%。

（一）发行主体分析

2009年人民币产品市场呈现上市股份制银行与国有控股银行共同主导的总体格局，各类商业银行在发行数量、收益水平和风险特征等方面呈现如下三方面特点。

首先，上市股份制银行总体数量仍居首位，占比较2008年明显下降，国有控股银行平均数量不逊色，外资银行热衷于结构性理财产品。11家上市股份制银行发售2646款产品，占产品发行总量的63%，较2008年占比下降11%，总体数量居四类银行之首；5家国有控股银行共发售产品1620款，占产品发行总量的52%，较2008年占比上升9%，产品的平均数量为324款，远远高于上市股份制银行的241款。城市商业银行涵盖的银行个体最多，但受资金规模、业务能力等多方面的限制，其产品占比仅为12%。

其次，中资银行与外资银行的期限和收益水平对峙鲜明，三类中资银行所发产品的委托期限和预期收益水平相近，外资银行的委托期限更长，预期收益水平更高。中资银行类产品的委托期限均在6个月以内，其中国有控股类产品的平均期限最短。中资银行类产品的预期最高收益介于2%和3%之间，其中上市股份制类产品的平均预期收益率最高。外资银行类产品的平均期限接近1年，预期最高收益超过5%，远高于中资银行。从评价产品的期望收益和风险水平来看，三类中资银行维持在相对均衡的水平，期望收益率和风险值的离差均在100个基点以内；而外资银行的期望收益率高于中资银行，风险值低于中资银行，离差超过200个基点，说明外资银行产品的收益波动性更大，风险更值得关注（见表3）。

表3　2009年人民币产品发行主体基本信息

银行类型	发行数量（款）	期限跨度（年）	预期最高收益（%）	期望收益率（%）	超额收益率（%）	最差值（%）	离差（BP）
国有控股类	1620	0.33	2.44	1.92	0.25	1.45	47
上市股份类	2649	0.46	2.99	2.18	0.31	1.34	85
城市商业类	634	0.49	2.80	2.18	0.40	1.94	24
外资银行类	185	0.96	5.56	2.65	0.50	0.43	222

数据来源：中国社会科学院金融研究所金融产品中心。

最后，城市商业银行投资价值凸显，外资银行风险值得关注。从评价产品的投资价值星空图来看（见图4），外资银行的超额收益率最高，但最差值非常低，在博取可观收益的同时也伴随较高的投资风险。城市商业银行超额收益水平可与外资银行媲美，风险值很高，表现出较高的投资价值。国有控股银行和上市股份制银行的表现略逊于城市商业银行。城市商业银行的较好表现可能缘于其更高的融资成本，必须通过提高产品收益率的方式来吸引更多的客户群。

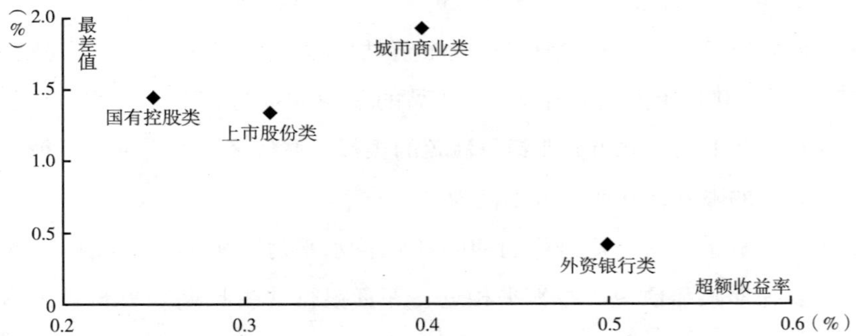

图4　2009年人民币产品投资价值星空图（按发行主体分类）

数据来源：中国社会科学院金融研究所金融产品中心。

（二）资产主类及其表现

2009年，无论是新发人民币产品数量，还是到期人民币产品数量，信用类和利率类产品均远远高于其他资产类型，其新发产品数量分别为2498款和1142款，而股票类、汇率类和商品类则分别为101款、20款和117款。从图5和图6的对比中可以看出信用类和利率类占比依然最大，2009年占比分别为49.3%与28.5%，然而与2008年的占比相比，情况却有所变化，信用类下降了约17个百分点，而利率类则上升了约2个百分点。2009年以来，股票类和商品类产品月环比数量大幅增加，显示出随着中国经济全球率先复苏，中国银行业理财产品设计部门对资本市场的信心也逐步恢复。

从各资产主类的投资价值分布来看，有三方面特点（见图7）：第一，利率类、汇率类和信用类产品是相对比较安全的品种，而股票类和商品类产品正好与其相反，表现出高风险、高收益特征；第二，股票类分布于第二象限，超额收益率为正，但有损失本金的风险，超额收益率均值约0.25%，最差值在-1.25%附近；第三，对于挂钩大宗商品的商品类和股票类产品而言，随着2009年以来，石油、黄金和农产品市场的大幅回暖，商品类产品成为2009年度超额收益率表

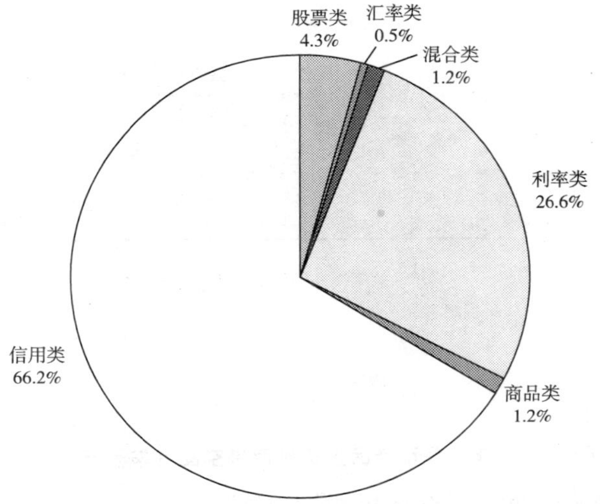

图 5　2008 年人民币产品资产类型分布图

数据来源：中国社会科学院金融研究所金融产品中心。

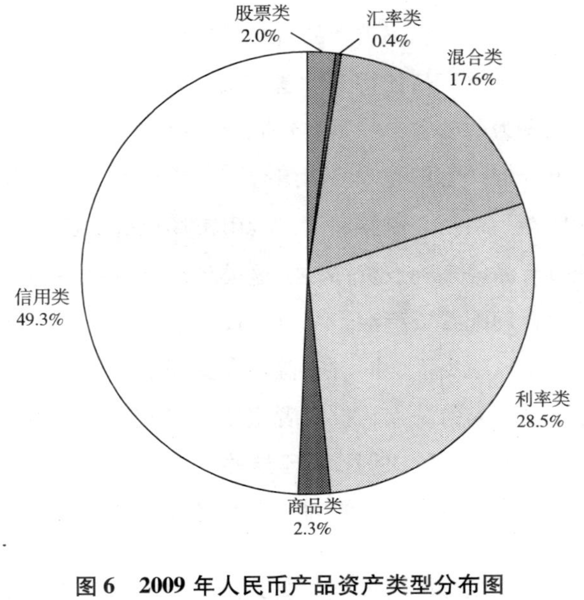

图 6　2009 年人民币产品资产类型分布图

数据来源：中国社会科学院金融研究所金融产品中心。

现最好的类型，并且其最差值也被控制在活期存款利率以上，表现出较高的投资价值。

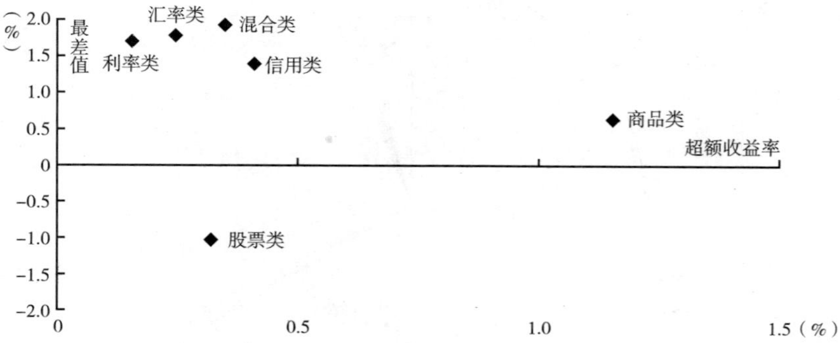

图 7　2009 年人民币产品投资价值星空图（按资产类型分类）

数据来源：中国社会科学院金融研究所金融产品中心。

从挂钩标的的分布来看，股票类产品以挂钩境外股票为主，其中，按挂钩频度由高到低依次为亚太地区股票市场、美国股市、欧洲股市以及其他新兴市场指数等；商品类产品以黄金资产为主要挂钩标的；汇率类产品以美元指数或美元兑其他主要货币的汇率为主；利率类产品直接投资于债券货币市场或挂钩银行间同业拆借利率市场；混合类产品挂钩多种基础资产或投资多种金融领域的一类银行理财产品，通常集中为两部分：一是挂钩股票、商品等的结构性理财产品，二是投资于资产池的组合资产管理类产品。组合资产管理类产品投资于多种资产组成的资产池，包括债券、票据、债券回购、货币市场存拆放交易、新股申购、信贷资产以及他行理财产品等多种投资品种。这类产品具有更高的灵活性，发行机构可以根据市场环境合理配置资产池，相对于投资某一特定信托贷款的纯信贷类产品而言，混合类产品风险更低，同时收益也会受到影响。值得注意的是，混合类产品存在信息透明度不高的缺点，投资者很难了解混合类产品的详细资产配置、具体投资哪些资产以及以何种比例投资于这些资产。如能处理好灵活性和信息不透明性之间的对立关系，组合资产管理类产品将有可能成为未来银行理财产品市场的一个热点。

2009 年，人民币信贷类产品的主要特点有：其一，发行数量爆发式增长，占比攀升，平均委托期限不变，预期最高收益率下调。信贷类产品环比增加 652

款，占比上升18%，平均期限为0.56年，与2008年持平，受降息周期影响，商业银行普遍降低信贷类产品的预期最高收益率，所有产品的平均预期收益率为3.39%，下降幅度约为200个基点。其二，商业银行大玩存量贷款"表外腾挪术"，信贷资产证券化趋势越发显现，天量信贷催生的信贷类产品花样不断，喜忧参半。应"信贷类产品提前终止事件"而生的随息而动产品，有望在加息背景下给投资者带来更高的收益；以地方城投类公司为贷款对象的信贷类产品不断增多，仅以地方财政收入为担保，缺少必要的还款来源，投资时需提高警惕；疑似中国版"庞氏骗局"的信贷类产品，以后续理财计划募集的资金作为还款来源之一，让投资者不寒而栗。其三，信贷类产品的行业分布依然集中于资金密集型行业。以各类城建公司为主的资本货物行业，以铁路、公路和城市轨道交通为主的运输行业，以煤炭、铜、铁冶炼为主的材料行业，以电力、水利建设为主的公用事业四大行业，共发售1245款产品，占信贷类产品总量的57%（见图8）。其四，信贷类产品继续采用银信合作机制，增信措施依然薄弱，无担保也不保本产品占据主导地位，占比88%。

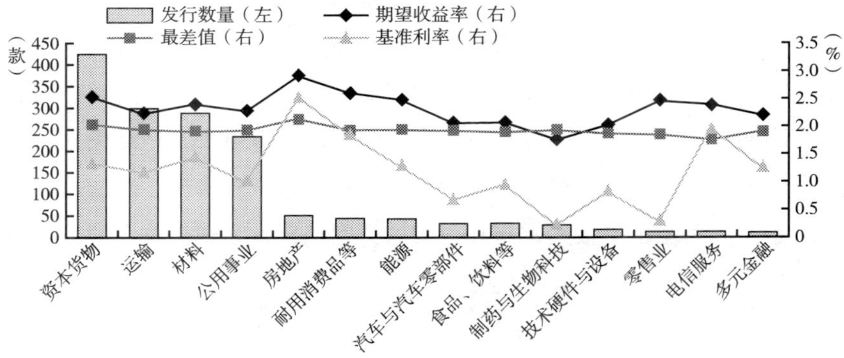

图8　2009年人民币信贷类产品行业分布图

数据来源：中国社会科学院金融研究所金融产品中心。

（三）结构类型及其表现

2009年，人民币银行理财产品市场共发售普通类产品4678款，结构类产品259款，分别占产品总量的94.75%和5.25%，普通类产品依然是中国银行业理财市场的主打品牌。从产品结构上来看，普通类产品均属于看涨型结构，即看好所投资的信用资产，有持续稳定的现金流收益且信用风险较低。

从结构类产品的发售数量来看，看涨型和区间型占比最大，两者之和占产品总量的97%强。看涨型结构产品是所有结构产品中占比最大的一类，其挂钩标的主要集中在股票类和商品类产品。区间型产品则多集中于挂钩3个月美元LIBOR和3个月人民币Shibor的利率类产品，此类产品设计的区间较宽，挂钩标的触发区间的可能性极小，因此，这类产品是低收益、低风险产品的典型代表。看跌型和波动型的占比分别为2%和1%，两类产品数量较少的主要原因之一是结构设计较为复杂，二是国内资本市场没有做空机制，不利于投资者接受。

从结构类产品的投资价值来看，主要结论有五（见图9）：第一，普通类产品和结构类产品的超额收益率比较接近，都在2%左右；而两者的最差值有所不同，普通类产品的最差值在1.5%附近，而结构类产品的最差值在0.71%附近，可见结构类产品较普通类产品风险稍大些。第二，区间型和看跌型产品处于高收益、低风险区域，表现出较高的安全性和投资价值。这两种类型一般以投资期限短，实现预期收益的可能性较大为特点，获得的年化收益比同期限、同币种定期存款略高。第三，看涨型产品则属于高收益、高风险类产品，多投资于股票和商品市场。第四，波动型产品是出现较少的产品。从星空图上看，这类产品的收益没能超越同期限、同币种定期存款，投资价值不高。但由于在产品设计时，考虑了本金安全方面的因素，故最差值在1%附近波动。第五，看涨型结构的期望收益率与最差值之离差水平最大，与其他结构类型相比，表现出较大的波动性，风

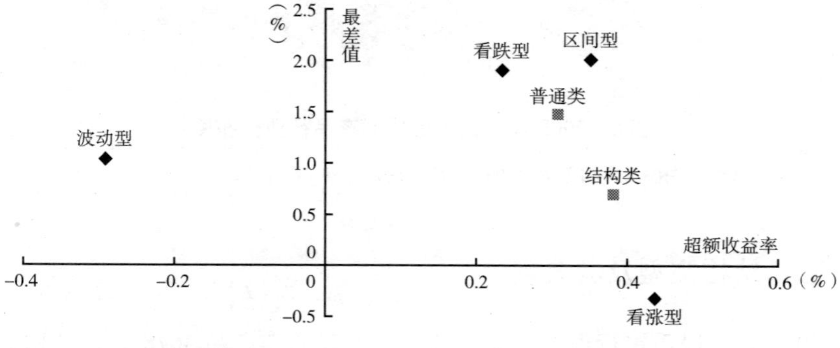

图9　2009年人民币产品投资价值星空图（按结构类型分类）

数据来源：中国社会科学院金融研究所金融产品中心。

险较大；其次是波动型结构产品，而看跌型和区间型的期望收益率与最差值之差很小，趋近于零，表现出相对的稳定性。

（四）委托期限与收益类型

2009 年，在国际经济形势不明朗的背景下，商业银行不断缩短理财产品的投资期限以应对多变的经济形势，致使人民币产品的总体委托期限骤然缩短，2009 年的平均委托期限缩短至 0.44 个月。受投资期限缩短和降息周期的共同影响，理财产品的平均预期最高收益率不断下降，2009 年的平均预期最高收益水平下降至 2.86%。

就人民币产品委托期限的基本信息而言，共有如下几个方面的主要特点（见图 10）：其一，产品的期限结构向上倾斜，这表明随着委托期限延长，产品的期望收益率逐渐上升；其二，期望收益率与基准利率的利差基本维持在相对均衡的水平，除 24 个月以上产品异常之外，其余产品的利差均围绕 100 个基点上下波动，24 个月以上产品的利差超过 300 个基点；其三，随着委托期限延长，理财产品的最差值逐渐下降，期限超过 1 年时，最差值开始明显低于基准利率，24 个月以上产品的最差值低于 0；其四，最差值与期望收益率的离差不断扩大，0～3 个月（含）产品的离差仅为 27 个基点，24 个月以上产品的离差高达 943 个基点。由此可见，投资期限越长，产品的收益水平更高，投资风险也越大。0～3 个月（含）产品多投资债券货币市场，属于稳健型产品，风险不高，收益略高于银行定期存款利率。此外，由于目前大多数产品具备银行提前终止权而不设置

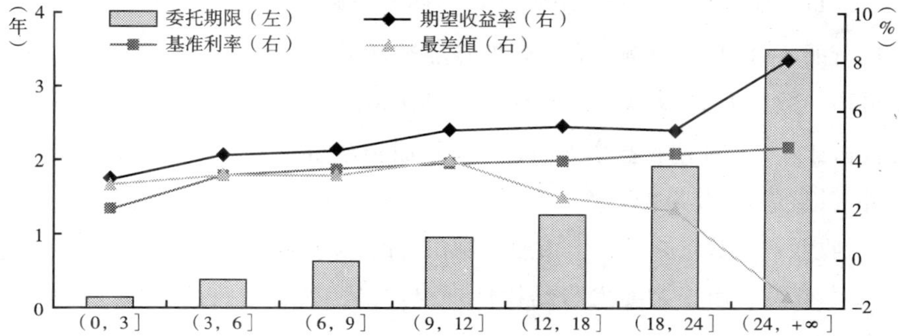

图 10　2009 年人民币产品委托期限基本信息图

数据来源：中国社会科学院金融研究所金融产品中心。

客户提前赎回权，因此随着投资期限变长，产品的流动性风险也增大。

金融危机爆发之后，理财产品的零/负收益现象致使商业银行遭遇信任危机，相继发售低风险收益稳健型产品，主要表现在2009年非保本浮动收益类产品占比的大幅下降，由2008年的89%下降为2009年的69%。从资产类型来看，首先是信贷类和混合类产品中非保本型产品，占比最高，主要原因在于信贷类产品的占比较高且95%的信贷类产品均不设保本条款；其次是商品类和股票类产品，非保本比率分别为44%和20%；再次是利率类和汇率类产品，多采用保本或保息机制，仅有12%的利率类产品为非保本型，汇率类产品多采用区间型设计结构，均为保本或保息浮动型。从结构类型来看，结构类产品和非结构类产品的收益类型呈现不同特点：78%的结构类产品采用了保本或保息的设计结构，自零/负收益事件之后，结构类产品更加倾向于设置保本或保息条款，这种设计结构可以在市场表现不佳的情况下将损失控制在一定的范围之内；与之相反，71%的普通类产品为非保本浮动收益型，这主要缘于普通类产品中信贷类产品占比较高且均不保本。

（五）到期产品表现

2009年，银行理财产品市场共有3412款人民币产品到期，占到期产品总量的86%。人民币到期产品的平均委托期限为0.46年，平均到期收益率为3.40%，高于当前6个月人民定期存利率142个基点，其中零/负收益产品共71款，占比2%。

如表4所示，发行主体方面，上市股份制银行到期产品数量最多，零/负收益产品数量也居首位；国有控股类产品到期实际收益率最高，外资银行类最低；外资银行的零/负收益比例最高。到期产品数量方面，上市股份制银行在四类银行中最高，数量为2059款，占比60%；其次是国有控股银行，占比22%；外资银行仅占比4%。到期收益率方面，国有控股类产品为3.78%，位居四类银行之首；外资银行类产品最低，为3.05%。四类银行到期产品的平均期限相差不大。从零/负收益产品数量来看，上市股份制银行的零/负收益产品数量位居四类银行之首，共40款；由于主要发行结构性理财产品，外资银行的零/负收益比例最高，为4.3%。

资产类型方面，信用类产品到期数量最多，到期收益率最高；股票类产品的零/负收益数量最高，实际收益率最低；商品类产品的零/负收益比例最高。2009

表 4　人民币到期产品基本信息

分类属性		产品数量（款）	委托期限（年）	到期收益率（%）	零/负收益产品数量	零/负收益比例(%)
发行主体	国有控股类	752	0.53	3.78	20	2.7
	上市股份类	2059	0.44	3.35	40	1.9
	城市商业类	485	0.42	3.15	6	1.2
	外资银行类	116	0.45	3.05	5	4.3
资产类型	股票类	112	1.29	-0.66	47	42.0
	商品类	22	1.06	0.20	16	72.7
	利率类	749	0.26	2.57	0	0.0
	汇率类	7	0.40	1.35	2	28.6
	信用类	2026	0.49	4.06	0	0.0
	混合类	288	0.37	2.52	6	2.1
结构类型	结构类	231	0.82	1.60	59	25.5
	普通类	3069	0.46	3.66	14	0.5

注：零/负收益比例为某类到期产品中零/负收益产品的数量与该类产品总量的比值。
数据来源：中国社会科学院金融研究所金融产品中心。

年到期的人民币产品中信用类产品占比 60%，其次是利率类产品，占比 14%。股票类和商品类产品的投资期限较长，均在 1 年以上，其余产品的投资期限均在 0.5 年以内。信用类产品的到期收益率最高，为 4.06%，股票类和商品类产品的到期收益率非常低，分别为 -0.66% 和 0.20%。零/负收益产品主要集中于股票类和商品类两大领域，汇率类产品中出现 2 款零收益产品，其余领域均未出现零/负收益现象，商品类产品的零/负收益比例高达 72.7%。

结构类型方面，结构类产品到期数量远低于普通类产品，平均期限高于普通类产品，到期实际收益明显低于普通类产品。结构类产品是零/负收益产品的重灾区，零/负收益比例为 25.5%，普通类产品中的零/负收益现象主要出现于以证券投资基金为主要投资对象的理财产品。

三　外币银行理财产品的发展与评价

由于全球金融危机下外币汇率的波动具有高度不确定性，2009 年银行理财产品市场共发售外币产品 898 款，较 2008 年减少了 183 款。剔除信息不明产品，共对736款信息明确产品予以评价，可评价比率为82%，产品的平均委托期限为0.63年，环比缩短0.18年，发售银行提供的平均预期最高收益率为1.86%，评价结果的期望收益率和最差值分别为1.55%和1.12%。

（一）发行主体分析

从产品的发行主体来看，2009年外币银行理财产品在发行数量、收益水平和风险特征等方面呈现如下三方面特点。

首先，上市股份制银行总体数量仍居首位，占比较2008年略有下降，平均数量低于国有控股银行。11家上市股份制银行发售473款产品，占产品发行总量的39%，较2008年占比下降4%，总体数量居四类银行之首。5家国有控股银行共发售产品300款，占产品发行总量的33%，较2008年占比上升5%。城市商业银行发售143款产品，占比15%，外资银行发售产品数量最少，占比12%。

其次，外资银行产品的平均期限、预期最高收益率、超额收益和离差水平远高于中资银行。外资银行产品的平均期限为两年，三类中资银行类产品平均期限均在0.5年以内；外资银行的预期最高收益水平超过6%，中资银行类产品均在1.5%左右；外资银行类产品的超额收益率高于1%，中资银行类产品均在0.5%以内；中资银行类产品的离差水平较低，落于1~14个基点，而外资银行类产品的离差水平为277个基点，说明其收益波动性很大，即风险更高，这主要是由于外资银行主要发行收益和风险都较高的结构性产品。

再次，中资银行类与外资银行类产品投资价值对峙鲜明。外资银行类产品收益高风险大，中资银行类产品表现稳健。从评价产品的投资价值星空图来看（见图11），外资银行的超额收益率很高，但最差值偏低，投资风险较大。三类中资银行的表现相近，收益水平不高，投资风险相对较小，其中上市股份类产品略胜一筹。

（二）资产主类及其表现

从发行数量方面来看，利率类产品占绝对优势，共发行709款，超额收益率和最差值分别为0.49%和1.45%。其他资产类型占比则相对一致，股票类、汇率类和商品类数量分别为63款、34款和27款。从期望收益率和最差值之间的离差水平来看，股票类和商品类产品的波动性最大，其次是信用类产品，其他资

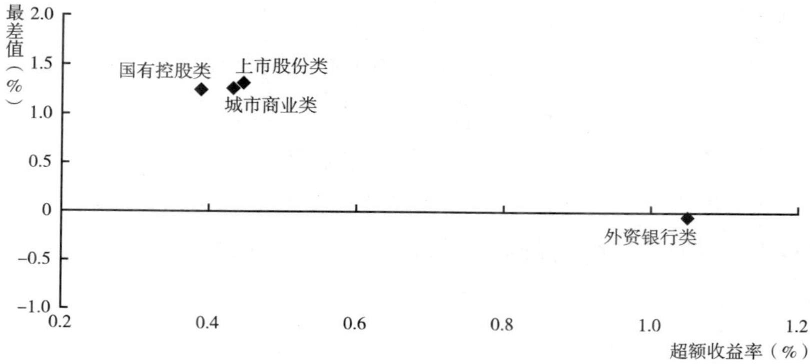

图 11　2009 年外币产品投资价值星空图（按发行主体分类）

数据来源：中国社会科学院金融研究所金融产品中心。

产类型的波动性较小。总体上看，股票类和汇率类产品的超额收益率最高，分别为 2.26% 和 1.15%，而超额收益率最低的是信用类产品，仅为 -0.13%。各类资产的最差值曲线呈现上“凸”字形。其中，利率类和混合类产品的最差值最大，表现出较高的安全性，而与其相反的资产类别是股票类和信用类产品，其最差值在零以下，商品类产品的最差值接近于零。自从金融危机爆发以来，银行理财产品不断加强自身的风险控制，部分产品设置了保本条款，使得投资者的风险敞口降到最低。从最差值曲线上看，所有资产类型的平均最差值均在 -1% 以上（参见图 12）。

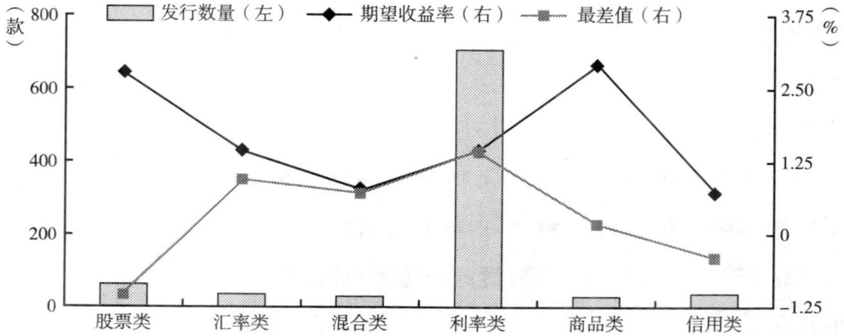

图 12　2009 年外币产品基本信息分布图（按资产类型分类）

数据来源：中国社会科学院金融研究所金融产品中心。

从投资价值分布来看，有三方面特点：第一，利率类产品处于高收益、低风险区域，属于稳健型投资产品；第二，信用类和股票类产品则处于高收益、高风险区域，这种类型的产品适合具有较高风险承受能力的投资者，尤其是股票类产品更具风险投资的特性；第三，汇率类和混合类产品则处于较差位置，投资价值不高，一部分原因在于金融产品中心选取各机构基准利率的平均值作为基准利率，造成部分短期信贷类产品的超额收益为负（参见图13）。

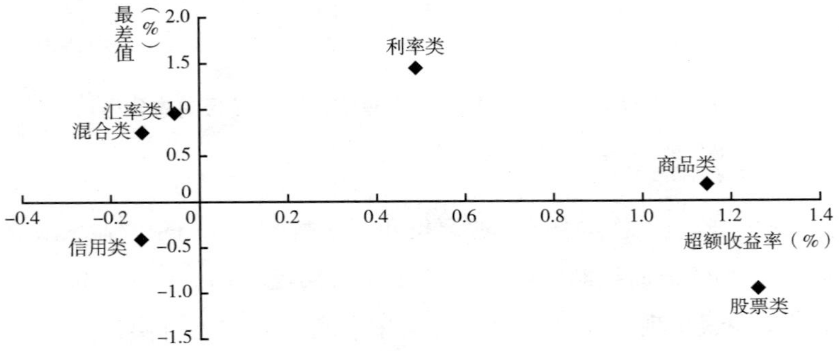

图13　2009年外币产品投资价值星空图（按资产类型分类）

数据来源：中国社会科学院金融研究所金融产品中心。

外币信用类产品自2005年开始出现，2006年和2007年呈增多趋势，主要集中于北京银行发售的违约事件类外币产品。2008年，外币理财产品中没有出现信用类产品。2009年，外币信用类产品重现，共36款，占比4%，包括34款信贷类产品和2款票据类产品。外币票据类产品由兴业银行和汇丰银行各推出1款，均投资于美元票据。外币信贷类产品由北京银行和光大银行推出，其中北京银行的产品直接投资于外币信托贷款，光大银行的产品首先将外币资金在国际国内金融市场进行外汇即期、远期等金融避险交易，再将衍生交易产生的人民币资金投资于人民币信托贷款。与人民币信贷类产品类似，外币信贷类产品的风险主要源于贷款企业的信用风险，同时，其汇率风险也值得关注。

（三）结构类型及其表现

2009年，外币银行理财产品市场共发售普通类产品745款，结构类产品151

款，分别占产品总量的83.1%和16.9%，普通类产品依然是中国银行业外币理财市场的主打品牌。从产品结构上来看，普通类产品均属于看涨型结构，即看好所投资的信用资产，有持续稳定的现金流收益并且信用风险较低。

从结构类产品的发售数量来看，看涨型、区间型、看跌型和相关型产品的占比分别为75%、21%、3%和1%。由于外币结构性产品多为人民币结构性产品的兄弟款，所以外币结构性产品的挂钩标的、委托期限和支付条款等指标与人民币结构性产品的特点几乎类同，在此从略。从结构类产品的投资价值来看，主要结论有：第一，看跌型产品的超额收益率远远高于其他类型，主要是因为看跌型产品挂钩标的多为美元兑其他重要币种汇率并且看跌美元，由于2009年以来美元持续走弱，使得此类产品超额收益率相对其他产品偏高，随着世界经济探底成功，美国经济暂时走出低谷，美元有回升势头，然而2009年年末又出现剧烈震荡行情。因此，这类产品也聚集了潜在的汇率风险。2009年3月以来，美元持续疲弱态势，对挂钩汇率类的银行理财产品带来较大影响。第二，其他结构类型均比较集中，区间型产品的超额收益率和最差值分别为1.27%和1.81%，而看涨型产品则表现出一定的本金损失风险（参见图14）。

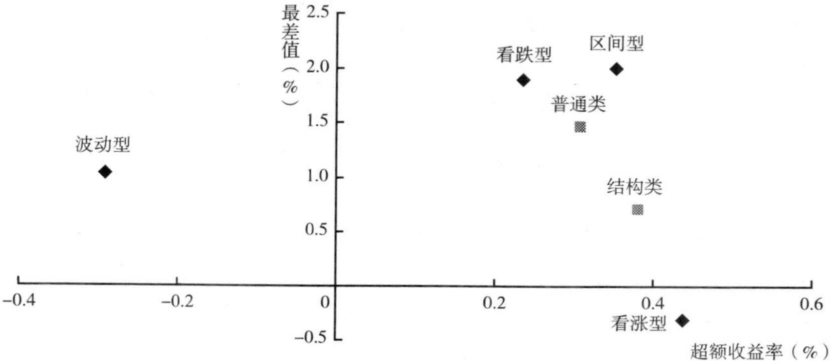

图14　2009年外币产品投资价值星空图（按结构类型分类）

数据来源：中国社会科学院金融研究所金融产品中心。

（四）委托期限与收益类型

2009年，外币理财产品的平均委托期限仅为0.63年，较2008年缩短0.18年，仍然高于人民币产品的平均期限。其中，0～3（含）个月产品占比较2008

年大幅上升 20%，达到 39%，取代 3～6（含）个月产品成为主要投资期限。其余委托期限产品的占比均较 2008 年有不同程度下降。

与人民币产品委托期限的主要特点相似，外币产品的委托期限主要特点有：其一，随着委托期限延长，产品的期望收益率逐渐上升，24 个月以上产品略有异常；其二，投资期限在 18 个月以内的产品在期望收益率、基准利率值及最差值方面比较接近，离差水平较低，收益波动性不大；其三，18～24（含）个月和 24 个月以上两个投资区间内的产品与其余产品的表现迥然不同：期望收益率明显高于基准利率，而最差值远低于基准利率，离差水平均在 200 个 BP 以上，收益波动性非常大，投资风险也相应加大（参见图 15）。

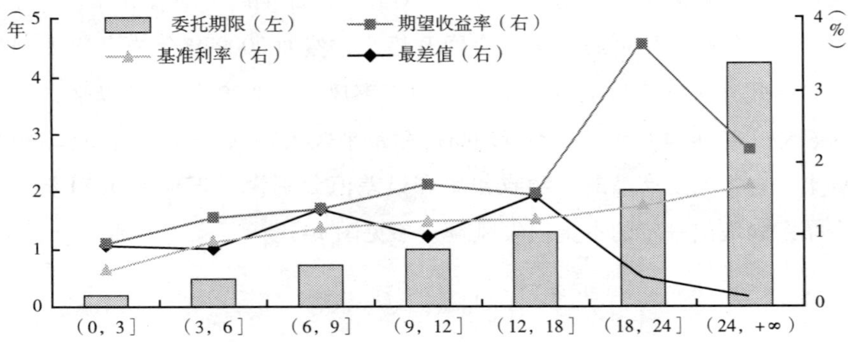

图 15　2009 年外币产品委托期限基本信息图

数据来源：中国社会科学院金融研究所金融产品中心。

收益类型方面，保本或保息型产品取代非保本型产品成为 2009 年外币产品主流，这是较 2008 年以来出现的较大变化。非保本类产品仅发售 121 款，占比 14%，较 2008 年下降 66 个百分点，主要缘于金融危机爆发之后，许多产品遭遇零/负收益，甚至有某些理财产品亏损四成，银行理财产品这类被普通投资者认为像定期存款一样安全的投资工具屡遭质疑，于是商业银行更加谨慎发行理财产品，相继对理财产品设置了止损条款。此外，与人民币产品类似，结构类和普通类外币产品的收益分布情况存在一定差异，两者均以保本或保息型产品为主，普通类产品的保本或保息比例更高，这一点与人民币产品不同。另外，61% 的结构类产品采用了保本或保息的设计结构，低于人民币结构类产品的这一比例，90% 的普通类产品为保息或保本浮动收益型，明显高于人民币普通类产品的这一比例。

（五）到期产品表现

2009 年，银行理财产品市场共有 541 款外币产品到期，占到期产品总量的 14%。外币到期产品的平均委托期限为 0.64 年，平均到期实际收益率为 3.32%，其中零/负收益产品共 49 款，占比为 9%。

委托币种方面，美元类产品居外币到期产品数量之首，占比 54%，其委托期限、零/负收益产品数量和零/负收益比例也最高，英镑类和澳元类产品的到期收益率较高，这与其相对较高的基准利率有关。

发行主体方面，上市股份类到期产品数量最多，零/负收益产品数量也居首位；国有控股类产品零/负收益比例为 26.8%，到期收益率仅为 1.43%，外资银行类产品的零/负收益比例次之，但到期收益率明显高于中资银行，达到 7.12%。

资产类型方面，利率类产品居到期数量之首，占比 76%；零/负收益产品集中于股票类和商品类两大领域，股票类和商品类产品的平均期限均在 1 年以上，混合类产品到期收益率最高，信用类产品收益率最低。

结构类型方面，结构类产品到期数量远低于普通类产品，委托期限高于普通类产品，到期收益略低于普通类产品；零/负收益产品均为结构类理财产品（参见表 5）。

表 5　2009 年外币到期产品基本信息

分类属性		产品数量（款）	委托期限（年）	到期收益率（%）	零/负收益产品数量	零/负收益比例(%)
委托币种	美元类	292	0.73	3.34	30	10.3
	港币类	88	0.59	2.34	9	10.2
	澳元类	80	0.53	4.36	6	7.5
	欧元类	65	0.45	3.04	4	6.2
	英镑类	12	0.44	4.84	0	0.0
	其他外币类	4	0.67	3.23	0	0.0
发行主体	国有控股类	71	0.68	1.43	19	26.8
	上市股份类	291	0.65	3.72	24	8.2
	城市商业类	155	0.54	3.02	1	0.6
	外资银行类	24	0.99	7.12	5	20.8

续表 5

分类属性		产品数量（款）	委托期限（年）	到期收益率（%）	零/负收益产品数量	零/负收益比例（%）
资产类型	股票类	42	1.68	1.76	25	59.5
	商品类	33	1.02	2.27	24	72.7
	利率类	413	0.49	3.50	0	0.0
	汇率类	10	0.64	2.91	0	0.0
	信用类	7	0.54	1.28	0	0.0
	混合类	13	0.76	4.01	0	0.0
结构类型	结构类	94	1.26	2.52	49	52.1
	普通类	428	0.54	3.58	0	0.0

注：①零/负收益比例为某类到期产品中零负收益产品的数量/某类产品总量。

②“资产类型”和“结构类型”统计中剔除了信息不明产品。

数据来源：中国社会科学院金融研究所金融产品中心。

四　趋势、问题与政策建议

展望2010年银行理财产品市场的未来趋势有五个：①延续同业理财的逐步拓展；②投资组合保险策略的逐步尝试；③动态管理类产品的逐步增多；④POP模式的逐步繁荣；⑤另类投资的逐步兴起。然而，银行理财产品市场中仍然潜在四个方面问题：①产品定位的模糊不清；②有效监管的力度不够；③资产管理的能力不高；④产品销售的误区重重等四个方面。为促进未来的银行理财产品市场健康快速发展，需要在四个方面完善体制机制：①建立健全统计监测体系；②逐步推行分类监管制度；③亟须引入第三方托管机制；④逐步引入独立经纪模式和分级销售制度；⑤尝试引入二级市场交易制度。

（一）未来趋势

1. 延续同业理财的逐步拓展

在银行理财产品市场的发展初期，中资银行对部分设计能力要求较高的结构类理财产品采取“拿来主义”，代销外资银行设计的理财产品或替换产品的基本要素。受困于部分产品的水土不服，部分理财产品实现了零/负收益，引起了一片质疑声。如今，早期介入银行理财产品的中资银行将这项业务映射到国内，如股份制商业银行与城市商业银行之间的同业合作模式，取名曰“同业理财”。然而，就目前的情况来看，同业理财对银行理财产品市场的影响只是量上的变化。但放眼未来，还应逐步提高发行主体的资产管理能力和产品定价能力，进一步实现与国际接轨，以期实现由量到质的蜕变。

2. 投资组合保险策略的逐步尝试

银行理财产品市场，尤其是结构类理财产品市场，为实现规避高风险博取高收益的精神实质，发行主体对部分非保本产品设置了止损条款，最高损失额度为5%、10%和20%不等。为实现产品的最低收益保障，发行主体逐步尝试利用多种投资组合保险策略，如荷兰银行的“CYD”市场中立商品指数第五期产品采用VPPI投资组合保险策略，再如花旗银行近期连续发售两款CPPI节节锁定美元票据理财产品。然而，投资组合保险策略所带来的一个负面效应是产品的费率水平过高，原因在于发行主体需要动态调整产品的投资组合。

3. 动态管理类产品的逐步增多

根据发行主体是否动态调整产品的投资组合，可将银行理财产品分为静态和动态管理类产品。截至2008年底，银行理财产品市场发售的产品多为静态管理类产品。2009年以来，银行理财产品市场中类基金产品、开放式产品和组合管理类产品逐步增多。在此，将其统称为动态管理类产品，即具有投资方向灵活多变、投资组合浮动、固定申购和赎回频率等特性的银行理财产品。在大力发展该类产品的同时，有两个问题需要解决，一是产品的信息透明度问题，如产品的投资方向、投资组合和净值的公布问题；二是产品的资金募集、资产管理和资金托管的三权分立问题，目前多数产品将上述三种权力集于发行主体一身，容易滋生道德风险。

4. POP模式的逐步繁荣

继基金公司理财产品市场推出FOF（基金中的基金）型产品后，各种OF型产品不断涌现，如信托产品中的TOT、私募基金产品的PFOPF和银行理财产品中的POP。就银行理财产品市场而言，主要有三种类型的POP合作模式，第一，直接购买他行产品的简单模式，如包商银行的“珍珠贝惠盈0908号”人民币理财产品；第二，多种产品投资组合的POP模式，如光大银行的“阳光套餐计划”；第三，理财产品中心目前正在构建银行理财产品指数，随着ETF基金和

ETF连接基金的火暴，指数化投资有可能是银行理财产品市场的下一个制高点。另外，OF型产品中无风险资产的配置也由传统的国债和定存转向高收益债券和保息类银行理财产品。最后，由于各商业银行的外币存款利率差异较大，个别商业银行部分币种的定存利率远高于其他商业银行理财产品的预期收益率，从而可以利用机构间的套利机会配置无风险资产池。

5. 另类投资的逐步兴起

现如今，资产配置已由传统的现金、股票和债券逐步转向另类资产和国际资产，如股票市场的认股权证和可换股套利、封闭式对冲基金策略、配对股票套利和混合证券套利等；固定收益证券的固定收益套利、合并套利和债务危机证券等；不动产和自然资源的房地产品信托资金、气候衍生品、能源衍生品和巨灾债券等。另类投资的主要优点在于多元化投资可降低产品的系统性风险；多数另类投资与传统投资领域的相关性较弱，甚至呈现负相关关系，优化了资产组合；部分另类投资领域的潜在收益水平较高。国内在这方面已有所涉及，如挂钩红酒、白酒和普洱茶等的实期结合产品，再如北京国际信托有限公司发售的低碳财富·循环能源一号集合资金信托计划。

（二）潜在问题

1. 产品定位的模糊不清

银行理财产品市场发展的初衷是增加发行主体的中间业务收入，产品的风险收益水平介于定期存款和股票直接投资之间。然而，银行理财产品市场后期的发展早已偏离原有的初衷，如累积期权产品不仅使投资者亏损了全部本金，同时还造成了投资者的高额负债。这表明，银行理财产品市场需确定两个定位，一是就当前市场中已有的基金、信托、券商理财产品和保险公司投连险产品而言，银行理财产品的定位是互补还是覆盖；二是就产品的风险收益水平而言，银行理财产品定位在低风险低收益、中高风险中高收益和高风险高收益之间的哪一档?

2. 有效监管的力度不够

银行理财产品的不断创新对金融监管和宏观经济政策都提出了一定的挑战，其一，缩小了存款准备金的效用范围。当前，银行理财产品是存款的替代工具还是投融资工具，如果属于存款范畴，是否需要进行相应的存款准备金拨备，如果属于投融资工具，如何进行风险计提？其二，信贷产品削弱了信贷规模的窗口指导力度。信托贷款类产品规避了中国人民银行（以下简称央行）对信贷规模的窗口指导，使得信贷规模的统计失真，效率下降，金融创新降低货币供应量与宏观经济变量之间的相关性，从而增加货币政策制定执行的难度。其三，加大金融监管难度。在金融实践中，由于信托业务、委托业务以及种类逐渐繁多的资产委托理财业务实际难以区别，各类金融机构的委托理财产品具有很强的替代性，并存在直接的竞争关系。监管标准的不统一，造成各类金融机构竞争条件事实上的不平等，滋生了监管套利。

3. 资产管理的能力不高

产品定价和风险控制是体现发行主体资产管理能力的两个重要方面，国内资产管理主体在这方面的能力欠缺是一个不争的事实。除国内投资渠道困乏和风险对冲工具缺失的客观原因外，发行主体的定价和风控能力也难逃其咎。近期动态管理类产品的多发对发行主体的定价和风控能力又提出了更高的需求，各发行主体应逐步提高自己的定价和风控能力。

4. 产品销售的误区重重

伴随着金融危机的不断深化，多款产品出现了零/负收益，除产品的设计缺陷外，还有如下两个方面的主要原因：第一，业绩导向促成报喜不报忧的销售理念。由于销售人员的收入与其销售业绩挂钩，从而导致部分销售人员在进行产品销售时过分夸大产品收益，很少提及产品的风险所在，忽视了产品的销售适用性原则；第二，出手为安的销售心态。当售出的产品出现问题时，产品的销售人员将互相推卸责任，缺乏基本的销售服务意识。

（三）政策建议

1. 建立健全统计监测体系

良好的统计监测体系不仅便于监管机构的宏观调控，而且有利于监管机构及时监测产品的潜在风险与风险敞口等微观指标。为建立全面、准确、及时的统计监测体系，需要做两个方面的准备工作。第一，指标的统一，银行理财产品市场发展至今，原有的分类方法已经不足以准确描述产品的基本信息，如就产品收益类型指标而言，原来的规定分为保证收益计划和非保证收益计划，其中规定非保证收益计划又分为保本浮动收益计划和非保本浮动收益计划。在此规定下，无法明确归属设有保息条款且收益浮动的结构类产品的收益类型。所以，可将产品的收益类型分为非保本浮动、保本浮动和保息浮动三种主要类型，原有的保证收益产品可归属保息浮动收益产品，只不过产品的浮动收益为零而已。第二，口径的统一，就数据的统计机构而言，目前银监会可以对数据进行统计，央行可以对数据进行统计，二者的统计可能存在很大差距，从每年的年度报告可见一斑；就产品的数据格式而言，不同监管机构征集数据的属性不同，相同的属性也有可能使用不同的名称，所有这些都给统计监测体系的建立增加了一定的难度。

2. 逐步推行分类监管制度

在金融业日趋走向混业经营的时代，国内的分业监管机制容易造成机构之间的监管套利，当前的类基金产品监管便是适例。证监会对基金产品的监管非常严格，而银监会则是利用银行理财产品的监管思路监管类基金产品，二者的严格程度判若云泥。就监管制度而言，目前较为成熟的监管理念有功能监管、流程监管、双重多头监管和动态监管等。从我们的观点来看，可对银行理财产品市场实施分类监管制度，思路主要是根据发行主体过往产品的风险、收益和流动性等指标来确定发行主体当前发行产品的收益、风险和流动性指标，避免发行主体资产管理能力与产品风险收益能力的错配。当前，银监会对私人银行产品和零售产品的分类监管可以说是分类监管的有益尝试。

3. 亟须引入第三方托管机制

类基金产品的推出在拓宽银行理财产品市场广度的同时，也带来了诸多挑战，如发行主体集资金募集、资金托管和资产管理三权于一身。这样一来，就潜在两个方面的风险：第一，降低产品信息透明度，由于三权一体，发行主体公布产品投资方向、投资组合和产品净值的可信度将大打折扣；第二，滋生道德风险，容易出现违规操作和虚报产品信息的恶性事件。解决之道在于尝试引入第三方托管机制，以便实现三权分立的理财产品管理模式。

4. 逐步引入独立经纪模式和分级销售制度

为应对产品的销售误区，监管机构可考虑独立经纪模式和分级销售制度，前者的目的在于建立理财产品市场中的“沃尔玛”超市，在与产品设计机构利益独立的条件下，独立经纪公司可以销售市场上所有的理财产品，摒弃将产品设计和销售集于一身的销售模式，同时也规避了发行主体片面夸大产品优点的缺陷。后者的主要目的在于推行产品的销售适用性原则，将合适的产品卖给合适的人，避免投资者风险承受能力和产品风险水平的错配。目前，理财产品中心推出的分类评价制度在这方面做了有益的尝试。

5. 尝试引入二级市场交易制度

金融危机爆发以来，QDII 市场的腰斩令投资者痛心疾首。在当时的市场环境中，投资者陷入了赎回将导致浮亏变为现实，继续持有却又担心浮亏进一步扩大的两难局面。引入二级市场交易制度除可以解决上述两难困境外，还有如下两个方面的优势：一是增加理财产品市场的流动性，原因在于大部分理财产品并未设置投资者的提前赎回条款，即使有部分产品设置了赎回条款，也需支付高额的赎回费用；二是提高产品的价格发现机制，通过分析单一和某类产品的供求关系可分析目标产品的投资价值，为投资者的投资决策提供服务。

金融市场：期货市场

一 中国期货市场进入百万亿元成交量的时代

2009年是中国期货市场走出危机的复苏之年。出乎多数市场人士的预料，全球大宗商品市场在2009年迅速摆脱了美国金融危机所导致的崩盘式下跌，强劲复苏的走势展示了新一轮商品市场的牛市。中国期货市场中各个品种的成交量和成交金额都有大幅度增长，一举步入百万亿元成交量，这一规模意味着一个新的时代开始。2009年全国期货市场成交量为21.57亿手，比2008年增长58.18%。成交金额为130.51万亿元，比2008年增长81.5%。持仓量也大幅飙升。2009年年底期货市场持仓859万手，比2008年上升164.3%。

从品种细分情况看，2009年农产品期货（大豆、小麦、玉米、白糖、豆粕、豆油、菜子油、棕榈油）成交10.5亿手，比上年增长3.03%；成交金额47.1万亿元，比上年增长29.4%；2009年末持仓512万手，比2008年大幅上升166.7%。金属期货（铜、铝、锌和黄金）成交2.74亿手，比上年增长119.2%；成交金额41.1万亿元，同比增长134.9%；持仓量也有大幅增长，2009年年末持仓100.01万手，比2008年年末增加35.9%。能源化工期货（燃料油、天然橡胶、PTA、LLPDE）成交4.64亿手，同比增长114.8%；成交金额26.4万亿元，同比增长92.7%，持仓量大幅度增长，2009年末持仓73.39万手，增幅达24.5%。另外，2009年的期货市场规模进一步扩大，2个月内推出了4个新品种。2009年3月27日，钢材期货两大钢材品种螺纹钢和线材在上海期货交易所挂牌推出，钢材期货是今年上海期货市场上推出的唯一新品种。两个品种合约首日共成交46.71万手和165.31亿元。截至2009年12月末，螺纹钢成交总量为3.23亿手，交易额为13.3万亿元，成为中国第一大期货合约。2009年4月20日，国内最大的粮食品种早籼稻期货在郑州商品交易所上市，早籼稻期货的首日交易活跃，全天共成交68584手，成交金额达14.04亿元，持仓量达到

12020手。截至2009年12月末，早籼稻成交390万手，成交额8125亿元。至此，中国成为世界上第五个上市稻谷类期货的国家。2009年5月25日，PVC（聚氯乙烯）期货在大连商品交易所上市，首日成交475385.10万元，成交量为146284手，盘后持仓达23824手。截至2009年12月末，交易量为3600万手，成交额为1.3万亿元。PVC是五大合成树脂中消费量最大的一个品种。

从交易所细分来看，上海期货交易所全年累计成交量为8.69亿手，同比增长了210.03%；全年累计成交额为73.7万亿元，同比增长了155.47%。到2009年12月末持仓总量为283.1万手，较上月末增长了5.9%。郑州商品交易所全年累计成交量4.54亿手，同比增长2.04%；全年累计成交额19.1万亿元，同比增长22.83%。12月末市场持仓总量为219.4万手，较上月末增长20.05%。大连商品交易所全年累计成交量为8.36亿手，同比增长30.59%；全年累计成交额37.6万亿元，同比增长36.96%。12月末市场持仓总量为356.8万手，较上月末上涨5.63%。三大期货交易所市场占比参见表1。

表1　2009年中国三大期货交易所市场占比

单位：%

名　　称	成交量占比	成交金额占比	持仓占比
上海期货交易所	40.31	56.52	32.94
郑州商品交易所	21.05	14.64	25.54
大连商品交易所	38.64	28.84	41.52

数据来源：中国期货业协会。

如果把2008年商品市场走势归纳于自我强化与毁灭的过程，那么，2009年“V”字形反转则可视为中国政府“扩大内需、刺激经济”政策的一个成就。2009年中国期货市场的持续活跃，主要得益于以下几个因素：第一，随着中国商品期货市场各品种不断成熟和完善，尤其是股指期货时间表的确定，越来越多的现货企业和金融机构进入期货市场，利用期货对冲机制进行套期保值和风险管理，投资者的广度和深度得到了进一步拓展。第二，经过2008年美国金融危机沉重打击，全球金融市场和实体经济的喧嚣和泡沫破灭之后，2009年商品市场沿着宏观经济复苏的轨迹运行，投资者心理也由初始的恐慌，到对上涨的怀疑，再演变成新的亢奋。第三，由于股指期货筹备以及上市时间表的明确，相当数量的期货公司被证券公司兼并收购，或者得到原有股东的注资，期货公司资金实力得到明显提升。

2002年以来，中国期货市场持续活跃，使中国期货市场在全球期货市场的影响得到明显提升，部分品种成为全球最活跃的商品期货品种。目前，中国商品期货成交量占全球成交量的43%，已经超越美国成为全球第一大商品期货市场。

二 2009年商品期货价格走势预示未来或更复杂

2009年，随着全球各个政府救市政策的不断推出，中国商品期货市场也率先复苏，投资者心理也由初始的恐慌，到对上涨的怀疑，再演变成新的亢奋。然而临近年底，国家主权债务危机突然袭来，美元反弹，黄金、原油价格冲高回落，商品市场又站在十字路口。中国期货市场的风险管理体系和风险控制能力经受了有史以来最为严峻的考验。尽管不同期货品种的走势有所分化，总体看，2009年中国商品期货市场行情的演变经历了恐慌性加速下跌、复苏维稳、急速反弹以及横盘调整四个阶段。金属和能源类产品与经济周期紧密相关，对经济活动反应十分敏感。农产品受需求刚性影响，价格波幅明显小于金属和能源类期货。商品期货价格走势与2009年国际国内经济基本面动态的变化相吻合。

（一）金属期货价格上半年触底回升，下半年高位震荡

2008年底，由于世界各国纷纷推出经济刺激计划，挽救濒临崩溃的金融市场，于是积极的财政政策和极度宽松的货币政策相继出台，使得2009年的金融市场成为“V”字形反转。中国更是率先复苏。

回首2009年，在全球经济逐步复苏的推动下，国内外锌价触底回升，重新步入上行通道。上半年，国外矿产商减产，国储收储，中国进口巨幅增长等利多支撑，中国因素主导锌价触底反弹；下半年，在全球宽松货币环境的刺激下，欧美经济步入复苏，美元贬值和通胀预期双重助力，资金推动锌价加速上行。截至12月底，沪锌涨至19500元/吨，较2008年低点涨幅超过120%；伦敦金融交易所，3月锌涨至2500美元/吨，较2008年低点涨幅超过130%。

第一阶段：触底反弹阶段（2009年1～4月）。进入2009年，在商品指数基金调整权重增持锌等金属，国储收储因素以及国外矿产商减产等利多因素激励，

锌市震荡筑底，展开新年的反弹攻势。3 月初，在美联储实施量化宽松货币政策，国内收储以及现货市场偏紧的因素支撑，在资金的推波助澜中，内外盘锌价出现大幅冲高走势，沪锌逼近 14000 元/吨关口。

第二阶段：反弹中继阶段（2009 年 4～7 月）。4 月中旬，在持续反弹后，资金获利回吐以及技术调整需求促使锌价出现回落走势；在全球经济复苏预期，美元走弱以及国储收购等因素支撑锌价；但下游需求缓慢，供应压力逐步加剧。在上述因素影响下，二季度锌价展开震荡走势，沪锌于 12000 元/吨～14000 元/吨区间运行。

第三阶段：加速上涨阶段（2009 年 8～12 月）。2009 年 7 月，中国、美国、欧盟等世界主要经济体陆续公布的经济数据均好于预期，全球股市大幅上扬，市场对下半年经济复苏的乐观预期，提振了金属市场。沪锌进一步上行，运行于 14000 元/吨～16000 元/吨区间。四季度，在美元贬值与流动性充裕催生通胀预期的双重支撑下，锌市出现加速上涨，沪锌涨至 19000 元/吨上方，伦锌也逼近 2500 美元/吨。

在中国进口铜大幅增加、欧美经济持续好转等因素推动下，2009 年铜价的走势可谓从头涨到尾，年末最高价 7424 美元/吨，比年初最低价 3035 美元/吨高出了 144.6%，虽然 12 月份美元走强，但基金买盘踊跃，铜价短暂震荡后依然维持升势。伦敦金融交易所当月期铜和三个月期铜 2009 年均价分别为 5149 美元/吨和 5171 美元/吨，同比分别下滑 26% 和 24.9%。上海期货交易所当月期铜和三个月期铜 2009 年均价分别为 41893 元/吨和 41389 元/吨，同比分别下滑 23.6% 和 23.2%。在伦敦铜的带动下，沪铜也不断走高，临近年底，更是不断刷新年内高点，12 月 31 日不同合约均以年内最高价收盘。与伦敦铜一样，沪铜的最低价和最高价也分别出现在第一个交易日和最后一个交易日，最高价 59900 元/吨，比年初最低价 24530 元/吨增长了 144.2%。总体而言，2009 年国家收储、大量进口和消费都好于预期，加上西方市场不断夸大中国消费需求，这些构成了推动铜价持续上涨的最主要原因。

2009 年国内钢市在复杂多变的经济环境下经受严峻考验，国内现货钢价涨涨跌跌，反复震荡，总体呈现出“W”字形走势。国际市场：2009 年国际钢材走势整体可分成三个阶段。第一阶段为持续下滑阶段，从年初到 5 月初。第二阶段为缓慢恢复阶段，从 5 月初到 9 月初。第三阶段为回调盘整阶段，从 9 月初开始。国内市场：2009 年是中国钢铁行业非常困难的一年，在复杂多变的经济环境下经受严峻考验。在这样严峻的状态下，国内现货钢价涨涨跌跌，反复震荡，同样呈现“W”字形走势。具体来说，1～4 月份，在出口减少、建筑开工下降等因素影响下，国内钢价深幅下探，现货报价 20mm HRB400 螺纹钢及高线跌至 3180 元/吨；而后在房地产市场快速回暖、汽车等需求趋旺拉动下，5 月钢材价格触底回升；紧接着在大大小小钢厂连续上调钢材出厂价格的带动下，在 8 月份触及 2009 年钢价的最高点；疯狂之后，国内钢价又开始下挫，连跌 10 多周之久；随后，在 10 月底，钢价在铁矿石及焦炭价格上涨的支撑下开始企稳反弹。

黄金期货是中国 2008 年新上市的期货品种。2008 年 1 月 9 日，黄金期货在上海期货交易所上市。黄金兼具商品和金融双重属性。上市初期，受全球商品牛市、通货膨胀预期等因素影响，黄金期货价格不断攀升，并在 3 月达到 233.59 元/克的年内最高点。此后，受全球金融形势恶化影响，黄金期货价格震荡下跌，10 月下旬创 148.90 元/克的年内新低。但受避险因素支撑，黄金期货价格跌幅较小，期间还曾几度大幅上升。进入 11 月份以后，金价有所反弹。黄金期货进入 2009 年后，在美国黄金期货市场上，黄金 ETF 基金的持仓量曾创下历史新高，中国上海黄金交易所黄金交易量与去年相比，成倍地增加。在 2009 年的整个黄金市场发展过程中，我们无法忽略的一个问题是美国金融市场及美元的动荡，这间接地影响了整个全球黄金投资者的避险情绪，是推动整个 2009 年黄金投资需求大增的主因。2009 年后半年，黄金市场应该是一个实体需求减弱、投资需求增大，整个供应保持稳定的一个乐观市场。随着全球经济复苏的呼声及救助力度的提高，整个黄金市场将向实物生产需求方面转变。这将使得黄金在充当国家战略资源的同时，市场化模式更加贴近投资民众，对于中国黄金市场战略来说，有助于把“藏金于民”的战略过渡为“藏富于民”。

（二）农产品期货价格在复苏行情推动下全面上涨

与 2008 年的行情相比，2009 年国际大豆市场走势相对平稳，没有 2008 年的大起大落。尽管受诸多因素的影响，价格也出现了不同程度的波动，但没有出现长期的单边走势。国内的托市收购政策影响了国际大豆的供需格局，国内外价格也几度失去了联动性。从全年芝加哥期货交易所和国内连盘的走势来看，美豆呈“箱形”震荡整理态势，而国内大连大豆期货价格呈现在人们面前的则是震荡攀升的态势。

2009年的豆粕现货市场，整体呈现一种震荡上升的态势。大连地区现货价格自3200元/吨起步，第四季度因进口大豆延迟到港，豆粕库存紧缺，价格一度涨至3750元/吨，部分地区港口更是高达3800～3900元/吨。在养殖行业回暖，养殖效益增加的环境下，豆粕现货价格稳步向好，而期货价格则受制于美盘等因素的制约，期货价格没有走出稳定的上涨行情，全年期现价差一直保持在高位。

2009年强麦指数呈现震荡上涨态势，但各合约呈现近弱远强格局，价格总体呈现先抑后扬特征。2009年强麦指数全年震荡走高，从年初2000元/吨附近一路震荡上行至目前2230元/吨，价格表现较为坚挺。但由于成交量过小，远月合约价格拉高了指数价格。我们从全年的主力合约看，年初主力合约WS0909经过春节后干旱爆炒，期价从2030元/吨的低位爆涨至2220元/吨，但随后期价一路震荡下跌至此合约交割，因供需宽松的基本面回吐年初所有涨幅。而目前的近月合约WS1001亦即2009年强麦第二个主力合约10月份之前走势与WS0909短暂冲高后持续回落一致，期价从2100元/吨一线起步，不到十个交易日上冲至2240元/吨，到10月份回落至2100元/吨下方，近三个月来期价出现小幅度反弹，但远不如远月合约走势强劲。目前持仓量与成交量较大的两个合约WS1005与WS1009在7月末见底，较前两个合约较早见底，而且走势较为坚挺。WS1005在2120元/吨两次探底后，目前期价震荡回升至2190元/吨；而WS1009合约则从7月底的2185元/吨经过近半年的震荡上升，最高回升至2300元/吨，目前期价短期回落至2265元/吨。概括起来，今年强麦表现出明显的近弱远强格局，年初暴涨后持续回落，8月份后，期价再度出现回升，目前整体仍处于回升态势。

从早籼稻一年的价格变化周期可以看出，每年12月至次年1～2月为消费的旺季，早籼稻价格上涨；3～5月、10～11月为季节性消费淡季，需求疲软，价格通常下跌，早籼稻消费也处于淡季，价格比较低迷；每年的6月为青黄不接时期，价格开始回升；7、8、9月三个月处于早籼稻收购旺季，但由于收购竞争激烈，往往价格相对较高，早籼稻价格通常上涨；9、10月份中晚籼稻上市后，早籼稻收购结束，价格开始逐步回落；在年底前后的消费旺季，早籼稻价格又开始新一轮上涨。

2009年国内外食糖价格在供求偏紧的推动下走出翻番行情，同时各国政府实行货币宽松政策作用下，在2009年下半年更是加速上扬。但在新的年度里，甘蔗种植面积由于糖价的高涨可能增加将形成利空，而目前由于政策引起的国内流动性充裕推高商品价格则形成利多，但未来各国政策的变化以及全球经济是否恢复又是未知数。2010 年食糖价格如何演绎？笔者认为 2010 年里，郑糖期价将呈冲高回落走势，第一季度高位震荡或有冲高机会，随后几个季度里震荡回落，总体呈反“N”走势。国际市场：全球食糖供给偏紧以及需求保持旺盛是推动糖价继续走强的主要原因。一方面是 2010 年全球头号食糖生产国和出口国——巴西下大雨影响了其本制糖年的甘蔗产量和质量，糖价 2010 年涨幅逾倍，因为市场担心巴西这个全球最大糖产国收成可能不如预期。2010 年因多雨而延后收成，巴西的收成率预期也不佳。另一方面是本制糖年印度这个全球最大的食糖消费国仍将面临食糖产量低于平均水平和满足不了国内消费需求，身为全球第二大糖产国且全球最大消费国，印度产量的短缺也有推波助澜效应。国内市场：2009 年年初的国家收储政策一定程度上对糖价起着重要支撑作用，而 2008 ~ 2009 年度由于产量较以往大幅减少的供求关系利多对郑糖起着重要推动作用。总体来说 2009 年的郑糖走势可以分为三部分：首先是 2009 年 1 ~ 6 月的探底回升阶段；其次是 2009 年 7 ~ 9 月的震荡中重心抬高阶段；最后是 2009 年 10 ~ 12 月的加速上扬阶段。

（三）能源化工期货价格追随国际原油走势，总体呈单边上涨态势

2009 年的国际原油市场，出现了以下几个比较明显的变化：第一，全球供略大于求，美国市场库存则居高不下，国际原油期货价格涨幅明显小于工业品。从 OPEC 月度报告来看，进入 2009 年以来，随着全球消费需求的有所下滑，全球原油延续了 2008 年供略大于求的局面，尽管上半年曾经一度出现过供需之间的差距有所缩小，但进入下半年后，由于供应出现小幅增加，但消费却没有出现明显增长，使得供大于求局面有所放大。我们发现，在全球原油供略大于求的情况下，自 2008 年 11 月份开始，NYMEX 原油期货的库存却始终位于高位，2009 年第一季度表现更为明显，2009 年随后的时间，虽然库存数据有所下降，但总体仍处于历史高位，这也使得 NYMEX 原油期货的价格虽然自 2008 年的低位有所反弹，但反弹的力度却明显小于其他的大宗商品，尤其是工业品的涨幅。第二，进入第四季度后，NYMEX 原油期货开始较其他原油市场贴水，且贴水的态势日益明显。从 NYMEX 原油期货与 BRENT 原油期货的价差来看，我们发现自 2001 年开始，市场绝大多数情况下，NYMEX 原油期货价格要高于 BRENT 原油

期货价格。然而，进入2009年后，国际油市却经常出现BRENT原油期货价格高于NYMEX原油期货的情形，在全球供略大于求的背景下可以推测，这很可能是由于美国原油现货库存的高企，压低了NYMEX原油期货的价格。第三，NYMEX原油期货与其他品种的相关性大幅下降，走势更为独立。从11月份开始，NYMEX原油期货不仅是和美元的相关性在降低，和其他品种的相关性同样在降低。这种现象的背后，我们认为和金融危机后国际市场发生的巨变是有直接关系的。一方面，随着人类对环境保护意识的日益增强，未来加大清洁能源的消费将成为大势所趋；另一方面，金融危机过后，国际社会普遍感受到美元贬值带来的经济波动压力，这种信用危机也间接地冲击到了NYMEX原油期货市场的表现，使得两者的相关度不再那么紧密。

三　商品期货创新及股指期货评述

2008年，中国期货市场跟随国际市场经历了有史以来最大的震荡，各主要品种“坐过山车”重返牛市起点。2009年，在全球经济、金融形势风云变幻中，中国期货市场却保持了持续稳步健康发展态势，期货市场服务国民经济发展和企业管理风险的作用不断显现，对经济贡献率大大提升，期货市场向坚持服务实体经济的方向进一步贴近。

2009年期货市场最鲜明的特点之一是创新，最突出的是品种创新。2008年席卷全球的金融危机，中国期货市场新上市的仅有黄金期货一个品种。而2009年期货市场出现品种创新的小高潮，一些新品种的成功上市成为保持市场活力的一个重要来源，标志着中国期货市场体系建设进入了一个新阶段。而随着新品种2010年陆续问世，期货市场投资者结构、市场参与的广度和深度等基础性的制度建设也迎来新的突破，中国期货市场即将步入快速发展期。

（一）商品期货市场创新不断

2009年3月27日，螺纹钢和线材在上海期货交易所上市；4月20日，郑州商品交易所的早籼稻期货上市；7月31日，聚乙烯在大连商品交易所上市。这4个工业品和农产品的成功上市，对完善市场结构和增加市场活力有着非常重要的意义。早籼稻期货填补了中国大宗粮食品种没有稻谷期货交易的空白，使中国成为世界上第5个上市稻谷类期货的国家，标志着中国粮食期货品种结构的进一步完善。螺纹钢和线材期货的上市，有助于逐步优化钢材价格形成机制，有助于钢铁生产、贸易和消费企业规避市场风险，提高中国钢铁工业的国际竞争力。聚乙烯的上市交易，将为相关企业提供有效的价格指导及避险工具。同时，对于提高中国聚乙烯企业在国际贸易中的主动性、增强国际竞争力也具有重要的战略意义。这些期货品种上市后交易活跃，整体运行平稳，虽然有的品种因为产能过剩而产生波动，但却真实反映了市场的选择。2009年12月18日，国内首家股份制交易所——渤海商品交易所正式开业运营。原油和焦炭两个品种正式上市交易，原油4350元/吨、焦炭1550元/吨的开盘指导价，标志着国际原油的“中国价格”和中国焦炭的“世界价格”就此诞生。

（二）股指期货取得突破性进展

1. 股指期货开市历程

作为改革开放的重要成果之一，中国期货市场从1988年初开始，经历了孕育、试点、整顿、规范发展等阶段。如今期货市场的价格发现和套期保值功能得到了正常发挥，并在指导现货生产、消费与流通，促进现货市场流通秩序建立、推动农业结构调整和粮食流通体制改革等方面发挥着积极的作用。尤其是成功抵御金融海啸带来的重大系统风险挑战后，期货业发展已在稳步发展的基础上步入快速发展期。然而，金融期货市场的发展却举步维艰，中国金融期货市场的发展最早可追溯到1992年6月在中国外汇调剂中心上市交易（即现在的中国外汇交易中心的前身）的外汇期货。但由于交易清淡，上海外汇调剂中心停止了人民币汇率期货交易。1993年3月，海南证券交易报价中心首次推出了股票指数期货交易。由于其未经监管当局许可，在存续半年后即被证监会取缔。1992年年底，中国开展了国债期货交易试点。1995年，由于疏于风险防范，发生了著名国债“327”风险事件。该事件发生后的3个月，国债期货作为当时全国仅存的金融期货品种被取消上市交易。中国的金融期货进入长达12年的真空期。

2005年以后，随着股权分置改革的启动和稳步推进，制约股指期货推出的制度性障碍逐渐消除，发展股指期货的时机日益成熟起来。鉴于上市股指期货时机基本成熟，证监会提出设立专业交易所发展金融期货的建议，并得到国务院同意。2006年初，金融期货交易所的筹备工作正式启动，并于同年9月正式挂牌成立。相关的期货法律法规也开始进行修订。从目前的进展情况来看，相关法规制度的修订完善工作已经就绪，产品设计、交易和结算规则制定、技术准备工作业已完成，市场架构和机构参与模式基本明确。

2009年股指期货进入全面准备阶段，中金所启动应急演练和熔断测试工作。证监会于8月17日发布《期货公司分类监管规定（试行）》，并自2009年9月1日起施行。根据规定，期货公司将按照评价计分的高低，被分为5大类11个级别。证监会对不同类别的期货公司在监管资源分配、现场检查和非现场检查频率等方面区别对待。5类11个级别分别是A（AAA、AA、A）、B（BBB、BB、B）、C（CCC、CC、C）、D、E。其中，A类公司风险管理能力在行业内最高，能够较好控制业务风险。被依法采取责令停业整顿、指定其他机构托管、接管等风险处置措施的期货公司，定为E类公司。2009年12月1日，《关于期货公司设立营业部与分类评价结果衔接工作有关问题的规定》施行，该规定指出，期货公司申请在全国范围内设立营业部的，最近一次的期货公司分类评价类别应当达到B类以上（含B类B级）。2010年伊始，股指期货的推出便如约而至，2010年1月8日，在距离中金所成立3年零4个月之后，国务院原则上同意推出股指期货。1月12日，证监会批准股指期货交易。3月26日，中国金融期货交易所正式公布关于沪深300股指期货合约上市交易有关事项的通知，沪深300股指期货合约自2010年4月16日起正式上市交易，首批上市合约为2010年5月、6月、9月和12月合约。至此沪深300股指期货成为中国期货市场上第一个金融期货品种。

表2　股指期货开市进程一览表

时　间	工作内容
2006-02-08	中国金融期货交易所获准筹建
2006-06-22	中金所筹备组最后一次会议筹备小组解散
2006-07-06	股指期货规则草案意见征求会在沪举行
2006-08-22	朱玉辰为中金所(筹)总经理人选
2006-09-05	中国金融期货交易所工商登记注册成功
2006-09-08	中国金融期货交易所股份有限公司挂牌
2007-03-16	国务院发布期货交易管理条例
2007-03-30	证监会发布《期货交易所管理办法(修订草案)》和《期货公司管理办法(修订草案)》
2007-04-07	《期货公司金融期货结算业务管理暂行办法》、《期货公司风险监管指标管理暂行办法》和《证券公司为期货提供中间介绍业务管理暂行办法》草案公布

续表 2

时　间	工作内容
2007－04－12	证监会发布《期货交易所管理办法》、《期货公司管理办法》
2007－04－15	《期货交易管理条例》正式施行，金融期货终获准生证
2007－04－22	《期货公司金融期货结算业务试行办法》、《证券公司为期货公司提供中间介绍业务试行办法》及《期货公司风险监管指标管理试行办法》公布
2007－04－25	期货公司金融期货经纪业务牌照正式申请启动
2007－06－27	中国金融期货交易所正式发布《中国金融期货交易所交易规则》以及配套实施细则
2007－07－13	银建期货、久恒期货首获金融期货经纪业务资格
2007－07－26	瑞达期货第二批获准金融期货经纪资格
2007－08－13	股票和股指期货跨市场监管体制确立
2007－08－24	首张金融期货结算业务牌照问世
2007－09－07	首批金融期货全面结算牌照发放
2007－10－10	中金所会员建设工作正式启动
2007－10－18	《金融期货业务系统技术指引》正式发布
2007－10－22	中金所首批两家全面结算会员出炉
2007－10－28	四公司获金融期货第二批全面结算牌照
2007－11－12	中金所批准第二批 12 家会员单位
2007－11－28	中金所批准第三批 17 家会员单位
2007－12－10	中金所批准第四批 13 家会员单位
2007－12－28	首张股指期货 IB 资格牌照出台
2008－01－04	中金所批准第五批 13 家会员单位
2008－02－01	中金所批准第六批 10 家会员单位
2008－04－02	中金所批准第七批 9 家会员单位
2008－06－18	获批 IB 资格牌照的券商增至 21 家
2008－07－23	中金所批准第八批 5 家会员单位
2008－09－25	根据证监会网站最新公告的资料统计，已获 IB 业务资格的券商总数达 28 家
2009－04－21	中金所批准第九批 5 家会员单位
2009－07－20	中金所批准第十批 7 家会员单位
2009－07－23	中金所启动 2009 年度应急演练
2009－07－30	证监会披露期货一部负责股指期货
2009－080－3	中金所进行仿真熔断测试
2009－09－01	期货公司分类监管施行
2009－11－11	证监会发布期货公司信息公示管理规定
2009－11－13	中金所批准第十一批 10 家会员单位
2009－11－30	期市统一开户完成
2009－12－01	期货公司分类设点规定今日起实施
2010－01－12	证监会批准股指期货交易
2010－03－26	中国金融期货交易所正式公布关于沪深 300 股指期货合约上市交易有关事项的通知
2010－04－16	股指期货正式开市交易

资料来源：作者根据相关资料整理。

2. 股指期货的产品设计

股指期货全称为“股票指数期货”，是以股价指数为依据的期货，是指买卖双方根据事先的约定，同意在未来某一个特定的时间按照双方事先约定的股价进行股票指数交易的一种标准化协议。经过长期的深入分析和论证，中国选择了沪深 300 股价指数期货作为上市的第一个产品，该合约以沪深 300 股价指数作为标的。沪深 300 指数以 2004 年 12 月 31 日为基日，基日点为 1000 点，沪深 300 指数是由上海和深圳证券市场中选取 300 只 A 股作为样本，其中沪市有 179 只，深市 121 只。样本选择标准为规模大、流动性好的股票，沪深 300 指数样本覆盖了沪深市场六成左右的市值，具有良好的市场代表性。

沪深 300 股指期货将于 2010 年 4 月 16 日正式上市交易，沪深 300 股指期货合约条款如表 3 所示。与仿真交易合约表相比，唯有保证金制度有所不同，最低保证金由此前仿真交易的 10% 提升至 12%。沪深 300 指数期货的交易时间为上午 9:15～11:30，下午 13:00～15:15，当月合约最后交易日交易时间为上午 9:15～11:30，下午 13:00～15:00，与现货市场保持一致。这种交易时间的安排，有利于股指期货实现价格发现的功能，方便投资者根据现货股票资产及价格情况调整套保策略，有效控制风险。此外，同商品期货相比，股指期货增加了市

表 3　沪深 300 股指期货合约

合约标的	沪深 300 股指
合约乘数	每点 300 元
报价单位	指数点
最小变动价位	0.2 点
合约月份	当月、下月及随后两个季月
交易时间	上午 9:15～11:30，下午 13:00～15:15
最后交易日交易时间	上午 9:15～11:30，下午 13:00～15:00
每日价格最大波动限制	上一个交易日结算价的 ±10%
最低交易保证金	合约价值的 12%
最后交易日	合约到期月份的第三个周五，遇国家法定假日顺延
交割日期	同最后交易日
交割方式	现金交割
交易代码	IF
上市交易所	中国金融期货交易所

资料来源：中国金融期货交易所网站。

价指令。市价指令要求尽可能以市场最优价格成交，是国外交易所普遍采用的交易指令。根据有关安排，交易所和期货公司还将陆续推出止损指令等，不断丰富指令类型。股指期货交易与商品期货交易和股票现货交易的显著不同在于引入了熔断机制。采用熔断机制的目的就是让投资者在价格突变时能有一个冷静期，以防止反应过激。熔断制度也给投资者套利提供了潜在可能，并增大市场流动性。较大的合约面值、较高的保证金水平、每日价格波动限制和熔断机制的引入以及诸多条款的精心设计均体现了沪深300股指期货指数以风险控制为核心的指导思想。

3. 股指期货对中国资本市场的影响

股指期货等基础性避险工具和对冲工具的推出将对中国资本市场发展产生重大而深远的影响。股指期货具有套期保值、价格发现、资产配置等功能，是国际资本市场重要的风险管理工具。它有着回避股市系统风险，牵引股价合理波动，充分发挥经济晴雨表的作用；可以改善国企大盘股的股性，增强中国资本市场的国际竞争力。股指期货推出以后，无论是对市场、产品、机构，还是中国的整体金融市场安全，都会产生积极的作用和影响。

第一，股指期货有利于形成市场内在稳定机制，结束“单边市”运行模式，使中国股票市场走向成熟。长期以来，中国股票市场缺乏做空机制，市场只能做多不能做空，很容易出现单边市的情况，市场不得不以暴涨暴跌的形式来完成风险释放。股指期货推出以后，可以为市场提供做空机制，使得投资者能够摆脱只能单边做多的制度束缚。此外，股指期货的推出将对股票市场的流动性、波动性、趋势性和结构性等产生一定影响。表4展示了海外股指期货推出对相应股票市场的影响。

第二，股指期货有助于优化投资者结构，促进机构投资者发展。目前中国证券市场参与者仍以中小投资者为主，机构投资者的规模只占30%左右。股指期货投资专业性强、风险程度大，其投资理念、风险控制与股票现货市场有着本质区别，中小投资者很难适应。同时，股指期货投资门槛比较高，要求投资者的资金量在40万元以上，而据最新统计，A股市场投资者资金量在30万元及以下的占投资者总数的89%，50万元以下的占95%，股指期货推出之后，中小投资者将很难直接从股指期货市场获益。因而，股指期货推出后，以散户为主的投资结构将会逐渐被由机构投资者为主的投资结构取代，而以QFII为代表的国外资金也因为有了避险可以改变组合配置的工具，增加了投资中国资本市场的兴趣。因此，股票市场机构投资者投资比重将会提升。

表 4　海外股指期货推出前后股票市场走势

股指期货合约名称	推出时间	推出前后标的指数走势
印度 SENSEX 期指	2000 年 6 月	推出前半年，标的指数保持上涨趋势，推出后短期下跌，但长期走势向好
台湾综合期指	1998 年 7 月	东南亚金融危机后的熊市中推出，推前涨推后大跌
韩国 KOSPI200 期指	1996 年 5 月	熊市中推出，前涨后跌，期指无法改变市场长期运行趋势
德国 DAX 期指	1990 年 11 月	牛市中推出，推出前一年走势强劲，推出后一年走势减弱，但不改股市长牛格局
法国证协 40 期指	1988 年 11 月	大熊市之后的调整期推出，多空双方拉锯后股指逼空上扬
日经 225 期指	1986 年 9 月	牛市途中推出，推出后有小跌，但长期趋势不改
恒生指数期货	1986 年 5 月	牛市中推出，推出前恒指突破新高，推出后调整两个月，后反弹上涨
金融时报 100 期指	1984 年 5 月	推出前小涨推出后短调，其后连续 17 年牛市
标普 500 期指	1982 年 2 月	推前涨，推后跌，但长期牛市随后到来

资料来源：笔者据相关资料整理。

第三，股指期货将产生创新示范效应，引导中国场内金融衍生产品市场的发展。截至 2009 年上半年，全球共有 17 个新兴市场推出了场内金融衍生产品交易，而股指期货是新兴市场最常见的交易品种。从全球来看，场内衍生产品的推出次序依次为农产品、非贵金属、贵金属、汇率、股票、利率、能源和指数产品。新兴市场的发展要晚于发达市场，品种推出路径也与发达市场有所不同。新兴市场通常先推出指数类衍生产品，一般是股指期货，然后是利率衍生产品和汇率衍生产品。17 个新兴衍生产品市场中有 13 个市场都是以指数类衍生产品作为场内金融衍生产品的第一个品种，其中 12 个市场是股指期货，1 个市场是股指期权。在股指期货挂牌上市后，中国将继续开发和上市其他金融衍生品品种。基本的思路是先场内衍生品，后场外衍生品；先股权类期货，后利率和汇率期货；在股权类衍生品中，先期货，后期权。最终形成包括股指期货及期权、国债期货及期权、外汇期货及期权在内的多层次产品体系。

国际收支与外汇储备

进入 2008 年之后，国际金融危机对中国的影响逐渐显现，国际收支顺差增速放缓，外汇储备的增长趋势也出现了较大调整。尤其是在 2008 年下半年，大量国际资本在去杠杆化过程中向母国回流，外国来华直接投资的资金流入放缓，外债余额快速下降，导致中国资本和金融项目出现逆差。

面对国际金融危机和主要发达国家经济衰退的外部环境，2009 年上半年，中国国际收支交易总规模为 18000 亿美元，同比下降 27%，与 GDP 之比为 86.8%，同比下降 44.7%。涉外经济发展速度趋缓，进出口和直接投资规模均较上年同期回落，从主要交易项目情况看，货物贸易进出口总额为 9235 亿美元，下降 24%；外国来华直接投资流入 480 亿美元，下降 40%；对外直接投资流出 145 亿美元，下降 58%。第二季度，随着全球应对金融危机的效果逐步显现，国际经济有所复苏，国内经济也出现企稳回升迹象，国际收支交易有所恢复，资本集中流出压力减轻，但资金大规模回流现象尚不明显。中国国际收支交易规模及其占 GDP 比例见图 1。

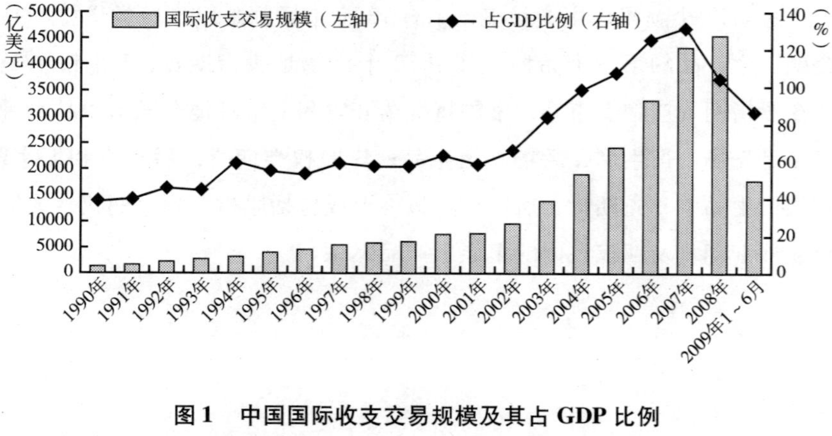

图 1　中国国际收支交易规模及其占 GDP 比例

数据来源：国家外汇管理局。

2009年上半年，中国国际收支总顺差1955亿美元，同比下降26%。其中，经常项目顺差1345亿美元，下降30%；资本和金融项目顺差610亿美元，下降15%。经常项目、资本和金融项目保持“双顺差”格局，但顺差规模明显下降（参见表1）。

表1　2003～2009年上半年中国国际收支顺差结构

项　目	2003年	2004年	2005年	2006年	2007年	2008年	2009年上半年
国际收支总顺差(亿美元)	986	1794	2238	2599	4453	4451	1955
经常项目差额(亿美元)	459	687	1608	2532	3718	4261	1345
占总顺差比例(%)	47	38	72	97	83	96	69
资本和金融项目差额(亿美元)	527	1107	630	67	735	190	610
占总顺差比例(%)	53	62	28	3	17	4	31

数据来源：国家外汇管理局。

下半年，世界经济下行风险有所减弱，国内经济也在连续、稳定的宏观经济政策支持下，进一步巩固回升势头。中国涉外经济发展的宏观环境总体上趋于好转，外汇净流入增加，全年国际收支状况有所改善，国际收支较大顺差格局不变。

一　经常项目变动情况

进入2008年后，经常项目顺差增长速度开始放缓，数值为4261亿美元，与同期GDP之比为10%，比去年下降了1%。2009年上半年，经常项目顺差1345亿美元，下降30%。

（一）货物贸易

2008年全年，中国外贸出口14285亿美元，比上年同期增长17%；进口11331亿美元，增长19%；中国的进出口在加入WTO以来增速首次低于20%。根据商务部公布数据，2009年前三季度中国贸易进出口总值达到15578亿美元，比上年同期下降21%。其中出口8466亿美元，下降21%；进口7112亿美元，下降20%；贸易顺差1354亿美元（参见表2）。

表 2　2003 年至 2009 年 1～9 月中国进出口总体情况

年　份	进出口		出　口		进　口		差　额（亿美元）
	总额（亿美元）	增速（%）	总额（亿美元）	增速（%）	总额（亿美元）	增速（%）	
2003 年	8512	37	4384	35	4128	40	256
2004 年	11548	36	5934	35	5614	36	320
2005 年	14221	23	7620	28	6601	18	1019
2006 年	17607	24	9691	27	7916	20	1775
2007 年	21738	24	12180	26	9558	21	2622
2008 年	25616	18	14285	17	11331	19	2954
2009 年 1～9 月	15578	-21	8466	-21	7112	-20	1354

数据来源：商务部。

根据商务部发表的报告①，2009 年前三季度的中国外贸运行呈现以下主要特点：

第一，进出口规模逐步扩大，同比降幅有所收窄。分季度看，出口分别为 2456 亿美元、2761 亿美元和 3250 亿美元，下降 20%、24% 和 21%；进口分别为 1833 亿美元、2418 亿美元和 2859 亿美元，下降 31%、20% 和 12%。进入第三季度以来，随着稳外需政策效应进一步显现和国际、国内市场需求趋稳，9 月份出口规模达到 1159 亿美元，同比降幅 15%；进口规模达到 1030 亿美元，同比降幅 4%。

第二，资源性产品进口价格大幅下跌，价格下降对外贸影响明显。受国际市场需求减弱、竞争更加激烈以及大宗商品价格持续大幅下降等因素的影响，进出口价格同比持续下降。前三季度，出口价格累计下降 6%，进口价格下降 18%。剔除价格因素，前三季度出口和进口分别实际下降 16% 和 4%。主要资源性产品进口价格降幅均超过两位数，前三季度原油进口平均价格下降 49%，铁矿砂下降 46%，初级形状的塑料下降 30%，大豆下降 29%。

第三，大宗商品进口量继续增加，机电产品进口降幅缩小。前三季度，大宗能源资源商品进口量保持较快增长，其中铁矿砂进口量增长 36%，原油增长 8%，初级形状的塑料增长 31%，大豆增长 13%（但 7 月份以来大豆进口过快增

① 《中国对外贸易形势报告（2009 年秋季）》，商务部综合司，2009 年 10 月 30 日。

长势头出现逆转，9 月当月进口量下降 34%）。受扩大内需带动和加工贸易下降趋缓影响，机电和高新技术产品进口年初大幅下降后，第二季度以来趋于好转，前三季度机电产品进口 3459 亿美元，下降 17%，高新技术产品进口 2174 亿美元，下降 18%，降幅均已低于进口总体降幅。

第四，初级产品进口量大幅增长，劳动密集型产品出口降幅较小，机电和高新技术产品出口降势趋缓。2009 年上半年，初级产品进口量大幅增长，其中，铁矿砂进口 3 亿吨，增长 29%，铜进口 224 万吨，增长 69%，大豆进口 2209 万吨，增长 28%。受益于提高出口退税率等政策措施，加上需求弹性相对较小，服装等劳动密集型产品出口降幅明显低于出口总体降幅。机电和高新技术产品出口年初下降幅度较大，但随着国际市场需求有所回稳，出口信用保险和信贷等支持力度加大，降幅逐步收窄。前三季度机电产品出口 4964 亿美元，下降 20%，高新技术产品出口 2558 亿美元，下降 18%。其中第三季度分别下降 17% 和 12%。

第五，加工贸易降幅逐步缩小，一般贸易出口降幅有所扩大。2009 年前五个月加工贸易累计出口降幅一直大于一般贸易。6 月以来，随着外部需求状况改善和稳定加工贸易发展政策逐步见效，加工贸易出口明显回升，同比降幅已经小于一般贸易以及出口总体降幅。前三季度加工贸易出口 4085 亿美元，下降 20%，进口 2243 亿美元，下降 24%，其中 9 月份加工贸易出口下降 11%，进口下降 7%。与此同时，由于 2008 年一般贸易保持较快增长导致基数相对较高，2009 年前三季度一般贸易出口 3785 亿美元，同比下降 25%，降幅呈现扩大的态势；进口 3812 亿美元，下降 16%（其中 9 月份增长 2%，2009 年以来首次实现正增长）。

第六，民营企业进出口降幅低于国有和外商投资企业，国有企业进出口大幅下滑。近年来，中国民营企业不断发展壮大，经营机制灵活，竞争力进一步提升，加上出口以劳动密集型产品为主，受危机的影响程度相对较轻。前三季度，民营企业出口 2390 亿美元，下降 16%，进口 1225 亿美元，下降 2%；外商投资企业出口 4702 亿美元，下降 21%，进口 3842 亿美元，下降 21%；国有企业出口 1375 亿美元，下降 30%，进口 2045 亿美元，下降 28%。

第七，对美日出口降幅缩小，对部分新兴市场出口降幅较大。前三季度对美国出口 1573 亿美元，下降 17%；对日本出口 698 亿美元，下降 19%；出口降幅持续低于出口总体降幅。同时，对香港地区出口下降 21%，对东盟下降 16%，出口降幅也明显收窄。但对欧盟以及俄罗斯、巴西等新兴经济体出口下降幅度仍然较大，前三季度分别下降24%、49%和37%。

（二）服务贸易

根据商务部公布数据，2009年全年的中国服务贸易进出口总额为2862亿美元，比上年同期下降6%。其中，出口1287亿美元，同比下降12.1%；进口1575亿美元，同比下降0.3%；逆差288亿美元。2009年上半年，受全球经济不景气影响，中国服务贸易规模下降，服务贸易总额1265亿美元，由上年同期的增长28.6%转为下降14.4%，为1999年以来首次缩减。服务贸易收入和支出呈现“双降”。其中贸易收入549亿美元，下降24%；贸易支出716亿美元，下降5%。服务贸易出口的大幅下降导致服务贸易逆差的显著增加，逆差额为167亿美元，同比增长4倍。面对挑战，中国以“转方式、调结构”为主线，充分发挥服务贸易引领经济复苏新动力的作用，及时调整和出台了一系列稳定服务贸易进出口的政策措施。经过努力，2009年下半年中国服务贸易总体发展虽仍然处于下降态势，但出现了局部回升向好的趋势。

2009年上半年中国的服务贸易呈现以下主要特点。

第一，运输收入和支出均呈下降态势，逆差大幅增加。2009年上半年，中国运输收入106亿美元，支出198亿美元，同比分别下降45%和21%，逆差92亿美元，同比上升56%，运输业仍为中国最大的服务贸易逆差行业。受世界经济不景气的影响，国际货运收支规模显著下降。同时，受国际运力增强等因素影响，上半年国际运输价格指数虽然较2008年底有所回升，但仍远低于2008年上半年的高位水平，中国对中国香港、美国、日本等国家和地区海运收入较2008年大幅减少。

第二，旅游出口下降，差额由顺转逆。2009年上半年，中国旅游收入182亿美元，同比减少10%；支出211亿美元，同比增长20%；差额由上年同期的顺差26亿美元转为逆差29亿美元。2009年上半年，受世界经济不景气、甲型H1N1流感等影响，中国以商务、观光方式入境人数减少。相反，随着国民收入水平的提高、出境旅游目的地的不断扩大以及居民教育留学的增长，中国因私出境旅游支出保持快速增长。中国香港、中国澳门、美国，澳大利亚等为中国出境旅游主要目的地。

第三，部分高附加值行业服务出口实现增长①。根据商务部公布数据，2009年1～11月，全国共登记技术出口合同总金额88亿美元，同比增长78%。另外，2009年上半年，中国保险服务出口6亿美元，比上年同期增长11%；金融服务出口1.6亿美元，同比增长24.7%；计算机和信息服务出口28.8亿美元，同比增长3.9%；咨询服务出口82.5亿美元，同比增长5.3%。其中，保险服务逆差42亿美元，减少27%；计算机和信息服务顺差15.8亿美元，比上年同期增加1.1亿美元；咨询服务顺差22.9亿美元，同比增长37.3%，为中国最大的服务贸易顺差行业。

第四，其他商业服务由顺差转为逆差。上半年其他商业服务收入82亿美元，减少43%；支出95亿美元，减少5%；逆差13亿美元，上年同期为顺差43亿美元。受世界经济不景气影响，中国转口贸易净流入下降，直接导致其他商业服务收入减少。

第五，此外，中国服务贸易延续了地区分布不均衡、主要伙伴国家（地区）集中度较高且基本保持稳定等特点。北京、上海、广东以及江浙等经济发达地区服务贸易规模较大，占比靠前。中西部地区规模偏小，占比小。伙伴国家（地区）前三位为中国香港、美国、日本，前10名服务贸易伙伴的收支占中国全部服务贸易收支的近3/4。

（三）收益

中国国际收支的收益项目保持了自2005年以来的顺差状态，并且其规模不断上升。2008年收益项目顺差为314亿美元，较上年同期增长了22%。2009年上半年，收益项目顺差169亿美元，同比下降56%。其中，收益流出302亿美元，收益流入471亿美元。

收益项目反映了生产要素流动引起的生产要素报酬的收支，包括职工报酬和投资收益两部分。由于职工报酬的规模相对较小，因此收益项目的平衡主要由投资收益所决定。不过近几年来，由于职工报酬流入的迅速增长，职工报酬在收益项目顺差中的重要性正在不断上升。主要受全球经济不景气影响，2009年上半

① 《服务贸易：引领经济复苏的新动力——2009年商务形势系列述评之十一》，商务部新闻办公室，2010年1月4日。

年，职工报酬净流入为27亿美元，下降16%；投资收益收入434亿美元，下降21%；同时，外方投资者分配利润较多，投资收益支出291亿美元，增长45%；投资收益顺差为143亿美元。从全年来看，投资收益顺差仍将保持增长态势，反映了中国对外资产规模的进一步扩大。

（四）经常转移

经常转移包括侨汇、无偿捐赠和赔偿等项目。在国际收支平衡表中，经常转移包括发生在政府部门和其他部门两部分。在中国的国际收支状况中，经常转移收入远远大于支出，因此经常转移项目的顺差主要取决于其收入状况。经常转移收入的增加与中国对外开放的不断扩大紧密相连。随着中国劳务输出、境外就业、侨居国外人员不断增加，这些人员对境内汇款成为经常转移项目收入的主要来源。此外，受人民币汇率预期的影响，以及看好国内投资机会，个人通过经常转移项目流入的资金近期也有所增加。2008年全年，经常转移项目顺差458亿美元，2009年上半年，经常转移项目顺差152亿美元，同比增长18%。

二　资本和金融项目变动情况

受国际金融危机影响，2008年下半年大量国际资本在去杠杆化过程中向母国回流，外国来华直接投资流入放缓，外债余额快速下降，导致2008年下半年中国资本和金融项目出现逆差（2008年全年顺差190亿美元）。伴随着国际金融危机的好转和中国经济企稳，2009年上半年中国资本和金融项目顺差达610亿美元（参见表1）。

（一）直接投资

2009年上半年，直接投资顺差156亿美元，较上年同期下降62%。由于国际资本流动规模收缩，外国来华直接投资净流入289亿美元，下降61%。中国对外直接投资上半年净流出133亿美元，下降60%。

1. 中国对外直接投资

2008年，中国对外直接投资556亿美元，比2007年增长194%；对外直接投资撤资清算等汇回22亿美元，增长13%；净流出535亿美元，增长215%。

2009 年上半年，中国对外直接投资 133 亿美元，比上年同期下降 60%；对外直接投资撤资清算等汇回 12 亿美元，增长 28%；流出 145 亿美元，下降 58%。

2009 年上半年中国对外直接投资呈现以下主要特点：

第一，在部门构成上，金融和非金融部门对外直接投资均呈现下降态势。2008 年中国非金融部门对外直接投资 407 亿美元，金融部门对外直接投资 149 亿美元。2009 年上半年中国非金融部门对外直接投资 125 亿美元，下降 51%，金融部门对外直接投资 20 亿美元，下降 76%。

第二，在投资目的地方面，仍凸显亚洲的重要性。2008 年中国非金融类对外直接投资中，亚洲占 77%。2009 年上半年，中国非金融类对外直接投资去向依次为亚洲（75%）、欧洲（15%）、美洲（8%）、非洲（1%）和大洋洲（0.3%）。中国金融部门对外投资主要集中在中国香港、英国、美国等金融市场较为发达的地区。

第三，在投资的行业分布方面，中国非金融类对外直接投资涉及机械制造、房地产、资源开发、批零贸易、工程建筑等众多领域。2008 年，非金融类对外直接投资行业分布的前三位依次为商务服务（60%）、矿产开采（16%）和制造业（5%）。2009 年上半年，在制造业、房地产业、科学研究、技术服务和地质勘察业以及采矿业的直接投资较为集中，对这四个行业的投资额占非金融类对外直接投资总额的 60%。

2. 外国来华直接投资

受国际金融危机的影响，2009 年上半年外国来华直接投资流入 480 亿美元，较上年同期下降 40%；撤资清算等流出 192 亿美元，增长 222%，增幅比上年同期增加 186%；净流入 289 亿美元，下降 61%。其中，亚洲十国/地区（中国香港、中国澳门、中国台湾、日本、菲律宾、泰国、马来西亚、新加坡、印尼、韩国）实际投入外资金额 731 亿美元，同比增长 2%。美国对华实际投入外资金额 36 亿美元，同比下降 22%。欧盟 27 国对华实际投入外资金额 60 亿美元，同比下降 9%。

总体上看，2009 年上半年外国来华直接投资呈现以下主要特点：

第一，在部门构成上，金融和非金融部门吸收外国来华直接投资均呈现下降态势。2008 年非金融部门吸收外国来华直接投资 1462 亿美元，占总体直接投资的 91%；金融部门吸收外国来华直接投资 147 亿美元，比重为 9%。2009 年上半年非金融部门吸收外国来华直接投资 474 亿美元，下降 39%；金融部门吸收外国来华直接投资6亿美元，下降79%。

第二，非金融部门外国来华直接投资的资金来源地较为集中。2009年上半年，来华直接投资资金来源前十位国家/地区依次为：中国香港、日本、美国、新加坡、中国台湾、韩国、德国、英国、英属维尔京群岛和荷兰，前十位国家/地区在华投资金额占同期外国来华直接投资总额的90%。同期，英属维尔京群岛、开曼群岛、毛里求斯、巴巴多斯、西萨摩亚和百慕大等自由港对华直接投资约为10亿美元，占中国吸收外国来华直接投资总额的3%，较上年下降76%。

第三，投资的产业结构呈现不同的情况。卫生、社会保障和社会福利业增长近4倍，教育业增长46%，采矿业增长41%，居民服务和其他服务业增长32%。相反，水利、环境和公共设施管理业下降81%，租赁和商务服务业下降47%，住宿和餐饮业下降30%，房地产业下降30%，文化、体育和娱乐业下降29%，信息传输、计算机服务和软件业下降23%。制造业、建筑业和交通运输业等行业的外国来华直接投资基本保持稳定。

第四，外国来华直接投资的撤资清算以及外方股东贷款的流出较大。由于美国银行减持建设银行102亿美元的股权投资（占外国来华直接投资流出的53%），导致2009年上半年外国来华直接投资撤资清算资金的大幅增长。剔除该因素的影响，外国来华直接投资撤资清算90亿美元，增长50%，主要为非金融部门的外方股东贷款的流出。

（二）证券投资

2009年上半年，中国证券投资净流入202亿美元，比上年同期上升2%。其中，中国对外证券投资净回流77亿美元，上年同期为净回流148亿美元；境外对中国证券投资净流入125亿美元，比上年同期增长147%。显示了对外证券投资继续净回流和境外对中国证券投资净流入增加的特点。

首先，在对外证券投资方面，2008年，由于国内从紧的宏观调控政策的实施和金融危机的爆发，中国对外股本证券净回流11亿美元，对外债务证券投资净回流339亿美元。2009年上半年，中国对外证券投资继续净回流。对外股本证券净流出9亿美元，比上年同期上升2%；对外债务证券投资净流入86亿美元，下降46%。2009年中国对外证券投资呈净回流态势的主要原因有以下两点：一是国际金融市场动荡的态势虽略有缓解，但对外证券投资的风险仍然较大，境内机构继续减少对外证券投资；二是为满足国内企业的外汇需求，商业银行将部分投资于境外证券的资金调入境内运用，在上半年新增外汇存款 154 亿美元的情况下，国内外汇贷款增加 517 亿美元。

其次，在境外对中国证券投资方面，2008 年境外证券投资净流入 99 亿美元，同比下降 53%。其中，境内企业境外发行股票募集资金 46 亿美元，下降 63%；合格境外机构投资者（QFII）净投资 4 亿美元，下降 60%①。然而 2009 年上半年，境外证券投资净流入比上年同期增长 147%，主要原因是境外机构购买美国银行出售的部分中国建设银行 H 股，使得境外对中国证券投资增长（与其对应的是美国银行对中国建设银行直接投资减少）。随着第二季度国内证券市场的回暖，境外投资者逐步增加了对中国的证券投资，上半年合格境外机构投资者资金净流入 16 亿美元，而 2008 年同期为净流出 0.7 亿美元。

（三）其他投资

从国际收支统计看，2008 年中国其他投资项目的逆差大幅上升，达到 1210 亿美元，增长 74%。而 2009 年上半年中国其他投资项目呈现顺差，达到 239 亿美元。其中贷款资产增加 64 亿美元，贷款负债减少 60 亿美元，贷款项下的资金净流入为 4 亿美元；贸易信贷资产减少 163 亿美元，贸易信贷负债减少 67 亿美元，贸易信贷项下资金净流出 230 亿美元；货币和存款及其他项下资金净流入 465 亿美元。

（四）外债

根据国家外汇管理局提供的外债数据，截至 2009 年 6 月末，中国外债余额为 3606 亿美元（不包括香港特区、澳门特区和台湾地区对外负债，下同），其中，登记外债余额为 2511 亿美元，贸易信贷余额为 1095 亿美元。按期限划分，中长期外债（剩余期限）余额为 1662 亿美元（比上年末上升 1%），占外债余额的 46%；短期外债（剩余期限）余额为 1944 亿美元（比上年末下降 8%），占

---

① 2008 年境外对中国证券投资大幅下降有三方面原因：第一，2006 年中国主要国有商业银行股份制改造和境外上市融资较为集中，而 2007 ~ 2008 年上述融资需求明显下降，并且在很大程度上被活跃的国内资本市场所分流；第二，国内资本市场价格和交易规模大幅回落，对境外投资者吸引力也随之下降；第三，国际金融危机大大削弱了境外投资者的资金实力。

外债余额的54%。

2009年上半年中国外债变动呈以下特点。

第一，外债总规模下降趋势减缓，主要是源于贸易信贷外债余额下降趋势大幅放缓。2008年前三季度外债余额稳步上升，但受国际金融危机影响，第四季度外债余额大幅回落。2009年6月末，中国外债余额较上年末下降4%，降幅较第一季度缩小6个百分点，而较3月末上升7%。其中贸易信贷余额较上年末下降4%，降幅较第一季度缩小22个百分点，较3月末上升了30%。登记外债余额较上年末下降4%，较3月末下降1%。登记外债余额继续下降，主要源于外资金融机构外债的下降。6月末，外资金融机构外债较上年末下降21%。外商投资企业外债稳中有降，较上年末下降2%。中资金融机构外债余额略有回升，较上年末上升0.2%。

第二，从债务类型看，登记外债仍以国际商业贷款为主。2009年6月末，国际商业贷款余额为1872亿美元，占登记外债余额的75%，所占比重较上年末下降3%。外国政府贷款和国际金融组织贷款余额为639亿美元，占登记外债余额的25%。

第三，从币种结构看，仍以美元债务为主，各币种比率与2008年末基本持平。2009年6月末的登记外债中，美元债务占68%，比上年末下降0.4%。其次是日元债务，占12%，比上年末上升0.2%。欧元债务占6%，比上年末上升0.3%。其他债务包括特别提款权、港币等，合计占比14%，比上年末下降0.1%。

第四，从用途上看，中长期债务主要投向基础设施建设、制造业及交通运输、仓储和邮政业。按照国民经济行业分类，在登记的1860亿美元中长期外债（签约期限）余额中，投向制造业的为387亿美元（21%）。投向交通运输、仓储和邮政业的为224亿美元（12%）。投向电力、煤气及水的生产和供应业的为173亿美元（9%）。投向房地产业的为128亿美元（7%）。投向信息技术服务业的为117亿美元（6%）。

第五，贸易信贷余额总体呈下降趋势。受进出口贸易萎缩影响，2009年6月末贸易信贷余额较上年末减少67亿美元。其中，进口应付余额减少79亿美元，出口预收余额上升12亿美元。出口预收余额略有增加，主要是由于第二季度国际经济开始企稳，中国出口企业的境外长期订单和大型基建工程项目有所增加，同时为规避收汇风险，企业加大了预收货款比例。

（五）净误差与遗漏

2009 年上半年，中国国际收支误差与遗漏项为借方 95 亿美元，这相当于国际收支统计口径下货物贸易进出口总额的 1%，在国际公认的 5% 的合理范围以内。

三　国家外汇储备

（一）全年余额增幅放缓且季节波动较大

进入 2008 年之后，国际金融危机对中国的影响逐渐显现，国际收支顺差增速放缓，外汇储备的增长趋势也出现了较大调整。2009 年 12 月末，国家外汇储备余额达到 23992 亿美元，同比增长 23%，1978～2009 年中国的外汇储备见图 2。

2009 年全年国家外汇储备共增加 4531 亿美元，其中各季度的增量分别为 77 亿美元、1779 亿美元、1510 亿美元和 1266 亿美元。2009 年上半年，特别是第二季度外汇储备显著增加的主要原因有以下两点：一是随着国内外宏观经济形势企稳，进出口顺差保持一定规模，外资流入加快，国内外汇贷款增加，企业购汇需求降低，银行净结汇降幅趋缓；二是由于国际金融市场触底反弹，外汇储备投资的资产价格有一定幅度回升，非美元货币汇率变动也形成一部分折算收益。

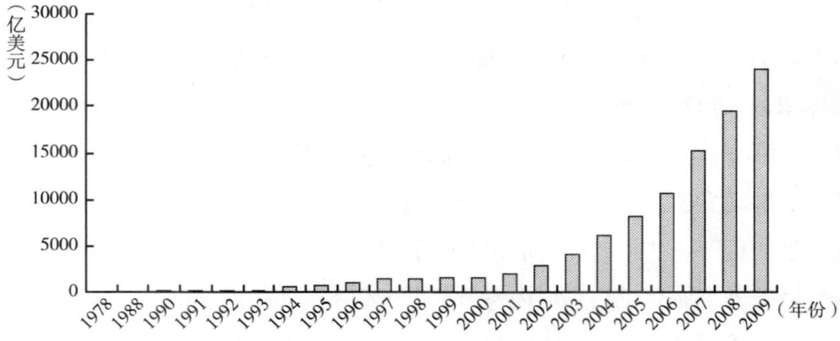

图 2　中国的外汇储备（1978～2009 年）

数据来源：国家外汇管理局。

（二）外汇储备的安全、流动与收益

中国外汇储备实行国际通行的货币和投资多元化配置策略，不参与短期投机炒作。目前，形成了包括美元、欧元、日元等主要货币的适度分散的货币结构，主要投资于政府类、机构类、国际组织类、公司类、基金等资产。

2008年和2009年是金融危机冲击最严重的两年，中国经受住了这次严峻的考验，保持了外汇储备资产的总体安全，实现了在“保本”基础上的较好收益。并通过外汇管理重点领域改革等措施促进了贸易便利化，有选择、分步骤地放宽了对跨境资本交易活动的限制。同时，通过多元化配置等策略，保障了外汇储备资产的安全、流动和保值增值。

（三）外汇管理改革

近年来国际收支持续大额顺差，成为影响中国经济发展的主要矛盾之一。有效利用中国的巨额外汇储备提升对外投资规模，有利于促进跨境资金双向流动，改善国际收支平衡状况。

为此，国家外汇管理局从以下几点出发，推进了中国的外汇管理改革。

第一，更加便企便民。中国的外汇管理改革正在风险可控的前提下朝着方便企业、方便居民的原则进行。试行企业出口收汇存放境外运作；进一步简化手续，使绝大多数正常经营的企业感到进出口收汇、结汇、购汇都非常方便。

第二，拓宽对外投资渠道，改善国际收支状况。在稳步推进人民币资本项目可兑换进程中，继续拓宽资本流出渠道，促进跨境资金双向流动，改善国际收支平衡状况。有选择、分步骤地稳步推进资本项目外汇管理改革。

具体来说，拓宽对外投资渠道有以下几种方式可以探讨：①进一步放宽境外直接投资外汇管理，改变境外直接投资外汇资金来源审核方式，放松境外直接投资汇兑管理。②推动境内个人境外直接投资，逐步满足个人对外直接投资的用汇需求，简化有关管理程序。③拓宽境内居民外汇投资渠道，促进中国资本市场健康发展。④研究支持境外企业和机构到境内发行股票或债券，并允许购汇汇出。

第三，拓宽资本流出渠道的同时，还需要完善统计监测体系，加大外汇业务合规性检查力度。加大资本流动监测和风险控制力度，提高境内机构和个人对外投资的风险意识，使其在风险自负的原则下，合规、有序、稳妥地开展对外投资活动。

第四，进一步加强外汇储备经营管理，确保实现国家外汇储备的总体安全和保值增值。

附表1　2008年中国国际收支平衡表（1~12月）

单位：百万美元

项　目	差　额	贷　方	借　方
一、经常项目	426108	1725893	1299785
A. 货物和服务	348871	1581713	1232842
1. 货物	360682	1434601	1073919
2. 服务	-11812	147111	158923
B. 收益	31438	91614	60176
1. 职工报酬	6400	9136	2736
2. 投资收益	25038	82478	57440
C. 经常转移	45799	52565	6766
1. 各级政府	-181	49	230
2. 其他部门	45980	52515	6535
二、资本和金融项目	18965	769876	750911
A. 资本项目	3051	3319	268
B. 金融项目	15914	766556	750642
1. 直接投资	94320	163053	68733
1.1 中国在外直接投资	-53471	2175	55646
1.2 外国在华直接投资	147791	160878	13087
2. 证券投资	42661	67708	25047
2.1 资产	32750	57672	24922
2.2 负债	9910	10035	125
3. 其他投资	-121066	535794	656860
3.1 资产	-106074	32563	138637
3.2 负债	-14993	503230	518223
三、储备资产	-418978	0	418978
3.1 货币黄金	0	0	0
3.2 特别提款权	-7	0	7
3.3 在基金组织的储备头寸	-1190	0	1190
3.4 外汇	-417781	0	417781
3.5 其他债权	0	0	0
四、净误差与遗漏	-26093	0	26093

注：中国国际收支平衡表按国际货币基金组织《国际收支手册》第五版规定的各项原则编制，采用复式记账原则记录所有发生在中国内地居民（不包括港、澳、台地区）与非居民之间的经济交易。

数据来源：国家外汇管理局。

附表 2　2009 年上半年中国国际收支平衡表（1～6 月）

单位：百万美元

项　目	差　额	贷　方	借　方
一、经常项目	134460	643377	508917
A. 货物和服务	102320	576191	473871
1. 货物	118976	521262	402286
2. 服务	-16657	54928	71585
B. 收益	16936	47143	30207
1. 职工报酬	2662	3775	1113
2. 投资收益	14274	43368	29094
C. 经常转移	15204	20043	4839
1. 各级政府	-128	24	152
2. 其他部门	15332	20019	4687
二、资本和金融项目	60994	342306	281312
A. 资本项目	1348	1448	100
B. 金融项目	59646	340858	281212
1. 直接投资	15562	49223	33661
1.1 中国对外直接投资	-13307	1178	14485
1.2 外国来华直接投资	28868	48045	19177
2. 证券投资	20185	42542	22357
2.1 资产	7731	30025	22294
2.2 负债	12453	12517	64
3. 其他投资	23900	249093	225193
3.1 资产	29118	70168	41050
3.2 负债	-5217	178925	184142
三、储备资产	-185941	0	185941
3.1 货币黄金	0	0	0
3.2 特别提款权	-29	0	29
3.3 在基金组织的储备头寸	-337	0	337
3.4 外汇	-185576	0	185576
3.5 其他债权	0	0	0
四、净误差与遗漏	-9513	0	9513

注：中国国际收支平衡表按国际货币基金组织《国际收支手册》第五版规定的各项原则编制，采用复式记账原则记录所有发生在中国内地居民（不包括港、澳、台地区）与非居民之间的经济交易。

数据来源：国家外汇管理局。

金融法治和金融监管

2009年是全球经济和金融监管史上极不平凡的一年。由华尔街次贷危机引发的金融危机波及全球，并影响到实体经济，直接导致了几个对世界经济发展具有重大影响力的国家对金融监管体制进行重大改革。在全球化的大环境中，中国也不例外地受到了严重影响。相应的，中国的金融监管也面临严峻考验。2009年，对于中国金融监管来说，是承上启下的关键一年，要求监管机构一方面采取措施应对危机，另一方面继续深化监管改革，以促进金融发展，并让金融进一步推动中国实体经济的持续、快速发展。在这一背景下，中国金融监管在稳中求新、严中求活，有效地应对了这场危机，并为后危机时代的金融发展和金融监管提前布局。

一　继续完善相关立法，夯实依法监管基础

随着金融法治思想的不断加强，中国相关金融监管机构越来越重视金融法律法规的废、改、立，废止一些不再符合金融发展和监管实际的，根据现实情况和发展的需要修改部分法律规定，并出台一些新的法律法规，以完善金融法律规范体系，进一步夯实依法监管的基础。

作为在金融监管特别是在银行业监管中起到特殊作用的机构，央行于2009年8月28日公告废止了由中国人民银行发布及中国人民银行与国家外汇管理局联合发布的，包括《中国人民银行关于进一步改革外汇管理体制的公告(1993年12月28日发布)》、《关于人民币汇价管理问题的通知（银发［1995］26号)》、《关于禁止购汇提前还贷有关问题的通知（银传［1998］50号)》、《关于严禁购汇提前还贷的紧急通知（银传［1998］53号)》、《关于更正〈关于严禁购汇提前还贷的紧急通知〉的通知（银办发［1998］96号)》、《中国人民银行关于调整外币现钞管理政策有关问题的通知（银发［2002］

283 号)》6 件规范性文件，并制定了《银行间债券市场债券登记托管结算管理办法》。为了适应人民币逐步国际化的现实需要，中国人民银行与财政部、商务部、海关总署、国家税务总局、中国银监会共同制定并公布了《跨境贸易人民币结算试点管理办法》。央行还就证券公司为开展证券资产管理业务在全国银行间债券市场开立债券账户有关事项、对从事支付清算业务的非金融机构进行登记、利用境内外币支付系统建立两地多种货币支付系统互通安排、债券交易流通审核政策调整有关事项等发布公告，并与中国银监会共同就金融租赁公司和汽车金融公司发行金融债券的有关事宜发布了公告，推出了《关于改善农村地区支付服务环境的指导意见》。另外，央行还与中国银监会共同发布了《关于进一步加强信贷结构调整促进国民经济平稳较快发展的指导意见》，与中国银监会、公安部和国家工商总局一起印发了《关于加强银行卡安全管理预防和打击银行卡犯罪的通知》，与国家外汇管理局同意并公告了中国银行间市场交易商协会发布的《中国银行间市场金融衍生产品交易主协议》文本。中国人民银行还与商务部、中国银监会、中国证监会、中国保监会和国家外汇局出台了《关于金融支持服务外包产业发展的若干意见》。

同时，在银行业监管方面，中国银监会公布了《固定资产贷款管理暂行办法》、《小额贷款公司改制设立村镇银行暂行规定》，出台了《商业银行资本计量高级方法验证指引》、《商业银行银行账户利率风险管理指引》的通知、《商业银行资本充足率信息披露指引》、《商业银行投资保险公司股权试点管理办法》、《商业银行流动性风险管理指引》、《商业银行声誉风险管理指引》、《项目融资业务指引》、《中国农业银行三农金融事业部制改革与监管指引》，修改了《信托公司集合资金信托计划管理办法》，同时通过印发《关于开展工会创业小额贷款试点工作的通知》、《关于进一步加强银行业金融机构与机构客户交易衍生产品风险管理的通知》、《关于做好〈新型农村金融机构 2009 ~ 2011 年总体工作安排〉有关事项的通知》、《关于进一步规范信用卡业务的通知》、《进一步规范商业银行个人理财业务投资管理有关问题的通知》等规范性文件，进一步健全银行业监管规范体系。此外，中国人民银行、财政部、中国银监会、中国保监会和国家林业局还共同推出了《关于做好集体林权制度改革与林业发展金融服务工作的指导意见》。

为了保证立法的科学性、合理性和公开性，银行业监管部门还发布公告，分别对《个人贷款管理暂行办法（征求意见稿）》、《流动资金贷款管理暂行办法（征求意见稿）》、巴塞尔委员会四份文件以及对实施新资本协议相关指引等广泛征求了社会意见，逐步向开门立法、公平立法和协调利益冲突立法过渡。

在证券业监管方面，中国证监会侧重于业务操作规范，出台了《中国证券监督管理委员会行政许可实施程序规定》、《证券投资基金评价业务管理暂行办法》、《首次公开发行股票并在创业板上市管理暂行办法》和《证券期货市场统计管理办法》，并修改了《证券登记结算管理办法》、《证券发行上市保荐业务管理办法》、《中国证券监督管理委员会发行审核委员会办法》等。

在保险业监管方面，2009 年 2 月 28 日第十一届全国人民代表大会常务委员会第七次会议修订了《保险法》，中国保监会废止了《保险公司营销服务部管理办法》，并出台了《保险公司管理规定》、《保险公估机构监管规定》、《保险经纪机构监管规定》、《保险专业代理机构监管规定》、《保险公司中介业务违法行为处罚办法》、《人身保险新型产品信息披露管理办法》等一系列部门规章。此外，中国保监会还发布了《保险基础数据模型》行业标准、《2009 年版保险术语》行业标准和《保险许可证新编码规则》，推出了《保险监管人员行为准则》和《保险从业人员行为准则》，并下发了《关于保险机构投资无担保企业债券有关事宜的通知》、《关于加强保险机构债券回购业务管理的通知》、《关于债券投资有关事项的通知》、《关于规范保险机构股票投资业务的通知》、《关于防范车险理赔环节风险的通知》以及《印发〈保险公司偿付能力报告编报规则第 15 号：再保险业务〉及其实务指南的通知》等规范性文件。

不管是法律规范的废、改还是立，其目的和效果都是在中国建立、健全一整套相对完善的、更符合现阶段金融发展与监管要求的金融法律体系。当然，法律体系的建设，一般来说是不能一蹴而就的，而是一个循序渐进的过程。通过对具体规范的分析，我们可以发现，相关金融立法在不断总结和吸取此前相关立法的经验和教训，显得越来越专业；在立法技术上不断完善，并开始表现出一定的前瞻性来。在推出的诸多详细指引中，既能借鉴西方的经验，也能结合中国的实际。从整体上看，这些立法表现出的可操作性也越来越强，为金融的依法监管打下了良好基础。

二 全面应对金融危机，加强监管的力度与灵活性

面对全球金融危机的蔓延及其对实体经济的进一步影响，即使在中国的金融市场和金融体系受到的冲击有限的情况下，中国金融监管当局也没有掉以轻心，而是更加增强了监管力度，加强了系统性风险的管理。中国银监会接连推出的《商业银行银行账户利率风险管理指引》、《商业银行流动性风险管理指引》、《商业银行声誉风险管理指引》、《关于进一步加强银行业金融机构与机构客户交易衍生产品风险管理的通知》等，一方面明确风险管理的标准和要求，另一方面指导银行将风险管理具体化，建立了系统内的整体风险监控体系，避免了重大风险的积累，促进了中国银行业的进一步发展。为此，全球风险管理专业人士协会（GARP）认为中国银行监管机构在严格执行风险管理办法、政策、企业管理激励机制和始终坚持谨慎的监管原则方面作出了突出贡献，将2009年度风险管理大奖颁给中国银监会。

在因国际贸易特别是出口贸易发展受限、实体经济显露出衰退趋势的情况下，国家不得不出台大规模经济刺激措施的前提下，金融监管当局一方面进一步严格监管，另一方面注意防止金融机构惜贷和不作为，以便为实体经济的发展输血。到了2009年下半年，随着中国经济的迅猛复苏和巨额经济刺激措施带来的一定程度的通胀压力，监管机构又根据新形势及时微调了政策。特别是在信贷领域，央行和中国银监会从调高银行资本充足率、拨备覆盖率要求，到严控存贷比、贷款集中度等监管指标，再到《固定资产贷款管理暂行办法》等被称为“三个办法一个指引”的一揽子监管新规的出台，在约束银行放贷冲动的同时，有效引导银行资金切实流向实体经济。①

值得注意的是，在上述一系列调控中，监管者突出了监管的灵活性，在政策微调时不搞一刀切，而是维持了对“三农”大力支持的方针。当央行在不到1个月的时间内连续2次上调银行存款准备金率时，却仍加大对“三农”和县域经济的支持力度，并决定农村信用社等小型金融机构暂不上调。中国保监会也同

① 姚玉洁、安蓓、牛琪：《多位经济学家称中国将部分调整经济刺激政策》，http：//finance. sina. com. cn/china/hgjj/20100226/15087465334. shtml，原载新华网。

样推出了继续支持“三农”的措施，如单独下发了《关于规范政策性农业保险业务管理的通知》，与农业部联合下发了《关于进一步加强生猪保险和防疫工作促进生猪生产发展的通知》，并与中国人民银行、财政部、中国银监会和国家林业局共同出台了《关于做好集体林权制度改革与林业发展金融服务工作的指导意见》等，同时积极推动农业保险试点和农业再保险体系，利用财政支持尝试农业巨灾风险的转移机制。

在求稳的同时，监管部门也注意激发市场活力，继续逐步推进改革并支持金融创新。在2009年中国股市由熊迅速转牛却又在年底开始震荡、新股发行从起初的几十倍市盈率发行仍有溢价到不断破发的背景下，中国证监会对深股发行体制进行的改革尝试，引起了不少人的关注和争论。此外，虽然监管当局此前因为全球金融危机而暂停了创业板和股指期货的推出，但在2009年全球金融市场逐步恢复稳定、全球实体经济开始复苏，特别是在中国的金融秩序未受严重影响、金融机构保持良好发展态势、实体经济继续大力发展的情况下，中国证监会建立、健全了有关创业板的制度安排，先后出台了《首次公开发行股票并在创业板上市管理暂行办法》、《深圳证券交易所创业板股票上市规则》、《创业板市场投资者适当性管理暂行规定》、《深圳证券交易所创业板市场投资者适当性管理实施办法》、《创业板公司招股说明书》、《首次公开发行股票并在创业板上市申请文件》等，并最终于2009年11月在深圳推出了创业板。同时，中国证监会还为2010年推出股指期货做好了制度和监管方面的准备。

三　适应全球化形势，建设上海国际金融中心

金融市场与金融监管的全球化，人民币国际化的要求和趋势，推动了中国建设国际金融中心的进程。这一进程，直接推进了中国金融“双中心”体制的确立。尽管国家并没有明确提出“金融双中心”，但事实上，在2009年国家批准上海建设国际金融中心，并给予了相应政策支持时，“双中心”的体制便得以实际确立。因为与此同时，北京市作为国家金融政策和监管中心的地位仍得以保留，两个中心由此共存。

2009年3月25日召开的国务院常务会审议并原则通过了建设上海国际金融中心的意见，明确提出到2020年要将上海基本建成与我国经济实力和人民币国

际地位相适应的国际金融中心。并提出了当前建设的主要任务是：建设比较发达的多功能、多层次金融市场体系；加强金融机构和业务体系建设，稳步推进金融服务业对外开放；完善金融服务设施和布局规划，提升金融服务水平；健全金融法制，加强金融监管，维护金融稳定和安全。[①] 此前，上海和北京两市都在争取建设金融中心的政策，国务院的决定，是对上海相关努力的肯定，也是对上海现有金融发展、金融监管和金融法治环境的肯定，更是着眼未来、着眼全球的战略规划。到目前为止，上海不仅已经基本形成了包括股票、债券、货币、外汇、商品期货、OTC 衍生品、黄金、产权交易市场等在内的全国性金融市场体系，初步构成了国内金融市场中心，还是全球为数不多的市场种类比较完备的几个金融中心城市之一，而且其证券、外汇交易和期货等市场的规模也在全球排在越来越靠前的位置。上海的地理位置和产业结构，也较适合在目前人民币国际化的进程中发挥重要作用。当前，有部分原驻北京的外资金融机构已纷纷迁往上海陆家嘴金融中心，在上海的外资金融机构总数已超过北京。中国人民银行也已成立上海总部。随着上海金融中心的建设及其金融市场的发展，其监管和在相关政策形成过程中发挥的作用，也将会有很大的提升。换句话说，届时上海应该不仅仅是一个金融市场的中心。

当然，作为中国的首都，北京不仅在国家金融政策方面仍是中心，在金融监管方面也是中心，实施具体金融监管的“一行三会”的总部也都在北京，上海目前只是设立了中国人民银行的上海总部；此外，在金融机构的数量、作用等方面，北京也仍能称得上是全国的中心。据统计，北京市金融业税收占全市税收的比重 2008 年已经达到 36.3%，2008 年金融增加值占地区生产总值的比重已达 14.2%，金融增加值和金融业实现税收均位居全国首位；金融业对北京经济贡献率为 13.6%，金融业已经成为首都经济的战略产业和支柱产业；截止到 2008 年末，在京营业性金融机构已达 5165 家，注册法人金融机构 641 家，也居全国首位。[②] 2009 年，北京的金融市场有了进一步的发展，与中关村国家创新基地建设配套的中关村非上市公司股份挂牌转让市场和北京石油期货市场的建立与发展，

① 《国务院：将上海建成国际金融中心和航运中心》，2009 年 03 月 25 日，人民日报。

② 张楠，《北京市金融工作局挂牌　机构改革唯一新成立单位》，搜狐网，http://business.sohu.com/20090330/n263096749.shtml，原载《北京晚报》。

进一步保证了北京金融中心的地位。而且，如果没有极特殊情况，北京的这一金融“中心”地位，即便在2020年上海建成为“国际金融中心”时，也仍将会得到维持。

金融“双中心”的体制，如果处理得当，不仅不会相互排斥，还可能使上海和北京彼此发挥各自的地域和产业优势，形成良性竞争和一定的互补，增加彼此的市场活力，推动相关实体产业的发展和虚拟经济的繁荣。不过，这种“双中心”的体制，也会给金融监管带来一定的难度，如央行北京总部和上海总部的权限划分和协调等问题，还有日后其他金融监管机构的配合以及相关政策的出台与协调问题等。应该尽早进行“双中心”体制下监管问题的研究、讨论和部署。

四　发挥地方政府积极性，探索金融监管新体制

虽然美国在针对此次金融危机的监管改革中又在一定程度上限制了混业经营，但在金融市场和金融竞争全球化的大背景下，综合监管仍是大势所趋。中国当前的监管体制还是分业监管基础上的协调配合机制，在某些方面已不太适应市场的要求。但金融监管体制的根本性变革仍需假以时日，2009年的相关进展是进一步加强了协调配合，同时鼓励地方政府加大对金融业的支持力度，并积极探索地方金融监管新体制。

在这一形势下，北京市率先成立了“实体化”的金融工作局，以便加强对金融业的监管和指导，并试行综合监管的新体制，为全国的金融监管体制改革积累经验教训，对各地的金融监管改革提供导向作用。2009年3月30日，北京市金融工作局正式成立，以取代此前的北京市金融服务工作领导小组办公室（即“金融办”）。这是全国第一个省市级金融工作局。该局将主要负责统筹北京市金融产业建设发展，服务在京金融管理部门和金融机构。媒体纷纷称此举“标志着金融监管新格局的开启”。① 这一说法是有一定道理的。我国的金融监管实行

① 《北京市金融工作局挂牌　金融中心建设步伐加速》，和讯网，http：//stock. hexun. com/2009 -04 -01/116242285. html，原载于《东方早报》；《北京市金融工作局挂牌　机构改革唯一新成立单位》，新华网，2009年3月30日，http：//news. xinhuanet. com/politics/2009 - 03/30/content_ 11100030. html，原载《北京晚报》。

的还是以一行三会为主导的分业监管的模式，这一模式已日益体现出监管重合和监管漏洞同时存在、监管效率较低、不利于金融创新和不适应金融发展全球化的弊端来。而实际上，为了协调和整合金融监管，中共中央金融工作委员会于1998年6月成立，1999年起，北京等地开始逐步建立党委领导下的金融工作委员会，对金融机构实行垂直化领导。其后各地政府又建立起金融服务办公室，形成融合式的金融领导党政平台。2002年9月，上海市金融服务办公室成立，其定位是上海市政府负责金融管理和服务工作的职能部门，亦为全国首个地方金融办。北京紧随其后。北京市政府金融工作办公室于2002年12月成立，为全国第二家省市级金融办①。在这种制度安排下，分业监管的部分弊端能得以克服，综合监管的部分功能能在一定程度上得以实现，但毕竟这还不是“实体化”的监管机构，监管效率还是不够理想。在2005年初，北京市撤销了金融工委和金融办，其相关职能纳入北京市国资委新设的金融处；2007年，北京市又将金融处重组为金融服务工作领导小组，下设办公室，简称市金融办，挂靠北京市发改委。上海则保留金融工委和金融办，并合署办公。此次北京市设立独立的金融工作局的举措，又开了风气之先，符合了金融监管混业化、综合化的国际潮流，也适应了中国金融机构和金融市场在全球化背景下竞争与发展的现实需要。

五　注重维护消费者权益，加强相关监管力度

此次全球金融危机中，在金融创新产品较为丰富、消费者参与程度更深的欧美发达国家，广大消费者直接遭受到了巨大损失。于是，他们通过各种方式向政府表达了不满甚至是愤怒情绪。为了平息民愤，也为了金融市场的健康发展，这些国家的政府特别是金融监管当局，纷纷加强了对金融消费者权益的保护。中国的相关监管机构也受此警醒，更加注重对金融消费者权益的保护，并体现在立法、执法和司法等各个领域。实事求是地说，此前中国的金融监管，更多的是强调整体金融秩序的稳定性和金融市场的发展性，尚未特别强调消费者权益的保护问题。此次欧美国家消费者蒙受巨大损失的事实和政府大力加强对消费者权益保

① 《北京市金融工作局挂牌　金融中心建设步伐加速》，和讯网，http://stock.hexun.com/2009-04-01/116242285.html，原载于《东方早报》。

护的决心和措施，在一定程度上促使中国金融监管机构提高了对此问题的重视程度，并促成了一些措施的早日出台。

通过对2009年央行出台的所有法律规范性文件的分析，可以发现，除了《跨境贸易人民币结算试点管理办法》和关于“提高内地和香港跨境支付清算效率”的公告这2件，关于“废止6件规范性文件”的1个公告，以及关于发行各种纪念币的公告之外，其他的文件都在序言中明确将保护投资者合法权益作为立法目的。这样规定的直接作用是，在实际金融活动欠缺相关法律条文的具体规定时，可以通过立法目的来作出对消费者有利的法律解释。相关的规定如，央行2009年1号令颁布的《银行间债券市场债券登记托管结算管理办法》序言中，就明确了其立法目的是“为规范银行间债券市场的债券登记、托管和结算行为，保护投资者合法权益，促进债券市场健康发展”。央行就债券交易流通审核政策调整有关事项发布的1号公告序言指出，是“为进一步推动银行间债券市场健康发展，保护投资者利益”。央行就证券公司为开展证券资产管理业务在全国银行间债券市场开立债券账户有关事项发布的第11号公告明确，是“为拓宽证券公司证券资产管理业务的投资渠道，保护投资者利益……”。在央行和中国银监会就金融租赁公司和汽车金融公司发行金融债券的有关事宜发布的2009年14号公告序言中，也提出“为规范……行为，保护投资者合法权益……”。在央行、中国银监会、公安部和国家工商总局关于加强银行卡安全管理预防和打击银行卡犯罪的通知序言中，也明确是“为……规范银行卡市场秩序，维护持卡人权益和社会公众对银行卡支付的信心……”。值得一提的是，为了更好地维护金融消费者的权益，央行决定在对金融机构进行登记的基础上，进一步对从事支付清算业务的非金融机构也进行登记，并在相关的2009年第7号公告序言中明确指出其目的是“为掌握非金融机构从事支付清算业务的情况，完善支付服务市场监督管理政策，维护社会公众合法权益”。此外，“为维护银行间市场参与者合法权益，促进我国金融衍生产品市场的规范、健康发展”，央行和外汇管理局还要求中国银行间市场交易商协会发布经其同意的《中国银行间市场金融衍生产品交易主协议》。可见，央行已将金融消费者权益保护摆到了前所未有的高度。

银监会同样在通过法律文件序言明确保护消费者权益的立法目的外，还推出了《商业银行资本充足率信息披露指引》、《关于进一步规范信用卡业务的通知》、《关于进一步加强银行业金融机构与机构客户交易衍生产品风险管理的通知》、《进一步规范商业银行个人理财业务投资管理有关问题的通知》等规范性文件，并出台了一系列指引来规范银行的业务操作，以达到切实维护金融消费者权益的目的。

中国证监会除了进一步强调维护消费者权益的立法目的外，把监管重点放在了对证券市场上违法违纪行为的查处上。2009 年，中国证监会严厉查处了一批证券黑嘴、操纵证券市场者、违规上市公司和部分监管部门的管理者，分别给予了罚款、市场禁入等处理，并将重大违法犯罪嫌疑人移交司法机关处理。这一年间，中国证监会共对 33 家机构、218 名当事人作出了行政处罚，对 52 名当事人采取了市场禁入措施。这些处罚包括：对基金“老鼠仓”处罚开出的第二单，即对融通基金管理有限公司原基金经理违法违规一案的相关处罚；自 2004 年实行保荐代表人制度以来，首次处罚违规保荐代表，撤销 3 名保荐代表人的保荐代表人资格，且中国证监会在 12 个月内不受理相关保荐代表人具体负责的保荐项目；对信息披露违规的中电广予以行政处罚；对 4 名上市公司高管人员违规买卖本公司股票，以及卢道军操纵市场行为作出行政处罚等。中国证监会行政处罚委员会还与上海、深圳证券交易所建立了协调沟通机制，以及时发现和查处证券市场上的违法违规行为，保护投资者的权益。

2009 年新修改的《保险法》，用了约四十个条款来保障参保人的权益，包括：规定“合同解除权，自保险人知道有解除事由之日起超过 30 日不行使而消灭；自合同成立之日起超过两年，保险人不得解除合同；发生保险事故的，保险人应当承担赔偿或者给予保险金的责任”；强调采取格式条款的是无效条款；进一步明确对投保人和被保险人要求的告知应是询问告知，而非被保险人的主动告知，条款里规定主动告知的，合同视为无效等。为了使法律的规定更具可操作性，中国保监会与最高法院商讨出台新《保险法》的相关司法解释细则的问题。此外，中国保监会还通过颁布实施《人身保险新型产品信息披露管理办法》，促进保险机构对投保者的提示工作，加强和完善保险中介从业人员继续教育和保险营销员管理工作，规范对保险公司中介业务违法行为的处罚，以及与相关部门强协作配合共同打击保险领域违法犯罪行为等，进一步维护消费者的合法权益。此外，中国保监会还明确，投保人购买交强险后能享受“即时生效”的待遇，并要求保险机构严格执行交强险费率优惠政策，即三年不出险可打7折等，更好地维护了参保人的权益。

六　努力加强国际监管合作，参与制定国际规则

此次金融危机的爆发和全球联手救治，给中国提供了一个难得的机遇。2009年，中国在全球应对金融危机、振兴实体经济和改革国际金融体系的行动中开始凸显出巨大的影响力，并得以趁机加强多边联合金融监管和参与全球金融监管。2009年2月，中国成为国际证监会组织（IOSCO）会员；3月，中国成为金融稳定论坛（FSF，已被金融稳定委员会FSB取代）的成员，中国代表成为巴塞尔银行监管委员会（BCBS）的成员。与此同时，中国代表还分别在上述组织中担任了高层职务。G20峰会则更加成为中国参与全球金融体系重建和金融监管合作的平台。通过这一平台，中国的声音开始受到全球的关注，中国关于加强全球金融监管协作、保持主要币种间汇率的稳定、改革全球现有金融体系的意见获得了越来越多国家的支持。此外，G20峰会还同意增加中国等新兴市场国家在国际货币基金组织（IMF）中的份额。透过这些组织和平台，中国的发言权得以大幅提升，拥有了更大的影响力，这对于中国参与有关金融发展和金融监管国际新规则的制定，参与全球金融监管原则的确立和全球金融监管体系的建设，以及金融监管合作的开展，打下了很好的基础。中国从此真正迈入了参与全球金融体系建设和全球金融监管合作的“俱乐部”。

从实际需要出发，中国还同时增强了地域性、多边性的金融监管合作。随着货币互换与基金出资的到位，中国—东盟“10+3”地区金融监督机制——“东盟监督机制”得以正式落实。经过一系列的准备工作，中国—东盟自贸区2010年1月1日的正式建立，更进一步推动了这种区域性的金融监管合作。这对于中国及时掌握更多的地域性金融发展及金融流动性信息，形成合理的汇率机制，防范部分重大系统性金融风险，以及维护金融秩序的稳定，都具有积极作用。

七　不足与展望

毋庸讳言，2009年的中国金融监管也在一些方面出现了失误，导致了一些

问题的出现。如，不够通畅、不够丰富的民间资本投资途径，以及大规模经济刺激计划的实施对民间资本形成的一定挤出效用，加上住房信贷政策调整的不够及时，在一定程度上为房价的过快上涨起到了推波助澜的作用，以致引发了不少民众的怨言。再如新股发行制度的改革并未取得预期的效果，特别是新股定价机制的改革，在一些新上市公司的股票连遭破发的情形下，受到部分股民的否定。还有，关于车辆强制险的定价和保险资金的使用分成机制，仍遭到不少车主的质疑，认为其中存在垄断和消费者权益受到侵害的问题等。另外，对于国际热钱集中流入、流出的渠道和数量的监控，还不能做到完全心中有数和可控等。这些问题的出现，部分原因是监管层出台的政策本身不尽合理，部分则是因为政策的执行不力甚至是执行中出现偏差，而后者中又有一部分是由于执行监督不力所致。

对于中国的金融监管机构来说，2009 年是不平凡的一年，2010 年则是更为关键的一年。在 2010 年里，不仅要密切关注为应付金融危机所采取措施的实施效果和可能的负面影响（如通胀压力等），并提出和落实相应的对策，还要进一步为后危机时代的体制改革和监管作出部署，为一系列金融创新和改革保驾护航，并预防和应对随时可能再次发生的金融市场波动。这一年的监管，将会决定中国金融发展和相应的实体经济发展的未来走势，以及中国的金融监管理念和具体主张在全球的影响力。

2010 年，随着中国金融的进一步发展和全球市场的新调整，中国的金融监管将会突出以下几个方面：第一，仍将会坚持“适度宽松”的货币政策，以保证政策的延续性和稳定性，推动经济的持续、高速增长；但为避免通货膨胀，会有一定的控制措施出台，并可能采取加息等进行干预。第二，监管者仍会采取区别对待的政策，继续对“三农”进行倾斜。除了会继续增加对“三农”的金融扶持，并且不会在对货币政策和信贷额度进行微调时调整涉及“三农”外，还会出台针对“三农”的金融税收优惠政策，目前较为确定的包括“小额农户贷款利息免征营业税”和“农村信用社、村镇银行、农村资金互助社、银行的全资贷款公司、法人机构所在地在县及以下地区的农村合作银行及农村商业银行等将获得减收营业税率的优惠”这两项。第三，为了进一步加强在分业监管模式下的金融监管合作，维护金融稳定，央行将健全统一的金融监管信息系统和平台。第四，对消费者权益的保护，仍将会是监管机构关注的重点之一，特别是在金融危机对广大消费者的巨大损害日益显露出来和中国金融消费者的维权意识日益提升的情况下。还有一点可以肯定的是，中国政府将会继续利用国家经济迅速发展和应对全球金融危机中所做巨大贡献带来的、在国际金融体系改革和全球金融监管合作中的发言权，进一步参与到相关国际规则的制定中，努力建立健全更为公平、合理的规则和更有效的监管体系，争取到对中国更为有利的金融发展环境。

地方政府融资平台

一　地方政府融资平台现状

（一）地方政府融资平台的界定

地方政府融资平台，是指由地方政府发起设立，通过划拨土地、股权、规费、国债等资产，迅速包装出一个资产和现金流均可达融资标准的公司，必要时再辅之以财政补贴作为还款承诺，以实现承接各路资金的目的，进而将资金运用于市政建设、公用事业等肥瘠不一的项目，如城市建设投资公司、城建开发公司、城建资产经营公司等。

按照《中华人民共和国预算法》第 28 条规定："地方各级预算按照量入为出、收支平衡的原则编制，不列赤字。除法律和国务院另有规定外，地方政府不得发行地方政府债券。"这就意味着地方政府不存在市场化融资的体制通道。因此，地方政府独辟蹊径，绕开了现行体制与政策的障碍，成立了集融资、建设和经营、债务偿还为一体的城市投资公司作为融资平台，代替政府进行直接与间接融资，实现了地方政府市场化融资的目的。对此，央行副行长刘士余认为，"不能不说，地方融资平台是地方政府天才般的创造。在市场化融资'正门'不开情况下，地方政府创造出的一条路。相当于地方政府把一个（融资）小窗户弄成一扇（融资）门"。

（二）地方政府融资平台的发展

为抵御全球金融危机的影响，2008 年底，中国政府宣布了 4 万亿的经济刺激计划，随后地方政府积极推出了在未来几年投资逾 30 万亿人民币的多项计划。这些投资计划远非空想。此后一段时间内，中央政府鼓励地方政府从银行借贷以支持基础设施项目。政府融资平台在全国迅猛发展，主要特点有：

1. 规模迅猛扩张

根据媒体报道，截至 2009 年 6 月，全国各省、自治区、直辖市合计设立 8221 家平台公司，其中县级平台高达 4907 家。据中国银监会估计，截至 2009 年底，地方投资平台总债务额约为 5 万亿到 6 万亿元，绝大部分为银行贷款。中金公司按照广义口径估计，2009 年末金融机构地方投融资平台贷款（不含票据）余额约 7.2 万亿元，占银行业总贷款约 18%。在 7.2 万亿元中，估计 2009 年新增贷款约为 3.7 万亿元，占 51%。

2. 结构特点明显

估计项目贷款（主要用于基建投资）余额近 6 万亿元，占了全部地方融资平台贷款的 80% 以上。从政府层级来看，县级融资平台数量占比达 60%，贷款余额占近一半。

3. 多数贷款偿还本息需要政府信用支持

中金公司估计只有 30% 左右的项目能够依靠项目自身现金流偿还贷款本息。大约 70% 的贷款需要土地开发权、地方政府财政安排等第二还款来源的支持。

4. 不同类型机构之间分布并不均匀

2009 年底主要上市银行地方政府融资平台贷款约占贷款总额的 10% 左右，国家开发银行和地方性金融机构占比则相对较高，其中国家开发银行的融资平台贷款（基本建设贷款为统计口径）占比已达 69%（参见图 1）。

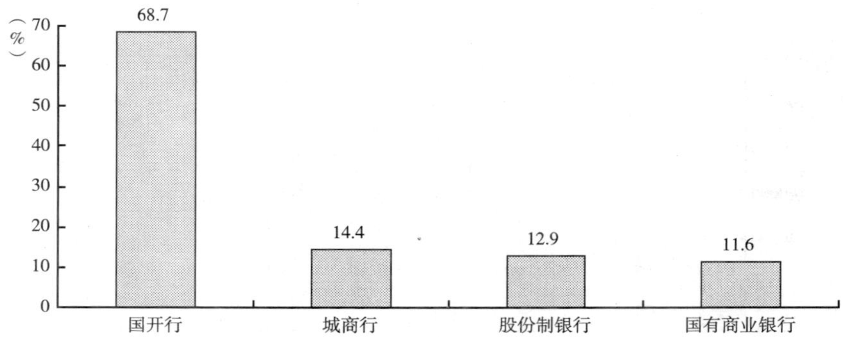

图 1　各金融机构融资平台贷款余额占各机构总贷款比

注：国开行、城商行和股份制银行的融资平台贷款口径为基本建设贷款。
资料来源：中金公司。

二　地方政府融资存在的问题

（一）地方政府偿债能力堪忧

1. 地方政府贷款2013年将出现偿还本金高峰

新增的地方融资平台贷款主要包括两部分：其一，为老项目后续融资。地方融资平台贷款多为中长期的基建类贷款，而建设周期通常长达2～3年，因此，在随后两年有进一步融资需求；其二，为新项目融资。中央政府对于平台贷款的风险显然已经高度警觉，银行监管部门已经下令银行放缓向地方投资工程发放贷款，放贷条件更为苛刻，新项目融资增长必然放缓。平均而言，中金公司假定新老项目融资占比分别为23%和77%。

同时，每年均有贷款到期，需要偿还本金。假设所有融资平台贷款均为五年期贷款，且从第四年至第八年将等额偿还本金。据他们测算，融资平台贷款余额将在目前7.2万亿元的基础上进一步上升，2010年和2011年后续贷款约为2万亿～3万亿元，直到2011年达到峰值，为9.8万亿元，之后逐步回落，2014年为4.9万亿元，接近于2008年底的水平。从2012年起偿还本金的金额显著上升，2013年达到峰值，为2.3万亿元（参见图2）。

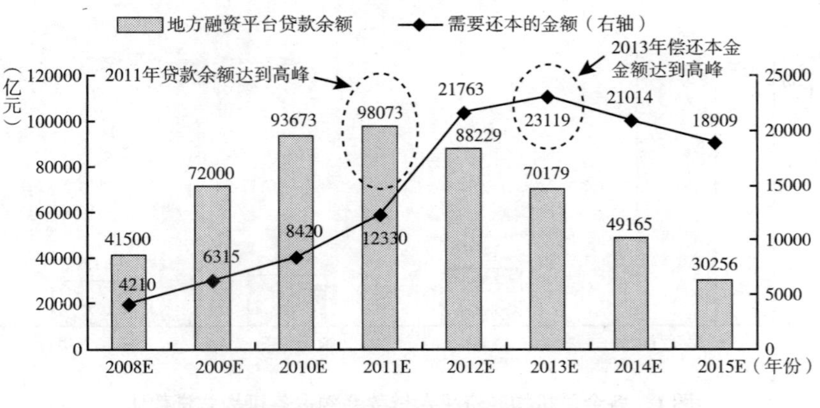

图2　地方融资平台贷款余额将在2011年达到峰值

资料来源：中金公司。

2. 地方政府可用收入过度倚重于房地产相关收入

地方政府可用收入分成地方本级收入、中央转移支付和土地出让收入等三部分。地方本级收入包括地方税收收入和非税收入，约占地方政府可用收入的44%。其中，房地产相关税收占地方本级收入比例约20%，相当于占地方政府可用收入的约9%。中央税收返还和转移支付约占地方政府可用收入的33%。中央转移支付的数目取决于中央财政收入占GDP的比重以及中央转移支付占中央财政收入的比重。2009年中央财政收入占GDP的比重为10.7%，中央转移支付占中央财政收入的比重为79.8%。土地出让收入约占地方政府可用收入的20%。其中，国有土地使用权出让收入占地方政府性基金收入的比例约79%，相当于占地方政府可用收入的约16%。但是，地方政府性基金收入的波动较大，2009年房地产市场的火暴使当年地方政府性基金收入从2008年的1.3万亿元一跃而至1.6万亿元。总体上说，与房地产相关的国有土地使用权出让收入和地方本级收入中的房地产相关税收合计占地方政府可用收入约四分之一。

为了更清晰地看到地方政府的可用收入增长情况，中金公司进行了估算。假设地方本级收入占GDP的比重逐年稳步上升，2009年该比重为9.7%，未来仍将以每年0.2%的速度递增。假设中央财政收入占GDP的比重未来以每年0.2%的速度递增，中央转移支付占中央财政收入的比重以每年0.5%的速度递增。预计2010年地方政府性基金收入维持在1.6万亿元。2011年及以后地方政府性基金收入维持在1.25万亿元。基于上述假设，地方政府可用收入增长较为稳定，2009～2015年复合增长率为10%（参见图3），但考虑到还

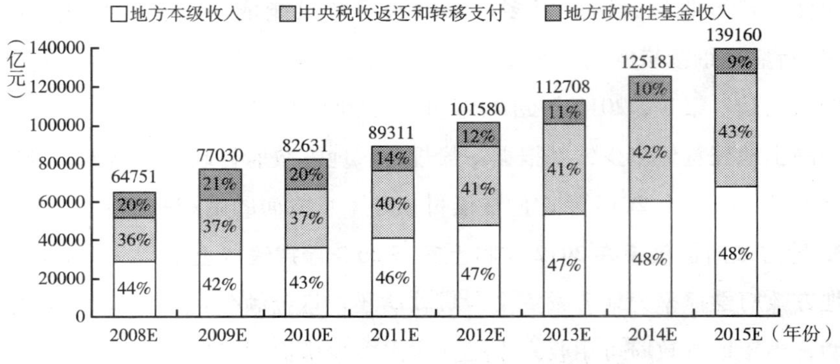

图3　地方政府可用收入基本和名义GDP同步增长

资料来源：中金公司。

本付息后的地方政府可用收入增长在 2010 ~ 2013 年较为缓慢，仅为 3%（参见图 4）。

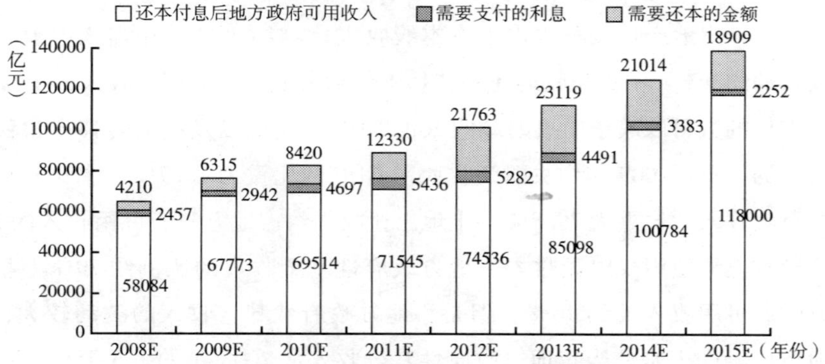

图 4　2009 ~ 2012 年间还本付息后地方政府可用收入增长缓慢

资料来源：中金公司。

政府收入中的 1/4 倚重于房地产的持续增长，是否可通过地方融资平台出售其土地储备来解决债务问题？按照 2009 年的土地销售收入来偿还 7 万亿元债务，需要 7 年时间；以 2008 年的土地销售收入来偿还，需要 15 年时间，这还不包括债务利息。归还债务本金还只是一段时间后需要直接面对的问题，眼前的压力在于利息偿付。假定 7 万亿元债务的平均融资利率为 6%，2010 年地方融资平台需要偿还的利息金额大约为 4200 亿元。考虑到很多项目在相当长的一段时间里不会产生任何资金收益，因此很多地方融资平台只能依靠已获贷款或新的贷款（如果银行愿意继续贷的话）来支付利息，还有一个选择是卖地筹资。那么由此产生的疑问是：第一，2010 年到 2011 年，土地会有买家吗？第二，地方融资平台手中的土地究竟值多少钱？根据一般规律，地方政府行政级别越低，其持有的土地价值越低，那么 2010 年它们在偿付债务本息方面的困难就越大。

3. 地方政府偿债率在 2012 年将上升至 20% 警戒线以上

地方政府偿债率为地方融资平台贷款偿还本息金额/当年地方政府可用收入。它表明，当年地方政府可用收入中必须拿出多少份额用于地方融资平台贷款还本付息。该项指标越高，说明偿债能力越弱。就中国而言，选取 20% 作为地方政府偿债率的警戒线较为合适。根据中金公司的估计，地方政府偿债率将从 2009

年的12.0%继续逐年上升，至2012年将突破20%的警戒线，为26.6%，之后缓慢回落但继续保持在20%以上，直至2014年下降为19.5%，回落到20%的警戒线以下。相应的，2012～2013年超过地方政府偿债率警戒线部分的还本付息金额分别为6729亿元和5068亿元，合计1.18万亿元（参见图5）。

图5　地方政府偿债率在2012年达到警戒线

资料来源：中金公司。

2009年大规模的经济刺激政策，成了各级地方政府扩大融资、投资的重要机遇期。2009年地方融资平台的借贷规模暴增2倍以上，即目前地方政府的债务规模，大部分是在过去一年形成的。地方政府在投融资冲动下，基本没有考虑本级政府实际可承受能力。由于地方政府贷款建设的项目，大都不直接产生经济效益，无法用项目本身产生的效益来归还银行贷款，要用当地本级政府未来的财政收入来归还。巨大的还款压力对一些相对财力较弱的地方政府而言是一个很大的负担。

（二）地方政府融资平台缺乏应有约束

1. 地方融资平台膨胀缺乏自我约束

地方政府独辟蹊径，成立了集融资、建设和经营、债务偿还为一体的城市投资公司作为融资平台，借助该平台进行各种市场化融资，从而，绕开了现行体制与政策的障碍，实现政府的融资目标。但是，中国绝大多数基础设施项目实质上仍是地方政府独家投资，投资负担过重使地方政府形成了“投资饥饿症”，在投资预算安排上年年大“膨胀”，带来了空前的融资压力，迫使地方政府所属的融资平台不惜成本与风险融资，用融资规模最大化来平衡“投资饥饿症”，使得地方政府融资模式实际上是在没有框、没有度、没有责的“三无”约束状态下运转。

所谓没有框，是指投融资全局没有约束。城市基础设施建设有些领域需要政府投资，而有些领域可以由社会投资人投资建设，而许多地方建设是一笔糊涂账，城投公司往往大包大揽，参与了原本可以由市场主体投资建设的领域，造成资金分流，该投的领域却往往缺乏资金。

所谓没有度，就是投融资风险没有限度。尽管就个体来说，地方政府各个融资平台建立了资产负债表，但是就整体来看，地区城市建设却没有资产负债表。地方政府成立融资平台的最主要目的就是为了最大限度地筹措资金，至于资本与负债之间的比例是否失调，负债风险是否超出了融资平台的承受能力则不在考虑范围之内。

所谓没有责，就是融资平台无法承担风险职责。由于政府与融资平台实际上是一家，因而融资平台无法对投融资风险负责。在具体的项目选择和决策上，地方政府替代企业，成为主要的决策者，其中的经济合理性就值得怀疑，这些投资不可避免地出现过于超前的基础设施投资或者是加剧产能过剩的投资，从目前一些地方新建在建工程和项目看，低附加值的建筑用钢材、建材和焦炭等投资品需求上升推动了这部分原本已过剩的产能投资和生产增速出现加快之势。

2. 地方融资平台不透明缺乏外部约束

从全社会角度来看，地方政府投融资行为具有很大的外部性，涉及金融部门作为债权人与老百姓作为受益人的切身利益，需要全社会的监督与约束。但在现阶段，来自外部的强力约束严重缺位。

一是缺乏银行软约束。融资平台将地方政府信用与企业信用混为一谈，加上政府的财政信息不公开、不透明，商业银行很难获得真实、准确的背景资料，使得银行无法对融资平台及其“后台老板”进行有效约束，贷款资金实际上完全脱离借款人监管，一旦出现偿还问题，就像过去国有企业一样，银行将难以追讨。

二是人大对融资平台的约束缺位。目前，政府投资项目尚未真正纳入公共预算的人大监管体系，政府投资预算编制不细化导致很多人大代表看不懂预算草案。在情况不明、信息不通情况下，人大对需要政府公共投资项目决策是否科学、前期准备是否充分、预算安排是否合理、资金来源是否落实、能否取得预期效果、债务风险是否可控等重大问题提不出实质性意见，无法发挥人大对政府投资预算的审批与监管职能，无法把包括融资平台在内的地方政府投融资效率与风险控制在合理范围之内。例如，2009 年土地出让收入占地方政府收入经过转移支付资金调整后总额的 15%。然而，土地出让收入并不纳入预算管理，这意味着该笔资金的支出不受中央财政管理，亦不受地方人大监督。官方预算仅涵盖当前的支出，而土地出让收入为基建项目和其他地方政府希望投资的项目提供了资金。

三　地方政府融资平台的负面影响

（一）对房地产行业：土地财政推动房地产价格上行

许多地方政府主要依靠土地收入等来偿还这些地方投融资平台的负债，因此，在客观上有强烈的动机来推高土地价格，从而，对房地产价格上行形成显著的推动作用。地方政府十分倚重土地出让收入，它们不仅直接从土地出售中获得收入，而且地方融资平台（城投公司）还以土地作为抵押，获得银行贷款。交投活跃的土地市场，尤其是随着土地价格节节攀高，使得城市投资平台得以兴修大量基础设施，从而有力地推动了中国经济增长。

然而，土地财政造成的不良影响也是多方面的，现实经济中的很多问题由此而发。这种将未来 50 ~ 70 年的土地收益在一年中收上来的短期行为，实际上是在透支未来几十年的财政资源。一旦以后地价下跌或者无地可卖了，就会陷入财政困难。从而，对地方政府融资造成负面影响。对集体农用地以公共利益的名义用低价强制征收到政府手中，也导致大量失地农民生存、发展权利得不到保障，影响了社会稳定。不少市县政府在“经营城市”的过程中，政府认为营造一种土地稀缺性，每次拿出一点点，可以卖出好价钱。这使人们对土地资源稀缺性作出错误估计，涨价预期过高，形成房地产泡沫。地方政府的土地财政政策实现了自身利益最大化，却产生了明显的负外部效应，即居民福利降低（高房价使得居民的生活成本上升，变相降低了居民的收入，因而减少了其福利）和失地农民问题越来越影响中国经济社会的稳定和长远发展。

地方政府把经济发展和资金筹措的“宝”压在房地产市场上，借土地融资之便与民争利，和房地产商利益趋同化，有损社会公平正义，也把中国经济逼上了过度依赖房地产等虚拟经济的畸形发展道路。

（二）对银行业：银行信贷的安全问题令人担忧

短期来说，由于投资和信贷政策的收紧，地方政府的一些投资项目可能难以继续融资，从而，导致工程烂尾，进而容易造成银行的坏账。中长期来说，地方政府继而的资金主要投向了基础设施建设，这类投资一般都有回收期长而且低收益甚至无收益的特点，即项目本身的还款能力相当弱，主要靠财政收入偿还，而地方财政收入又是不稳定的，不仅对经济周期敏感，而且因土地收入已占20%以上，直接受着房地产市场冷热的影响。此外，极端情况下，某些地方政府违约的可能性也不能排除。因为近年地方政府较普遍地以财政对借贷进行担保的做法，严格地说在法律上是无效的。这些情况有可能成为银行体系信贷质量方面的长期隐患。

中金公司做过一个粗略的估计，假设2013年融资平台贷款的不良率为3.36%，关注类贷款比率为13.45%，商业银行对不良贷款拨备比例为100%，对关注类贷款拨备比例为5%，则2013年融资平台不良贷款和关注类贷款将分别达到2359亿元和9437亿元。如果商业银行将这些不良贷款在2010～2012年提前拨备，则需拨备2831亿元，相当于银行业2010～2012年拨备前利润的6.6%，对银行业2010～2012年净利润的影响为7.9%。如果累计超过地方政府偿债率警戒线的还本付息金额全部变为不良贷款的假设，对银行业2010～2012年净利润的最大影响为33.1%（如表1所示）。

表1　不同的不良率对银行业2010～2012年赢利的影响

不良贷款占比	0%	20%	40%	60%	80%	100%
2013年不良贷款余额(亿元)	0	2359	4719	7078	9437	11797
2010～2012年所需拨备(亿元)	590	2831	5073	7314	9555	11797
相当于2010～2012年拨备前利润(%)	1.40	6.60	11.80	17.00	22.20	27.40
对于2012～2014年赢利的影响(%)	1.70	7.90	14.20	20.50	26.80	33.10

资料来源：中金公司。

（三）对宏观经济：政府债务膨胀导致宏观经济风险增大

另一层面的风险则在于宏观经济层面。为了偿债，地方政府需要进一步扩大投资和支持房地产，从而形成过度投资的内在动力；如果为了防止问题的扩大，中央政府的政策过度收紧，形成“急刹车”的情况，或尽管国家政策仍然审慎但具体的执行出现“矫枉过正”，就可能造成整体信贷、投资环境的逆转，给宏观经济带来“硬着陆”的风险。

长远来说，如果地方政府无力还债，要由中央政府来兜底，那么不论采取增发国债还是其他形式，都会形成一笔相当沉重的财政负担，最终负担还是摊在老百姓头上（无限度地修路修桥绝不是某些经济学家所宣称的是在“制造未来的公共消费”，这绝对不是一个“免费的午餐”），因为未来税费将要增加，企业创业和经营困难，投资意愿下降，就业就有问题，然后收入就有问题，整个经济的投资和消费的结构会进一步地扭曲。当然反转过来也会摧毁微观偿付的基础，收入增长缓慢，地价和房价的持续上涨就会有问题。这些都会增加中国经济的困难和变数。

四　若干对策建议

对于目前的地方债务问题，国家政策不论是“急刹车”还是让其继续发展，都冒着巨大的风险。前者令一些长期压抑的问题被提前引爆，可能造成信贷、投资和经济的“硬着陆”；后者则会令风险继续累积，埋下更大的隐患。因此，较为稳妥的选择应是对现有的债务和投资尽可能进行梳理和规范，同时，对日后追加的部分严加控制。另外，具体做法上应分类处理，对符合地方长远需要的基建项目，即使有超前投资和低效益的情况，也应尽可能地加以保护，因为放弃的代价可能更大；但对于那些违规的和高耗能、高污染和产能过剩行业的投资部分，应坚决叫停和清理整顿。现金流量良好的融资平台可以引入民营资本，夯实其资本充足率，公益项目为主的融资平台需要落实或加强第二还款来源，提前进行贷款重组。

长远来看，地方政府融资平台贷款风险的积累是中国财税体制和投融资体制改革不彻底的体现，亟须改革。

（一）转变地方政府职能

地方政府融资是地方政府为弥补市场调节机制的缺陷和不足，加快基础设施建设而进行的一项经济活动，具有政策性、非营利性的内在属性，体现在对投资期限长、风险大、利润低但社会效益明显的基础性和公益性项目给予有力支持。因此，要完善地方政府投融资职能定位，努力创造有利于基础设施投融资的政策环境。政府应重新界定自己的职能范围，建立科学、民主的决策机制，防止政府职能的不合理扩张。随着基础设施和公共服务领域市场化改革的推进，服务价格理顺以及社会参与热情提高，政府直接出资的领域应逐渐减少，甚至退出。在有限的财政资源条件下，地方政府要很好履行职责，就必须最大限度地把财力物力集中投放到关键性领域。要把财政投资拉回到政府分工的领域中来。这包括两个方面的战略性调整：第一，从结构调整来看，政府部门要坚持“有所为，有所不为”的方针，全面收缩投资领域，围绕本职工作来确定投资方向；第二，要盘活政府性资产存量，实行“有进有退”的调整，从“越位”领域退出，填补“缺位”领域，真正实现从全能型政府向公共服务型政府的转变。

（二）促进政府债务显性化

提高地方政府投融资平台的透明度，推动当前地方政府通过投融资平台所形成的隐形负债向及时公开披露的显性负债转变，改变当前信息披露严重不透明的状况。主要措施有：第一，必须建立地方政府资产负债表。把分散在各个融资平台的投融资活动纳入公共财政资产负债表的整体框架之中，使投资来源与投资使用的方向、结构、总量限制在资产负债的框架之内。第二，建立地方政府建设预算制度。要根据地方政府的可支配收入的变动情况编制统一的地方政府投资预算计划，包括各种投资来源与投资使用的统筹安排。第三，建立地方政府投融资的预警系统。通过各种监控指标与风险信号，把地方政府投融资风险控制在安全可靠的范围之内。第四，必须控制地方政府债务率。未来地方政府融资模式必须满足一定的约束条件，也就是说必须把债务率控制在合理的范畴之内，新型融资模式必须追求总量均衡与结构协调的双优目标，两者要统筹兼顾不可偏废。

（三）推动地方政府融资平台市场化

为解决地方政府的融资和偿债问题，发行地方债券和资产证券化等具体办法都可以考虑。通过债券发行等形式筹资建设的项目，往往具有相对较高的透明度以及相对较严格的自我约束。目前地方政府融资平台存量规模已经很大，要找出路还是要依托债券市场。应抓住此次机会，加快市政债券市场的规范发展。但需要注意的是，这种做法的前提一般是要先对地方政府的财政状况和偿债能力进行评估，偿债能力低的地方政府可能面对无法融资的情况或者必须承受很高的利率。另外，对地方政府现有的资产或负债进行证券化，在理论上也是分散、转移风险的一个办法，但必须吸取美国次贷问题引发一场金融危机的教训，至少要做好投资者的保护，并严格控制杠杆，否则这种办法的结果可能反倒成了扩散和放大风险。

（四）吸引民间资本进入政府投资领域

地方政府融资的关键问题之一是如何引导社会资本参与到地方政府投资项目中来。政府举办公共工程，引导社会资金配套跟进。公共工程与产业项目是紧密相连的，地方政府投资外部性很强的文化、教育、医疗的公共基础设施，等于为社会资金的进入创造了良好的投资环境，这实际上是“政府搭台、民间唱戏”的投融资效应。中国民营经济快速发展，民营企业投资实力不断增强，目前充实的民间资本由于缺乏好的投资机会和领域，正不断从传统的制造业领域退出，这些资本急需寻找新的投资领域，是地方政府融资创新的重要参与主体。地方政府融资资金用于基础设施与公共服务设施投资领域，而不是为竞争性项目进行融资，与一般性私人投资领域进行错位投资，因而既不会对私人实体经济产生投资领域挤出效应，也不会产生资金挤出效应。相反，地方政府以吸纳民间资本参与基础设施与公共服务投资所进行的融资创新，拓宽了民间资本的投资渠道。

（五）强化地方政府债务的硬约束

尽管部分地方政府自行制定了本地区政府性债务管理的一些办法，但全国统一的管理机制和制度体系尚未建立。中央财政应尽快建立全国统一的债务管理体系，扭转当前多头举债、权责不清、调控不力的局面。要强化地方政府债务的硬约束，一方面，银行应当推进更为审慎的对地方政府融资的风险管理举措。这包括对项目资本金的严格监控，以及对偿还能力的深入分析，控制发放打捆贷款，重点跟踪不同地方政府的负债状况和偿债能力，来把握融资平台的还款能力和贷款风险。另一方面，要通过立法形式，硬化地方政府的债务约束。建立地方政府投资责任制度，避免地方政府过度举债并转嫁下届政府，防止地方政府将其债务风险向上级部门转嫁。再一方面，要建立地方政府建设预算。根据地方政府的可支配收入的变动情况编制统一的地方政府投资预算计划，包括各种投资来源与投资使用的统筹安排。

（六）改革“土地财政”的收益方式

地方政府热衷于土地融资不仅仅是中国特有的现象。“土地财政”在任何国家地方政府融资中都具有一定的重要性。但是，“土地财政”作用的发挥要在不损害公民基本权益和保护土地资源的基础上实现，不能无限放大和扩张其功能，以损害经济与金融的稳定健康发展为代价。可将土地出让收入全额缴入国库，在国库中设立“国有土地有偿使用收入专账”，专门核算土地出让金、新增建设用地土地有偿使用费收支情况。严格执行土地出让收入全额纳入预算管理的规定，将由地方政府分成的土地出让金的收支纳入地方财政预算，形成统一完整的地方财政预算体系，并对违反规定的地方政府与官员依法予以制裁，消除地方政府与官员使用土地出让金的随意性。

国际金融形势分析

一　全球经济形势概览

2009年，“后危机”时代的金融体系逐渐恢复了平静，但实体经济却仍在泥泞中痛苦地挣扎。国际货币经济组织统计数据显示，2009年全球经济出现了1.06%的负增长。其中主要发达国家（G7国家）出现3.6%的负增长，新兴市场与发展中国家在困境中仍然实现了1.7%的同比增长。发展中国家中，亚洲发展中国家成为黑暗之中的一颗明星，2009年实现增长6.2%（参见图1）。2009年的总体状况基本符合2008年末全球各大机构作出的预测，全球经济出现了第二次世界大战之后的首次负增长，国际贸易、商品价格和货币汇率等多个经济领域都将受到危机的极大困扰。但当时国际机构普遍认为，发展中国家可能在2009年遭遇更甚于发达国家的负面冲击，现实却让这些预期最终落空。这体现出，发展中国家，特别是较高程度融入全球化中的亚洲发展中国家，已经开始具备了更多的经济发展内在动力，这也使得全球危机给亚洲发展中国家带来的传导时滞将被进一步拉长。目前，IMF预测全球经济将于2010年实现3.1%的正向增长，并且恢复性增长将成为2010

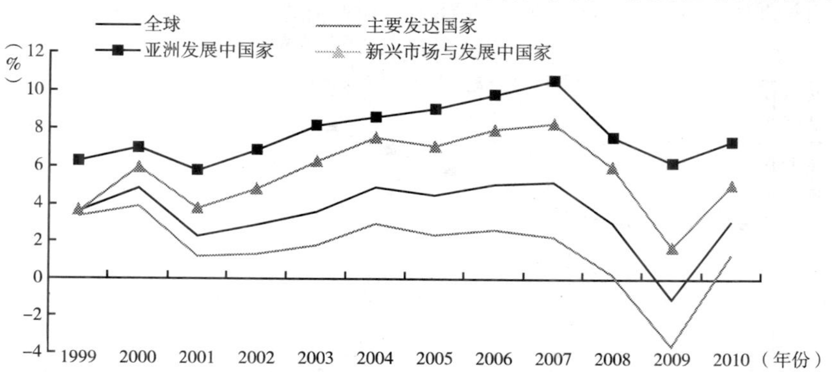

图1　全球主要地区的产出增长

资料来源：IMF世界经济展望数据库。

年的主基调，其中主要发达国家1.3%的增长正是全球经济走出危机的主引擎。

如2008年末所预期，经济危机使得全球贸易活动受到了极大影响，全球贸易总量于2009年出现27年来的首次负增长。2009年全球贸易进出口总量为30.15万亿美元，相比2008年下降22.8%。根据IMF的预测，随着2010年全球经济恢复性增长，全球贸易总量将增至32.3万亿美元，增长约为8.7%。但恢复到2008年39万亿美元的水平，估计仍然需要两年以上的时间。贸易总量的下滑并未对全球的贸易分工格局产生根本性影响，发达国家作为一个整体仍然是贸易逆差国，发展中国家为贸易顺差国。美国几乎承担了所有的贸易逆差，而亚洲发展中国家和其他石油输出国则承担了全球大部分的贸易顺差。并且，在贸易大幅下滑的背景下，贸易摩擦和贸易壁垒的矛盾愈发突出。

产出的负增长使得全球储蓄率由2008年的24.18%下降到2009年的21.72%。在收入减少的前提下，消费的刚性需求加上投资吸引力的降低，使得储蓄率出现较大幅度的下降。其中，发达国家储蓄率由2008年的19.48%降至2009年的16.87%，新兴市场与发展中国家的储蓄率由2008年的34.82%降至2009年的32.65%，而亚洲发展中国家的储蓄率仅由2008年的47.67%微降至2009年47.06%。产出增长的相对稳定和依然有力的投资是亚洲发展中国家继续保持高储蓄率的直接原因。IMF预计，随着2010年全球经济出现复苏，作为全球经济主引擎的发达国家的储蓄率将会有所上升，其储蓄率预计将提升到17.5%，从而推动全球储蓄率上升到22.59%。但IMF预测，亚洲发展中国家的储蓄率将会出现持续小幅下降的趋势，预计该地区2010年储蓄率将微降至46.87%（参见图2）。

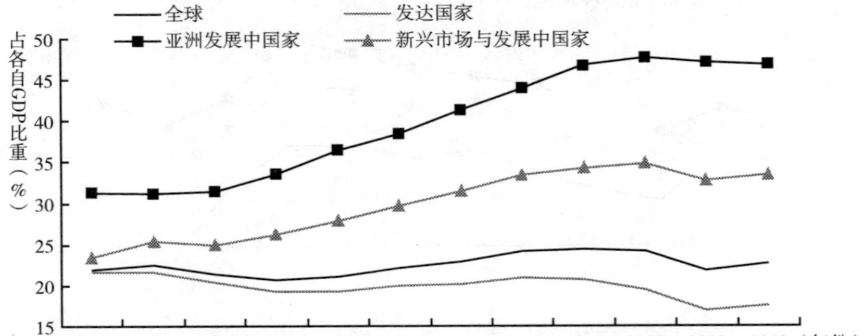

图2　全球主要地区储蓄情况

资料来源：IMF世界经济展望数据库。

贸易流动直接对应的是全球储蓄投资的分配格局。虽然全球的储蓄率出现了一定幅度的下降，但主要经济体的储蓄、投资缺口结构仍未发生根本性变化。发达国家依然是储蓄小于投资的储蓄净输入格局，其中美国占据了全球储蓄输入的绝大部分，而发展中国家特别是亚洲发展中国家，依然是发达国家储蓄缺口的弥补者。危机阴云持续不散，已使得发达国家储蓄净输入与其产出的占比出现下降，该比率已由2008年的1.53%下降到2009年的1.11%，IMF预计2010年该比率将进一步降至0.82%。亚洲发展中国家的储蓄输出占比相应的由2008年的5.9%下降至2009年的5%，IMF预计该比率于2010年将小幅提升到5.24%。中东地区作为全球储蓄提供者的地位受到石油价格的重大影响，油价的大幅波动使得中东地区的储蓄输出占比由2008年的18.3%迅速降至2009年的2.6%，IMF预计2010年该比率将提升7.9%（参见图3）。值得指出的是，发达国家储蓄净输入占比的降低主要是因为预计2010年产出总量基数将出现明显提升，从而导致相对占比下降。而预计亚洲发展中国家储蓄净输出占比将于2010年小幅提升，表明全球储蓄净流动的绝对规模仍将进一步扩大。

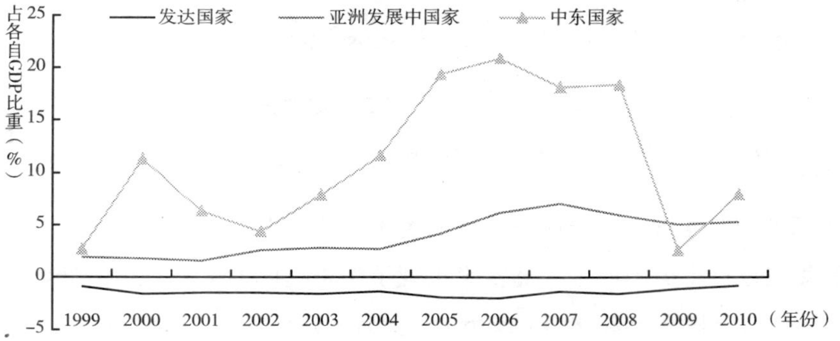

图3　全球主要地区的储蓄缺口情况

资料来源：IMF世界经济展望数据库。

二　主要经济体的经济与金融发展

（一）美国的经济金融形势

2008年12月初，美国国民经济研究局（NBER）正式宣布：美国从2007年12月开始已经进入经济衰退。到2009年底，美国已经历了长达25个月的衰退。

2009年的美国，正如之前所预测的那样，遭遇了第二次世界大战结束以来首次全年负增长，全年产出负增长2.4%。从季度数据来看，美国2009年前三个季度的产出增长分别为-3.3%、-3.8%和-2.6%，直到第四季度才出现0.15%的同比正增长（参见图4）。美国产出增长的"V"字形趋势，很大程度上仅仅只是带有翘尾因素的恢复性增长，这一特点在以下各项指标分析中都将有所体现。目前，虽然美国复苏的势能依然十分微弱，但2009年的绝对衰退，还是极有可能让美国经济在2010年出现较高水平的恢复性增长。

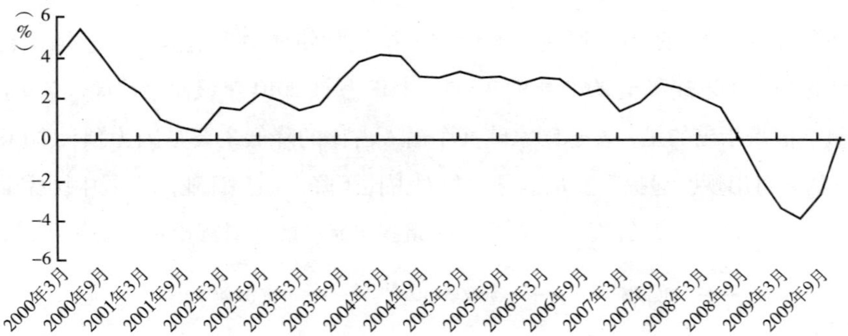

图4　美国实际GDP季度增长

资料来源：美国圣路易斯联储银行数据库。

美国的消费支出是决定产出水平的关键，消费支出占总产出85%左右。虽然危机爆发已使得美国的个人储蓄率出现了一定程度的上升，个人储蓄率已由2007年的1.7%提升到2008年的2.6%，随后又升至2009年的4.3%，但投资占比的下降仍然使得消费的重要性丝毫未受影响。2008年急转直下的消费颓势直接导致了2009年美国的绝对衰退。到2009年的第二季度，美国的实际消费仍然同比减少了0.96%，第三、第四季度实际产出出现了0.17%与1.1%的正增长，这就为美国总产出负增长的扭转提供了有力的支撑（参见图5）。

经济的颓势势必会对消费者信心产生影响。2009年年初，美国的消费者信心和消费者预期指数均达到了本次危机以来的最低点。但从2009年第二季度开始，消费者信心出现提升，消费者预期指数于2009年5月开始超过60，消费者信心指数同期开始超过50。接下来的几个月，虽然消费者对于现状的满意指数依然处于低位，但消费者信心和预期指数就一直维持在2009年中期左右的水平

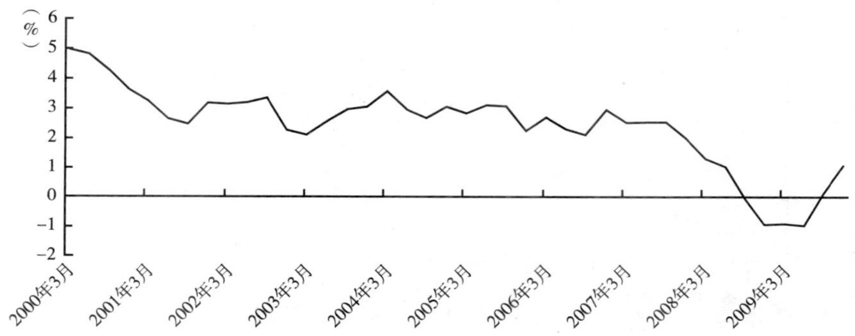

图 5　美国实际消费季度增长

资料来源：美国圣路易斯联储银行数据库。

（参见图 6）。这表明，消费者预期开始有所企稳，从而促使美国于 2009 年第三季度开始出现消费增速反转的趋势。

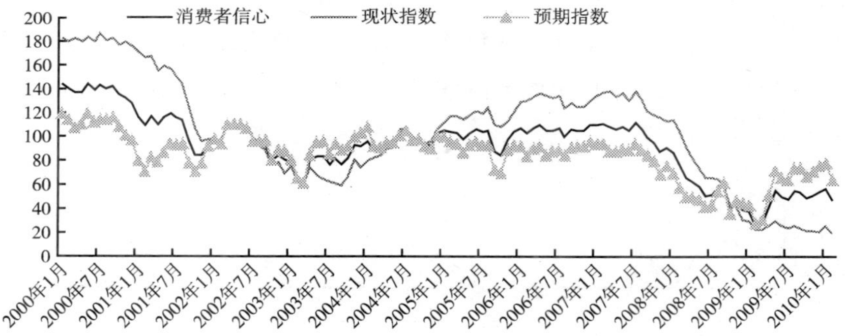

图 6　密西根大学消费者信心指数

资料来源：美国圣路易斯联储银行数据库。

危机的持续使得美国失业率在 2009 年扶摇直上，失业率从 2009 年 1 月的 7.7% 持续攀升到 2009 年 10 月的 10.1%。随后两个月，失业率持续维持在 10% 的水平，直到 2010 年 1 月，失业率才微降至 9.7%（参见图 7），从而形成了第二次世界大战后第二失业高峰（仅次于 1982 年底的 10.8%）。

从新增非农就业情况来看，2008 年 5 月以来，美国进入了延续至今的新增非农就业负增长局面。2009 年 7 月，非农就业负增长达到 5.1%，为 60 年来最低水平。这表明美国的就业市场的恶化并未能够由失业率所完全体现，对于经济

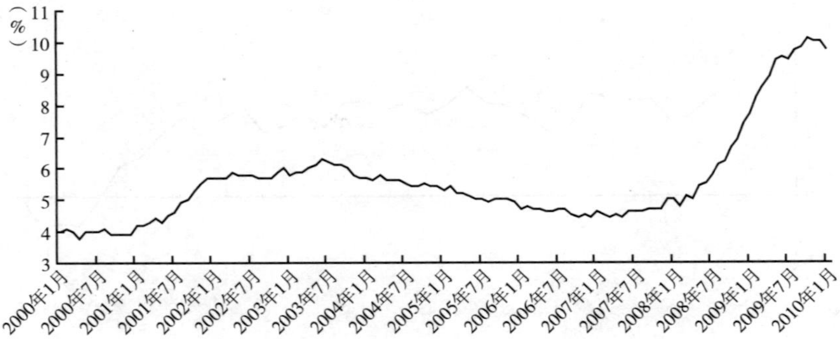

图 7　美国月度失业率

资料来源：美国圣路易斯联储银行数据库。

预期的恶化，已经导致美国劳动参与率大幅下降，从而让更多的劳动年龄人口失去了寻找工作的意愿。好在 2009 年 9 月份开始，美国新增非农就业的负增长情况有所好转，到 2010 年 1 月，新增非农就业已艰难地回升至 -3.1%（见图 8）。总体来看，美国的新增就业还将在负增长的范围内挣扎一段时间，并且随着就业形势的逐渐缓和，就业意愿也将有所增强，美国失业率恢复到危机前的水平还要经过一个漫长的过程。

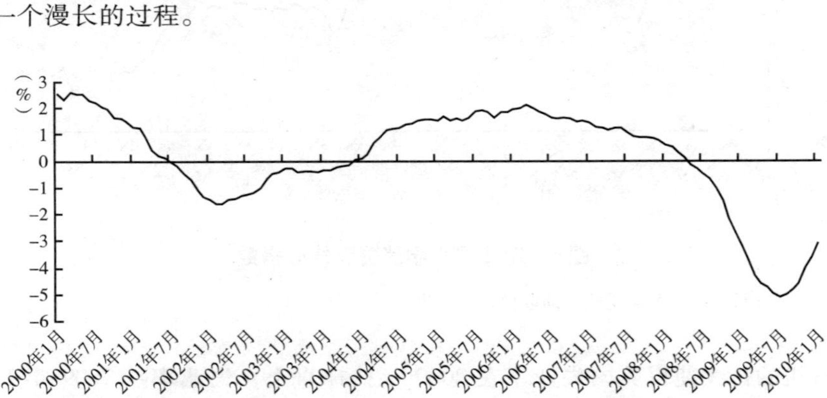

图 8　美国非农就业人数月度增幅

资料来源：美国圣路易斯联储银行数据库。

2009 年的美国价格指数变化呈显著的“V”字形趋势，自从 2008 年 7 月国际油价和大宗商品价格全面下跌开始，美国 CPI 的同比变化也出现了一次断崖式的回落。到 2009 年 7 月，美国 CPI 同比增长已下降到 -2.12%，随后，CPI

同比增长开始稳步回升，到2010年初，该指标已上升至2.6%。即使遭遇危机和大宗商品价格的剧烈波动，美国剔除掉食品、能源以外的核心CPI仍然保持着一定水平的增长。2009年全年美国核心CPI增长1.7%，相比2008年2.3%的增长降低了0.5个百分点。2010年国际大宗商品价格的波动将是影响CPI的重要因素，但经济疲软的态势仍将使得美国核心CPI维持在一个相对较低的水平（参见图9）。

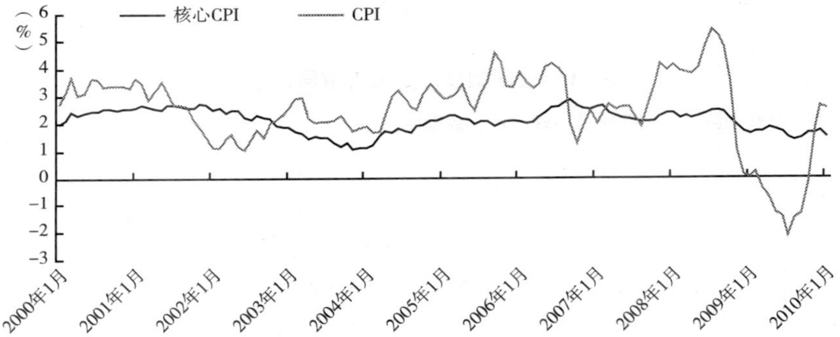

图9　美国消费者价格指数同比增长

资料来源：美国圣路易斯联储银行数据库。

美国的PPI与CPI呈现相同的趋势，PPI也于2008年7月开始经历一场断崖式的下跌，PPI增速由2008年7月的9.3%直线回落到2009年7月的-6.8%。随着石油价格从2009年初逐步上升，到2009年7月份以后，油价开始稳定在65~80美元/桶左右。而一年前的同一时期，石油价格开始狂泻，翘尾因素必然会导致PPI的同比增长出现一个陡峭的反转。到2010年1月，PPI同比增长已升至4.9%。危机的延续最终使得美国的核心PPI（剔除能源和食品）增速下降，核心CPI增速已由2009年1月的4.12%下降到2009年12月的0.88%（参见图10）。

美国产能利用率急剧下降的趋势从2008年一直延续到2009年6月，美国产能利用率从2008年1月的81%迅速下降到2009年6月的68.3%（参见图11）。2009年7月，经济形势恶化的势头有所收敛，产能利用率也开始有所回升，到2010年1月，美国的产能利用率艰难地恢复到72.6%。虽然美国的产能利用率仍处于75%以下，但不断转好的趋势似乎让黑暗中的人们看到了一丝曙光。

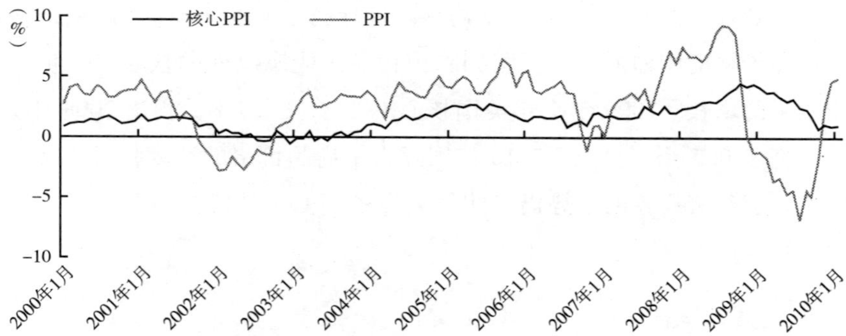

图10　美国制成品价格指数同比增长

资料来源：美国圣路易斯联储银行数据库。

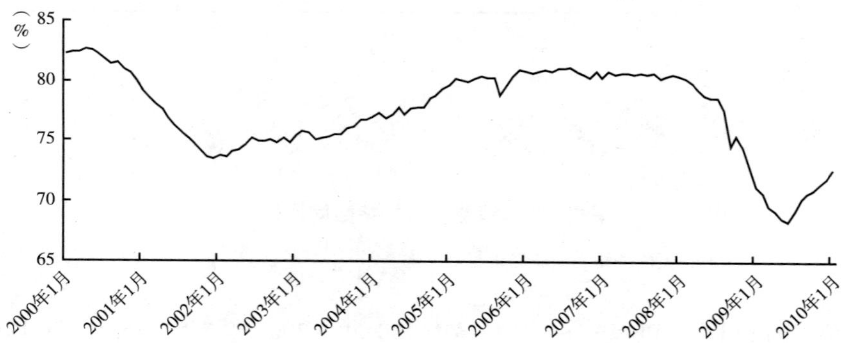

图11　美国的产能利用率

资料来源：美国圣路易斯联储银行数据库。

2008年9月开始，金融危机的再次升级，使得美国新订单与除飞机外的非国防订单均出现了同比负增长。并且随着危机的蔓延，订单负增长的情况继续恶化，直到2009年6月，美国新订单同比增速已经滑落到26.1%，除飞机外的非国防订单同比增速已经滑落到-25%左右。2009年第三季度形势有所缓解，新订单负增长情况也开始出现了明显改善。加上翘尾因素，2010年初美国的新订单已出现了同比正增长，2010年1月新订单同比增长3.5%（参见图12）。订单状况的改善对经济活动形成了较大的信心支撑。

持续了两年多的美国房地产下滑态势最终在2009年得到遏制，整个2009年，美国的新住房开工和新房申请许可基本上稳定在每月55万套左右（参见图

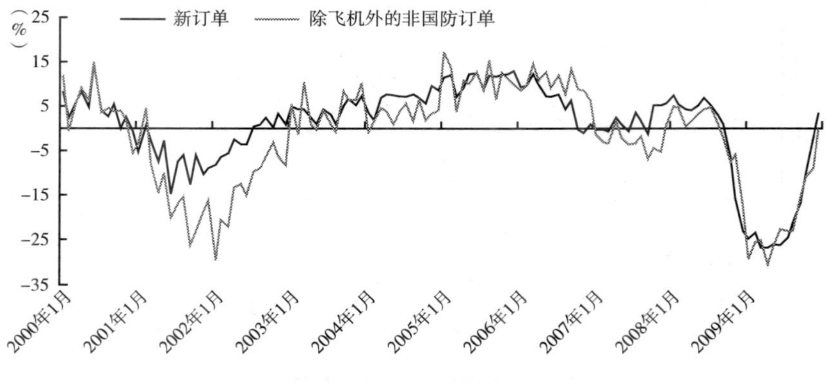

图 12　制造业订单月度增长

资料来源：美国圣路易斯联储银行数据库。

图 13　美国新开工和新申请住房

资料来源：美国圣路易斯联储银行数据库（年度化的月度数据）。

13）。这一水平仅相当于 2006 年初 220 万套的四分之一，为第二次世界大战结束以来的最低点。房屋的刚性需求使得美国房地产市场很难再出现大幅度的萎缩，但房地产市场的回暖迹象仍未显现。尤其是从房地产价格指数的变化上来看，2009 年延续 2008 年的负增长趋势，并且 2009 年全年负增长 4.1%，超过了 2008 年的 −2.9%。到 2009 年第四季度，美国房地产价格指数同比下降 4.77%（参见图 14）。整体来看，美国房地产市场进一步下挫的空间已经十分有限，但房地产市场走出泥潭重新恢复生机离不开就业状况和居民预期的彻底转变，因此美国的房地产市场还将继续经历一段煎熬。

2009 年美国进出口增速呈“V”字形之势。进出口同比增速的最低点均出现

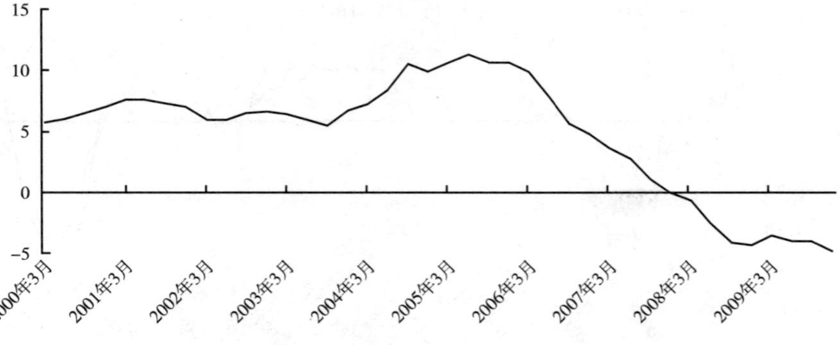

图 14　美国房地产价格季度指数

资料来源：CEIC 数据库。

在2009年第二季度内（进口和出口的增速分别降至-31%和-21%），从第三季度开始，进出口增速呈快速上升之势，到2009年12月，进口和出口增速已分别升至4.6%和7.4%（参见图15）。从贸易净差额来看，2008年7月份开始，危机的进一步升级使得美国进口增速的滑落大幅超过出口，从而导致美国贸易逆差的持续缩小。到2009年6月，美国当月的贸易逆差仅为260亿美元左右。但从2009年7月开始，美国的月度贸易逆差数据又开始呈现不断上升的趋势，到2009年12月，美国当月贸易逆差又回到了400亿美元左右（参见图16）。美国贸易逆差有所回升的直接原因就是出口增速与进口增速的差距迅速缩窄，在2009年的第一、第二季度，美国出口增速基本大于进口增速9个百分点左右，这就导致2009年第二季度的月均贸易逆差仅为270亿美元。随着美国经济从

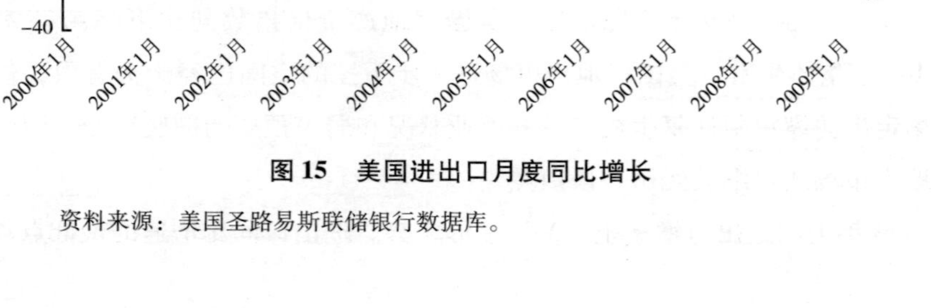

图 15　美国进出口月度同比增长

资料来源：美国圣路易斯联储银行数据库。

2009 年第三季度出现恢复性增长，进口增速快速提升，到 2009 年 12 月，美国出口增速大于进口增速的缺口迅速降为 2.7%，从而，使得美国的贸易逆差又有所上升。一旦美国经济出现恢复性增长，美国进口增速迅速追赶上出口增速，表明美国依靠储蓄净输入的格局一时很难改变，全球经济失衡格局的改变需要失衡双方内部经济结构实现重大调整，从而从根本上缓解失衡的压力。

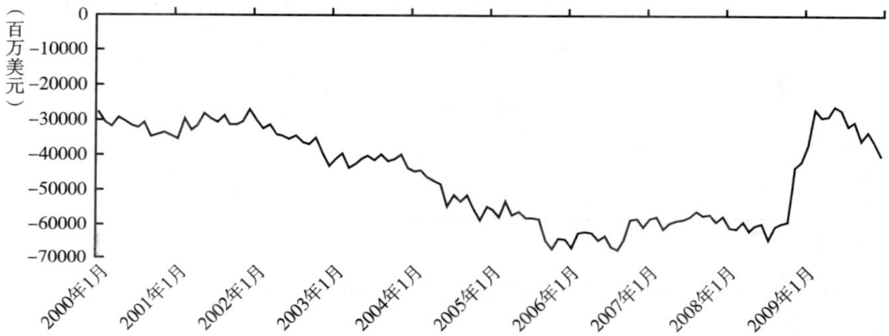

图 16　美国贸易差额

资料来源：美国圣路易斯联储银行数据库。

自从 2008 年 12 月美联储将联邦基金指导利率调至 0 ~ 0.25% 以来，整个 2009 年期间美国的指导利率没有再出现新的调整。即使 2009 年第三季度开始，美国经济出现了恢复性增长，同时物价指数也出现快速回升，但面对并不牢固的复苏，美联储并不敢在宽松货币政策退出方面走得太快。目前，虽然威胁金融体系稳定的因素已经基本消除，但为帮助实体经济稳健复苏，美联储何时退出自成立以来最低目标利率区间，还有待就业、消费和投资状况出现稳步改善。但物价的回升同时也让美联储面临巨大压力，2010 年第二、第三季度或将成为美国利率政策的转折点。

虽然 2009 年全年的指导利率并未做调整，但长短期利差依然延续了 2008 年的上升趋势，利率的期限溢价由 2008 年末的 270 个 BP 持续增加到 2010 年初的 450 个 BP。短期利率持平之下，长期利率持续上升表明长期资金的需求有所增加，金融体系的流动性缺口有所缓解。同时，长期利率不断提升也表明通胀预期开始逐步加大。

美国房地产市场的持续低迷使得长期利率的上升也未能提升住房抵押贷款的利率。2008 年三十年期的固定抵押贷款利率的平均水平为 6.04%，2009 年该利率平均水平再降至 5.04%（参见图 17），创下了第二次世界大战结束以来的新低。低迷的就业市场和负增长的房价对房地产市场形成沉重打击，进而使得住房抵押贷款的申请和发放都十分谨慎。虽然较低的贷款利率将有利于房地产市场的复苏，但 2010 年美国经济恢复性增长和物价回升的压力仍然有可能推高住房抵押贷款利率。

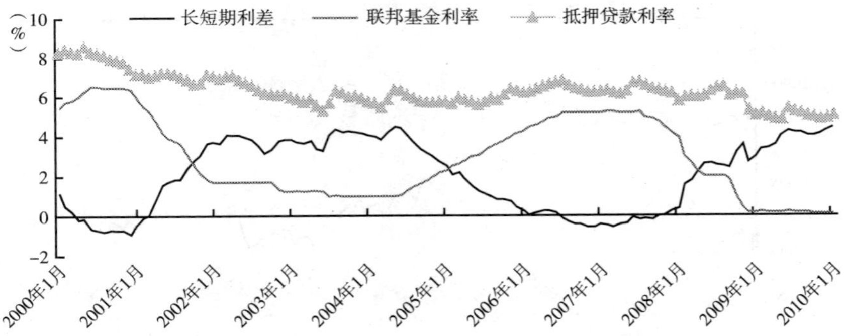

图 17　美国利率情况

资料来源：美国圣路易斯联储银行数据库；抵押贷款利率为 30 年固定抵押贷款利率、长短期利差为 30 年期国债的到期收益与联邦基金利率之差。

虽然后危机时代美国金融体系已逐渐趋于稳定，但考虑到目前流动性对于维护金融体系稳定的关键作用，美国货币当局仍然不敢贸然退出宽松的货币数量环境。2009 年初，美元的基础货币总量为 1.66 万亿美元，到 2009 年末，这一数字已增加到 2.03 万亿美元。但近一年多来美联储基础货币投放的增速却呈现倒"U"字形特征，2009 年的前三季度，美国基础货币存量的同比增速基本维持在 70%左右，从 2009 年第四季度开始，基础货币的同比增速开始迅速下降，到 2010 年 1 月该增速已降至 15.4%（参见图 18）。增速的变化主要是因为美国基础货币的大量投放始于 2008 年第三季度，一旦基础货币总量开始稳定，翘尾因素势必会导致增速的大幅回落。目前，美国存款机构的法定存款准备金稳定在 600 亿美元左右，超额准备金 2009 年末达到 1.07 万亿美元，成为吸收美元基础货币的绝对主力。另一方面，从储备的来源来看，存款机构借入储备由 2008 年 10 月的 4035 亿美元下降到 2009 年末的 879 亿美元，而同期非借入储备则由 −880亿美元迅速上升到 2009 年末的 1.05 万亿美元。

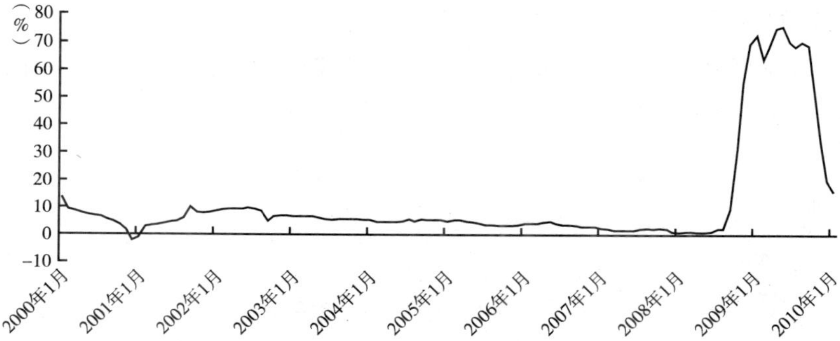

图 18　基础货币月度同比增长

资料来源：美国圣路易斯联储银行数据库。

从 2008 年第二季度开始，美国的信贷增速呈持续下降趋势，到 2009 年末信贷存量同比增长已降至 -7.5% 左右。信贷增长的大幅下降直接导致广义货币供给增速的回落，美国 M2 增速已由 2009 年 1 月的 9.6% 降至 2010 年 1 月的 1.9%；美国 M1 的变动却更多地受到基础货币变化的影响，从图 19 中可见，M1 增速也出现与基础货币相同的倒“U”字形特征。M1 增速由 2009 年 1 月的 13.1% 升至 2009 年 8 月的 16.3%，随后增速迅速下滑，到 2009 年 12 月该指标已降至 6%。

从图 19 中可见，2009 年，美国的贷款增速迅速下落。为 21 世纪以来最严重的。贷款的迅速下落体现在各项贷款之中，其中工商贷款和消费贷款增速回落尤为明显。工商贷款增速已由 2008 年底的 12.7% 迅速降至 2010 年 1 月的 -19.5%，消

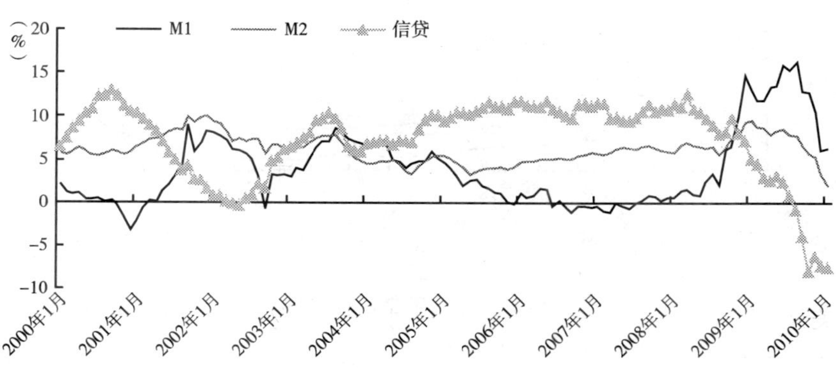

图 19　货币供应与商业银行信贷月度增长

资料来源：美国圣路易斯联储银行数据库。

费贷款增速也由2009年初的9.4%回落到2010年1月的-6.3%，从2007年初就开始持续下降的房地产贷款增长最终于2009年的第四季度滑入了负增长区间（参见图20）。信贷市场的惨淡反映出企业、居民和银行在信用扩张时的谨慎情绪。

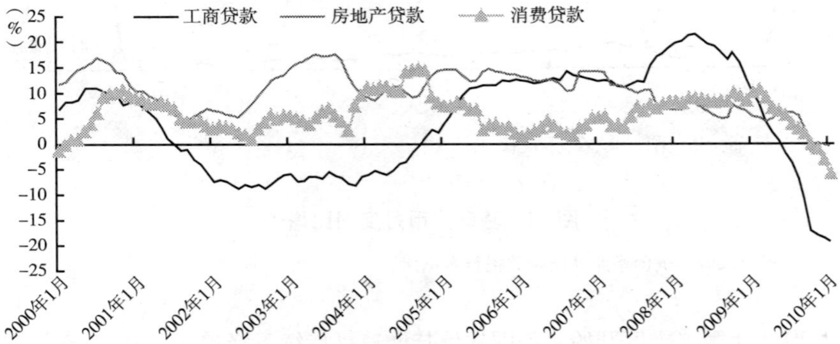

图20 各类贷款存量月度增长

资料来源：美国圣路易斯联储银行数据库。

危机阴霾持续不散一方面使得信贷规模增速剧降，另一方面也进一步加大美国信贷资产质量的压力。总体来看，美国信贷违约率已经由2008年末的4.7%上升到2009年末的7.1%，而同期的坏账冲销率也由2008年末的2%上升到2009年末的3%（参见图21）。

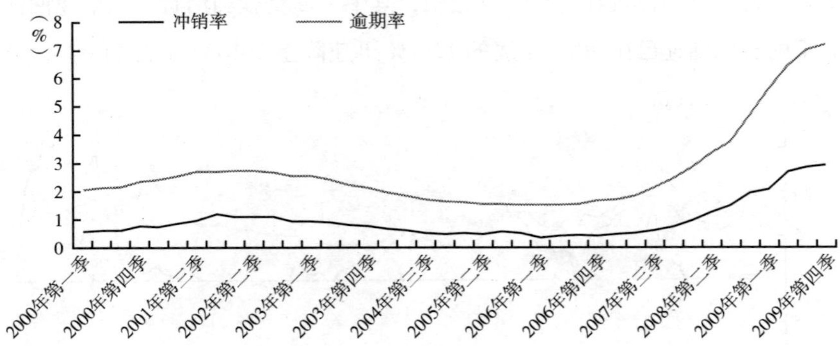

图21 美国不良贷款走势

资料来源：美联储理事会统计资料。

从具体各类贷款的违约情况来看，自从2008年初开始，房地产贷款违约率以3.57%的比率首次超过消费信贷，成为美国最危险的贷款资产。并且这一趋势在2009年得到进一步恶化，到2009年第四季度，美国房地产贷款的违约率已上升到9.38%的历史最高纪录。同样，美国工商贷款违约率也呈逐步上升之势，违约率由2008年第四季度的2.66%上升到2009年第四季度的4.49%。经济危机让一向安全的消费信贷违约率在2009年也出现了上升，违约率由2008年的3.76%上升到2009年的4.7%。但从季度数据来看，随着美国经济出现恢复性增长，新房信贷违约率从2009年第三季度开始出现微降，违约率由第二季度的4.83%降至第四季度的4.6%（参见图22）。预计随着消费增速的加大，消费信贷总量和消费信贷的违约情况将会得到进一步扭转。

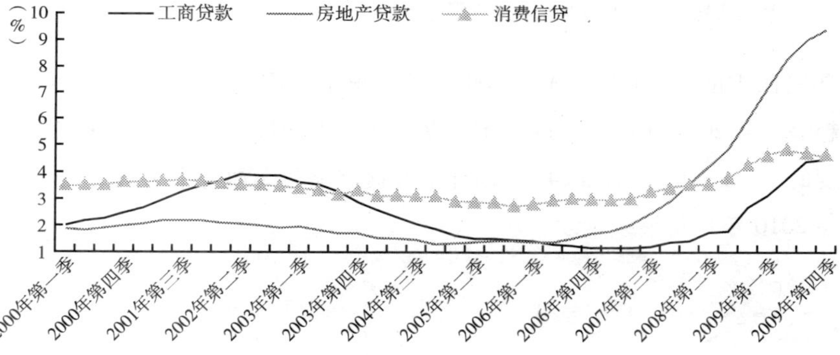

图22 各类贷款的逾期率

资料来源：美联储理事会统计资料。

2008年股市下跌的势态一直延续到了2009年的第一季度，随着金融体系逐步恢复稳定，从2009年3月开始，美国股市进入了复苏阶段。特别是2009年第三季度以来出现的实体经济恢复性增长，更是为股市的持续回暖提供了有力的支撑。道琼斯指数从2009年2月的7100点持续上升到2009年12月的10400点左右。同时，纳斯达克指数也由2009年2月的1370点上升到2009年12月的2270点（参见图23）。美国股市受超跌反弹与复苏预期的影响，已经收复了部分失地，但经济复苏的持续性和货币政策转向等因素才是决定2010年美国股市趋势的关键。

（二）欧元区的经济金融形势

如早前的预期一样，欧元区（16国）2009年产出负增长4%，为欧元区成立以来的首次年度负增长。从季度数据来看，欧元区的总产出首次负增长出现在

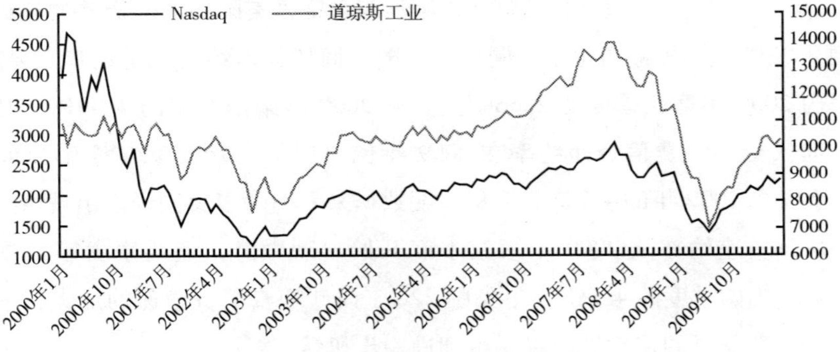

图 23　美国股票指数

资料来源：Bloomburg 数据库。

2008 年第四季度（-1.85%），2009 年的产出增长率则呈现与美国类似的"V"字形趋势。从 2009 年第一季度开始，欧元区产出增长率逐步由-5.1%回升到第四季度的-2.1%（参见图 24），预计欧元区经济恢复性增长助推产出增速提升之势在 2010 年仍将继续延续。

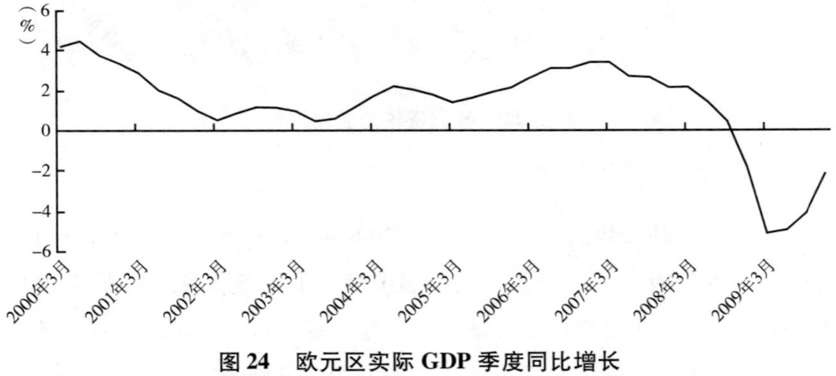

图 24　欧元区实际 GDP 季度同比增长

资料来源：欧洲央行统计数据库。

2009 年初，欧元区的 CPI 同比增速延续了 2008 年第三季度开始的下降趋势，CPI 增速由 2008 年 7 月的 4% 快速下降到 2009 年 7 月的-0.66%。经济形势略为企稳与去年同期物价大幅降低的双重因素，使得欧元区 CPI 增速从 2009 年 8 月份开始不断升高，到 2010 年 1 月，CPI 增速已升至 1%，但核心 CPI 增速从 2008 年第三季度开始一直呈稳步下降趋势，增速已由 2008 年 7 月的 2.6% 下降到 2010 年 1 月的 0.8%（参见图 25）。预计 2010 年随着经济恢复性增长，核心 CPI

增速将趋于稳定。而2009年初国际油价的低位与宽松货币政策的延续，必然会导致整个欧元区CPI增速于2010年上半年继续保持攀升趋势。

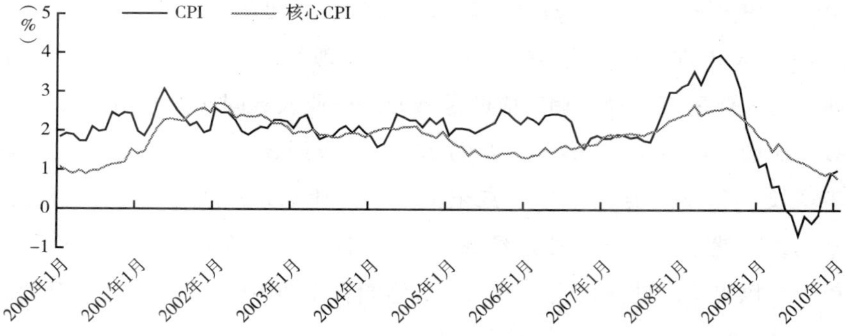

图25　欧元区消费物价情况

资料来源：欧洲央行统计数据库。

PPI增速基本与CPI呈相同的变化趋势，PPI增速最高由2008年7月的7.3%迅速下降到2009年7月的-7.8%，随后开始上升，到2010年1月，PPI增速已升至-0.8%。核心PPI增速与PPI增速一样为“V”字形趋势，增速由2008年7月的7.3%，滑落到2009年1月的-0.6%，为欧元区成立以来核心PPI首次同比负增长。2009年的第一、第二季度，欧元区核心PPI增速继续回落，增速最低滑落至2009年7月的-8.4%。随后，经济形势略为企稳与翘尾因素同样导致核心PPI增速回落，2010年增速已回升至-1%（参见图26）。预计2010年第一季度欧元区核心PPI增速转正已无悬念。

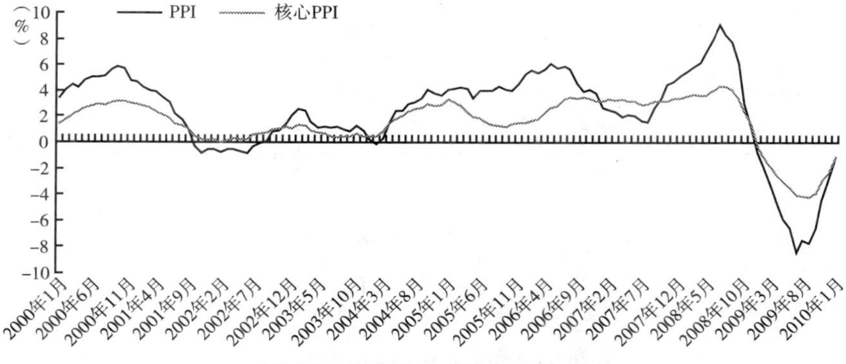

图26　欧元区制成品价格情况

资料来源：欧洲央行统计数据库。

2009年欧元区就业形势继续恶化，但随着近期实体经济出现稳定迹象，就业市场进一步恶化的势头有所遏制。欧元区失业率由2008年底的8.2%上升到2009年末的9.9%（参见图27）。但2009年第四季度以来，失业率一直维持在9.9%的水平未再进一步恶化，失业率是否会出现降低，还有待经济形势的进一步明朗。与失业率节节攀升相对应的是欧元区就业人数同比增速的大幅下降，就业人数同比增长由2007年第三季度的2.9%下降到2009年第二季度的0.05%，近乎零增长。到2009年第三季度甚至出现了同比0.8%的负增长，为欧元区成立以来的首次就业负增长（参见图28）。预计就业市场的企稳将会为欧元区的劳动力市场提供更多的就业机会，就业人数增幅将于2010年出现企稳回升的态势。

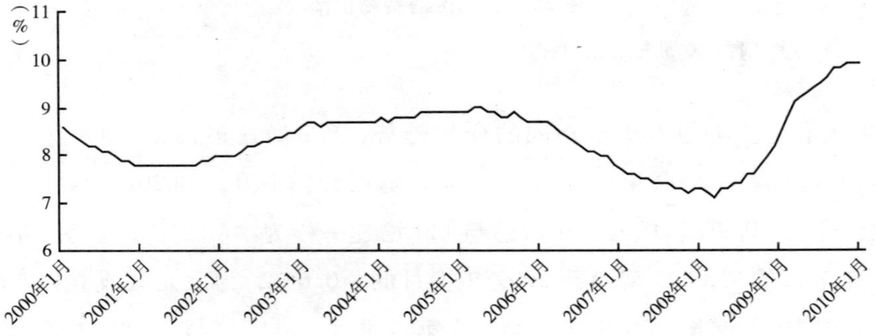

图27　欧元区失业率月度走势

资料来源：欧洲央行统计数据库。

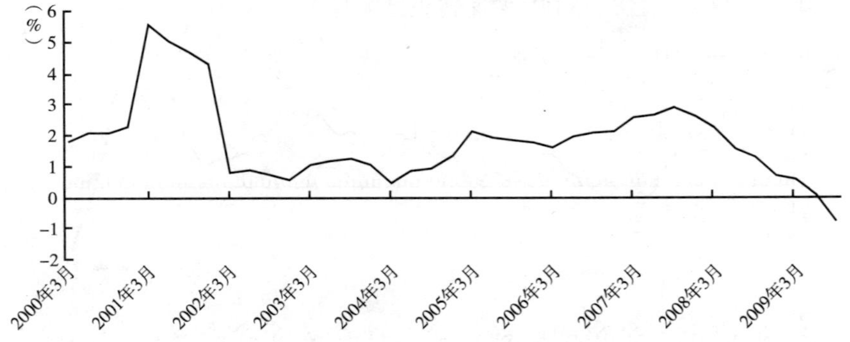

图28　欧元区就业人数季度增长走势

资料来源：欧洲央行统计数据库。

整个欧元区产业指数与制造业指数迅速滑落的趋势一直持续到2009年第一季度才有所缓解，产业指数从2008年1月的110.72迅速滑落到2009年4月的88.41，随后该指数逐渐企稳并缓慢回升，到2009年12月，该指数已回升到90.61。制造业指数则呈现了与产业指数完全相同的趋势，该指数由2008年1月的112.36迅速滑落到2009年4月的88.08，而后又逐步回升到2009年12月的90.05（参见图29）。

图29　欧元区产业指数走势

资料来源：欧洲央行统计数据库。

欧元区的信心指数和商业景气指数呈显著的"V"字形反弹趋势，信心指数由2007年4月的1.55持续下降到2009年3月的-3.22，而后持续回升到2010年2月的-1%。商业景气指数也由2007年5月的112持续下降到2009年3月的70.6，随后又逐步回升到2010年初的96（参见图30）。这表明，信心的稳步恢复是产业逐步复苏的重要推动力，而信心能否得到持续支撑，还取决于支出和产出复苏的进一步加强。

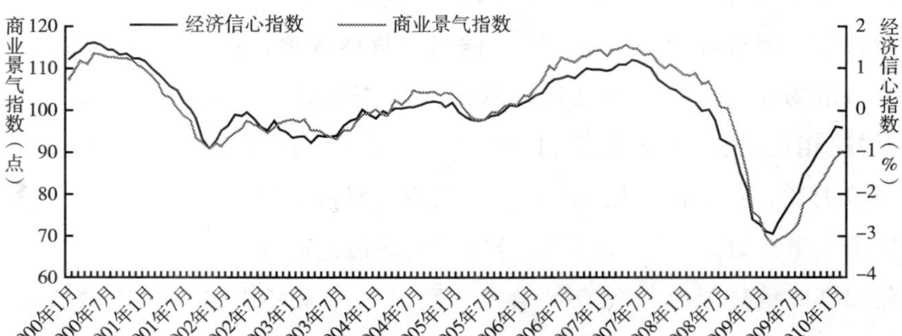

图30　欧元区公众的各类信心指数

资料来源：欧洲央行统计数据库；信心指数见右轴。

从出、进口总量上来看，欧元区的贸易额已从2008年的7.6万亿欧元降至2009年的6.4万亿欧元，降幅达到16%，但2009年欧元区贸易顺差总额1247.6亿欧元却相比2008年增长28%。贸易顺差增大的直接原因就是贸易出口增速高于进口增速，虽然同为负增长，但欧元区出口同比增速已由2009年第一季度的-19.5%上升到第四季度的-7.7%，而同期进口增速仅由-18.3%上升到4季度的-10.6%（参见图31）。贸易顺差的扩大无疑将对欧元区的稳定复苏提供更大的支撑。

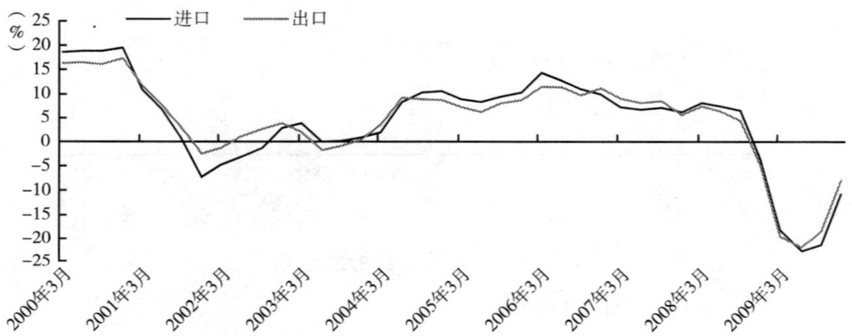

图31 欧元区进出口季度同比增速

资料来源：欧洲央行统计数据库。

2008年第三季度金融危机再次升级使欧元区也不得不采取宽松的货币数量供应，而同时经济形势的恶化又让欧元区信贷出现紧缩，这就导致欧元区不同的货币层次出现背道而驰的两种增长趋势。2008年9月之前，面对居高不下的物价增长，欧洲央行一直采取着略为偏紧的货币政策，直到9月份之后，随着美国货币市场危机传导到欧元区，欧洲央行开始新增大量现金投放，欧元区M1的增速相应的由2008年7月0.06%持续上升到2009年8月的13%。从2009年9月份开始，欧元区M1存量增长逐渐放缓，加之去年同期开始实施的基础货币大量投放，导致M1同比增速开始缓慢地降至2010年1月的10.7%。而不断加剧的信贷配给状况直接导致了欧元区广义货币供给增速的放缓，M2同比增速由2008年8月的9.7%持续下降到2010年1月的1.7%，M3同比增速则由2008年8月的9.6%持续下降到2010年1月的-0.72%（参见图32）。预计，随着数量宽松货币政策的有序退出，M1增速将会进一步回落，而经济进一步恢复性增长又将提升信贷水平，从而使得广义货币供给增速出现企稳回升的势头。

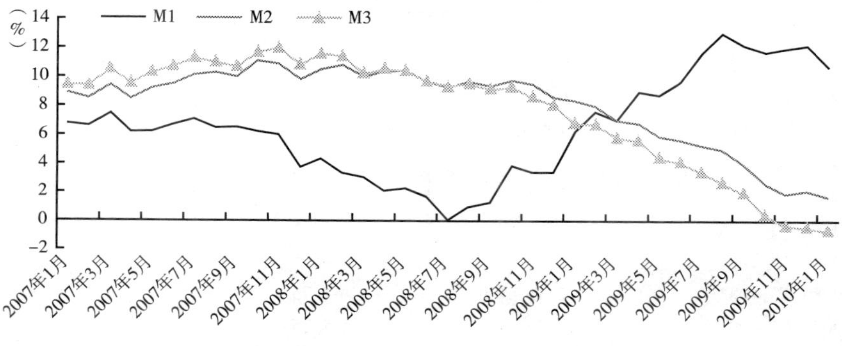

图 32　欧元区 2007 ~ 2010 年货币供应量

资料来源：欧洲央行统计数据库。

在 2008 年 9 月美国货币市场发生危机之前，欧洲央行还一直把抑制通胀压力作为政策调控的主要导向。金融危机升级让欧洲央行于 2008 年 10 月 8 日分别下调欧元区存款便利利率和主要再融资利率各 50 个 BP，从而将整个欧元区的融资通道向下平移了 50 个 BP。2008 年 10 月 9 日，欧洲央行将存款便利利率和主要再融资利率分别提升和下降了 50 个 BP，从而，将一直维持 200 个 BP 的欧元融资通道缩减至 100 个 BP。2008 年 10 月 15 日，欧洲央行下调了边际贷款便利利率，从而将目标利率调至 3.75%。随后，物价增长的快速回落和实体经济面临的压力让欧洲央行进入了一个持续降息通道，欧元区指导利率一路下调到 2009 年 5 月的 1%。并且 2009 年 5 月份的降息还同时将欧洲央行融资通道由 200 个 BP 下降到 150 个 BP（参见表 1）。2009 年 5 月份以来，虽然物价增速有所回升，但考虑到经济复苏的基础仍不牢固，欧洲央行一直未显现出利率政策转向的迹象。

金融市场的联动性让欧元区市场呈现出与美国市场近乎一致的走势。欧元区道琼斯 STOXX50 指数由 2008 年初的 4400 点持续降至 2009 年 2 月的 1970 点左右，随后，金融体系的逐渐企稳让股票市场出现超跌反弹，加上实体经济也出现恢复性增长，欧元区股票市场一路回升到 2009 年末的 2960 点。2010 年初，欧元区股市停止了上升的趋势，STOXX50 指数基本稳定在 2750 点左右（参见图 33），股市的下一步走势更多地将取决于实体经济恢复型增长之后，是否还有更为坚实的成长基础。

表 1　欧元区指导利率

单位：%

时　间	存款便利利率	主要再融资利率	边际贷款便利利率
2009-05-13	0.25	1.75	1
2009-04-08	0.25	2.25	1.25
2009-03-11	0.5	2.5	1.5
2009-01-12	1	3	2
2008-12-10	2	3	2.5
2008-11-12	2.75	3.75	3.25
2008-10-15	3.25	4.25	3.75
2008-10-09	3.25	4.25	—
2008-10-08	2.75	4.75	—
2008-07-09	3.25	5.25	4.25
2007-06-13	3	5	4

资料来源：欧洲中央银行统计数据库。

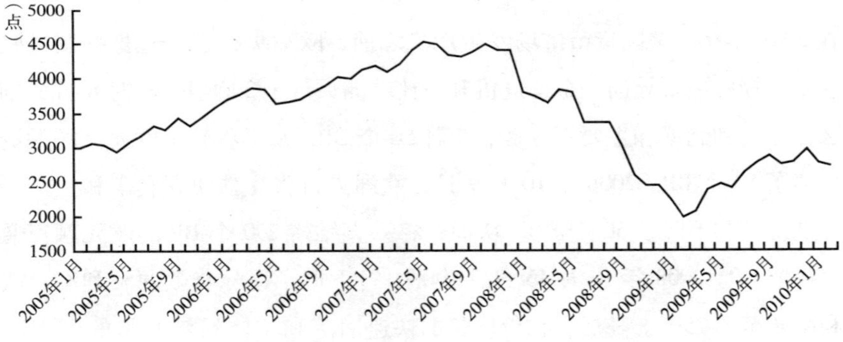

图 33　道琼斯 STOXX50 指数走势

资料来源：欧洲央行统计数据库。

（三）日本的经济金融形势

2008 年日本遭遇了 21 世纪以来第一次产出负增长，但不想更为严酷的寒流出现在了 2009 年，日本全年实际产出负增长接近 5%。从季度增长来看，2009 年的产出增速呈“V”字形之势。2009 年第一季度日本的产出增长为 -8.7%，为全年最低。随后产出增长开始回升，到 2009 年第四季度，日本实际产出增速已回落到 -0.85%（参见图 34）。预计全球性的复苏性增长同样也会带动日本经济于 2010 年实现产出正增长。

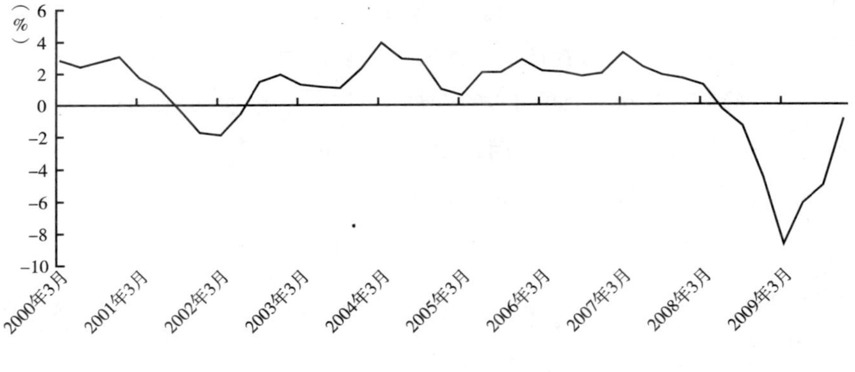

图 34　日本实际 GDP 季度增长走势

资料来源：日本银行统计数据。

2009 年的日本物价增长全年都处于零增长水平以下。CPI 增幅呈现小幅的先降后升之势，增幅由 2009 年 1 月的零增长持续下降到 9 月份的 -2.6%，随后回升到 12 月的 -1.3%。PPI 指数由 2009 年 1 月的 -1% 持续下降到 2009 年 7 月的 -8.8%，随后回升到 12 月的 -2.2%。导致价格指数增速变化，尤其是 PPI 增速变化的重要原因是油价同比变化趋势，根据这一点，预计日本的 CPI 和 PPI 增幅在 2010 年初仍会继续提升，并且在产出恢复性增长的情况下，物价增速由负转正将成为必然。而剔除能源和食品的核心 CPI 指数增速则更多地反映出危机的特征，核心 CPI 增幅由 2009 年初的零增长持续滑落到 2009 年末的 -1.2%（参见图 35），核心 CPI 增速的提升还有待于产出增长的持续稳固。

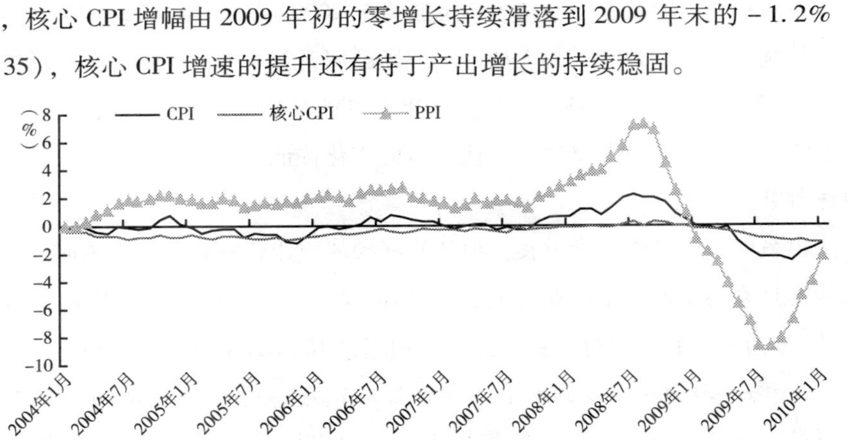

图 35　日本价格指数增长走势

资料来源：日本银行统计数据。

2009 年的上半年，日本的失业率呈不断上升趋势，失业率由年初的 4.2% 一直上升到 7 月的 5.2%。随着日本经济出现恢复性增长，就业出现略为改善，失业率逐步下降到 2010 年 1 月的 4.9%（参见图 36）。就业状况的改善对于扩大消费和恢复信心具有极大的支撑作用，相应 2010 年上半年日本经济继续保持恢复性增长势头仍将继续带动失业率的逐步下降。

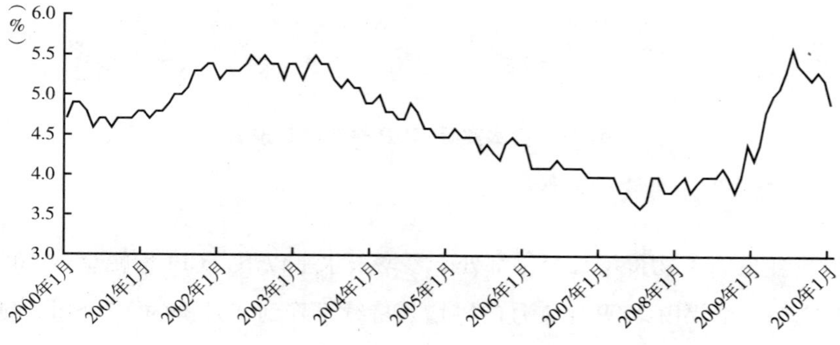

图 36　日本失业率走势

资料来源：日本银行统计数据。

日本的产业指数增速呈现出与产出增长完全相似的格局。2009 年产出的负增长必然伴随着产业的负增长，但增速“V”字形的趋势十分明显。日本全部产业指数增速由 2008 年 7 月的 -2.9% 迅速降至 2009 年 2 月的 -12.41%，随后增速出现持续回升，到 2009 年 12 月，该指标已回升至 1.6%。第三产业指数增速由 2008 年 7 月的 0.19% 迅速降至 2009 年 3 月的 -7.67%，随后回升至 2009 年 12 月的 -2.76%（参见图 37）。产业指数的变化佐证了经济恢复性增长这一趋势的总体判断。

产出虽然实现了恢复性增长，但依然严峻的就业状况和前景尚不明朗的经济复苏使得日本的房地产市场在整个 2009 年都保持着在低位徘徊。2009 年日本仅在 1 月、6 月和 7 月出现过新住房开工面积超过 1000 万平方米，其他月份基本维持在 800 万～900 万平方米的水平（参见图 38）。这一水平不仅是 21 世纪的最低点，更是自日本经济起飞以来的最低水平，即使是 20 世纪最后那“失去的 10 年”，日本的房地产市场也没有衰落到如此水平。

日本 2009 年贸易顺差 2.8 万亿日元，相对于 2007 年的贸易顺差 2.28 万亿

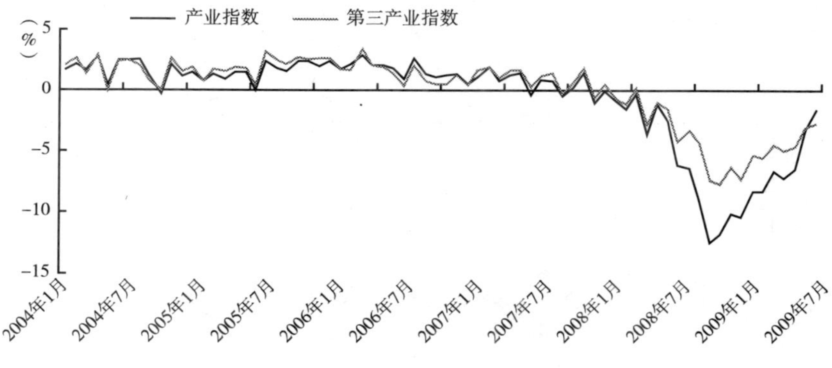

图 37 日本产业指数同比增长走势

资料来源：日本经济产业省统计数据。

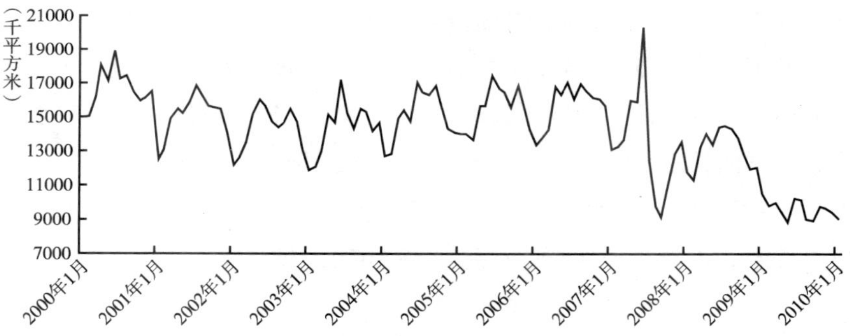

图 38 日本新住房开工量走势

资料来源：日本国土交通省统计数据。

日元增加了22.8%，但仍然只相当于2007年的贸易顺差的25.7%。贸易顺差增长的直接原因就是贸易出口增速明显高于进口增速。总体来看，日本贸易进、出口增速都呈现出明显的“V”字形反转。其中出口同比增速由2009年第一季度60%左右的负增长一跃升至2009年12月的11.62%增长，2010年1月的增速甚至提高到36.8%。进口增速同样也由2009年第一季度的－50%升至2009年12月的－4.6%，2010年1月也出现了11.1%的正向增长（参见图39）。全球经济的恢复性增长为日本的出口复苏提供了更广阔的市场，而进口受国内支出疲软的影响增速相对偏低，这就导致贸易顺差的继续扩大将会为2010年日本经济恢复提供更多的支撑。

2008年7月国际油价大跳水和随后9月份爆发的货币市场危机，最终促使

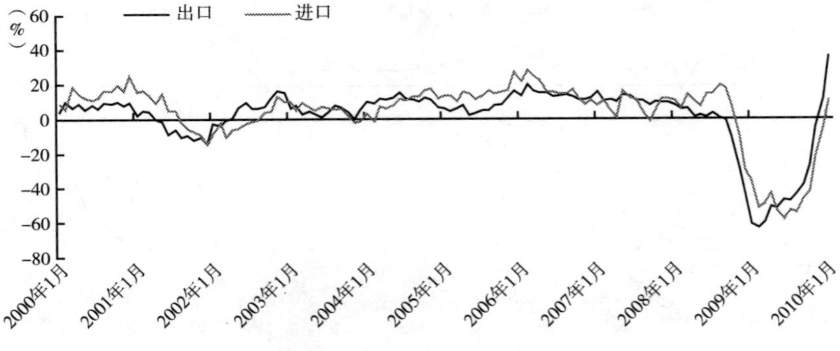

图 39　日本进出口月度同比增速

资料来源：日本银行统计数据。

日本银行在 2008 年 10 月份果断实施降息，从而使得 0.1% 目标利率一直维持至今。面临并不稳定的经济复苏，日本在货币政策转向方面仍不敢贸然表态，这很可能使日本仍将继续处于一段较长的“零利率”时期。虽然短期利率水平维持不变，但日本的长短期利差却于 2009 年出现了先扬后平的趋势，10 年期国债收益率与拆借利率之差由 2009 年初的 140 个 BP 升至 5 月的 165 个 BP 左右，随后利差逐渐缩窄，2009 年第四季度利差基本稳定在 135 个 BP 左右（参见图 40）。

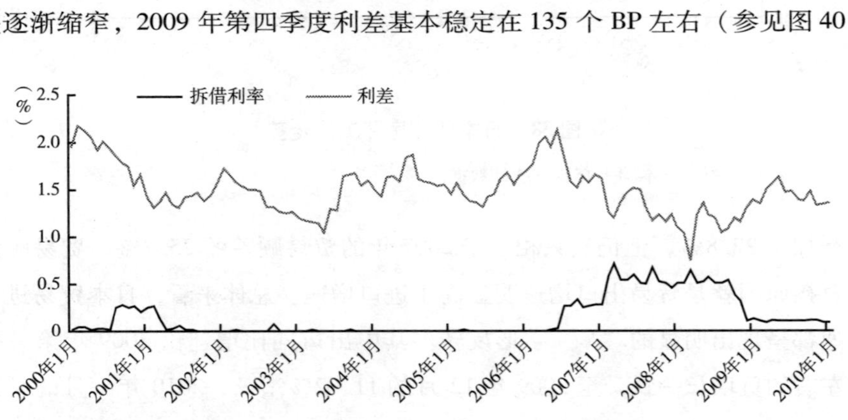

图 40　日本利率走势

资料来源：日本银行统计数据；利差为 10 年期国债收益率与拆借利率的差额。

2009 年日本的货币供应增速呈逐步上升趋势，M1 的增速由 2009 年初的 1% 左右的负增长逐步提升到 2009 年末的 1%，M2 增速则由 2009 年初的 2% 左右上升到 2009 年末的略大于 3%。为应对金融体系的动荡，日本央行曾大幅增加基础货币的投放，基础货币增速由2008年7月份零增长左右迅速升至2009年4月的8.2%，随后增速有所放缓，到2009年底，基础货币增速逐步回落到5%左右（参见图41）。

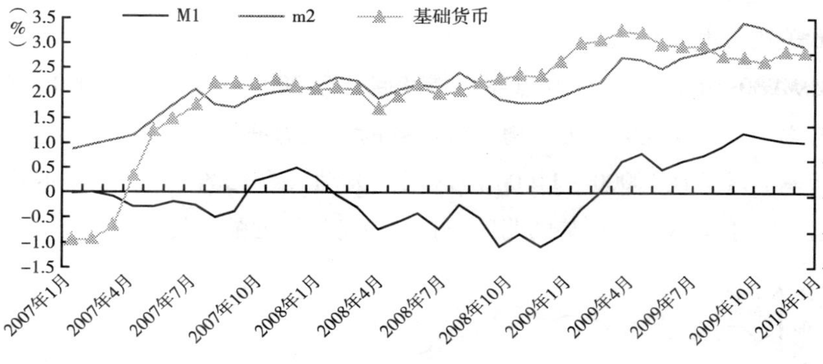

图41 日本货币供应量增速走势

资料来源：日本银行统计数据，基础货币增速见右轴。

日本2009年的信贷增长呈单边下降之势，全部存款机构贷款和贴现总量的增速由2009年初的4%下降到2010年1月的－1.67%（参见图42）。信贷增速下降的同时却伴随着货币供给增速上升，说明存款机构的资产负债结构开始发生变化，信贷资产在存款机构中占比开始下降，有价证券在资产中的占比开始相应上升。从信贷自身的结构来看，导致日本信贷增速不断下降的主要原因就是工商企业贷款的增速出现快速下降。在日本的信贷存量中，工商贷款占比超过50%，

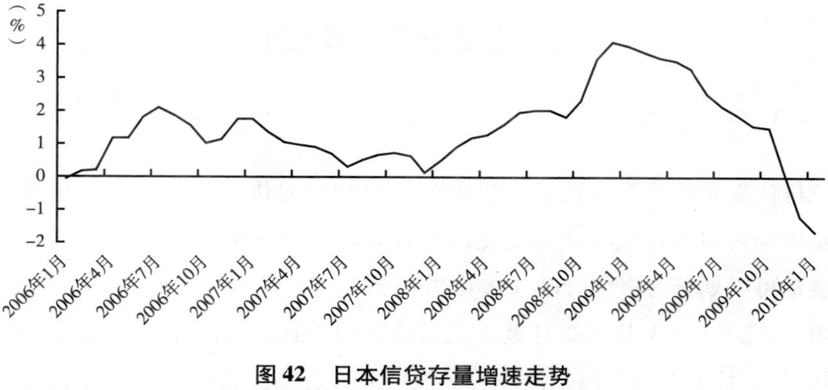

图42 日本信贷存量增速走势

资料来源：日本银行统计数据。

但日本工商贷款增速却由2008年末的4.5%迅速滑落到2010年1月的-6.4%。2009年日本的个人贷款增速基本稳定在接近2%左右，住房抵押贷款增速稳定在3%~3.5%之间，地方政府信贷增速基本稳定在10%以上。可见，工商企业信贷的恢复将是直接关系到日本信贷市场整体复苏的关键。

与欧美股市类似，日本股市也于2009年走出了一轮绝地反弹的局势，日经225指数从2009年2月的7500点左右持续回升到2009年7月的10000点以上。但7月份之后，全球性的复苏性增长将市场的注意力开始更多地转向欧美市场，日本股市基本维持在10000~11000点区间内波动（参见图43）。日本股市的强劲提升还有待于全球经济形势的明朗与日本自身经济的强劲复苏。

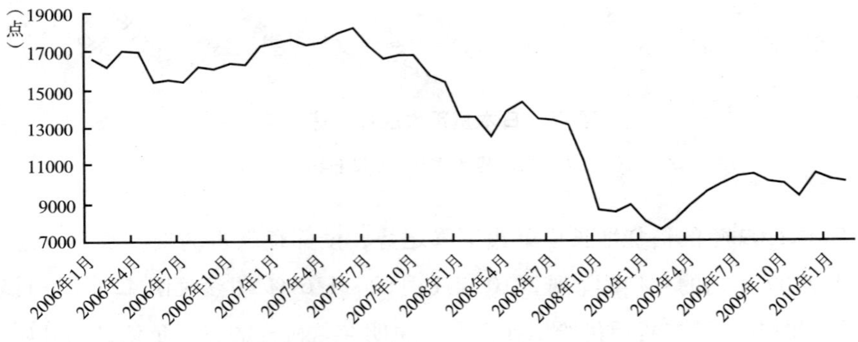

图43 日经225指数走势

资料来源：Bloomburg数据库。

三 主要货币汇率变化

（一）美元汇率

危机让美元有效汇率犹如“过山车”般跌宕起伏，这是危机改变国际资金流向及市场参与者对风险认知变化的综合表现。2009~2010年初，美元有效汇率的波动可以划分为三个阶段（参见图44）：

第一，2009年1月至2月是美元延续升值阶段。在此阶段，美元汇率延续了2008年7月以来的大幅升值趋势。根据BIS的统计数据，美元的名义有效汇率指数由2008年12月的97.83上升到2009年3月的101.43，实际有效汇率指

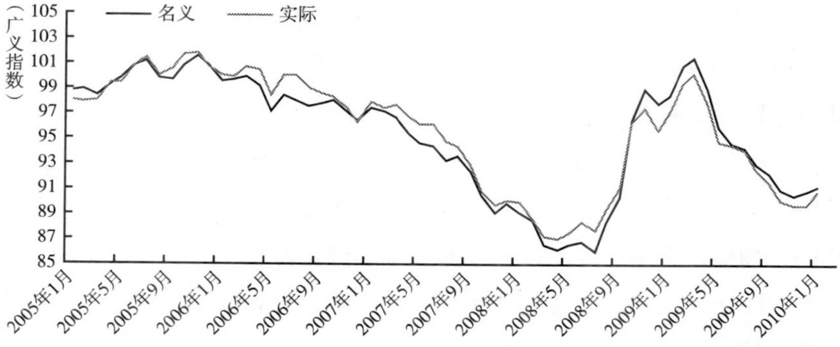

图 44　美元有效汇率月度指数

资料来源：BIS 统计数据。

数相应由 95.68 攀升至 100.21，与 2005 年以来的历史最高点几乎持平。2008 年下半年以来的美元升值是外汇市场各方参与者应对危机的综合反映；具体而言，就是资金选择美国国债作为安全保障、美国资金规避风险大量回流以及流动性不足导致的美元需求增加三方面因素共同作用的结果。这些因素改变了美元的供求关系，推动美元迅速上升，引发了危机后的强势美元。

第二，2009 年 3 月至 12 月是美元大幅贬值阶段。在这一阶段，美元汇率指数一路下滑，12 月份的名义汇率指数跌至 90.8，实际有效汇率指数跌至 89.66。应当说，前一阶段的美元坚挺并非源自美国实际经济的复苏。美国经济在 2009 年并没有率先走出困境，其经济增长形势较为脆弱；尽管自第三季度经济出现正向增长，但失业率仍居高不下，第四季度高达 10%。随着世界经济的复苏和全球金融市场的企稳，资产增值动机开始驱使大量资金流出美国，选择高赢利性的其他国家资产，这导致美元汇率指数大幅下降。

第三，2009 年 12 月以来是美元转向升值阶段。在经历了持续的疲软态势之后，美元汇率终于迎来了回升局面。这轮回升主要归因于对美联储加息的预期、迪拜债务危机等因素。鉴于美国经济复苏具有脆弱性，市场人士对于此轮美元的升值并不乐观。对于美元汇率能否实现“否极泰来”，最终还是需要美国实体经济的全面复苏作为真正的支撑。

美元对欧元的走势与美元有效汇率的走势基本吻合。2009 年 1 月和 2 月，美元对欧元处于升值阶段；在此之后的 9 个月中，随着市场的恢复和资金重新流出美国，美元对欧元汇率从 1 欧元兑 1.28 美元贬值到 2009 年 11 月的 1 欧元兑

1.49 美元；2009 年 12 月，美元对欧元的汇率有所反弹，由 1 欧元兑 1.46 美元升值至 2010 年 1 月的 1 欧元兑 1.43 美元（参见图 45）。就短期而言，欧元的升值并非意味欧元的强势和市场对欧洲经济的肯定，而是前期美元过度升值的回调以及对美国经济前景担忧的反应。两种货币比价的中期趋势，主要取决于各自实体经济的复苏程度。目前，美国与欧元区的经济复苏迹象均表现明显；美国、德国、法国、葡萄牙等国已经出现连续两个季度环比增长，失业趋于缓和。尽管如此，美国与欧元区的经济复苏仍然面临突出问题。首先，金融体系去杠杆化限制了信贷规模扩大，金融体系功能尚未有效恢复。其次，各国财政状况持续恶化、公共债务负担加重，这可能是下一阶段经济复苏面临的突出风险。在美国方面，奥巴马政府的经济刺激计划和医疗改革计划无法摆脱经济增长的困难和财政收支的进一步恶化；在欧盟方面，尽管危机后欧盟通过的《里斯本条约》进一步提高了欧盟一体化程度，但是欧盟分散的财政体系和经济政策仍是经济复苏的软肋。从中期看，美元和欧元的比价将取决于双方在恢复经济与防止债务失控方面的相对表现。

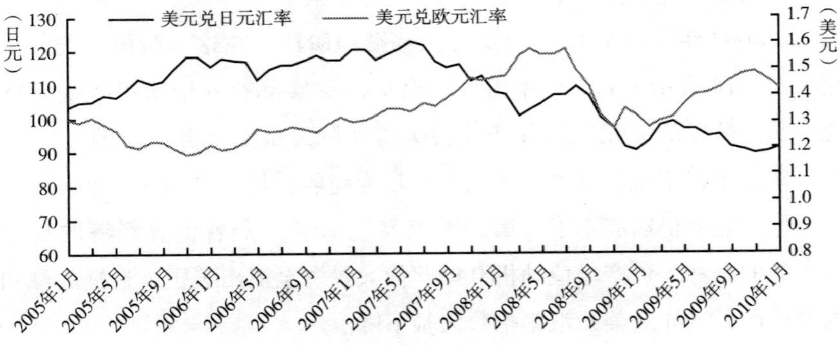

图 45　美元兑欧元汇率走势

资料来源：美国圣路易斯联储银行数据库。

美元对日元的走势与美元有效汇率的走势也基本一致。2009 年 1 月至 4 月期间，美元对日元汇率从 1 美元兑 90.12 日元升值为 1 美元兑 98.92 日元；随后直至 2009 年 12 月，美元对日元的汇率一直处于贬值状态，最低跌至 1 美元兑 89.27 日元。需要说明的是，尽管 2009 年初美元对日元有所升值，但与危机之前相比，美元对日元贬值明显。在危机发生前的 2007 年第一季度，美元对日元的比价在1美元兑120日元左右，而危机发生以后，即便在2009年4月汇率波动的最高点上，1美元仅兑98.92日元，美元对日元的贬值幅度深达15%。美元对日元贬值主要源于短期资金在货币选择中抛售美元并更多配置日元的结果，这反映了投资者对于美国经济形势的担忧以及对美国在相当长时期内维持超低利率政策的预期。

（二）欧元汇率

危机改变了国际金融市场的资金流向，导致欧元有效汇率在2008年剧烈波动。随着国际金融市场的企稳，2009年欧元有效汇率指数振幅明显小于2008年。2009年1月至11月期间，欧元有效汇率一直处于上升通道，名义有效汇率从1月份的107.68上升到11月的111.8，实际有效汇率则由103.41上升至106.34；随后，欧元有效汇率开始回落，名义有效汇率指数在2010年1月回落到108.33，实际有效汇率指数回落到102.40。欧元有效汇率的变动与美元有效汇率的变动基本相对，反映出短期货币供求的变化和市场对风险认知的变化（参见图46）。

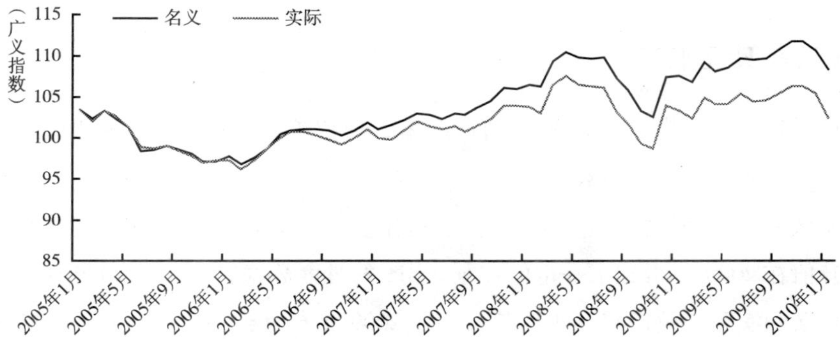

图46 欧元有效汇率指数

资料来源：BIS统计数据。

欧元兑日元的汇率在一定程度上类似于欧元对美元的汇率走势。自2008年下半年以来，利差交易的解除导致欧元对日元大幅贬值，该局面在2009年1月至2月得到控制。自2009年2月以来，随着国际金融市场紧张局势的缓和以及危机对日本经济影响的显现，欧元对日元的比价开始逐渐回升，从2009年2月的1欧元兑118.30日元攀升至6月的1欧元兑换135.39日元。自2009年第二季度以来，欧元区经济的季度环比增长首次实现由负转正。随着市场风险认知度的下降和欧元区经济的复苏，欧元对日元的比价波动幅度逐渐放缓，根据汇率比价的月度数据，自2009年4月直至2010年1月，欧元对日元的比价波动基本在130日元至135日元之间（参见图47）。

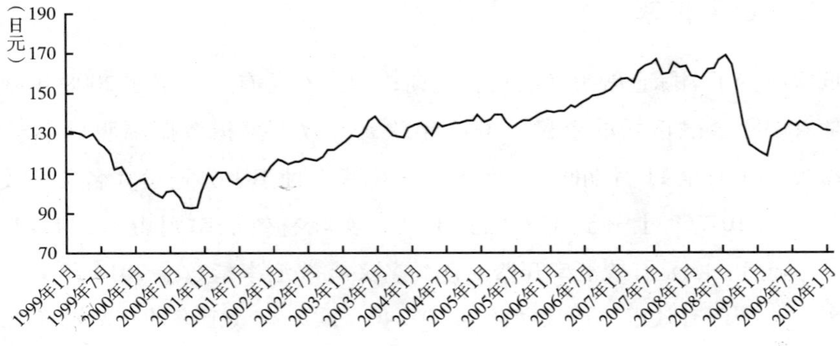

图47　欧元兑日元的汇率

资料来源：ECB统计数据。

（三）日元汇率

日元有效汇率指数在2009年有所回落，但仍然处于高位震荡格局。2008年下半年，日元有效汇率指数迅速抬高，这是由于欧美等国家的大幅降息，导致日本长期低利率所诱发的套息交易失去了运作空间。随着金融市场的恢复与稳定，日元升值在2009年得到了一定的控制。BIS的月度数据表明，自2009年1月起，日元名义和实际有效汇率逐步回落，并在2009年6月到达年内最低点107.86和96.92，比2008年12月下降近10%。从2009年6月开始直至2010年1月，日元有效汇率处于窄幅震荡的格局，名义有效汇率和实际有效汇率分别在100和110的水平线上浮动。总体而言，相对危机发生之前，当前的日元有效汇率指数仍处于较高水平，这是危机以来日元兑美元和欧元双边汇率升值的结果。随着金融市场信心的恢复和全球经济的进一步复苏，以及日本政府对汇率问题的重视，日元汇率可能继续贬值并逐渐接近危机前水平，这样的发展有利于日本经济的恢复和贸易出口的扩大（参见图48）。

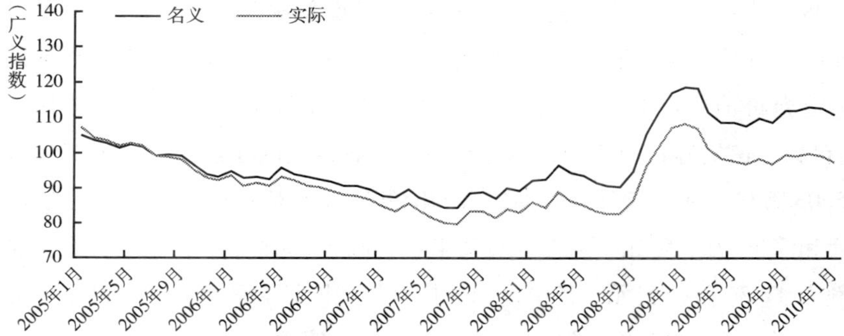

图 48　日元有效汇率指数

资料来源：BIS 统计数据。

四　国际资本市场和金融衍生品市场

（一）主要经济体的国际投资情况

1. 美国的国际投资情况

美国商务部经济研究局的统计数据表明，2008 年美国对外净投资头寸状况骤然恶化，对外净负债达 3.47 万亿美元，比 2007 年增加 1.33 亿美元，增幅高达 62%。在长期储蓄净输入结构中，国外的经常项目盈余资金通过资本和金融项目进入美国，这使得美国对外净投资头寸长期处于对外负债大于对外资产的状态。在 2001 ~2007 年期间，这一状态相对稳定。美国对外净投资头寸在 2008 年的突然恶化，主要源于美国持有的国外证券价格的相对下跌；此外，美元升值也直接导致美国对外资产价值大幅缩水（如表 2 所示）。

表 2　2008 年美国国际投资头寸表

单位：10 亿美元

科　目	资　产	负　债	净资产
总　额	19888.2	23357.4	-3469.2
直接投资	3698.8	2646.8	1052.0
证券投资	4244.3	8816.9	-4572.6
衍生产品	6624.5	6465.0	159.5
其他投资	5026.9	5428.7	-401.8
储备资产	293.7		293.7

资料来源：美国商务部经济研究局的统计数据。

2008年末，美国官方和私人持有的国外资产总额为19.89万亿美元。其中，最主要的部分是衍生品投资6.62万亿美元，这是危机前的市场繁荣导致的金融衍生品公允价值不断扩大的结果。仅次于衍生品投资的对外资产是其他投资（包括存款、信贷等其他资产）。截至2008年底，美国在这一方面的对外投资数额为5.03万亿美元。此外，美国持有的国外证券和对外直接投资分别为4.24万亿美元和3.70万亿美元。从对外负债来看，截至2008年末，国外持有美国的资产总额为23.36万亿美元。其中，国外持有的美国证券和金融衍生品总额分别为8.82万亿美元和6.47万亿美元，是美国对外负债中最主要的两大部分。此外，国外在美国的其他投资资产总额为5.43万亿美元。在净资产方面，美国在直接投资方面持有净资产达1.05万亿美元，这一趋势表明美国仍然通过对外直接投资向世界输出资本。美国在2008年底的证券投资净资产为-4.57万亿美元，是形成美国国际投资净头寸负值的主要部分。

危机对2009年度的美国资金跨国流动形成了巨大冲击，形成如下几个值得关注的特点（参见表3）：

表3 美国的国际收支情况（2008年第四季度~2009年第三季度）

单位：10亿美元

时间	资金流入	外国官方资金流入	直接投资	资金流出	储备资产	私人直接投资	净资金流入	直接投资净额
2008年第四季度	-11.89	-16.02	96.80	114.73	-3.13	-84.49	102.84	12.31
2009年第一季度	-67.76	70.89	23.85	94.73	-0.98	-40.26	26.97	-16.41
2009年第二季度	14.61	124.30	36.98	37.40	-3.63	-47.44	52.01	-10.46
2009年第三季度	332.41	123.58	40.02	-294.10	-49.02	-62.74	38.31	-22.72

资料来源：美国商务部经济研究局统计数据。

首先，从资金流向的变化度来看，资金在危机深化阶段出现逆流现象。在2008年第四季度至2009年第三季度，出于避险以及流动性需求增加的要求，资金出现向本国方向流动的趋势。其中，在2008年第四季度和2009年第一季度，美国的资金流入由2008年第三季度的正数转为负数，形成118.9亿美元和677.6亿美元的逆流入，这是国外出售资产而形成的资金回流；与此同时，美国的资金也延续了自2008年第二季度以来的逆流出现象，在2009年第一季度和第二季度共计1321.3亿美元的资金撤回美国。随着市场的企稳，美国资金流入和流出量在2009年第四季度开始大幅增加。其中，资金流入净额为3324.1亿美元，同时，本国资金也开始流向国外寻找新的赢利机会，形成2941亿美元的资金流出。

其次，从国外官方资金流入量来看，大量资金的流入反映出对美元国债持有的增加。为了保障资金的安全性和流动性，包括中国在内的各国官方资金增加了以美国国债为主的政府债券的持有量。基于这一原因，自2009年第一季度至2009年第三季度，外国官方资金流入共计3187.7亿美元。

此外，从资金流动规模来看，危机降低了资金双向流动的数量。2009年第二季度的国外资产对美国的投资仅为146.1亿美元，与危机前资金大规模流动的局面形成鲜明对比。即使在国外资产流入大幅增加的2009年第三季度，国外资金投资数额仅为危机前的一半左右。

需要强调的是，由于全球经济金融失衡的格局尚未出现根本性转变，与美国贸易逆差相对应，美国仍然保持净资金流入的局面，2009年前三季度资金净流入总额为1172.9亿美元。

2. 欧元区的国际投资情况

截至2009年第三季度，欧元区持有海外资产为13.41万亿欧元，国外持有欧元区资产为14.97万亿欧元，欧元区净资产为-1.56万亿欧元（参见表4）。尽管欧元区与美国同样处于净国际投资头寸为负值的状态，但其内在原因有所不同。自欧元启动以来，欧元区对外资产和负债占GDP的比重一直呈上升趋势，在2009年第三季度分别达到149%和166%；与此同时，其净投资头寸在不断恶化，对外净负债已占GDP的17.3%。美国对外净投资头寸恶化根源在于经常项目长期巨幅赤字；与此形成鲜明对比的是，欧元区经常项目赤字基本稳定在GDP的1%以内。欧元区对外净投资头寸恶化主要源于欧元汇率变动以及资产价格变动。

表4　2009年欧元区国际投资头寸

单位：10亿欧元

科　目	2009年第三季度末		
	资　产	负　债	净资产
总　数	13412.7	14971.0	-1558.3
直接投资	4063.9	3356.6	707.3
证券投资	4052.1	6611.2	-2559.1
衍生产品	492.2	552.7	-60.5
其他投资	4926.4	5003.1	-76.7
储备资产	430.9	—	430.9

资料来源：ECB统计数据。

从具体科目来看，直接投资、证券投资和其他资产是欧元区国际投资头寸的三大主要部分。欧元区吸收直接投资4.06万亿欧元，对外直接投资3.36万亿欧元，直接投资净值为0.70万亿欧元，是继美国之后的全球第二大净直接投资输出地；欧元区对外证券投资4.05万亿欧元，国外对欧元区证券投资6.61万亿欧元，证券投资净值为-2.56万亿欧元；欧元区对国外其他投资（包括存款、信贷等资产）为4.93万亿欧元，成为欧元区在国外资产的最主要部分，国外对欧元区的其他投资资产为5.00万亿欧元，其他投资净值为-76.7万亿欧元。与美国不同，衍生品并非欧元区的国际投资头寸最主要的部分，其资产和负债总额分别为0.49万亿欧元和0.55万亿欧元，资产净值为-605亿欧元。

表5　欧元区国际投资头寸变化情况（2008年第四季度~2009年第三季度）

单位：10亿欧元

时　间	总交易变化量			直接投资		证券投资		其他投资		衍生品净值	储备资产
	资产方	负债方	净值	资产	负债	资产	负债	资产	负债		
2008年第四季度	-373.1	-246.8	-126.3	47.6	-30.1	-160.7	43.4	-277.1	-260.1	16.7	0.4
2009年第一季度	-204.1	-148.4	-55.8	100.1	41.3	-71.2	58.7	-232.7	-248.4	5.3	-5.7
2009年第二季度	-23.2	-13.0	-10.2	92.8	92.3	41.1	139.2	-139.2	-244.5	-20.3	2.4
2009年第三季度	-15.5	-20.3	4.8	58.0	43.1	28.6	125.3	-102.4	-188.7	0.0	0.2

注：交易量变化引起对外投资资产和负债方头寸的增加计为正，反之为负。

资料来源：ECB统计数据。

表5反映的是由交易引起的欧元区国际投资头寸变化情况，从中可以看出，在2008年第四季度至2009年第三季度之间，欧元区的国际资金流动变化情况与美国相似。欧洲中央银行的统计数据表明，自2008年第四季度以来，欧元区国际金融交易出现双向资金回流，国际投资头寸中的资产和负债总值持续下降。首先，在2008年第四季度和2009年第一季度的欧元区国际金融交易出现大规模的资金逆流，对外投资资产和负债头寸分别下降了5772亿欧元和3952亿欧元，反映出于避险的要求和本国流动性需求上升，国外和欧元区投资资金回流本国的动向。接着，在2009年第二季度和第三季度，随着危机冲击的释放以及经济的复苏，资金的回流现象明显缩小。在此期间的对外资产和负债头寸共计下降了387亿欧元和333亿欧元。其中，证券投资的资产方交易量在2009年第二季度重新出现正向

增加411亿欧元，反映出欧元区对外证券投资交易的积极恢复；证券投资负债方的交易量在2009年第二季度开始大幅度增加，这样的趋势主要由于大量国外资金进入欧元货币市场，通过大量购买短期政府债券以保证资金的安全性和流动性。

3. 日本的国际投资情况

日本的国际投资头寸状况与美国和欧元区恰恰相反。长期的经常项目盈余使2008年资本和金融账户的延续以往资金净输出的趋势。截至2008年底，日本持有国外资产总额为519.2万亿日元，国外持有日本资产总额为293.7万亿日元，净国际投资头寸为225.5万亿日元（参见表6）。就具体科目而言，证券投资依然是日本对外资产与负债中最重要的部分，其中，日本持有国外证券资产总额为215.7万亿日元，国外持有日本证券资产总额为140.3万亿日元；截至2008年末，其他投资是日本国际投资头寸表中的第二大科目，日本对外的其他投资为141.8万亿日元，国外对日本的其他投资总额为127.1万亿日元；此外，日本持有的对外投资总额以及国外在日本的直接投资总额分别为61.7万亿日元和18.5万亿日元；在国际投资中占有重要位置的储备资产则由2007年的110.3万亿日元降至2008年的93万亿日元，这是2008年度以来日元汇率大幅升值的结果。从净值来看，无论是对外投资，抑或证券投资和其他投资，日本的对外资产总额均保持净资产状态，分别为43.2万亿日元、75.4万亿日元和14.7万亿日元。

表6　2008年日本国际投资头寸

单位：万亿日元

科　　目	资　产	负　债	净资产
1. 对外直接投资	61.7	18.5	43.2
2. 证券投资	215.7	140.3	75.4
3. 其他投资	141.8	127.1	14.7
4. 金融衍生品	7.0	7.8	-0.8
5. 储备资产	93.0	—	93.0
合　　计	519.2	293.7	225.5

资料来源：日本银行统计数据。

根据日本财务省的统计数据，日本2009年度资本和金融账户的资金净流出总额达14.8万亿日元，比2008年的22.2万亿日元减少了7.4万亿日元（参见表7）。尽管在危机过程中，日本的对外投资依然保持净流出的局面，而其他投资和证券投资资金流向发生了一定变化。在其他投资方面，受危机的影响，2009年前三季大量的资金流入净值达15.9万亿日元，反映了利差交易解除后的日本资金回流；随着冲击的消退，继而在2009年第四季度实现资金流出2.9万亿日元。在证券投资方面，日本在2008年第四季度到2009年的第三季度仍然保持着巨额的对外证券投资净值，其中2009年前三季度的证券投资净值高达22.17万亿日元；到2009年第四季度，证券投资科目才出现1.8万亿日元的资金净流入，这似乎说明在证券投资方面，日本对于危机的反应要落后于美国与欧洲国家。

表7　2009年日本国际收支变化情况

单位：10亿日元

时间＼科目	直接投资	证券投资	衍生工具	其他投资	外汇储备	资金净流入
2009年第一季度	-1415.7	-12545.5	361.5	7658.4	-148.7	-6090.0
2009年第二季度	-1346.5	-4001.7	-261.3	3610.2	-262.2	-2261.5
2009年第三季度	-1796.6	-5632.8	178.2	4628.7	-1673.6	-4296.1
2009年第四季度	-1355.4	1841.8	708.9	-2899.3	-442.0	-2146.0

资料来源：日本财务省。

（二）国际证券投资

1. 国际债券情况

金融危机对国际债券融资的负面影响在2009年度有所减弱。受金融危机影响，2008年度全球国际债券发行存量仅增长5.1%，远低于2006、2007年度的增速。截至2009年第三季度，全球所有国际债券发行存量由2008年底的23.87万亿美元增长至26.90万亿元，增长率为12%；据此推算，2009年度全年增长约为16%，这一数字与2006年增长率26%和2007年增长率23%仍有差距（参见表8）。

表8　国际债券发行存量

单位：10亿美元

类　别	2006年底	2007年底	2008年底	2009年第三季度末
所有国家	18419.6	22710.5	23861.6	26897.9
发达国家	15824.7	19573.1	20790.3	23593.6
离岸中心	1196.2	1551.6	1502.2	1513.7
发展中国家	811.9	926.6	911.5	986.8
国际机构	586.8	659.2	657.6	803.8

资料来源：BIS统计数据；以发行地为统计依据。

在发行量方面，从表 9 可见，2009 年国际债券市场发行量在前三季度达到 2.00 万亿美元，季度平均发行量为 0.67 万亿美元，超过 2008 年的季度平均值 0.60 万亿美元，但是仍然明显低于 2007 年的季度平均值 0.75 万亿美元。这一趋势表明 2009 年国际债券市场正处于恢复阶段，但是危机前的繁荣景象已不复存在。就发行主体而言，发展中国家的债券净发行量由 2008 年的减少 3 亿美元转为 2009 年前三季度的增加 603 亿美元，这一规模已经接近 2007 年同期水平。发达国家 2009 年前三季度的国际债券发行量为 1.85 万亿美元，季度平均水平已经超过 2008 年；国际机构净发行量由 2008 年的 572 亿美元增至 2009 年前三季度的 1016 亿美元，从而保持了 2008 以来的增长势头；离岸中心 2009 年前三季度债券净发行量下降趋势放缓，债券到期或赎回净值由 2008 年的 420 亿美元降至 84 亿美元。

表 9　国际债券发行量

单位：10 亿美元

类　别	2006 年	2007 年	2008 年	2009 年前三季度
所有国家	2766.9	2976.0	2429.9	2008.3
发达国家	2351.0	2533.9	2415.0	1854.9
离岸中心	320.2	312.5	-42.0	-8.4
发展中国家	85.5	92.0	-0.3	60.3
国际机构	10.3	37.7	57.2	101.6

资料来源：BIS 统计数据；以发行地为统计依据。

2. 国际股票情况

从表 10 中可见，2009 年国际股票发行市场正在走出危机的阴影。2009 年前三季度国际股票发行量为 4853 亿美元，比 2008 年同期增长 67%。从发行者的国别来看，发达国家的股票发行量继续保持上升趋势，2009 年前三季度的 3929 亿美元已经超过 2008 年的全年发行量，比 2008 年同期增长 89%；离岸中心的股票发行量在 2009 年前三季度为 134 亿美元，同样超过 2008 全年的 76 亿美元，比 2008 同期增长 76%；发展中国家在国际金融市场的企业融资仍然处于相对低迷的态势，其国际股票发行在 2009 年的前三季度为 791 亿美元，与 2008 全年发行量基本持平，远不及危机前的 2007 年水平。

表 10　国际股票发行量

单位：10 亿美元

类　别	2007 年	2008 年第一季度	2008 年第二季度	2008 年第三季度	2008 年第四季度	2009 年第一季度	2009 年第二季度	2009 年第三季度
所有国家	499. 1	49. 8	142. 2	98. 0	102. 1	57. 1	255. 8	172. 4
发达国家	255. 7	26. 4	101. 2	80. 3	97. 8	43. 1	225. 5	124. 3
离岸中心	26. 3	3. 1	3. 5	0. 9	0. 1	4. 6	4. 3	4. 5
发展中国家	217. 1	20. 4	37. 6	16. 8	4. 2	9. 5	26. 0	43. 6

资料来源：BIS 统计数据；以发行者国别为统计数据。

（三）衍生品市场

衍生品规模极度扩张而交易主体相对集中是引发此次金融危机的主要原因之一。BIS 统计数据表明，自 2008 年下半年以来，全球衍生品交易市场经历了萎缩和恢复的过程（参见图 49）。受危机的直接影响，在 2008 年下半年衍生品市场交易规模急剧下降。其中，场外衍生品的名义本金总额由 2008 年 6 月末的 683. 8 万亿美元急跌至 2008 年 12 月末的 547. 4 万亿美元，跌幅高达 20%，是 BIS 自 1998 年统计该项数据以来的首次下降；场内交易的名义本金总额由 59. 9 万亿美元下降至 57. 9 万亿美元，下降幅度为 3%。随着市场信心的恢复以及风险偏好的回归，2009 年上半年的衍生品交易规模明显回升，但尚未到达 2008 年 6 月末的水平。截至 2009 年 6 月末，场外衍生品的名义本金总额为 604. 6 万亿美元，比 2008 年末增长近 10%；而场内衍生品的名义本金总额增至 63. 5 万亿美元，增幅也接近 10%。

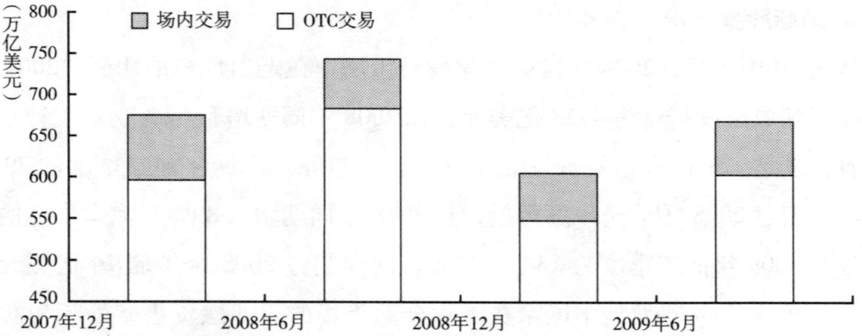

图 49　全球衍生品名义本金总额

资料来源：BIS 统计数据。

危机并未改变衍生品交易结构，2009 年场外交易仍然是全球衍生品交易的主要方式。2009 年 6 月末的 OTC 衍生品的名义本金总额为场内交易的 11 倍，与 2008 年 6 月末的比例基本一致。在占据主导地位的 OTC 市场中，尽管危机的影响使各类衍生品的绝对规模有所下降，但是利率类产品一直占据绝对优势，其名义本金总额在 2009 年 6 月末为 437.2 万亿美元，占全部 OTC 衍生品的名义本金总额的 72.3%。外汇类衍生品是第二大场外衍生品交易品种，2009 年 6 月末的名义本金总额为 48.8 万亿美元，占全部 OTC 市场的 8%。在危机中受到最大冲击的是信用违约互换类衍生品（CDS），随着危机的不断升级，CDS 市场在 2009 年颓势尽显，2009 年 6 月末的 CDS 衍生品名义本金总额为 36.0 万亿美元，比 2008 年 6 月末的名义本金总额下降了 37.2%（参见图 50）。

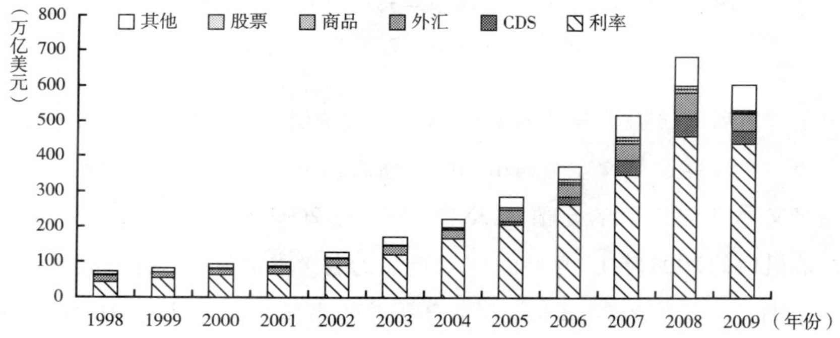

图 50 各场外交易品种名义本金总额

资料来源：BIS 统计数据，为各年 6 月末的数据。

通过 OTC 市场合约的总市值以及信用风险暴露的变化可以了解交易对手风险暴露程度（参见图 51）。在危机的发展过程中，OTC 市场的合约总市值从 2008 年 6 月底的 20.4 万亿美元骤增至 2008 年底的 32.3 万亿美元，OTC 市场的信用风险暴露总额也由 3.9 万亿美元上升至 4.6 万亿美元；随着危机冲击的逐渐消退，2009 年 6 月 OTC 衍生品市场的总市值重新下降至 25.4 万亿美元，反映出危机后 OTC 衍生品合约的重置成本下降，与此相对应的信用风险暴露也降至 3.7 万亿美元。从 1998 年开始，风险暴露对全部名义本金的占比就总体呈现下降趋势，即使在 2008 年底危机形势最为严峻的时刻，该比例仍然没有超过 10%。因此，现有的风险评估模式已经远不能充分揭示 OTC 衍生品市场中存在的风险问题。提高风险评估手段，改善表外风险暴露和流动性保证，已成为危机后巴塞尔委员会和各国监管当局的重要任务。

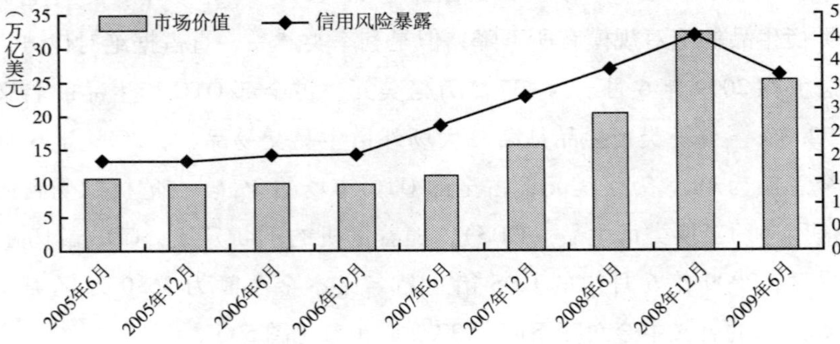

图 51　OTC 交易的市场价值（左轴）和信用风险暴露（右轴）

资料来源：BIS 统计数据。

金融危机后的金融机构去杠杆化使衍生品的名义本金与市值比开始下降。2007 年 6 月的衍生品名义本金与市值的比值高达 46. 36 倍；2008 年 6 月底，OTC 衍生品名义本金与市值的比值为 33. 59 倍，比 2003 年中旬的 21. 49 倍提升了 56%；危机后的 2008 年 12 月底的 OTC 产品的名义本金与市值的比值降至 17 倍，2009 年 6 月这一比值为 23. 8 倍。随着各国监管当局对于金融机构风险管理和逆周期监管的加强，金融机构的杠杆率过高将得到更加严格的监管与控制。

就场内衍生品市场而言，期权类产品继续保持自 2001 年以来的优势地位。截至 2009 年 6 月末，期权类产品的名义本金为 43. 8 万亿美元，占全部场内衍生品规模的 69%，比 2008 年底的比例提高了 2. 6%；期货类产品的名义本金为 19. 7 万亿美元，但是规模比例相对期权类产品有所下降。

五　石油与黄金市场

（一）国际石油市场

2009 年的石油价格呈现大幅上扬的总体趋势。受 2008 年金融危机对石油需求的影响及美元升值的影响，在 2009 年 1 月至 2 月期间，石油基本维持在 40 美元/桶左右；自 2009 年 3 月起，国际石油价格逐渐震荡走强，在 2009 年 5 月份末达到 60 美元/桶，随后在 6 月份突破 70 美元/桶，比年初价格上涨 75%；2009 年 7 月，原油价格在震荡走高的过程中出现了暂时性下挫，一度跌破 60 美元/桶；2009 年 10 月至 2010 年 2 月期间，石油价格基本稳定在 70～80 美元/桶的区间（参见图 52）。推动油价上扬的因素归结起来，主要有以下几个方面。

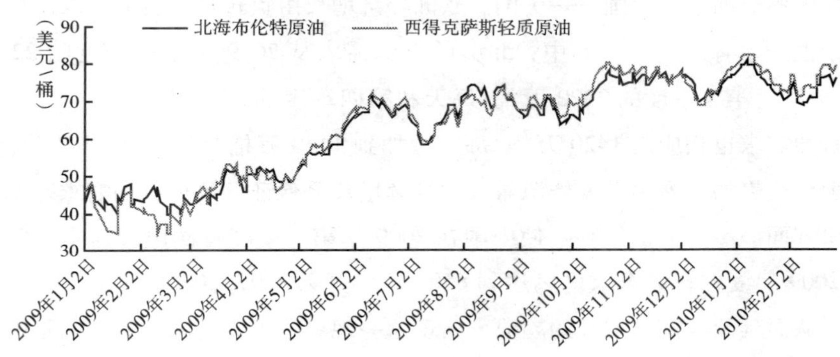

图 52　OPEC 一揽子油价

资料来源：Wind 资讯。

其一，从石油供需的基本面来看，2009 年度的供不应求缺口支持了油价的上升趋势。由于危机造成的经济衰退使发达国家的石油需求严重缩减，2009 年全年的石油需求约为 8490 万桶/每天，同比下降 1.5%。为了防止石油价格大幅下降，欧佩克 2009 年上半年执行了减产计划，使全年供给由 2008 年的 8640 万桶/每天缩减至 2009 年的 8470 万桶/每天，扭转了 2008 年供大于求的局面，从而维持了石油需求大于供给的小幅缺口，从基本面上保证了石油上升的趋势。

其二，全球经济的缓慢复苏在一定程度上推动了石油价格的上扬。以美国为首的各国经济刺激计划和下半年出现的全球经济复苏促进了石油需求的缓慢恢复，提升了投资者对市场的信心，这些因素对于推动石油价格上升也具有一定作用。

其三，美元的贬值是石油大幅上扬的关键因素。尽管影响国际油价的基本因素在于全球石油的供给和需求状况，但是油价计值货币——美元的严重贬值应当是造成国际石油价格巨大涨幅的关键性因素。美元汇率的走势也将直接决定 2010 年国际石油价格的基本方向。

此外，大量投资和投机资金的存在也加剧了油价的波动幅度。随着原油市场定价的衍生化，当今国际石油市场已经出现了明显的类金融化的趋势，危机后市场信心的恢复导致大量基金和机构投资者的介入以及投机资金的干预成为放大油价波动幅度的重要因素。

国际能源组织的数据显示，由于金融危机的影响，2009 年全球石油需求维持 2007 年以来的缩减趋势（如表 11 所示）。随着经济的复苏，尤其是第三季度以来全球的石油消费大国——美国、欧洲经济增长由负转正，石油需求从第三季度开始也开始有所上升。其中，北美的石油需求从 2009 年第二季度的 2290 万桶/每天增至第三季度的 2320 万桶/每天和第四季度的 2350 万桶/每天，西欧国家的石油需求也相应由 1420 万桶/每天增加到 1450 万桶/每天。应当指出的是，以中国为代表的发展中国家能源需求的持续增长是保证危机后石油需求基本稳定的重要方面。尽管危机的影响使中国在 2009 年第一季度首次出现需求下降，但是在 2009 年度的石油需求仍然达到 850 万桶/每天，比 2008 年增加了 60 万桶/每天，从而延续了需求增长的趋势。出现这一现象的主要原因，一方面是因为发展中国家仍然保持着一定的经济增速，另一方面，发展中国家高能耗的经济增长方式也是导致在经济增长放缓的危机时期对石油保持旺盛需求的原因。随着全球环境保护政策的深入以及以低能耗、低污染、低排放为基础低碳经济模式的转变，发展中国家必将逐步转变高能耗的经济增长方式，逐渐降低石油消费水平。

表 11　全球石油需求状况

单位：百万桶/每天

类　别	2006 年	2007 年	2008 年	2009 年第一季度	2009 年第二季度	2009 年第三季度	2009 年第四季度	2009 年
OECD	49.5	49.2	47.6	46.6	44.4	45.0	46.0	45.5
北　美	25.4	25.5	24.2	23.5	22.9	23.2	23.5	23.3
西　欧	15.7	15.3	15.3	14.9	14.2	14.5	14.5	14.5
中　国	7.2	7.6	7.9	7.7	8.6	8.8	8.9	8.5
总　计	85.3	86.5	86.2	84.5	84.1	85.3	85.9	84.9

资料来源：国际能源组织统计数据。

2009 年全球的石油供给量为 8470 万桶/每天，比 2008 年同期减少了 2.0%（参见表 12）。为了应对由于危机导致的全球石油需求的降低，欧佩克组织在 2009 年执行了减产协议，供给水平由 2008 年的 3560 万桶/每天下降至 2009 年的 3340 万桶/每天，而非欧佩克国家增产趋势并不明显，供给水平由 2008 年的

5070 万桶/每天增至 2009 年的 5140 万桶/每天，因此总体的石油供给随着全球石油需求的降低而相应减少，转变了 2008 年供大于求的局面，维持了供不应求的缺口，使 2009 年国际石油从基本面上维持了石油上升的趋势。

表 12　全球石油供给状况

单位：百万桶/每天

类　别	2006 年	2007 年	2008 年	2009 年第一季度	2009 年第二季度	2009 年第三季度	2009 年第三季度	2009 年
OECD	20.1	19.9	19.3	19.7	19.0	19.1	19.6	19.3
北　美	14.2	14.3	13.9	14.2	13.9	14.2	14.4	14.2
西　欧	5.3	5.0	4.8	4.9	4.5	4.2	4.5	4.5
非 OPEC	50.4	50.9	50.7	51.4	50.9	51.3	52.0	51.4
中　国	3.7	3.7	3.8	3.7	3.8	3.8	3.8	3.8
苏　联	12.3	12.8	12.8	13.0	13.2	13.4	13.6	13.3
总　计	85.4	85.5	86.4	84.5	83.9	84.8	85.8	84.7

资料来源：国际能源组织统计数据。

（二）国际黄金市场

与 2008 年有起有落的局面不同，2009 年的黄金价格基本处于稳步上升的势头。总体而言，黄金价格自 2009 年 1 月的 870 美元/盎司逐渐攀升至 2009 年 12 月的 1100 美元/盎司，其中 2009 年 12 月 4 日出现了历史最高价 1226 美元/盎司，比年初价格水平上涨近 40%。2010 年第一季度黄金价格出现回落趋势。其中，2010 年 3 月 1 日的黄金价格为 1118 美元/盎司，较 2009 年底下降 5%（参见图 53）。

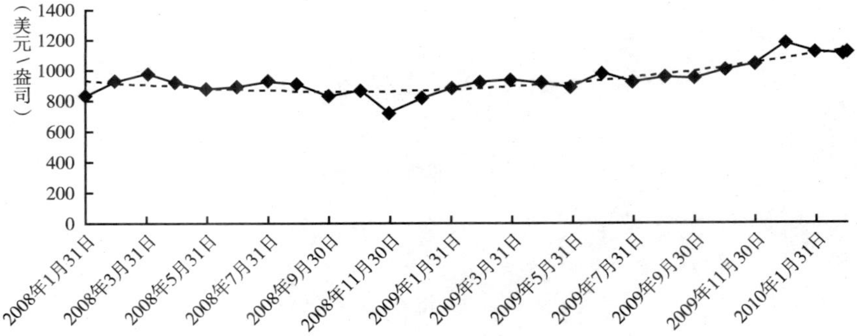

图 53　2008～2009 年度黄金价格走势

资料来源：Wind 资讯。

2009年黄金价格上涨的推动因素主要包括美元汇率指数的下降以及原油价格的上扬。随着主要先进经济体的经济复苏，黄金作为避险工具的作用开始下降，市场上决定黄金价格的焦点都集中在美元汇率走势和通胀两大因素上。2009年的美元汇率指数的大幅下降为黄金的上升创造了历史性空间，随着美元在2010年年初出现的汇率指数上升，黄金上涨趋势也得到了一定的遏制，从而出现了小幅回调。此外，石油价格的走势与黄金价格息息相关。随着2009年石油价格的不断上扬，加剧了通货膨胀的上涨预期，从而为黄金价格的上涨提供了一定的支持。

专题分析

SPECIAL FEATURES

2010年中国CPI上行中并无通货膨胀

承接2009年的物价走势，进入2010年以后，随着CPI在1～3月份上行走势的展开，通货膨胀又成为许多人热议的一个话题。在西方经济学和西方国家中，CPI的确是衡量和判别通货膨胀的实践指标，但简单照搬这一指标是否合适以及相关对策的效应如何，是值得认真探究的。

一　CPI上行在中国并不一定预示着通货膨胀

通货膨胀的基本定义，不论在马克思经济学中还是在西方经济学中，指的都是因货币发行过多所引致的物价普遍且持续的上涨。这一定义有三个要点值得特别关注。一是“货币发行过多”。换句话说，如果物价上行不是由货币发行量超过商品流通所需要的货币量引致的，那么，这种物价上行不属于通货膨胀范畴。二是物价普遍上行。其内在含义是，如果CPI上行不是由物价普遍上涨所引致的，而只是由某一种或某几种商品价格上涨所引致的，那么，这种CPI上行不属于通货膨胀范畴。三是“持续增长”。从逻辑关系上说，如果CPI上行不是一个持续的过程，仅仅在相对短暂的时间内表现出来，则不属于通货膨胀范畴。现实中，西方国家一般以 CPI 连续上行 6 个月且超过 3% 为判别通货膨胀的尺度。

中国的物价上行有自己的特殊性。从改革开放三十多年的历程看，如果以年为计量单位，则 CPI 的变动始终没有停止，既有 CPI 上行的时期，也有 CPI 下落的走势，但总趋势是上行的。其中，就 1998 年以后的十多年而言，中国虽有几次物价上涨时期，但没有发生过物价普遍上涨的通货膨胀。具体来看，2003 年 8 月至2004 年 12 月的 CPI 增长率上行（2004 年 8 ~ 9 月 CPI 增长率曾高达 5.3%），主要是由粮食供不应求引致的；2007 ~ 2008 年的 CPI 增长率上行（2008 年 1 ~ 3 月 CPI 增长率曾高达 8% 以上），主要是由猪肉及肉制品价格上涨引致的。在这十多年内，非食品类产品的价格上涨率或者处于负增长走势或者年增长率不超过 2%，因此，均不属于通货膨胀范畴。

中国自 20 世纪 80 年代以来各次物价变动的原因，不仅不尽相同，而且相当复杂。且不论 CPI 下落，就是 CPI 上行也有多种情形。第一，价格向价值回归过程中的物价上行。在计划经济时代，中国有相当多的基本生活用品（如粮食、布匹、煤等）处于购销倒挂状态，政府采用财政补贴方式维系它们的生产销售。在 80 年代的价格改革过程中，一项重要举措就是变“暗补”为“明补”（由此，在职工的工资中有了“副食品补贴”等科目），这自然引致物价上涨。第二，资源货币化过程中的物价上行。在中国传统体制下，诸如土地、技术等资源是没有价格的（这也是引致这些资源开发利用效能不高的一个主要原因）。90 年代以后，这些资源的货币化进程大大加快（同时，货币化程度也明显提高），利用这些资源的各种费用理应计入企业生产销售的财务成本，由此，必然推进商品价格的上行。第三，由商品供不应求引致的物价上行。这又可细分为商品的普遍供不应求、多数商品供不应求、几种商品供不应求和某种商品供不应求等多种具体情形。商品供不应求必然引致物价上行，这是一般经济学原理，无须赘述。第四，由国际市场商品价格上涨引致的国内物价上行。这种物价上行的程度，既取决于国内对相关商品的自给能力和程度，也取决于相关商品的对外开放程度。2008 年上半年，国际市场上大米等粮食价格大幅上涨（上涨了 2 倍左右），中国国内市场中大米等粮食价格并没有随之同幅度上行，一方面是因为国产大米等粮食基本上能够满足国内消费和生产的需要，另一方面是因为国产大米等粮食没有大幅进入国际市场循环。第五，由货币发行过多引致的物价上涨。

从图 1 所示的 2010 年的物价走势来看，继 2009 年大部分月份 CPI 呈负增长且在 2009 年底 CPI 增长率由负转正的走势，2010 年的 CPI 走势仅仅因为翘尾因素的影响就将呈正增长走势。由此提出了一个问题：由这种翘尾因素引致的物价上行是否属于通货膨胀范畴？自 1998 年以后，中国经济就处于比较明显的产能过剩格局中，虽然对外贸易的扩展有所缓解，但“储蓄 > 投资 + 净出口”的格局并没有得到根本改变。在此背景下，中国如何能够形成商品价格普遍上涨从而通货膨胀的走势，内在机理是什么？最后，从图 1 可见，按照 2008 年物价上涨的翘尾因素分析，2009 年的物价应当呈负增长走势，但是，在 2009 年《政府工作报告》所列的国民经济和社会发展的主要预期目标中，居民消费价格指数（CPI）涨幅被界定在 4% 左右。如此高的 CPI 目标，是计算缺乏科学性，还是已有一些价格调整的预案？从该报告的“2009 年主要任务”中可以看到这样的表述：“推进资源性产品价格改革。继续深化电价改革，逐步完善上网电价、输配电价和销售电价形成机制，适时理顺煤电价格关系。积极推进水价改革，逐步提高水利工程供非农业用水价格，完善水资源费征收管理体制。加快建立健全矿产资源有偿使用制度和生态补偿机制，积极开展排污权交易试点。”这意味着，2009 年，随着国民经济增长态势转好，各项经济指标比较理想时，可能启动水、电、燃气等方面的价格改革，这将推动 CPI 呈正增长走势。2009 年 5 月，有关部门开始着手进行水、电、燃气等方面的价格改革，但社会反响强烈。为了保证新中国成立 60 周年大庆的顺利进行，只好将这些价格改革的时间推迟到 2009 年 11 月份以后展开，这是导致 CPI 增长率由负转正发生于 2009 年 11

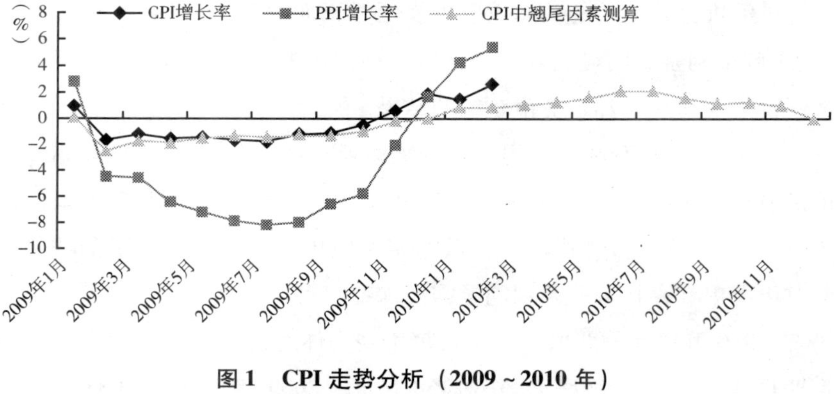

图 1　CPI 走势分析（2009 ~ 2010 年）

资料来源：国际统计局。

月份以后的主要原因。由于这些方面的价格改革在2009年最后两个月内不可能完成，所以，2010年还将继续展开，这是2010年CPI增长率呈正增长的重要原因。由此，提出了一个问题，这种由政府调整价格所引致的CPI正增长是否也属“通货膨胀”，从而需要用从紧的货币政策措施予以抑制呢？如果回答是肯定的，则不仅与政府的价格调整政策相矛盾，而且将引致更为严重的宏观经济紧缩后果。

综上所述，不可将物价变动的复杂成因简单地归结到仅仅看CPI增长率走势就判定是否发生了通货膨胀。经济学分析的真谛不仅在于看数据指标的变化，更重要的还在于探究这些数据指标发生变化的成因、机理和效应，因此，必须探究CPI变化的内在机制。

二　CPI上行未必都是货币政策放松的结果

有人简单套用弗里德曼关于物价总是货币现象的论述，认为只要发生了物价变动，就一定是货币政策的问题。但这种套用是值得商榷的。商品价格是商品价值的货币表现，就此而言可以说，价格总是货币现象，但如果由此推论而认为一切价格变动都是货币政策松紧所引致的，就大为偏颇了。从通货膨胀的五种情形的成因来看，前三种不是由货币政策过松引致的，货币政策对它们基本无能为力；第四种虽然可以利用汇率机制予以弱化，但面对国际市场大宗商品交易中价格上涨，对一国的外汇储备量而言，货币政策可发挥效能的余地相当有限（且不论，通过汇价上升引致的负面效应可能超过正面效应）。只有第五种属于“通胀”，货币政策调整有明显的效应。从这五种物价上行的具体成因分析中可以得出结论：物价变动并非都是货币政策的结果。

有人强调，由于2009年中国新增贷款达到9.6万亿元，按照M2和M1计算的货币供应量增长率高达27.68%和32.35%，这为通货膨胀准备了条件，由此推论2010年的物价上行是货币发行量过多引致的，属于通货膨胀范畴。这些认识可能过于简单，存在着一系列问题需要深究。

第一，9.6万亿元的新增贷款是否都落到实体经济部门从而发挥了作用？从企业定期存款看，2008年底为80702.58亿元，2009年底达到108837.62亿元，增加了28135.04亿元。企业定期存款是企业暂时不用的资金，这意味着在9.6

万亿元新增贷款中有 2.8 万亿元的资金在 2009 年并没有真实投入经济运行。从城乡居民储蓄定期存款余额看，2008 年底为 139300.16 亿元，2009 年底为 160230.38 亿元，增加了 20930.22 亿元。居民定期存款是居民暂时不用于购买商品和服务的资金，如果这部分资金是由新增贷款中作为劳动报酬而支付的，那么，这部分资金以定期存款方式存在，就意味着在 9.6 万亿元新增贷款中有 2.09 万亿元没有形成对消费品（从而 CPI）价格的影响力。企业和居民的定期存款相加达到了 2009 年新增贷款 9.6 万亿元的 50% 以上，这可能为解释在新增贷款 9.6 万亿元的条件下，为什么 2009 年 GDP 增长率只达到了 8.7%、CPI 增长率只有 -0.7% 等现象找到一个答案。

第二，M2 和 M1 的高增长是否就意味着将发生通货膨胀？如果仅仅停留于将 M2 和 M1 看做是货币供应量，那么，根据教科书原理，发生通货膨胀是必然的。但如果不是停留于字面，而是深入到 M2 和 M1 的构成，就会得出截然不同的结论。在中国，M1 = M0 + 活期存款，M2 = M1 + 准货币，准货币由企事业单位定期存款加城乡居民储蓄存款加其他存款等构成，由此可以看出，在 M2 中，除了 M0 部分外，其他部分均为“存款”。2009 年底，M0 为 38245.97 亿元，M2 为 606225.01 亿元，二者差额近 57 万亿元。一个令人不解的问题是，在城乡居民将资金用于存款而不用于购物的条件下，它如何推进了 CPI 增长率的上升？一些人可能强调，虽然这些存款资金（尤其是定期存款资金）在 2009 年没有发挥作用，但它们将在 2010 年成为现实的购买力。如果这种认识成立，那么，从数据上说，2010 年的企事业单位和城乡居民的存款余额就应当处于净减少走势，但从 2010 年 1 ~ 3 月份的数据看，这些存款余额不仅没有减少，而且继续呈现大额增加趋势。与 2009 年底相比，2010 年 2 月底，金融机构人民币各项存款净增额达到 24759 亿元、各项贷款净增额仅为 21016 亿元。在这种存款净增数额大于贷款净增数额的条件下，如何证明前期的存款余额已转化成了现实中净增的购买力？从另一个角度看，扩大居民消费需求，在现实中不就是要想方设法促进城乡居民购物吗？当城乡居民新增购买力在市场中集中显示时，物价上行就成为一种可能的走势。在此背景下，强调物价不能上行的真实含义，究竟是要扩大居民消费需求还是要抑制这种消费需求？

如果不是将眼界限制于 2009 年以后，而是扩展到 1996 年以来的 14 年，那么，从图 2 中可以看到，M2 和 M1 的增长率与对应年份（包括当年和次年）的

CPI 增长率之间是很难找到内在关联的解释。这说明不能简单地将教科书的理论套用到中国现实之中。

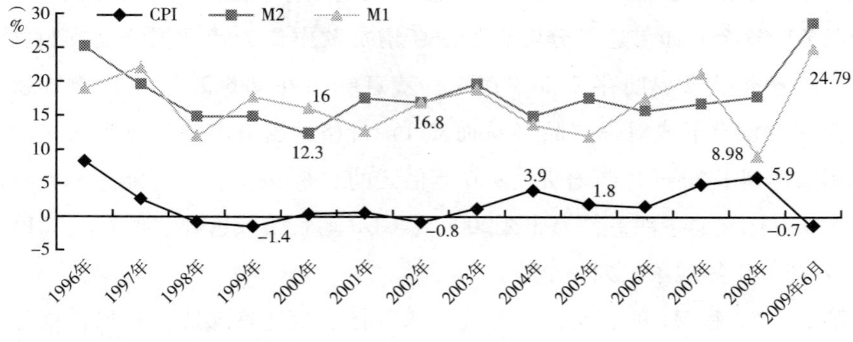

图 2　CPI 与货币供应量走势（1996 年至 2009 年 6 月）

资料来源：《中国统计年鉴》、国家统计局网站和中国人民银行网站。

第三，固定资产投资增长是否一定推动通货膨胀？有一种认识是，适度宽松的货币政策在推进新增贷款高速增长的同时，推动了投资高速增长，投资高速增长必然推动通货膨胀。在舍象了众多条件之后，这一推论是成立的。受篇幅限制，我们在此无法花费太多笔墨将这些舍象了的条件一一加入进行深入研讨，但从图 3 中可以看出，1996～2009 年的 14 年中国实践并没有证明固定资产投资增长率上行（不论在当年还是来年）必然引致 CPI 的上行，因此，所谓的理论推理，在舍象太多条件的背景下，可能与实践状况是不相符的。

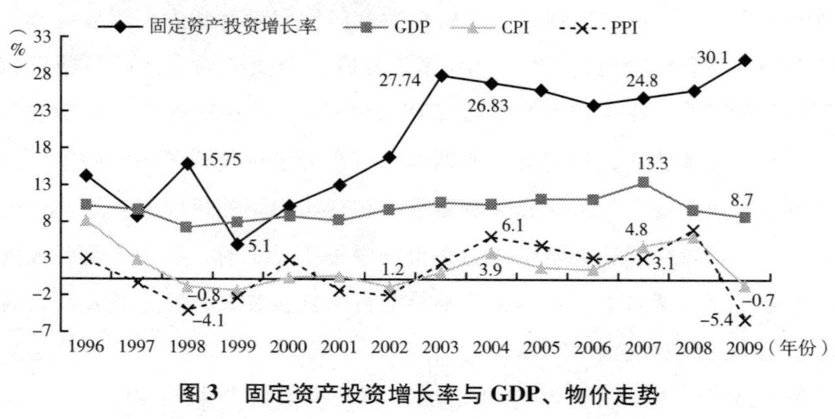

图 3　固定资产投资增长率与 GDP、物价走势

资料来源：国家统计局网站。

2010 年的物价上行与 2009 年的新增贷款高速增长以及投资高增长等并无多少关系，与 2008 年 11 月以后实行的适度宽松货币政策也无多少内在联系，因此，希望通过调整适度宽松的货币政策来改变 2010 年 CPI 的增长走势，是不符合实际的。它不仅难以有积极效应，而且可能引致一系列负面效应。

三　管理通胀预期需要注意的几个问题

“管理通胀预期”是在 2010 年提出的一个命题，这一提法明显有别于他年。要有效落实管理通胀预期，需要解决好如下几个问题。

第一，正确认识中国的价格走势。在工业化和城镇化进程中，农产品、资源类产品（包括矿产品、水、电和燃气等）的价格上行是不以人的意志为转移的，具有一定的客观规律。这既由资源的稀缺性从而绝对地租、级差地租Ⅰ和级差地租Ⅱ所决定，也由这些产品生产的成本（包括环保成本）上升所决定。在此背景下，由这些产品价格上行所引致的物价上涨也是不可避免的。另一方面，鉴于中国存在着比较严重的工农业产品剪刀差，农产品价格构成中缺乏 M 部分，要真正维护农民利益、推进“三农”发展、激励资本向农业转移，就必须使农产品价格中包含 M 的内容。这虽然在一定程度上可以通过农业的集约化生产来推进，但农产品价格的上涨也是必然的。在此背景下，宏观调控的目标不在于抑制这些产品的价格上涨（从而抑制由此引致的 CPI 增长率上行），而在于熨平这种价格上涨走势，以防价格上涨过快而影响经济社会生活的正常秩序。从这个角度看，问题不在于“治理”，而在于“熨平”。毫无疑问，在“熨平”产品价格上涨的过程中，还须运用财政政策，在一定时期内该补贴的还要补贴，但总的取向不应是“补贴”，应当让农民获得按照市场机制所能够获得的收入，在此基础上，再讨论财政补贴问题。否则，本末倒置，将引致更加严重的负面后果。

进入 2010 年，中国将继续调整价格长期过低的资源类产品的价格，其中包括水、电、燃气和交通等，调整的总趋势是价格上行，调整的目的在于强化节约资源的机制。这将促使 CPI 增长率上行。另一方面，南方多省区发生百年不遇的旱灾、北方大面积发生转暖时间推迟，给 2010 年的农业正常生产带来了比较严重的挑战。如果不能在随后的时间内克服这些自然灾害的负面影响，那么，2010 年的粮食、蔬菜、水果及其他农产品的供给都可能发生一定程度和一定范围内的供不应求，从而促使价格上行。在此背景下，CPI 增长率上行超过 3% 是可能的。但它不是通货膨胀，不可能通过实行从紧的货币政策予以预防和消解。

从这个意义上说，“管理通胀预期”就是要避免将这些资源类和农产品的价格上涨简单地称为“通货膨胀”，给政策选择和社会生活带来噪声和不和谐的舆论。

第二，要正确地选择对策。面对通货膨胀，应选择的是从紧的货币政策，以收紧银根，减少流通中的货币数量，促使普遍上涨的物价回落。但如果不是通胀，只是农产品、资源类产品的价格调整所引致的 CPI 增长率上行，就不能简单采取从紧的货币政策。其内在机理是，货币政策是总量需求政策，不可能解决由某些产品价格上行所引致的 CPI 上涨问题；不仅如此，它还将引致一系列负面效应发生。例如，在农产品、资源类产品价格上行中，对低收入和低保群体的生活将产生较大的影响，为此，解决问题的方法可能是采取财政补贴等政策，但如果将这些价格上涨的回落寄希望于实行从紧的货币政策，就可能忽视财政政策的及时出台，给这些群体的正常生活带来困难，给社会生活增加不和谐因素；另一方面，由于货币政策是总量政策，所以，一旦施行从紧的货币政策，就将给众多工商企业的正常经营造成资金紧缺的局面，从而影响经济回升的基础夯实。如果面对 CPI 上行所引致的存款负利率局面，在实行从紧的货币政策中选择提高存贷款利率的措施，则一方面将误导货币政策的取向，使其由总量政策向调整（或保障）存款人利益方面转变（而货币政策并无这种功能），另一方面，从2004 年以来的实践效应看，提高存贷款利率不仅没有改变存款负利率的格局，反而给工商企业增加了资金成本，给农产品生产者增加了资金成本，结果将进一步促使资源类产品和农产品的价格上行。

从这个意义上说，“管理通胀预期”就是要正确分析 CPI 上行的成因，不要贸然改变货币政策取向，给经济运行和金融活动带来负面的导向。

第三，要正确认识 CPI 上涨的含义。中国的 CPI 内涵和结构与美国等西方国家并不相同。在美国，通常所说的 CPI 中不包含农产品、资源类产品等价格因素，因此，它基本上由工业制成品构成。在中国的 CPI 中，不仅包含了农产品和资源类产品的价格，而且比重还相当高（食品类占比达到 1/3）。在这种结构中，只要农产品中的某一重要类别产品（如粮食、猪肉等）价格较明显上行，就将引致 CPI 上涨。在这种差异中，如果简单套用美国等西方国家的 CPI 上涨幅度控制指标来对应中国的 CPI 变化，不认真探究成因，就可能造成误导。例如，农产品价格上行本来有利于维护农民的利益、缩小长期存在的工农业产品剪刀差等功能，但将其定义为“通胀”并采取措施予以抑制，就将使这些效应弱化甚至失去，给协调城乡关系和工农业产品价格关系留下种种困难。

从这个意义上说，“管理通胀预期”就是要正确认识 CPI 上行的成因，不要简单将其界定为“通货膨胀”。

参考文献

[1] 王国刚：《物价变动并非总是货币政策的函数》，《经济学动态》2009 年第 10 期。

[2] 陈佳贵主编《中国经济前景分析——2009 年春季报告》，社会科学文献出版社，2009。

[3] 李扬主编《中国金融发展报告（2008～2009）》，社会科学文献出版社，2009。

[4]〔美〕劳伦特·H. 怀特：《货币制度理论》，中译本，中国人民大学出版社，2004。

改善内生性金融服务供给促进小企业发展

在世界各个经济体中，数量众多的小企业占有非常重要的地位。从中国的情况来看，2009 年工商登记的各类企业总数达到 1032 万户，按照现有企业划分标准，中小企业的数量占 99.8%，其中绝大多数是小企业，另外还有 3063.6 万个体工商户，这些实际上也应归属小企业或微型企业的范畴。目前，中国的中小企业创造了 60% 的 GDP，解决了 80% 以上的城镇就业。① 然而，由于小企业自身的弱质性和金融服务结构的匹配缺陷，长期以来，小企业的融资成了世界性难题。这个问题在中国以大银行融资主导的金融结构环境中表现得尤为突出，并且在遭遇金融危机冲击下进一步加剧，迫使政策与监管部门采取针对性的强力措施，包括推动大银行设立小企业金融服务专营机构、单列规模、单配资源、单独评审与考核等，以增加银行对小企业的贷款。诚然，在应对金融危机阶段，这些措施的确在一定程度上缓解了小企业的融资困难，而且取得了较大的突破。据中国银监会统计，2009 年，小企业贷款（不含票据融资，下同）增速快于企业贷款平均增速，比企业贷款平均增速高 5.5 个百分点；小企业贷款余额占企业贷款之比进一步提高，较 2008 年增加 1 个百分点；小企业贷款也跑赢信贷大市，高于各项贷款增速 0.61 个百分点。② 这是否意味着中国小企业融资难的问题已经或开始得到根本性解决呢？或者说，当前主要通过监管部门行政性干预的强力政策能否转变为长期制度性的要求，由此对金融体系结构形成持久性影响，从而真正改善针对小企业的内生性金融服务供给？

如果答案是否定的话，那么当外在的政策压力减弱，本来就缺乏内在激励的少数几家大银行，尽管其占据了金融系统的绝大部分资源，但几乎可以肯定的是，即使出于社会责任感而不至于退出小企业金融服务市场，也会因为成本与风

---

① 转引自王建翔《大力实施银河培训，加快中小企业竞争力》，中国中小企业信息网，2010 年 1 月 4 日。

② 《2009 年银行业小企业金融服务实现三大突破》，中国银监会网站要闻。

险等因素消极对待或收缩小企业信贷业务，这正如有些银行分支机构以往的表现。由于促进小企业健康发展不仅是中国在后危机阶段继续保增长和稳定就业的关键，也是中国转变经济发展方式、实现经济社会长期稳定与可持续发展的重要战略，因此，金融领域必须深化改革以适应并促进这一战略性转变的实现，而不能再退回以往的小企业融资困境状态。为此，本文从历史实践与理论的双重视角对小企业融资难问题进行较为深入的考察，在此基础上，通过对中国小企业融资状况及其影响因素的调查分析，探索改善中国小企业金融服务的内生性供给的可行路径。

一　市场直接融资缺口：历史考察与启示

在西方成熟的市场经济国家，人们早就发现纯粹的市场机制在中小企业信用领域存在失灵的现象。1929 年，英国以麦克米伦爵士为首的金融产业委员会对英国工商业和金融业进行调查，在 1931 年提交的报告中指出，英国中小企业在资本市场融资存在着所谓的“麦克米伦缺口”问题，即中小企业很难发行规模在 10 万 ~50 万英镑的证券来筹集资本，因为一方面在伦敦证券市场发行小盘证券的各种成本太高，另一方面，伦敦以外的各地方市场所能筹集的资本额大多在 5 万 ~10 万英镑以下。显然，麦克米伦委员会之所以高度关注中小企业在证券市场融资的缺口问题，与其设立时的金融环境有关。“一战”之后英美金融市场模式得到空前发展，在工商企业通过证券市场筹集资本成为普遍潮流的背景下①，麦克米伦委员会的工作焦点很容易受到当时环境的影响。实际上，时至今日，除了专门设立的创业板市场针对一些高成长与高新科技类的小企业融资之外，绝大多数的小企业仍然很难在证券市场直接融资。即使各种企业都能在市场自主发行证券，对于小企业而言，主要约束还在于发行证券融资的成本过高。首先，在交易所挂牌发行筹资额较小的证券需要支付相当高昂的中介服务费用，高费率直接抬高了融资成本；其次，小盘证券发行后流动性较差，不易造市，后续市场交易容易引起价格大幅波动，发行企业必须支付足够高的收益来补偿这种交易的风险；最后，小企业通常没有易于被公众投资者识别的公开信息，承销商为了保证

① 例如，根据伦敦交易所官方公布的数据，工商类企业发行证券的名义余额在 1913 年为 43860 万英镑，1933 年达到 121560 万英镑，增加了 77700 万英镑。

发行成功也会尽可能压低发行价格来吸引投资者，这必然会稀释企业股权价值，实际上也是提高了融资的成本。

表1　英国市场发行不同规模证券的成本差异

发行方式	融资规模(英镑)	融资成本(%)	发行方式	融资规模(英镑)	融资成本(%)
配　售	198000	24	配　售	636000	9
公开发行	212000	11.5	公开发行	826000	7.6

资料来源：转引自 Raymond Frost，1954。

表2　1953 年 ICFC 资产分布情况

资产类别	占总投资比例(%)	资产类别	占总投资比例(%)
担保贷款	41	不可赎回	11
非担保贷款	22	普通股	8
优先股:可赎回	18		

尽管该委员会在报告中认为“一战”之前英国基本上不存在“麦克米伦缺口”（对此有不少争议），但这样的融资缺口实际上并不限于特定的历史发展阶段，报告所揭示的问题表明了小企业并不适合在证券市场直接融资，或者说，证券市场融资并不是小企业能够普遍采用的外部融资方式。从当时麦克米伦报告提出的政策建议被采纳的情况来看，1945 年英格兰与苏格兰的银行以及英格兰银行共同组建了工商金融公司（ICFC），由这家最早的风险投资机构为小企业提供长期与固定的资本，但在其实际业务运营中，股权性资本投资占比较少，更多的则是为小企业提供担保贷款或非担保贷款。因此，当我们把焦点从证券市场移开，自然就会转向信贷融资模式，这可能是小企业更为主要的外部融资渠道。然而，在麦克米伦委员会的报告中，并未提及英国银行体系变化给小企业融资所造成的不利影响，可能由于这一忽略，该报告提出了一个颇为争议的看法，即认为英国“一战”之前基本上不存在“麦克米伦缺口”，实际上，这一判断可能恰恰反映了此前英国大量的地方私人银行在小企业融资中所起的重要作用。

但是，到 20 世纪 20 年代，由于英国的银行体系已基本完成了大规模的集中合并，原来为本地小企业服务的地方私人银行基本消失，小企业从大银行获得信贷的条件变得更为严格。在 19 世纪中后期，随着股份制的普遍确立，英国工商企业规模不断扩大，地方的乡村私人银行由于自身实力较为弱小往往难以承揽业务，股份制银行则迅速发展，并在竞争中取得优势，这导致银行业进入了大规模集中合并阶段，逐步形成了少数大银行垄断的局面，银行体系及其组织的结构出现了显著变化。根据英国著名经济史学家克拉潘的研究，1865～1885 年，银行业各种合并平均大约每年 5 起，到 19 世纪 80 年代中期，英格兰与威尔士的银行体系包括大约 120 家股份制银行和 250 家私人银行（其中有纸币发行权的仍有 80～90 家）。1891～1902 年，银行合并的有 114 起，这与工业企业的大合并恰处在同一个时间段。至此，原来的地方乡村私人银行已所剩无几。① 从金德尔伯格在其名著《西欧金融史》中所引用的资料来看，1855～1913 年，英国的银行数量大大减少，特别是私人银行从 309 家减少到仅剩 29 家，股份制银行的数量虽有所减少，但其平均拥有的分支机构数量则大大增加（参见表 3）。

表 3　1855～1913 年英格兰与威尔士的银行数量变化情况

年份	股份制银行		乡村私人银行		伦敦私人银行		总　计		各家平均分行数
	银行数	分行数	银行数	分行数	银行数	分行数	银行数	分行数	
1855	100	631	252	492	57	62	409	1185	2.9
1870	117	1063	206	518	42	47	365	1628	4.5
1885	120	1814	160	598	39	48	319	2460	7.7
1900	83	4212	59	329	22	29	164	4570	27.9
1913	41	6476	17	133	12	14	70	6623	94.6

资料来源：转引自金德尔伯格《西欧金融史》，中国金融出版社，2007，第 99 页。

银行体系及其组织结构的上述调整，直接导致了银行业在经营管理行为方面出现了不利于小企业借贷的变化。以前，规模较小的企业可以依靠本地私人投资者提供资本和自身的利润积累，还可以从本地银行（一般也是家族式的，总部机构设在本地）较为方便地获得融资。然而，当地方的私人银行被合并转为股份制的大银行之后，一方面原来的无限合伙责任变成了有限责任公司，银行家的地位也变得全然不同，面临的制度约束更加严格。另一方面，银行的集中合并也大大促进了英国金融一体化。② 首先，最主要的标志是城市与乡村之间的存款利率逐步统一，原

① 参见克拉潘《现代英国经济史》（下卷），商务印书馆，1997，第 342～347 页。

② 金德尔伯格在《西欧金融史》中指出，英国直到 20 世纪 20 年代，城市和乡村才实行统一的存款利率。只有当银行将城市的存款利率远远地推广到乡村，最终扩展到全国，形成单一的资金价格，金融一体化才得以真正实现。

来乡村银行可以支付相对较低存款利率的优势不再，不仅银行的资金成本约束提高，更导致乡村存款向伦敦金融中心转移乃至大量流到国外①，这不利于地方上的小企业获得贷款；其次，伦敦城的银行业务运营惯例取代了以前地方乡村私人银行五花八门的业务惯例，例如，伦敦的银行只凭审慎考虑的担保品进行垫付，要求和取得凭以垫款的抵押品，对往来存款的余额不计利息等②。显然，这些都不同于以往地方银行的做法，而对抵押品的要求则使小企业借款变得更加困难。

以上我们考察分析了英国出现“麦克米伦缺口”问题的历史情境，实践发展表明，小企业受高昂成本的约束很难在证券市场融资，这一点至今并不因技术进步和市场发展而有普遍改善。另一方面，银行大规模的集中合并导致其结构及经营行为的变化提高了小企业信贷融资的条件，尤其是大量地方乡村银行的消失，使得原来大量以地缘关系为基础、依靠声誉自我执行的信贷合同缺乏供给，因而不能满足小企业的信贷融资需求。

二　小企业信贷的内生性供给：关系型融资

小企业市场融资存在“麦克米伦缺口”的问题提出之后，在政策实践层面，有些国家则已开始重视小企业信用供给不足的问题，包括英国、美国、日本和德国等在20世纪四五十年代就开始从政策上扶持中小企业金融。③但在经济理论界，当时并未引起对小企业融资问题的重视。后来随着现代公司金融理论的发

① 肯伍德、洛赫德在《国际经济的成长：1820～1990》中指出，1870～1914年英国的海外投资年均约占其国民收入的4%，而在1905～1913年英国资本年均外流量约占国民收入的7%，在1914年更高达9%。根据Woodruff, W.（1966）的研究估计，1914年英国对外投资高达41亿英镑，约占全球对外投资总量的43%（参见Woodruff, W.，1966，*Impat of Western Man*，pp. 154－155）。

② 参见克拉潘《现代英国经济史》（下卷），第351页。

③ 英国在1945年组建了工商金融公司，这是世界上第一家正式设立的投资于小企业的风险投资公司，尽管它的主要业务是为小企业提供担保或非担保的贷款。美国在20世纪40年代初期就开始筹备扶持中小企业政策性金融体系的工作，1953年根据《中小企业法》建立了小企业管理局（Small Business Administration，SBA），主要为小企业提供融资担保等服务。日本在1937年开始设立东京信用保证协会，率先实行信用担保制度，到1952年，在经济通产省中小企业厅的监管下全国按照都、道、府、县行政区划共设立52个信用保证协会，为中小企业向金融机构贷款提供担保。德国在20世纪50年代开始针对市场失灵引起中小企业信用缺乏问题，由一些商会、储蓄银行和合作银行参与，还有联邦经济部，成立担保银行，帮助中小企业获得融资。

展，一些研究者开始重点关注小企业融资的需求与供给不同于一般企业的特点，通过理论分析与实证检验，阐明了主要依靠“软”信息决策的关系型信贷融资形式更加适合小企业的问题。

1958 年，莫狄利亚尼与米勒从融资需求的角度研究公司资本结构的决定及最优问题，才引发了研究公司金融问题的理论热潮，随后又结合了信息经济学研究的成果与方法，发展出了多种不同的流派，包括静态权衡理论（Static Trade-off Model）、融资优序理论（Pecking-order Hypothesis）、代理理论（Agency Theoretic Framework）和生命周期理论（Life-cycle Theory）等。然而，这些经典理论是针对一般企业提出的，在应用于小企业时遇到了许多问题，于是后来有一些研究文献开始结合小企业的特殊性，讨论经典的公司金融理论对小企业是否适用，有哪些影响因素以及如何加以修正等，发展出有关小企业融资需求方面的理论。[①] 对小企业融资供给方面的研究，从讨论一般情况下的信贷配给问题到关注银企关系价值以及制度变化的影响。正是由于小企业与证券市场的特点，决定了对银行信贷渠道的高度依赖性。然而，从银行信贷技术约束来看，小企业通常又很难满足银行贷款的一般条件，往往首先成为被银行排斥或实施配给的对象。那么，银行又会在什么情况下愿意为小企业提供信贷融资呢？从我们对英国银行业结构变化情况的观察分析中，似乎已经可以得出一个结论：地方私人银行比较适合小企业融资。当这类地方银行数量大幅减少，或者重组变成大银行设立在地方上的分支机构之后，情况就发生了变化，小企业很难再像以前那样获得贷款。对此，我们可能比较容易作出进一步的推究：主要由于地缘关系，地方的银行对本地企业的各种情况比较了解，包括企业主（小企业的经营者与所有者大多是合一的）的人品、能力、各种社会关系以及企业产品情况等，在发放贷款时比较灵活，基本不需要像大银行那样严格审核企业的财务报表和要求企业提供价值充足的抵押品。

在 Berger 和 Udell（2002）等多项研究的基础上，Udell（2004）明确提出，基于银行信贷技术，可将银行信贷归纳分为交易型贷款（Transaction Lending）和关系型贷款（Relationship Lending）两大类。交易型贷款主要是在对企业财务

---

① 有关理论研究评述可参见田晓霞《小企业融资理论及实证研究综述》，《经济研究》2004 年第 5 期。

比率（所谓“硬”信息）进行分析的基础上作出的贷款方式。关系型贷款主要是基于银企关系所产生的“软”信息作出的贷款，是对交易型贷款的补充，更加适合小企业。[①] 问题是，在小企业的财务实力明显不足（如不能提供价值充足的抵押物）时，银行为什么还会依据所掌握的其他信息向小企业提供贷款呢？Peterson 和 Rajan（1994）最早使用有关数据就关系型贷款问题做了系统的经验检测，结果发现良好的银企关系无论对于企业贷款成本，还是信贷可得性都会产生有利的影响，尽管对贷款成本的影响并不显著，但对信贷可得性的影响较为显著。Peterson 和 Rajan（1995）又详细阐述了银行愿意向小企业提供贷款的原因，其中之一可能是这些企业的成长前景很好，银行期望在企业未来的利益分配当中占有一席之地。当企业未来转向其他信贷来源的可能性越小时，这种隐性承诺的可信度就越大，银行的动机也就比较强烈。对此，Aoki 和 Dinc（1997）明确指出，关系型贷款是银行为了能够在未来获得租金，而在一系列难以合约化的状态下提供额外融资的一种融资方式。Boot（2000）对关系型融资的特征做了进一步的研究，他认为关系型融资具备以下两个特征：一是有对客户信息的获取活动，而这些信息在本质上常常是专有的、不易传递的；二是通过一段时期内与同一客户的多次互动式的接触来估测项目的价值。[②] 由于银行对小企业进行关系型贷款决策时要依赖那些“专有且不易传递”的信息，这类“软”信息不像财务比率那样的“硬”信息可以进行批量化生产且容易传递，因此，具有多级科层组织的大银行的决策过程就不适合处理这类“软”信息，通常也就较少从事关系型贷款（Berger 和 Udell，2002）。正因为如此，那些总部设在本地的区域性中小银行就成为小企业关系型贷款的主要供给者。

显然，当小企业主要依赖银行的关系型贷款时，如果在银行体系结构中缺乏适当数量的地方中小银行，也就意味着小企业获得外部融资会更加困难，这似乎与我们在实践中所观察到的情形是相符的。Cole 和 Walraven（1998）对银行业合并将会减少小企业融资的可得性所做的研究显示，在一般情况下，合并后的银行比其他银行更可能拒绝小企业的融资申请。Avery 和 Samolyk（2004）对美国

---

① 广义的关系型融资也包括一些创业投资公司对小企业提供的股权性混合融资形式。

② Cole（1998）指出，如果银企之间建立了关系，银行向其提供贷款的可能性会增大，而且这种关系的长度实际上并不重要。

的银行业在20世纪90年代发生的合并情况进行经验研究发现，当涉及大银行的银行间合并时，小企业的贷款增长会降低，当合并只发生在社区银行之间时，社区银行力量有所增强，因而会增加对小企业的信贷。在1994~2000年美国银行业合并的过程中①，社区银行在小企业信贷供给方面扮演着重要角色，其小企业信贷所占份额是明显上升的。类似的，国内学者张捷（2002）研究表明，中国金融业改革导致银行贷款决策层次上移（国有银行地方分支机构原有的审贷权限收缩，实际上类似于大银行对地方小银行的合并情形），致使小企业融资难的问题显得更加突出。显然，银行合并后可能使原有的银企关系利益受到损失，合并后的金融机构不仅规模会增大，组织结构会更复杂，行为方式也会发生变化，而这些变化一般不利于开展关系型贷款，从而削弱了小企业金融服务的内生性供给②。

三　中国的小企业融资问题：调查案例

为了深入了解中国小企业融资的基本情况，在有关方面的大力支持下，我们对一个城市和一家地方银行做了专门调查。其一是在2009年5~6月对西部某老工业城市的各家金融机构进行了访谈，同时对该市500余户中小企业（符合原国家经贸委等四部委［2003］143号文所界定的中型与小型企业标准，其中绝大多数为小企业，涉及机械、材料、化工、农产品加工、煤炭开采、物流销售等多个行业）进行入户问卷调查，回收有效问卷156份（剔除了4家房地产开发企业）。其二是在2009年初对东部地区某家城市商业银行近年来的业务开展情况进行了入户调查。经过对调查数据的整理分析，我们可以较为清楚地了解小企业融资的基本状况以及主要影响因素。

---

① 据FDIC统计，美国银行业的数量近二三十年持续减少，1980年有14836家银行，1990年有12316家，2001年有8080家，2008年有7086家。此次次贷危机爆发以来，银行数量还在进一步减少。

② 另一方面，Peterson和Rajan（2002）则指出，银行业合并及结构调整不只是银行业放松管制或生产力过剩的结果，信息技术革新也是其重要的推动因素，因为这种革新能为“硬”信息的远距离传递提供便利，使贷款决策不必在信息采集地做出，银行对远距离客户的贷款也成为可能，而且信息技术也使得银行能够进行频繁的事后监管和及时干预。尽管技术革新对于“软”信息的远距离传递并无太大影响，但远距离贷款的增加还是有利于增强小企业所在地的信贷市场竞争度，从而有可能提高小企业的信贷可获得性。

（一）小企业融资供求的基本现状

本项企业调查的地域范围是中国西部地区的一个老工业城市，当地中小企业普遍反映获得银行融资非常困难。总体来看，全市银行业金融机构的贷存比在逐年下降，从2002年的约70%下降到2009年一季度的39.2%（其中人民币业务2008年底贷存比下降到37.8%）。2009年一季度，全市各项存款余额比2008年末增加了32.47亿元，同期的各项贷款余额仅增加了4.73亿元，约占新增存款的14.6%，存款资金继续通过银行系统大量流出。

从回收问卷的156户工商企业融资情况来看，截至2009年4月，有86户工商企业获得贷款143867万元（另外，还有4户房地产开发企业获得贷款85091万元，在本文中予以剔除），户均贷款额为1673万元。有45%的企业未获得银行贷款。在获得贷款的86户企业中，按照银监会对小企业贷款的划分标准，各家金融机构发放的单笔500万元及以下的贷款金额合计13146万元，占贷款总额的9.14%，这比当地人民银行所统计的该项指标值要低得多。更严格地来看，企业获得贷款额在500万元及以下的共有47户，合计贷款额为8841万元，占总额的6.15%，户均贷款额仅有188万元。全部样本中，最小的10户企业贷款合计252万元，户均25.2万元；而最大的10户企业贷款合计88409万元，户均8841万元。

从贷款供给方的情况来看，农村信用合作社（以下简称农信社）与城市商业银行（以下简称城商行）两家地方性金融机构成为向中小企业，特别是向小企业提供贷款的主力军，两家机构合计占贷款总额的44.3%。从图1中可见，在86户企业中，从农信社获得贷款的企业有52户，合计40835万元，占贷款总额的28.4%，其中500万元以下的贷款企业有34户；从城商行获得贷款的企业有19户，合计22830万元，占比为15.9%，其中500万元以下的贷款企业有8户。在国有商业银行中，农业银行成为贷款的主力机构。从农业银行获得贷款的企业有24户，合计49905万元，占比为34.7%，但500万元以下的贷款企业仅有8户；其他3家国有银行共向9户企业提供了贷款，合计16965万元，占比为11.8%。比较而言，国有商业银行倾向于提供贷款需求额度较大的服务，地方金融机构的贷款额度则相对小得多。从图2中可见，从各家金融机构的户均贷款额来看，农信社户均为785万元，城商行户均为1201万元，国有商业银行户均为2026万元。在所发放的单笔500万元以下的贷款总额中，农信社与城商行两家

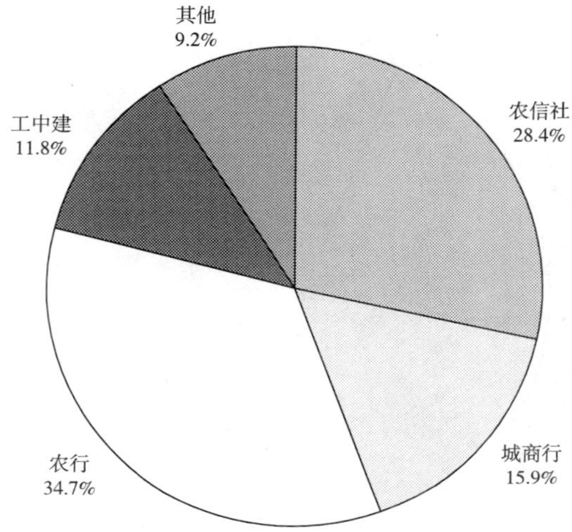

图 1　银行业金融机构的企业贷款占比

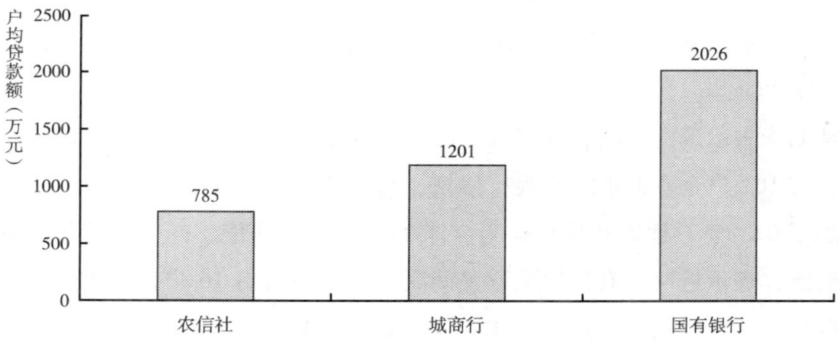

图 2　金融机构发放企业贷款的户均额度

机构的贷款所占比例为 73.0%，农业银行占比为 21.0%，另外 3 家国有银行所占比例仅为 3.4%，其他占 2.6%（见图 3）。农发行、邮储以及外埠银行提供的贷款额合计为 12400 万元，占总量的 8.6%，未说明具体金融机构的有 932 万元，占比为 0.7%。同时，我们还观察到，几乎每笔贷款都有抵押或担保条款，但农信社与城商行的要求往往相对灵活。

从企业的民间融资情况来看，市场不够活跃，融资总量偏低。在 156 户企业中，共有 28 户企业通过民间渠道获得资金，其中有 18 户企业同时获得了金融机构的贷款；除了 1 户外资企业，27 户企业共从民间借款 5464 万元，仅为银行贷

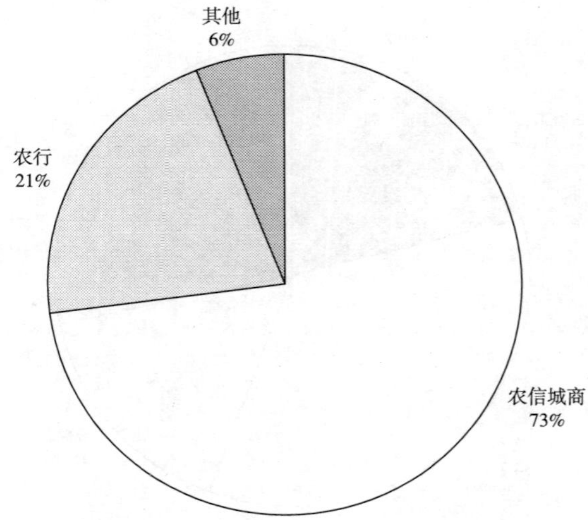

图3　金融机构发放500万元以下小额贷款情况

款额的3.8%，其中最大借款额1600万元，最小借款额10万元，借款年利率基本在12%以上。

从明确表示近两年内有计划融资需求的企业情况来看，可能存在较大的供给缺口。有101户企业表示需要银行融资，合计233890万元，这比目前的信贷余额增加了62.6%，远远超出该市近年来的信贷增长速度，同时，民间融资市场不够活跃，表示近两年有计划采取民间融资的企业仅有16户，其中还有3户准备吸收股权性资本投资，这就意味着银行融资的供给缺口还可能进一步拉大。

（二）影响小企业融资的主要因素

调查反映，影响小企业融资的因素既包括企业自身的各种非财务与财务因素，也包括金融结构层面的供给因素。

1. 企业的非财务因素

第一，企业法人代表资质。调查发现，企业法人代表的学历高低、是否担任各级人大代表或政协委员等与企业能否获得金融机构贷款以及贷款数量多少具有相关性。在法人代表有大学以上学历的企业中，有81%获得了贷款，户均达到2190万元，都显著高于样本的均值。在39户企业的法人代表担任不同层级的人大代表或政协委员的企业中，有26户企业获得了贷款，占比为66.7%，户均

2211万元，也都高于均值。显然，由于法人代表对企业通常有决定性的影响，具备良好的教育素质，或者是有政治地位以及由此带来的社会关系资本与声誉，都使企业与金融机构打交道时有明显的加分作用。

第二，员工人数及素质。一般而言，从员工指标来看，人数越多，企业规模越大；素质越高，企业的竞争力可能就越强。因此，这意味着获得银行贷款的可能性就越大（在本次调查中，煤炭开采企业是个例外，可能由于安全风险过高以及自身现金流较充足，所有煤炭企业均未从银行贷款）。员工在100人以下的企业有46.7%获得贷款；101～300人的企业有64.2%获得贷款；300人以上的企业有65.2%获得贷款，若剔除煤炭企业，这一比例实际上为100%，远远高出平均值。员工中本科学历在5人以下的企业有105户，获得贷款的占比为46.7%；6～20人的企业有57.1%获得贷款；20人以上的企业有91.3%获得贷款。

第三，企业年龄。调查数据显示，设立仅1年的企业没有一户获得贷款，2～3年的企业有38.9%获得了贷款，3～5年的企业有46.4%获得贷款；5～10年的企业有70.6%获得贷款，10年以上的企业有65.7%获得贷款。这说明，企业年龄越短，其不确定性越大，获得贷款就越难，贷款额也越小，反之则可能相反。

2. 企业的财务因素

第一，注册资本。企业的注册资本一般都经过验资证实，是衡量其资本实力的一个重要指标。注册资本在200万元以下的企业有82户，其中42.7%的企业获得贷款，且贷款额几乎都在500万元以下；200万～500万元的企业中有46.4%获得贷款；500万～1000万元的企业有10户，其中7户获得贷款；1000万元以上的企业有90.9%获得贷款，户均贷款额4171万元。由此可见，注册资本数量与获得贷款的可能性以及贷款数额有正相关性。

第二，资产规模。采用2008年底资产数据分析，结果显示，企业总资产规模以及固定资产规模的大小与能否获得贷款以及贷款数额的多少具有高度相关性，即资产规模越大，可抵押物越多，银行也因此愿意放贷。（1）总资产：500万元及以下的企业有38.9%获得贷款，但贷款额均低于500万元；500万～2000万元的企业有47.5%获得贷款；2000万～4000万元的企业有58.3%获得贷款；4000万～10000万元的企业有82.6%获得贷款；1亿元以上的企业均获得了贷款，且户均6759万元。（2）固定资产：500万元及以下的企业有77户，其中41.6%获得贷款；500万～1000万元的企业有69%获得贷款；1000万～4000万元的企业有70.4%获得贷款；4000 万元以上的 9 户企业均获得贷款，户均 7368 万元。

第三，销售收入。销售收入指标可以衡量企业经营现金流的水平，也是反映企业规模的重要指标。2008 年，销售收入在 3000 万元以下的企业有 87 户，其中有 44.8% 获得贷款，户均 390 万元；3000 万 ~5000 万元的企业有 69.6% 获得贷款，户均 528 万元；5000 万元以上的企业有 81.3% 获得贷款，户均 4207 万元。显然，销售收入对企业获取金融机构贷款的影响与资产规模指标是相类似的。

第四，利税数量。利税指标能够衡量企业实际赢利能力的高低。一般的，赢利能力越强，获得贷款的概率应该越高，二者正相关。2008 年，利税额在 100 万元以下的（不含 6 户亏损企业）企业有 44.9% 户获得贷款；利税在 100 万 ~500 万元的企业有 68.8% 获得贷款；利税在 500 万元以上的企业有 75% 获得贷款。

3. 金融供给层面存在的结构不适性

从该市企业融资供求的基本情况来看，农信社与城商行两家地方金融机构起到小企业贷款的主力军作用。然而，在大型国有商业银行占据绝对主导地位的金融结构环境中，对小企业具有较强服务意愿的地方金融机构自身规模相对较小，而且历史包袱重，实力不强，市场竞争力弱，总体服务能力非常有限。截至 2008 年底，该市农信社与城商行两家机构的存款余额合计 101.07 亿元，贷款余额 59.83 亿元，分别占全市总量的 24.01% 和 34.59%。农信社规模相对较大，但自身资本严重不足，资本充足率为 -3.21%，历年亏损挂账等原因形成的不良贷款占比仍高达 19.16%，贷存比已经达到 65.72%，为全市金融机构最高，其对中小企业融资的服务能力已经饱和。城商行服务中小企业的能力也比较有限。村镇银行、小额贷款公司以及农村资金互助组织等新型的地方中小金融机构尚未设立。

另一方面，大银行明显缺乏服务中小企业、特别是小企业的意愿。据访谈调查，国有商业银行不愿意服务地方中小企业的原因有多个方面。其一，从根本上看，大型银行多层结构下的决策与风险管理机制与中小企业信贷业务特点之间的匹配性差。中小企业融资需求一般具有“短、小、频、快”的特点，这对多层次结构的大型银行来说，一方面是业务笔数多、分布散、金额小等导致过高的管理成本，另一方面是信息不对称更为严重，风险更大，因此，与那些能够获得规模经济与范围经济的大额融资业务相比，银行宁愿舍弃众多的中小企业客户。其二，大银行在抵押或担保条款上要求更加规范严格，而小企业普遍缺乏合格充足的可抵押资产，并且诚信度通常较差。其三，地方金融生态环境在较大的维稳压力下难以显著提升，对银行机构通过诉讼等渠道的维权支持力度不够，常常是拖案、偏判或者胜诉难执行，使得银行通过法律途径清收的效果微乎其微，影响大银行的上层决策，特别是采取某些针对地方的制裁性措施，如对新的贷款程序、客户、额度采取更加严格的审批管理，导致银行基层机构难有作为。其四，银行基层机构为规避风险也不愿积极主动拓展中小企业融资业务，缺乏小额贷款业务激励，工作重点放在存款业务上，坐视本地储蓄资金大量外流。其五，银行开展小企业融资业务的风险分担机制不健全，缺乏合适的融资担保服务支持体系。在本次调查中，仅有 6 户企业借助了专业的担保公司获得贷款。

（三）城市商业银行的小企业信贷业务

对民营经济发达的东部地区某家城市商业银行的业务状况调查表明，主要基于地缘优势和关系型贷款的技术创新，地方金融机构在为本地小企业提供融资服务方面具有很强的意愿与优势。被调查的这家银行前身是 1993 年成立的城市信用合作社，2006 年经改制成为城市商业银行。截至 2008 年底，该银行设有 3 家分行，1000 多名员工，总资产达 181 亿元，注册资本 5.23 亿元，资本充足率为 11.89%，各项存款余额 156 亿元，贷款余额 102 亿元。

一直以来，该银行紧密跟踪服务当地一大批制造业、批发与零售业以及建筑业的小企业发展，同时自身也取得了持续良好的经营业绩。16 年来累计向小企业放贷 900 多亿元，共 18 万多笔，支持的企业客户累计超过 5 万家。2008 年当年累计发放小企业贷款 34921 笔，占全部贷款的 98.30%，累计发放金额 214.95 亿元，占全年累计发放额的 81.55%。年末小企业贷款余额 73.02 亿元，占贷款总余额的 71.62%，小企业贷款户数 19915 户，占客户总数的 97.22%。在支持小企业成长的过程中，该银行始终保持了优质的资产质量，赢利能力也不断提高。2008 年末贷款五级分类的正常类占比为 95.18%（第四季度受国际金融危机影响比 2007 年同期下降 1.84 个百分点），不良贷款率仅为 0.79%，多年来基本没有超过 1%，拨备覆盖率达到 160.51%，当年总资产收益率为 1.59%，资本利润率高达 33.61%。

从该行以小企业信贷业务为主的成功经验来看，关键在于能够以较低的成本解决一般情况下小企业更为严重的信息不对称问题，而且在贷款决策过程中，能够更好地挖掘非财务信息（“软”信息）对贷款的支持价值。一是所谓的“三品”信息，由于地缘关系，在平时的工作生活中，银行员工一般能够很容易地充分了解企业主以及主要相关人员的人品信息，还有企业所生产的产品信息，以及能够掌握的可用于贷款抵押的物品情况。二是所谓的“三表”信息，有限度信任小企业的财务报表所包含的信息，同时要求查看企业的水表与电表，从某种程度上来讲，企业的财务报表是自己编制的，粉饰的成本较低，而企业的用水与用电信息则是由第三方的水务公司与电力公司提供，不是企业自己可以编造出来的，应该能够客观地反映企业实际的生产加工情况，是更具有可信度的信息。三是了解企业所谓的“三流”信息，即现金流、货物流和企业的人流情况。在综合分析以上各种信息的基础上，银行就能够较好地作出贷款风险判断，从而简化信贷审批手续，推出无须抵押的保证贷款等一系列服务小企业的金融产品，有效满足小企业“短、小、频、快”的融资需求。

（四）初步的调查结论

通过以上对企业与银行的调查分析，我们不难得出以下结论：①银行对中小企业的信贷决策与企业经营者品质等非财务信息相关，同时更加尽可能地与企业资产规模、销售和利税等财务指标相挂钩。这可能说明，中国中小企业的银行融资既有交易型贷款，也有关系型贷款。②中国地方性中小银行在发展小企业金融业务方面具有较强的内在意愿，在实践中也能较好发挥其内在的市场竞争优势，可以成为小企业融资的重要的内生性供给渠道。比较而言，具有多层次组织结构的国有大银行的信贷决策与风险管理程序与小企业难以对接，服务小企业的内在动力严重不足。③中国小企业融资更为困难的一个重要原因可能是银行体系结构的问题，大银行垄断了过多的金融资源，但缺乏服务小企业的动力，而对小企业比较知根知底的地方中小银行数量偏少，总体的服务能力非常有限。④主要因为外部危机压力导致行政力量推动大银行增加对小企业的贷款，这作为应对危机的管理政策具有一定可行性，但当危机结束时就会面临政策调整的变化，缺乏市场内在的可持续性。地方中小银行能够以小企业信贷业务为主，这一定位实际上是市场细分的必然结果，就商业发展模式而言，更加具有可行性。

四　改善内生性小企业融资供给的政策思考

自20世纪90年代中期以来，随着中国主要以小企业为载体的民营经济快速发展，融资需求持续大幅增长，但以国有大银行为主导的金融体系对民营经济的金融服务供给层面不仅缺乏相应的改善，而且由于1995年的《商业银行法》和1996年的《贷款通则》相继实施，要求银行机构普遍推行担保抵押的做法，严格控制信用贷款，并严格追究银行人员的不良贷款责任，导致了小企业获得银行信贷的难度进一步加大。我们注意到，在2007~2008年实施宏观紧缩政策过程中，中国小企业融资困难的问题再次凸显出来，加上2008年底遭受国际金融危机的冲击，大量外向型中小企业因外需严重萎缩而经营困难，引起连锁反应，融资难的矛盾进一步加剧，尽管在宽松政策下银行信贷短期内出现了暴增，但小企业资金链紧张的情况未见缓解。迫于大量中小企业倒闭造成的就业压力以及可能引发的社会问题，政府与金融监管部门不得不再次对银行采取强制性干预措施（在1997年发生亚洲金融危机后，也采取了许多类似的政策措施），要求银行增加对小企业的贷款。由于银行已经实施了股份制改革，有的成了上市公司，银行的经营管理有明确的市场化目标与严格的市场纪律约束，这与现行的干预政策存在冲突，因此，在既有的银行体系结构下，占信贷市场绝对主导地位的银行机构仍然缺乏服务小企业的内生动力。要从根本上改善这一状况，应该深化金融结构性改革，有效发挥市场经济的内生动力，建设完善可持续的小企业金融服务供给长效体制机制，这包括以下方面。

第一，加快发展地方中小金融机构，增强小企业融资供给的意愿与能力。在中国现行的银行组织结构中，总部设在地方、服务本土中小企业的中小型银行机构数量偏少，有些乡镇在国有银行改革撤并分支机构后甚至成为正规金融服务的空白地带①。加快发展地方中小银行金融机构，将能有效增强金融服务小企业的能力。对银行的调查也显示，中国地方中小银行对从事小企业信贷业务的意愿比大银行也要强烈得多②。鉴于中国对金融业改革发展的战略考量和条件约束，短期内大幅降低银行业金融机构的市场准入门槛并不现实，应该充分发掘现有金融

---

① 中国人民银行2008年发布的《中国农村金融服务报告》指出，四家大型商业银行网点陆续从县域撤并，从业人员逐渐精简，部分农村金融机构也将信贷业务转向城市，致使部分农村地区出现了金融服务空白。截至2007年末，全国有2868个乡（镇）没有任何金融机构，约占全国乡镇总数的7%。

② IFC（2008）对12个国家银行体系的调查结果表明，所有民营银行都将中小企业信贷业务作为未来发展的战略重点。对我国银行的调查情况参见陈忠阳等（2009）。

体系中的地方性力量，同时适当放松管制，吸收合适的社会资源进入主要为小企业提供金融服务的领域。其一是大力深化现有地方性金融机构的改革，增强其对小企业的融资服务能力。目前，农信社的机构数量最多，地域分布也最广，是各地服务小企业的主力军。但上一轮改革除了组建一百多家农村商业银行和农村合作银行之外，绝大多数下放给省市后的改革并不彻底，农信社的经营机制未有根本性的转变，下一步要深化农信社的产权制度改革，重组法人治理结构，吸收社会资本帮助解决不良资产包袱，加快组建一批农村合作（或商业）银行，提高专业化、集约化的经营管理水平，增强机构的市场竞争力和服务能力。其二是适当放松社会资本准入参与建设新型的中小规模地方金融服务机构。在城市地区，发展一批面向社区内小额金融需求的社区银行，改善信贷市场的竞争程度。在广大乡镇地区，在加强监管力量的同时，要适当提高风险容忍度，增强风险处置的灵活性，放宽现行的村镇银行管理办法，加快建设一批村镇银行机构。

第二，采取多元化的措施激励和促进大银行增加对小企业的融资服务。可以借鉴美国社区再投资法等国际经验，在监管方面明确要求大银行的分支机构应对所在社区的中小企业提供服务，规定在当地所吸收存款投入本地中小企业的最低比例标准。对银行开展的中小企业融资业务采取差异化的监管与考核政策，并在财税政策方面给予中小企业融资业务适当的风险补偿。

第三，加强融资担保体系建设，完善小企业信贷业务风险的分担机制。尽管小企业本身的弱质无法改变，但可以采取适当的政策促进外部力量帮助小企业实现信用增级，降低银行对小企业的信贷风险。在实际贷款业务中，担保条款常常是利率之外的另一项重要条件，一直被广泛使用，在小企业贷款中尤为普遍①。国际经验表明，建设带有政策扶持色彩的融资担保体系可以有效帮助中小企业获得外部融资。中国在20世纪90年代初期就开始探索建立信用担保机制，1998年以后正式开始大范围试点，近几年发展明显加速，大量社会资本进入了信用担保业，形成了一定的市场规模，但远不能满足实际需求。针对目前中国信用担保业发展中所存在的主要问题，需要进一步明确信用担保机构的功能定位，纳入金融专业化监管，继续发挥各级政府在信用担保体系建设中的推动作用，促进贷款银

① 据调查，美国工商业贷款合同中有将近70%使用了担保条款，小企业贷款约有80%是通过担保获得的，英国小型工商企业贷款几乎有85%使用了担保条款。

行与担保机构之间的合作关系建设，合理分担风险，鼓励担保机构继续提升实力与风险管理水平，加快建设再担保机制以增强担保机构的风险承担能力。

第四，大力推动民间融资的阳光化，提高小企业民间融资的可得性，降低融资的实际成本。民间融资活动是市场经济发展的内在现象，由于正规金融不可能覆盖所有的金融需求，转轨经济中的金融供给缺口往往会更大，如对属于民营经济性质的小企业融资服务存在的缺口，民间融资就可以在这些缺口领域发挥积极补充作用。实际上，正常的民间融资形式大多属于关系型的借贷或投资，一般是基于相邻乡里的社会关系，私人信息都比较透明，程序简单，交易成本低，违约的道德风险也较小，这些既是其相对于正规金融的竞争优势，也适合小企业融资需求的特点，因而具有客观合理性。尽管民间融资符合市场经济发展的内在规律，但在政府高度垄断金融业并实行严格准入的惯性支配下，民间融资活动受到了严格限制，例如，未经人民银行批准办理的借贷即可被视为非法集资而予以打击，然而，金融监管部门的限制和打击不仅不能阻止民间融资的存在，相反可能造成了负面的影响，迫使一些民间融资活动转入地下交易，形成灰色市场，结果加大了融资风险，抬高了交易成本，也增加了小企业的财务负担。因此，在正确认识民间融资问题的基础上，进一步做好相关的法律规范，完善制度层面，防范民间融资发生问题影响经济与社会的稳定，区分正常的民间融资活动与非法集资等投机诈骗行为，允许和鼓励民间资本从事适当程度的金融活动，如发放贷款或进行股权投资，与正规金融一样受到法律保护，进行阳光化运作，加大对民间资本的吸引力，有利于改善民间融资供给的市场竞争程度，从而大大增加小企业获得民间融资的机会，提高融资的可得性，最终也会相对降低小企业的融资成本。

参考文献

［1］林毅夫、李永军：《中小金融机构发展与中小企业融资》，《经济研究》2001 年第 1 期。

［2］张捷：《中小企业的关系型借贷与银行组织结构》，《经济研究》2002 年第 6 期。

［3］林毅夫、孙希芳：《信息、非正规金融与中小企业融资》，《经济研究》2005 年第 7 期。

［4］董裕平：《金融结构缺陷与小企业融资困境》，《武汉金融》2009 年第 4 期。

［5］陈忠阳、郭三野、刘吕科：《中国银行小企业信贷模式与风险管理研究——基于

银行问卷调研的分析》,《金融研究》2009 年第 5 期。

[6] 查尔斯·P. 金德尔伯格:《西欧金融史》(中译本),中国金融出版社,2007。

[7] 克拉潘:《现代英国经济史》(中译本),商务印书馆,1997。

[8] A. G. 肯伍德、A. L. 洛赫德:《国际经济的成长:1820~1990》(中译本),经济科学出版社,1996。

[9] Allen, N. B. and G. F. Udell (1995), "Relationship Lending and Lines of Credit in Small Firm Finance", *The Journal of Business*, 68 (3), pp. 351-381.

[10] Aoki and Dinc (1997), *Relationship Financing as Institution and Its Viability under Competition*, Working Paper, Stanford University Press.

[11] Avery R. B. and Samolyk K. A. (2004), "Bank Consolidation and Small Business Lending: The Role of Community Banks", *Journal of Financial Services Research*, Vol. 25, No. 2-3, April 2004, pp. 291-325 (35).

[12] Bae, Kang and Lim (2002), "The Value of Durable Bank Relationships: Evidence from Korean Banking Shocks", *Journal of Financial Eonomics*, 64, pp. 181-214.

[13] Boot (2000), "Relationship Banking: What Do We Know?" *Journal of Financial Intermediation*, 9, pp. 7-25.

[14] Berger and Udell (2002), "Small Business Credit Availability and Relationship Lending: The Importance of Bank Organizational Structure", *Economic Journal*, 112 (477), pp. 32-54.

[15] Brewer Genay Hunter and Kaufman (2003), "Banking Relationships during Financial Distress: The Evidence from Japan", *Economic Perspectives*, Vol. 27.

[16] Cole, R. A. (1998), "The Importance of Relationships to the Availability of Credit", *Journal of Banking and Finance*, 22, pp. 959-977.

[17] Cole, R. A. and Walraven, N. (1998), Banking Consolidation and the Availability of Credit to Small Business, Online at http://mpra.ub.uni-muenchen.de/4716/.

[18] Petersen, M. A. & Rajan, R. G. (1994), "The Benefits of Lending Relationship: Evidence from Small Business Data", *Journal of Finance*, 49, pp. 3-37.

[19] Petersen, M. A. And Rajan, R. G. (1995), "The Effects of Credit Market Competition on Firm-creditor Relationships", *Quarterly Journal of Economics*, 110 (2), pp. 407-443.

[20] Petersen, M. A. & Rajan, R. G. (2002), "Dose Distance Still Matter? The Information Revolution in Small Business Lending", *Journal of Finance*, 57 (6), pp. 2379-2403.

[21] Raymond Frost (1954), The Macmillan Gap 1931-1953. *Oxf. Econ. Pap.*, 6 (2), pp. 181-201.

[22] Udell, G. F. (2004), Bank Mergers and Acquisitions: The Impact of Small Business Lending, Proceedings, Federal Reserve Bank of Chicago, Issue May, pp. 97-113.

中国证券投资基金发展分析

中国的证券投资基金事业起步于1998年，到现在已走过了12年的发展历程。尽管发展历史不长，而且期间还遭遇了长达5年熊市的煎熬，受到两次国际金融危机的冲击，但中国新兴的证券投资基金业在困难中仍获得了飞速的发展。天相统计数据显示，截至2009年第三季度，基金业已发展成为拥有60家基金管理公司、502只各类基金产品和2.16万亿元资产管理规模的金融服务产业，业务范围涵盖了封闭式基金、开放式股票型基金、指数型基金、混合型基金、债券型基金、货币基金、生命周期基金、创新基金、QDII等类型产品，已经形成了多层次、多元化基金产品格局，满足上亿基金持有人的不同投资需求。2009年9月初，基金业刚刚开展的专户一对多业务进一步满足了那些100万元以上大户的个性化投资需求。随着中国市场化改革进程的不断深入，证券投资基金在中国经济、金融生活中的地位将不断得以提升。

一　宏观背景分析

（一）中国经济持续高速增长支持了投资基金市场的扩大

基金业自诞生起就赶上了中国经济迅速发展的10年，在此期间，GDP年均增长率为9.5%。从图1中可见，截至2008年底，中国GDP总额达到30万亿元，折合4.38万亿美元，2009年GDP增长率为8.7%，GDP总额超过33万亿元，中国已经超越德国成为世界第三大经济体。中国不仅已经成为全球最大的制造国、全球增长最快的消费市场，可以预见还将成为全球增长最快的资产管理市场。

中国基金业在过去10年的健康快速发展离不开中国经济的持续高增长，也离不开国内资本市场的蓬勃壮大。我们用基金资产规模与国内生产总值的比例及基金实际持股与股票市值的比例这两个指标来代表基金市场深度。

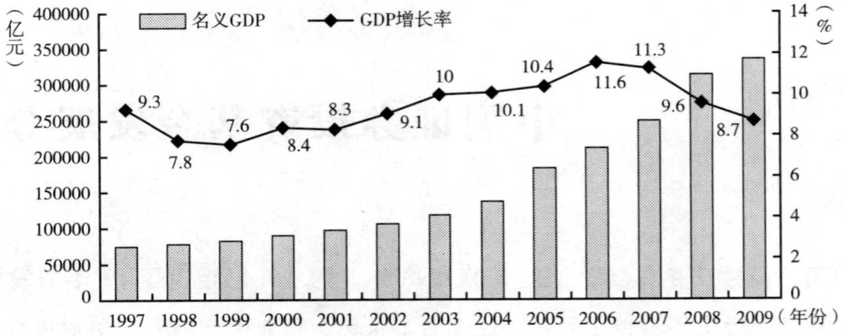

图1　中国 GDP 呈现高速增长态势

资料来源：国家统计局网站。

1. 全部基金净值规模与 GDP 比例

基金资产净值与国民生产总值比率总体呈上升趋势，如图 2 所示，中国基金资产规模与国内生产总值的比例在 10 年间总体呈上升趋势，2007 年在资本市场火暴的行情下，这个比例达到 10 年内的峰值 13.29%；2008 年由于受到国际金融危机的冲击，跌落严重；进入 2009 年，在宏观经济逐渐回暖、股票市场持续反弹的机遇下，基金行业资产管理规模重回 2 万亿元，预计 2009 年全部基金净值与 GDP 比例为 7.21%。

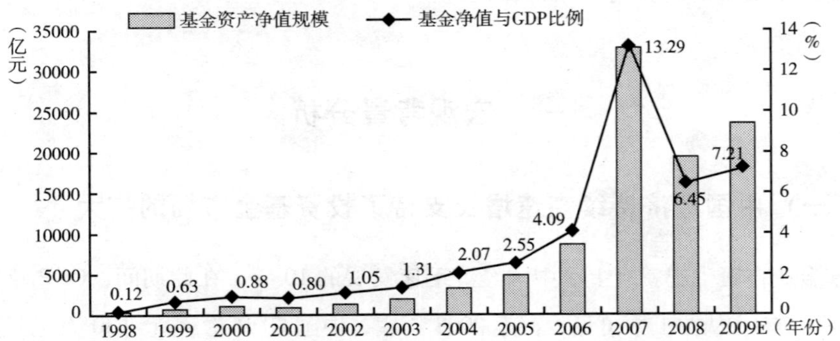

图2　基金资产净值与国民生产总值比率总体呈上升趋势

注：2009 年数据截止日期：2009 年 9 月 30 日。
资料来源：中国证监会。

我们对未来 5 年 GDP 和基金净值规模做一个基本预测，假设 GDP 平减指数为 4%，基金净值占 GDP 的比例在 5 年内能维持在 10% 的水平，那么，结果如表 1 所示。

表 1 GDP 规模和基金净值未来 5 年预测

	GDP 年增长（%）	2010 年 GDP 规模（亿元）	2011 年 GDP 规模（亿元）	2012 年 GDP 规模（亿元）	2013 年 GDP 规模（亿元）	2014 年 GDP 规模（亿元）
乐观预期	10	368471	420057	478865	545906	622333
中性预期	8	362007	405447	454101	508593	569625
谨慎预期	6	355542	391097	430206	473227	520549
	GDP 年增长（%）	2010 年基金净值（亿元）	2011 年基金净值（亿元）	2012 年基金净值（亿元）	2013 年基金净值（亿元）	2014 年基金净值（亿元）
乐观预期	10	36847	42006	47887	54591	62233
中性预期	8	36201	40545	45410	50859	56963
谨慎预期	6	35554	39110	43021	47323	52055

2009 年预计 GDP 总量为 32 万亿元，如果采取乐观预期，即假设中国经济能够摆脱增长瓶颈，加速增长的话，按照 GDP 年均 10% 的增长测算，那么，5 年后也即 2014 年 GDP 估计为 62 万亿元，基金净值规模估计会达到 6 万亿元。

如果采用中性预期，即中国经济能够保持平稳较快增长的话，按照 GDP 年均 8% 的增长测算，5 年后即 2014 年 GDP 估计规模为 57 万亿元，那么，2014 年基金净值规模会达到 5.7 万亿元。

如果采用谨慎预期，即在世界经济前景仍然很不明晰的情况下，中国经济受到外部阻力，按照 GDP 年均 6% 的增长测算，5 年后即 2014 年 GDP 的估计规模为 52 万亿元，那么，2014 年基金净值规模会达到 5.2 万亿元。

可以预计，未来 5 年随着中国经济的持续稳定增长，基金市场的规模将会大幅扩张。

2. 基金实际持股与股票市值的比例

证券投资基金资产净值占股票流通市值的比例在 10 年内也呈现上升趋势，由于混合型基金有九成以上都投资于股票，所以我们将股票型基金和混合型基金的资产净值加总来计算基金实际持股与股票市值的比例。如图 3 所示，在 2007 年时出现第一个峰值 33.13%，2008 年受到国际金融危机和大小非解禁的影响，比值下滑到 29.80%，截至 2009 年 9 月 30 日，这个比值为 19.93%。

可以说中国基金市场的深度在不断扩大，然而，与美国的同业相比，仍显不足。美国基金业的发展虽然远远早于中国基金业，但在近 20 年中均呈现快速增长的趋势。1990 年，美国共同基金的总规模为 1.06 万亿美元，经过整个 20 世纪

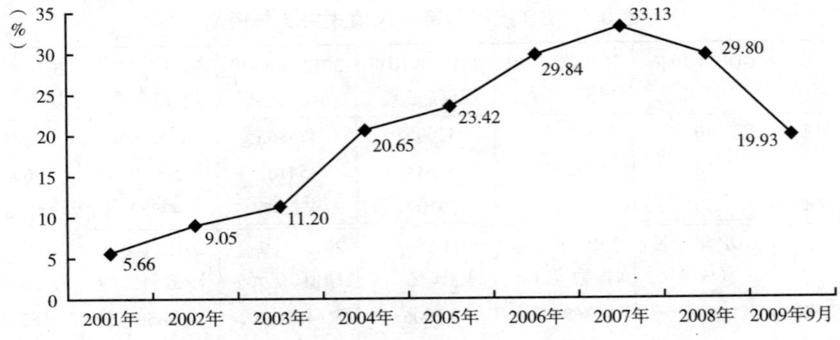

图3　证券投资基金资产净值占股票流通市值比例不断上升

资料来源：Wind 资讯。

表2　2001～2009 年股票型基金资产和混合型基金资产净值

截止日期	股票型基金资产净值(亿元)	混合型基金资产净值(亿元)	股票流通市值(亿元)	股票型和混合型基金之和占股票流通市值比例(%)
2001 年 12 月	783.03	35.00	14463.17	5.66
2002 年 12 月	850.54	279.12	12484.56	9.05
2003 年 12 月	1076.53	399.60	13178.52	11.20
2004 年 12 月	1394.12	1031.80	11746.76	20.65
2005 年 12 月	1578.66	911.10	10629.91	23.42
2006 年 12 月	4780.20	2681.83	25003.31	29.84
2007 年 12 月	20323.91	10508.19	93064.18	33.13
2008 年 12 月	8745.98	4727.44	45213.90	29.80
2009 年 9 月	13651.56	6429.70	100746.93	19.93

资料来源：Wind 资讯。

90 年代的10 年牛市，美国共同基金资产管理规模达到了6.96 万亿美元，年均复合增长率高达21%，并于1999 年历史性地超过了商业银行6 万亿元的资产规模。到2007 年底，美国公募基金业资产管理规模进一步大幅增长至13 万亿美元，占同年美国 GDP 的92.97%。在美国，基金业特别是共同基金已俨然成为最大的金融机构体系，并对人们的日常生活有着举足轻重的影响力。2008 年虽然遭遇了次贷危机和金融风暴的重创，但是占 GDP 的比重仍接近70%，远高于中国目前的水平，因此中国的基金市场深度仍然比较浅，行业成长空间巨大。就基金实际持股和股票市值的比例而言，与世界基金业最发达的美国相比基本相当，然而中美的资本市场繁荣程度是不可同日而语的。资本市场是基金实际投资的市场，资本市场深度的拓展是基金业长远发展的基本前提，在相对有限的基金持股比例提升空间下，中国资本市场自身的发展将牵引基金业的发展。

（二）储蓄分流，居民财富管理需求上升

随着中国国民经济的高速增长，居民可支配收入也在不断增长。2002 年以来，城镇居民人均可支配收入以平均每年约 12.7% 的速度增加。数据显示，2002 年底，城镇居民人均可支配收入只有 7702 元，但到 2008 年底，居民人均收入已经达到 15780 元，6 年间可支配收入增幅超过一倍。

1. 储蓄分流，基金市场承接很大一部分

长期以来，中国居民储蓄存款一直呈现高速增长的态势，每月新增额高达上千亿元（参见表 3）。截至 2009 年 10 月，人民币储蓄存款余额达到 25.59 万亿元，是 2002 年底 8.69 万亿元的近 3 倍。居民储蓄存款从无到突破 1 万亿元大关用了近 30 年时间，从 1 万亿元到 10 万亿元用了 10 年的时间，从 2003 年的 10 万亿元到 2008 年的 20 万亿元仅仅用了 5 年时间，可见中国居民的可支配收入呈级数增长趋势。随着中国经济持续稳定增长，这个增长趋势将保持不变。

然而，中国居民储蓄月度新增额已经数次出现了负增长。早在 2006 年 5 月居民储蓄存款月新增额就开始呈现不断下降的势头，并在 2006 年 10 月首次出现负值，为 -42.48 亿元。此后多次出现居民储蓄存款负增长的现象（参见表 3）。2007 年 4 ~ 10 月居民储蓄存款净下降 9086 亿元，如果按照正常增长应当有 1 万亿元，这期间相当于 2 万亿元储蓄资金基本都流向了资本市场，造成了股票市场的异常火暴。2009 年 7 ~ 10 月 3 个月居民储蓄增额再度出现净下降，与此对应的是 7 月、8 月基金份额增长到 24113.12 亿份，资产净值 23634 亿元，均比前期有较大增长，储蓄分流向资本市场已经势不可当。

储蓄下降和基金份额增长呈逆向增长关系，表现出储蓄分流向基金市场的强势。经过对 2006 年 1 月到 2009 年 9 月居民储蓄存款额和偏股型基金份额数据的比较和分析（参见图 4），发现居民储蓄存款净增额和基金份额净增额之间具有反向增长关系。这个关系在 2007 年 4 月到 2007 年 11 月的 7 个月内表现得最为明显。2007 年

表3　2006年1月至2009年10月居民储蓄存款余额和增长率

日　期	城乡居民储蓄存款余额（亿元）	月度增长率（%）	月度绝对增长额（亿元）	日　期	城乡居民储蓄存款余额（亿元）	月度增长率（%）	月度绝对增长额（亿元）
2006年1月	153265	4.22	6211	2007年12月	176213	3.45	5880
2006年2月	156497	2.11	3233	2008年1月	177823	80.22	1610
2006年3月	158113	1.03	1615	2008年2月	187304	472.15	9481
2006年4月	158629	0.33	517	2008年3月	190822	175.18	3518
2006年5月	158722	0.06	92	2008年4月	191683	42.90	861
2006年6月	160252	0.96	1530	2008年5月	193907	110.76	2224
2006年7月	160391	0.09	139	2008年6月	197604	184.07	3696
2006年8月	161543	0.72	1152	2008年7月	200156	127.10	2552
2006年9月	163321	1.10	1778	2008年8月	203567	169.87	3411
2006年10月	163279	(0.03)	(42)	2008年9月	207998	220.68	4431
2006年11月	164848	0.96	1569	2008年10月	211140	156.43	3141
2006年12月	166616	1.07	1768	2008年11月	214819	183.24	3680
2007年1月	166442	(0.10)	(174)	2008年12月	221503	332.85	6684
2007年2月	175434	5.40	8992	2009年1月	236872	765.33	15369
2007年3月	176881	0.82	1447	2009年2月	241237	217.28	4365
2007年4月	175069	(1.02)	(1813)	2009年3月	246921	282.88	5683
2007年5月	172148	(1.67)	(2921)	2009年4月	248150	61.21	1230
2007年6月	173836	0.98	1688	2009年5月	250033	93.71	1883
2007年7月	173583	(0.15)	(253)	2009年6月	253356	165.38	3323
2007年8月	173129	(0.26)	(454)	2009年7月	252897	(22.82)	(459)
2007年9月	172902	(0.13)	(227)	2009年8月	252452	(22.14)	(445)
2007年10月	167795	(2.95)	(5107)	2009年9月	259616	356.56	7164
2007年11月	170333	1.51	2538	2009年10月	255941	(182.90)	(3675)

资料来源：中国人民银行网站。

4~10月6个月储蓄出现负增长，对应的是2007年4月、7月和10月三个基金份额高峰；2009年3月储蓄月增额激增，对应的是1月份基金份额的一个历史低点。

我们对2006年1月至2009年9月的居民储蓄存款月度环比增长率和偏股型基金份额月度环比增长率进行回归分析，以基金份额月度环比为横轴 x，储蓄存款月度环比为纵轴 y，可以得到一元线性回归方程 $y = -1.7015x + 0.0743$，$R^2 = 0.0907$，也就是说基金份额每增长1%，储蓄存款就会相应下降1.7015%，由此，可以得出判断，储蓄分流，基金市场承接了很大一部分。

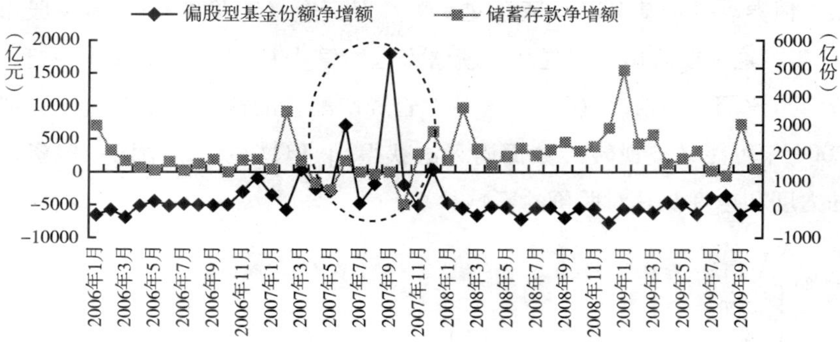

图 4　居民储蓄存款净增额和偏股型基金份额净增额呈现反向增长关系

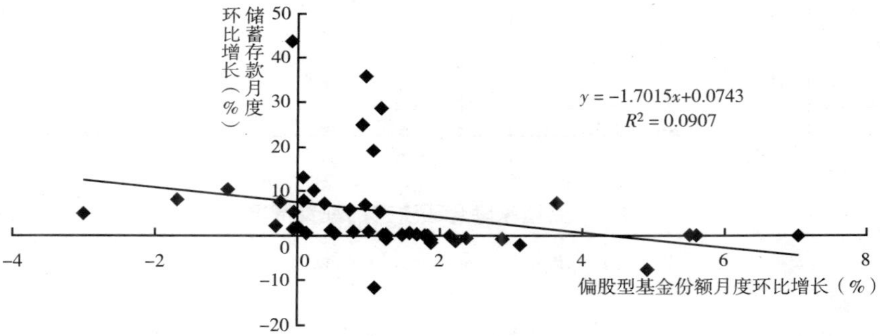

图 5　储蓄存款月度环比和偏股型基金份额月度环比散点图

资料来源：Wind 资讯。

中国资本市场经过十几年的发展，不断壮大，截至 2009 年 9 月底深沪两市合计流通市值 18.7 万亿元；然而，截至 2009 年 9 月底，人民币储蓄存款余额为 25.96 万亿元，远远大于沪深两市的流通市值，显然随着居民储蓄存款的分流，会再度铸就资本市场特别是基金市场的繁荣。

2. 居民资产配置多样化，基金成投资热点

随着家庭财富的大幅增加，资产多样化需求也逐步增强。倘若假设银行储蓄存款在家庭金融资产中约占 70%，那么，2009 年 9 月中国的家庭部门拥有约 37 万亿元金融资产（截至 2009 年 9 月，家庭的银行储蓄存款达 25.96 万亿元）。我们发现，中国家庭过去就曾出现过明显的资产重新配置现象，尤其是在 2005 ~ 2007 年股市欣欣向荣的时候。根据资金流量表的数据，2005 年中国家庭将增加的金融财富中的 70.4% 存入银行，2006 年只有不到 20% 配置于投资类资产，例如股票、债券、投资基金以及证券交易账户保证金（参见图6）。但在股市飙涨的2007年，这一模式出现了逆转：新增家庭财富中只有29.7%存入银行，而投资类资产占比翻了一倍多（41.0%）。尽管资产配置的这一戏剧化转变在股市大跌的2008年可能又被逆转（数据尚无法获得），但这显示了中国家庭资产重新配置的力度和速度及其对股价的影响。

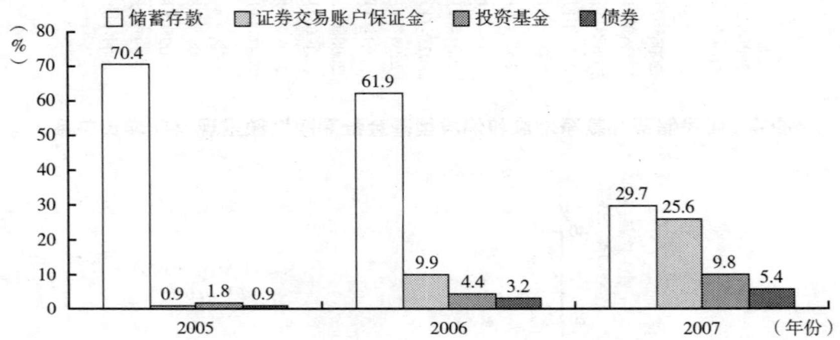

图6　新增家庭金额资产的配置情况

资料来源：CEIC、中国人民银行、野村证券研究所。

居民资产多样化行为和资本市场繁荣互为因果。中国近10年来资本市场的高速增长其实源自中国“储蓄分流”的长期特征，居民通过改变他们的资产结构，释放了大量的货币资产，吸收了大量的股票和债券形式的资产。2006～2007年，进行资产多样化时，家庭不仅将新拿到的收入投资于股市和共同基金，而且还将已有的银行存款转变成这些资产，同期家庭存款的下降就证明了这一点。

如今，中国家庭的金融投资再次倾向于股票、共同基金和房产。根据中国人民银行对城镇居民的调查报告，2009年第三季度受访者中愿意投资股票和共同基金的比例骤升至41.6%，接近2007年第三季度所创下的44.3%的历史高点（参见图7）。计划在未来3个月内购房的受访者比例也上升至17.1%，为自2006年第四季度以来的最高水平。由于居民（家庭投资者）财富数量有限，居民投资者要么直接购买少量股票、债券等金融证券，要么通过购买基金而投资各类证券，基金尤其是开放式基金不但为居民投资者提供了专业的投资管理服务，而且通过投资的规模经济降低了交易成本，因而，越来越多的居民倾向于选择持有基金。

开放式基金占美国家庭金融资产比例和持有开放式基金家庭占所有家庭的比

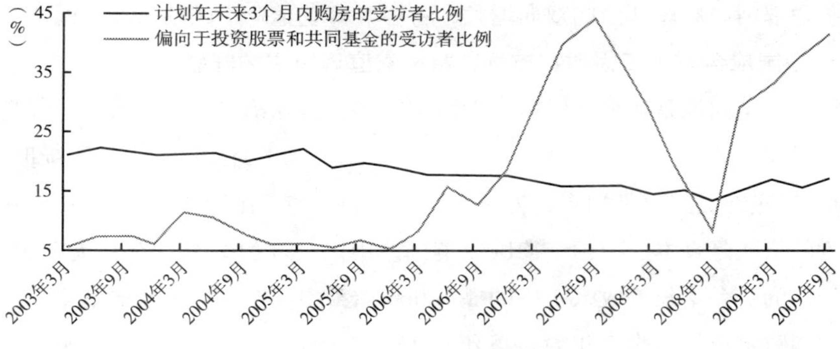

图 7　家庭投资意愿调查报告

资料来源：CEIC、中国人民银行、野村证券研究所。

例都处于很高的水平，由图 8 中可以看到，2005 年美国家庭持有开放式基金已经占到家庭总资产比例的 20.3%，据美国投资公司协会调查数据显示，2006 年约有 48% 的美国家庭持有共同基金，基金持有人达 9600 万，平均每 3 个美国人中就有一个是共同基金持有者。而在美国家庭的金融资产结构中，共同基金更占据了 47% 的比例。调查显示，美国 70% 的基金投资者至少有 10 年“基龄”，自然年龄中位数是 48 岁，家庭金融资产中位数是 12.5 万美元。

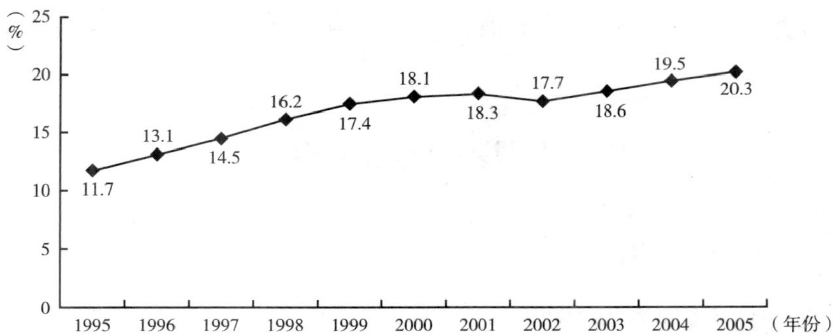

图 8　美国家庭持有开放式基金占家庭总资产的比例不断上升

资料来源：BOOK 2003。

目前，中国家庭金融资产中证券和基金类资产比例仅 10%，远远低于美国等成熟资本市场 40% 以上的水平；在金融部门中，证券公司和保险公司等非银行金融机构的资产比例也仅约 10%。“储蓄分流”长期趋势带来的非银行金融资产在金融部门和居民部门的双向增长，将会开辟基金业广阔的市场空间。

3. 中国成全球第三大财富市场，富裕家庭理财需求旺盛

目前中国内地是亚洲地区第二大财富市场，全球第三大财富市场，并仍将保持快速增长。波士顿咨询公司（BCG）在2009年11月19日发布最新报告称，到2008年底，美国仍是拥有百万美元资产家庭最多的国家，将近400万户，紧随其后的依次是日本、中国、德国和英国。中国已经成为全球第三大财富市场，中国经济的强劲增长、收入水平的提高和高储蓄率将持续迅速创造财富。报告预计，中国财富市场未来5年内将以年均17.2%的速度增长，至2013年达到7.6万亿美元。百万美元资产家庭数量预计将从2008年的41.7万户增加到2013年的78.8万户，年均增幅为13.6%。中国的财富也显示出较强的区域集中度。半数以上的百万美元资产家庭集中在6个地区，即广东、上海、浙江、北京、江苏和山东，每一个地区都拥有超过2万户百万美元资产家庭。而目前，这部分中国家庭正成为外资银行争抢的高端客户。但如何把这部分财富留在国内，并为社会创造更大财富，成为中国财富管理体系需要解决的问题。

中国高端客户的需求已经远远超过储蓄存款，因此财富管理供给市场包括银行、证券、信托、保险等方面需要整合，以满足财富管理的旺盛需求。巨大的财富管理市场潜力无疑给证券业、保险业和基金业带来了商机，吸引越来越多的外资金融机构进入中国财富管理市场，同时也加剧了各类金融机构在这一领域的竞争。

二　中国基金行业条件分析

（一）基金公司情况

1. 证券投资基金行业不断发展壮大

近年来，中国证券投资基金行业不断发展壮大。截至2009年10月底，证券投资基金总数已由2001年的53只增加到555只，基金资产净值已达22971.32亿元，其中，股票投资方向基金共有280只，资产净值约占全部基金净值的61.21%（参见表4和图9）。随着证券投资基金规模的扩大和实力的增强，基金已经成为中国证券市场重要的机构投资者和重要的资金供给者，对证券市场的发展产生日益广泛和深刻的影响。

表 4　基金规模和数量（2009 年 10 月）

基金类型	数　量（只）	占　比（%）	份额合计（亿份）	占　比（%）	资产净值合计（亿元）	占　比（%）
债券型基金	80	14.41	906.37	3.83	964.71	4.20
货币型基金	43	7.75	1183.13	5.00	1183.13	5.15
混合型基金	145	26.13	6852.53	28.98	6507.12	28.33
股票型基金	280	50.45	14517.91	61.40	14061.74	61.21
保本型基金	7	1.26	183.44	0.78	254.62	1.11
合　计	555	100.00	23643.38	100.00	22971.32	100.00

资料来源：Wind 资讯。

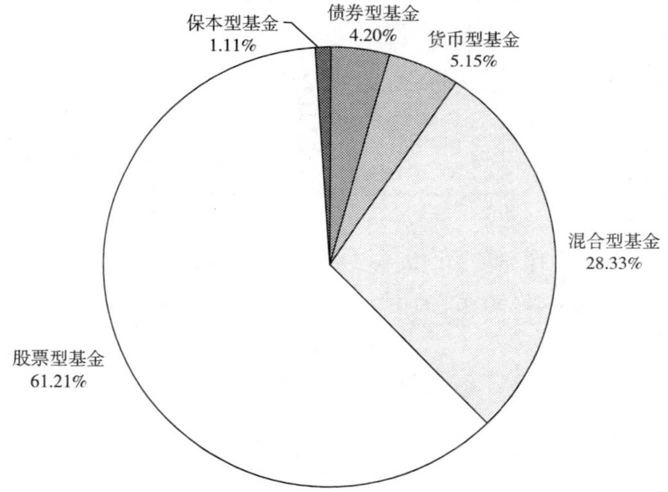

图 9　各类型基金资产分布情况（2009 年 10 月）

资料来源：Wind 资讯。

2. 基金公司分化严重，马太效应明显

基金行业中的马太效应自来就有之。按照基金份额对 60 家基金公司进行分类，大致可以分为五个等级，如图 10 所示，基金份额为 1000 亿份以上的基金公司共有 7 家，处于中间位置的有 37 家，而低于 100 亿份的有 15 家。按此划分，2009 年的中国的基金行业大致可以说形成了三大团队，第一团队以基金份额规模超过 1000 亿份的基金公司为代表，共有 7 家，占市场份额的 38.52%，这批基金公司成立较早，通常经过多年时间的发展，形成了稳定的管理模式以及较为完善的产品线，这批基金公司在行业内建立了良好的品牌效应，行业地位较稳固；第二团队为基金份额规模在100亿~1000亿份的基金公司，是基金行业中的中间力量，包括38家，占市场份额的57.95%，这批基金公司新老都有，经过10年左右的发展，取得了一定的投资业绩，但是由于受市场竞争环境加剧的影响，基金管理规模增长较为缓慢；第三团队多数为近5年新成立的基金公司，有15家，其管理的基金份额规模一般不足100亿份，占市场份额的3.53%，一方面在于部分基金公司发行基金数量较少，另一方面，也暴露了部分基金公司投资管理绩效不佳，市场影响力有待建立的问题。

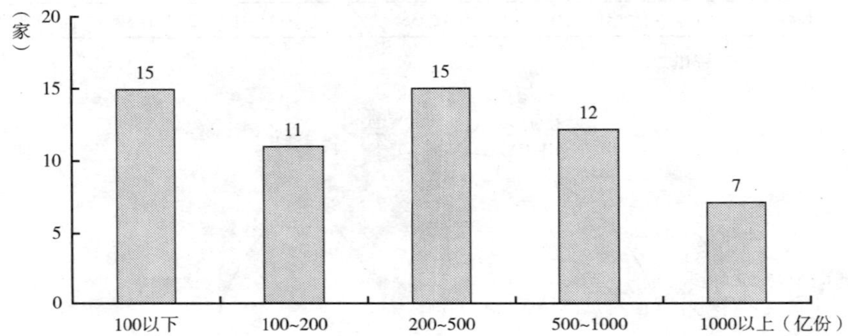

图10　不同份额对应基金管理公司数目

注：数据截止日期：2009年11月30日。
资料来源：Wind资讯。

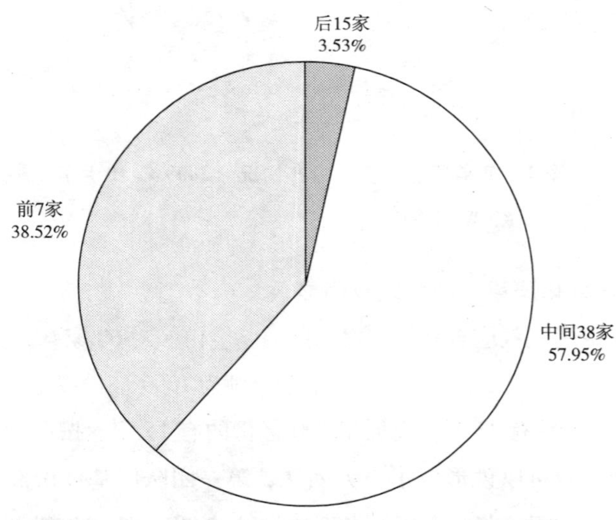

图11　三大团队基金公司基金份额占市场份额情况

注：数据截止日期：2009年11月30日。
资料来源：Wind资讯。

表 5　各类型基金资产分布情况（2009 年 10 月）

基金公司	基金数量	份额合计（亿份）	资产合计（亿元）	开放式基金数量	开放式基金份额（亿份）	成立日期	占市场份额排序（%）
华夏	24	1868.96	2330.32	22	1818.96	1998 年 4 月 9 日	7.83
嘉实	18	1455.34	1285.18	16	1405.34	1999 年 3 月 25 日	6.10
博时	16	1396.29	1390.77	13	1341.29	1998 年 7 月 13 日	5.85
易方达	19	1325.84	1476.49	18	1295.84	2001 年 4 月 17 日	5.56
南方	19	1106.10	1107.91	17	1056.10	1998 年 3 月 6 日	4.63
大成	16	1034.83	837.39	13	938.08	1999 年 4 月 12 日	4.34
广发	12	1005.20	996.89	12	1005.20	2003 年 8 月 5 日	4.21
华安	15	775.29	773.91	13	725.29	1998 年 6 月 4 日	3.25
交银施罗德	11	606.10	677.47	11	606.10	2005 年 8 月 4 日	2.54
汇添富	8	583.92	560.95	8	583.92	2005 年 2 月 3 日	2.45
景顺长城	11	577.21	508.24	11	577.21	2003 年 6 月 12 日	2.42
工银瑞信	11	572.60	474.78	11	572.60	2005 年 6 月 21 日	2.40
富国	14	572.21	543.04	11	502.23	1999 年 4 月 13 日	2.40
上投摩根	10	566.37	574.32	10	566.37	2004 年 5 月 12 日	2.37
银华	13	536.65	591.07	13	536.65	2001 年 5 月 28 日	2.25
融通	11	525.04	540.17	10	505.04	2001 年 5 月 22 日	2.20
国泰	15	521.00	468.48	13	471.00	1998 年 3 月 5 日	2.18
诺安	9	507.77	446.55	9	507.77	2003 年 12 月 9 日	2.13
中邮创业	3	502.31	417.16	3	502.31	2006 年 5 月 8 日	2.10
鹏华	14	491.35	526.07	12	441.35	1998 年 12 月 22 日	2.06
长城	11	489.38	403.50	10	469.38	2001 年 12 月 27 日	2.05
海富通	11	464.97	374.53	11	464.97	2003 年 4 月 1 日	1.95
华宝兴业	13	451.99	467.79	13	451.99	2003 年 3 月 7 日	1.89
长盛	13	443.48	429.05	10	246.61	1999 年 3 月 26 日	1.86
建信	9	421.82	381.23	8	375.39	2005 年 9 月 19 日	1.77
光大保德信	8	391.86	343.61	8	391.86	2004 年 4 月 22 日	1.64
招商	11	331.91	311.25	11	331.91	2002 年 12 月 27 日	1.39
国投瑞银	10	330.46	312.57	10	270.86	2002 年 6 月 13 日	1.38
兴业全球	7	309.22	375.48	7	309.22	2003 年 9 月 30 日	1.30
长信	7	283.48	224.62	7	283.48	2003 年 4 月 28 日	1.19
中银	8	275.64	253.00	8	275.64	2004 年 8 月 12 日	1.15
泰达荷银	12	267.19	273.53	12	267.19	2002 年 6 月 6 日	1.12
中海	6	238.20	186.08	6	238.20	2004 年 3 月 18 日	1.00
友邦华泰	7	238.06	193.07	7	238.06	2004 年 11 月 18 日	1.00
万家	8	187.49	142.47	8	187.49	2002 年 8 月 23 日	0.79

续表 5

基金公司	基金数量	份额合计（亿份）	资产合计（亿元）	开放式基金数量	开放式基金份额(亿份)	成立日期	占市场份额排序(%)
申万巴黎	8	164.01	122.81	8	164.01	2004 年 1 月 15 日	0.69
国海富兰克林	7	163.34	179.25	7	163.34	2004 年 11 月 15 日	0.68
泰信	7	160.43	123.96	7	160.43	2003 年 5 月 8 日	0.67
信诚	6	144.19	128.52	6	144.19	2005 年 9 月 30 日	0.60
宝盈	8	138.62	109.87	7	118.62	2001 年 5 月 18 日	0.58
农银汇理	4	133.70	140.91	4	133.70	2008 年 3 月 18 日	0.56
华商	4	123.90	122.03	4	123.90	2005 年 12 月 20 日	0.52
银河	8	122.96	124.15	7	92.96	2002 年 6 月 14 日	0.52
东方	6	111.99	94.88	6	111.99	2004 年 6 月 11 日	0.47
国联安	8	104.13	95.38	8	104.13	2003 年 4 月 3 日	0.44
信达澳银	4	91.81	95.61	4	91.81	2006 年 6 月 5 日	0.38
益民	4	89.35	67.88	4	89.35	2005 年 12 月 12 日	0.37
天治	7	82.87	50.18	7	82.87	2003 年 5 月 27 日	0.35
东吴	5	78.46	64.96	5	78.46	2004 年 9 月 2 日	0.33
汇丰晋信	6	70.81	80.61	6	70.81	2005 年 11 月 16 日	0.30
华富	6	68.95	52.65	6	68.95	2004 年 4 月 19 日	0.29
天弘	3	63.03	35.62	3	63.03	2004 年 11 月 8 日	0.26
新华	3	57.37	54.87	3	57.37	2004 年 12 月 9 日	0.24
诺德	4	53.84	47.78	4	53.84	2006 年 6 月 8 日	0.23
金鹰	4	52.52	43.84	4	52.52	2002 年 12 月 25 日	0.22
金元比联	4	37.64	61.53	4	37.64	2006 年 11 月 28 日	0.16
中欧	4	36.17	34.14	4	36.17	2006 年 7 月 19 日	0.15
摩根士丹利华鑫	4	20.58	26.01	4	20.58	2003 年 3 月 14 日	0.09
民生加银	2	20.12	20.47	2	20.12	2008 年 11 月 3 日	0.08
浦银安盛	3	18.92	16.38	3	18.92	2007 年 8 月 5 日	0.08

（二）投资者情况

1. 持有者以散户为主，资金来源具有较高流动性和不稳定性

中国基金持有者以个人投资者为主。从账户结构看，2008 年底开放式基金个人投资者账户占比达 99.88%，其中有效账户占比达 99.94%。最近 3 年，个人投资者在账户总数及有效账户总数的比例均达到 99% 以上，个人投资者是基金投资的绝对主力。机构投资者账户占比较低，截至 2008 年底机构投资者有效账户占开户数总额的 0.06%。

表6　中国开放式基金投资者账户结构

类　别	2006年12月31日	2007年12月31日	2008年6月30日	2008年12月31日
基金有效账户总数(万户)	2049.61	14776.83	16352.07	16846.51
基金账户总数(万户)	1087.12	9091.34	8514.79	8459.42
个人投资者账户数占比(%)	99.25	99.89	99.89	99.88
机构投资者账户数占比(%)	0.75	0.11	0.11	0.12
个人投资者有效账户数占比(%)	99.62	99.95	99.95	99.94
机构投资者有效账户数占比(%)	0.38	0.05	0.05	0.06

资料来源：《2008中国证券投资基金业年报》。

中国以个人投资者为主的投资者结构决定了中国开放式基金的资金来源具有较高流动性和不稳定性。就资金来源而言，通常在资金来源中机构投资者占的比例越大，开放式基金资金来源的流动性越小，稳定性也就越好。20世纪90年代以来，国外开放式基金资金来源的机构化已呈加速发展的趋势。以美国为例，截至1998年底，在开放式基金（10亿美元以上级别）的负债结构中，机构投资者所占比例已达45.15%，几乎占据开放式基金资金来源的半壁江山。资金来源机构化保证了美国开放式基金资金来源结构的稳定性，为基金管理人实施其投资目标提供持续性保障，同时也创造了美国的“共同基金神话”。但在中国，以个人投资者为主的特殊的投资者结构决定了中国开放式基金的资金将主要来源于散户，散户的特点是“跟风”操作和风险承受能力差，一旦有风吹草动，势必蜂拥而至提出赎回申请，这就使得中国开放式基金的资金来源具有较高流动性和不稳定性。

2. 经历风暴后个人投资者认购和申购基金趋于理性

2008年基金投资者认购基金热情较2007年降温，投资金额大幅减少，较2007年减少了69.79%，个人投资者认购金额占比明显下降，为67.69%，与2007年的个人投资者的狂热形成鲜明对比，那时个人投资者认购金额占总认购金额的97.74%。

2008年基金投资者申购基金热情降温，申购金额减少，较2007年减少了35.77%，同时基金个人投资者申购金额占比下降。2007年牛市时投资者申购基金热情高涨，个人投资者成为基金申购的主力。

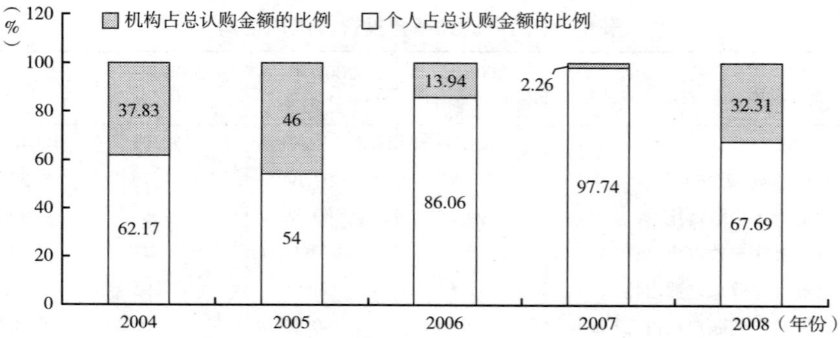

图 12　2004～2008 年开放式基金投资者认购情况

资料来源：中国证券业协会。

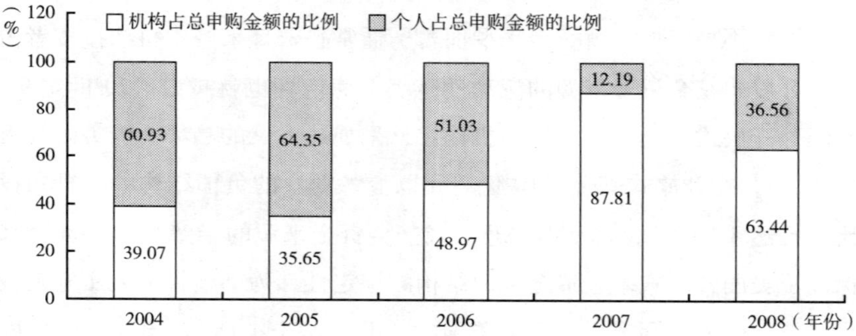

图 13　2004～2008 年开放式基金投资者申购情况

资料来源：中国证券业协会。

2008 年开放式基金个人投资者对新发行基金的热情降温，个人投资者认购金额与申购金额的比为 0.11∶1，机构投资者认购金额与申购金额的比为 0.09∶1，反映出个人与机构投资者对新发行的基金偏好基本相同。与此相比，2007 年，个人投资者认购金额占其申购金额的比例相对要大于机构投资者认购金额占其申购金额的比例，这反映出个人投资者更偏好新发行的基金。

由于上证综合股价指数和沪深 300 股价指数有相同的趋势，我们选取 2006 年 1 月至 2009 年 11 月沪深 300 股价指数的月度环比与偏股型基金份额的月度环比数据做趋势图（参见图 14），发现一个明显的两阶段特征，即：2006～2007 年沪深 300 指数增长和基金份额增长之间存在明显的联动关系，而 2008～2009 年股价指数仍然体现出较大波动，可是基金份额增长比较平稳。

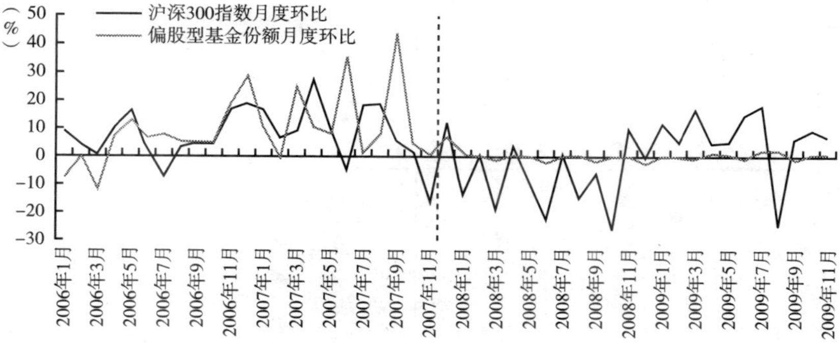

图 14　股价指数月度环比增长率与偏股型基金份额月度环比增长率

资料来源：Wind 资讯。

对 2006 ~ 2007 年和 2008 ~ 2009 年两个时间段进行分段回归，可以发现 2006 ~ 2007 年沪深 300 指数月度环比增长率与偏股型基金份额月度环比有比较强的相关性，相关系数为 0.16；而 2008 ~ 2009 年沪深 300 指数月度环比增长率与偏股型基金份额月度环比增长率的相关性较弱，相关系数约为 0。由此可以做出判断，投资者经过 2007 ~ 2008 年股市暴涨暴跌的风波后，在 2009 年表现出理性投资的趋势。

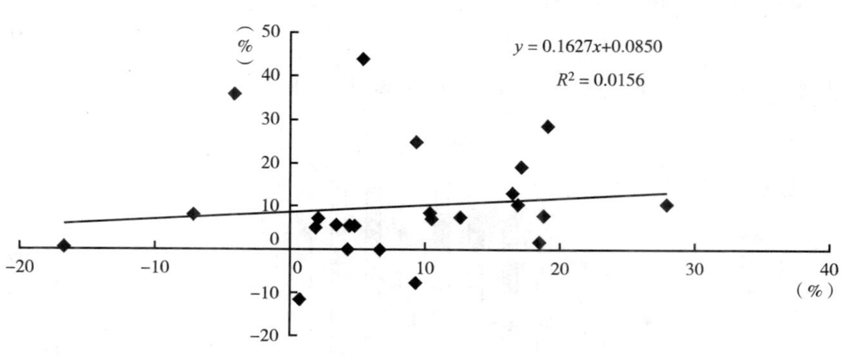

图 15　2006 ~ 2007 年沪深 300 指数月度环比与偏股型基金份额月度环比散点图

(三) 基金行业特点分析

1. 开放式基金公司的投资方式趋同，对市场起到了推波助澜的作用

通过对证券投资基金持仓比例与股票指数涨跌幅进行相关性分析，可以比

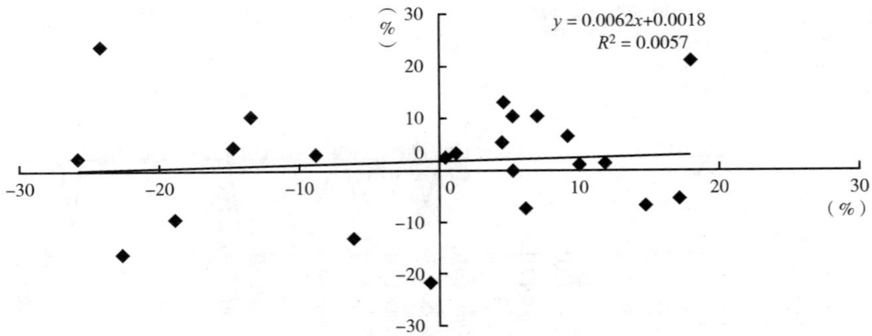

图 16　2008～2009 年沪深 300 指数月度环比与偏股型基金份额月度环比散点图

较直观地看出中国证券投资基金对股市的影响程度。如果基金持仓比例与股票指数涨幅呈较大的负相关关系，则说明基金并不追涨杀跌，具有一定稳定股市的作用；如果相关系数接近于 0 或等于 0，则说明基金的市场行为对股市既无显著的稳定作用，也无显著的加大股市波动性的影响；如果相关系数为正且数值较大，则说明基金的市场行为加大了股市的波动性，没有起到稳定股市的作用。

中国开放式基金的投资方式基本为趋势投资。从历史数据来看（如图 17 所示），2004 年以来偏股型基金的仓位变化基本上与 A 股市场的波动情况同步。基金整体仓位的高点一般出现在行情的高位，而 A 股市场低迷时期偏股型基金的仓位也明显下降。2005 年随着 A 股市场逐渐进入牛市，偏股型基金的股票仓位

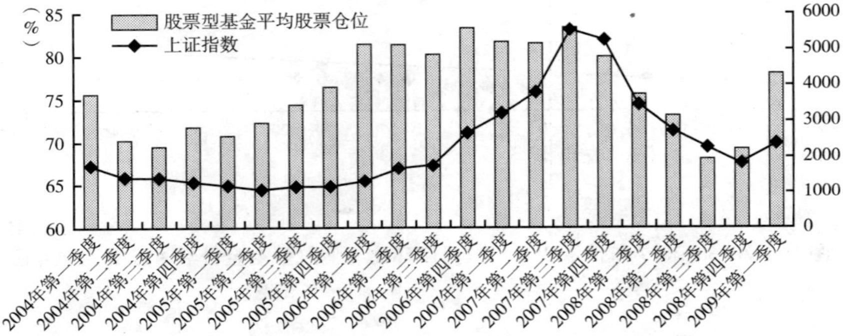

图 17　2004 年第一季度到 2009 年第一季度股票型基金平均股票仓位和上证指数相关图

资料来源：基金财报、国泰君安策略研究报告。数据截止日期：2009 年 4 月 22 日。

不断增加，到2006年牛市确立后一直在75%～80%的区间波动。2008年遭遇国际金融危机的冲击，股票市场大幅下挫，偏股型基金的股票仓位也相应缩减，2009年股市回升，股票基金仓位也开始回升，以第一季度为例，76%的股票型基金仓位分布在60%～80%。

分析了这些数据后，可以看出公募基金行为惊人的一致，中国开放式基金的投资方式基本为趋势投资。在中国A股市场，基金的投资行为没有发挥稳定市场的功能，其持仓比例的变化在不同时期对股市波动的影响呈现不同的正负效应，大部分情况下还是负效应更为明显，即对市场起到了推波助澜的作用。

2. 经过金融风暴洗礼，投资者更加青睐品牌基金

浦银安盛基金于2008年12月中下旬开展一项投资者调查表明，基金公司品牌成为投资者选择时最为关注的因素。调查表明，在经历了2008年大幅振荡考验下，投资者开始趋于理性，逐步建立起长期投资理念。有86%问卷认为投资基金主要是“希望长期持有，寻求财富增值或作为家庭财产投资的一种配置”。无论是在认购某个基金或者选择具体基金产品方面，“基金公司品牌”、“基金过往业绩”和“基金类型”仍是投资者最看重的三项因素。对于预期年收益率，48%选择“5%～10%”，48%选择“10%～30%”，显示经过2008年大幅振荡考验，投资人对于收益预期已有大幅下调。

2009年品牌基金公司和市场平均值有很大差距，如图18所示，2009年市场上总共新发基金82只，总发行份额282亿份，平均每只基金发行34亿份，华夏基金当年新发1只基金，新发份额247.72亿份，是市场平均的7倍多；易方达

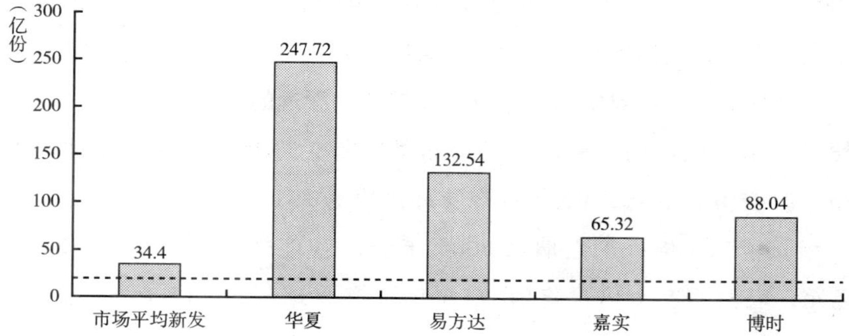

图18　2009年品牌基金公司新发基金受到投资者追捧

当年新发 3 只基金，平均新发份额 132.54 亿份，是市场平均的 4 倍；嘉实当年新发 2 只基金，平均新发份额 65.32 亿份，是市场平均的 2 倍；博时基金新发 1 只基金，新发份额 88.04 亿份，可以看出投资者对于品牌基金的偏好增强。

2008 年基金市场比较惨淡，新发基金往往受到冷落，而银行系基金、债券型基金和货币型基金逆市崛起，取得了很大成功。

2007 年品牌效应还不那么明显，从图 19 可以看到，市场比较火暴，股票型基金普遍受到投资者的追捧，而华夏、易方达、嘉实、博时等基金当年偏股型基金平均新发份额和市场差距不是很大。经过 2008 年金融危机洗礼后的基金投资者显示出对品牌基金公司的强烈偏好，基金公司发展树立品牌意识尤为重要。

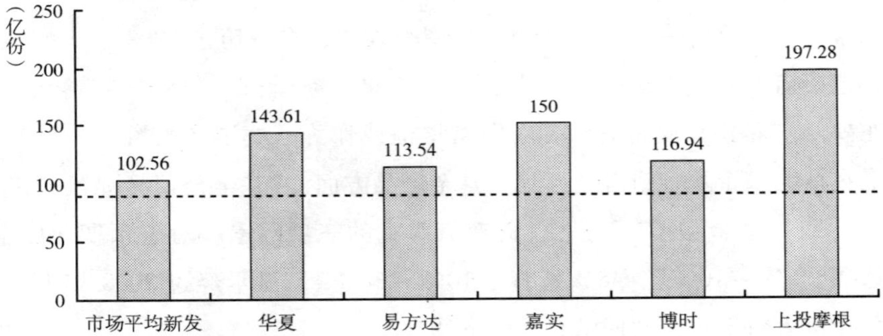

图 19　2007 年基金公司新发基金普遍受到投资者追捧

3. 银行系基金在初创期迅速扩张的可能性较大

2005 年，银行系基金的扬帆起航使中国金融业的发展掀开了新的一页，银行系基金的出现，其实际意义远大于其象征含义，它不只是中国金融业走向混业经营的一个标志，而将对中国金融业的发展产生深远的影响。

银行系基金在初创期可以得到股东的支持，迅速扩张的可能性较大。如表 7 所示，交银施罗德 2006 年资产管理规模为 231 亿元，2007 年跃升到 554 亿元，增长了 2.4 倍；工银瑞信 2006 年资产管理规模 296 亿元，2007 年为 583 亿元，增长了近 2 倍；建信 2006 年资产管理规模 115 亿元，2007 年为 317 亿元，增长了 2.8 倍；中银 2006 年资产管理规模 62 亿元，2007 年为 250 亿元，增长了 4 倍。

表7　2006年至2009年11月基金管理公司资产管理规模和排名一览

单位：亿元

公司＼时间	2006年资产管理规模	2006年排名	2007年资产管理规模	2007年排名	2008年资产管理规模	2008年排名	2009年资产管理规模	2009年11月排名
华夏	723.55	3	2213.39	2	1750.16	1	2330.32	1
易方达	631.24	4	1721.69	4	876.33	5	1476.49	2
博时	380.46	5	2215.85	1	1257.45	3	1390.77	3
嘉实	830.9	1	1808.12	3	1258.6	2	1285.18	4
南方	763.03	2	1647.29	5	895.3	4	1107.91	5
广发	356.87	6	1377.23	7	669.3	9	996.89	6
大成	318.78	7	1398.58	6	707.26	7	837.39	7
华安	265.61	12	1074.21	8	694.94	8	773.91	8
交银施罗德	231.22	14	554.03	23	480.83	11	677.47	9
银华	304	8	923.24	10	523.27	10	591.07	10
上投摩根	286.12	11	699.12	18	381.64	19	574.32	11
汇添富	103.48	26	766.84	15	472.22	14	560.95	12
富国	260.59	13	641.25	19	402.78	16	543.04	13
融通	143.51	21	869.84	11	367.32	21	540.17	14
鹏华	154.07	19	784.76	13	476.89	13	526.07	15
景顺长城	287.86	10	1069.74	9	417.53	15	508.24	16
工银瑞信	296.41	9	582.92	21	739.96	6	474.78	17
国泰	166.35	18	634.16	20	316.56	23	468.48	18
华宝信业	186.77	16	848.21	12	480.18	12	467.79	19
诺安	126.64	22	758.83	16	332.2	22	446.55	20
长盛	174.88	17	458.72	26	273.22	25	429.05	21
中邮创业	21.48	41	769.13	14	257.95	26	417.16	22
长城	116.05	23	723.46	17	290.15	24	403.50	23
建信	115.47	24	317.26	31	377.99	20	381.23	24
兴业全球	68.2	28	379.03	28	250.98	27	375.48	25
海富通	149.59	20	517.56	25	384.17	18	374.53	26
光大保德信	20.16	43	572.73	22	232.98	29	343.61	27
国投瑞银	66.68	29	381.88	27	204.82	32	312.57	28
招商	106.28	25	545.92	24	396.6	17	311.25	29
泰达荷银	190.7	15	357.3	29	208.06	31	273.53	30
中银	62	30	250.26	35	222.61	30	253.00	31
长信	51.48	34	343.24	30	233.64	28	224.62	32
友邦华泰	36.17	38	296.26	33	127.03	37	193.07	33
中海	13.99	46	304.67	32	147.3	34	186.08	34
国海富兰克林	24.86	39	264.7	34	135.61	35	179.25	35
万家	20.51	42	140.49	42	128.43	36	142.47	36

续表 7

公司＼时间	2006 年资产管理规模	2006 年排名	2007 年资产管理规模	2007 年排名	2008 年资产管理规模	2008 年排名	2009 年资产管理规模	2009 年 11 月排名
农银汇理	—	56	—	59	97.24	40	140.91	37
信诚	56.24	33	97.29	48	93.94	41	128.52	38
银河	75.46	27	196.23	39	158.76	33	124.15	39
泰信	47.24	37	215.44	37	126.06	38	123.96	40
申万巴黎	60.94	31	216.47	36	104.62	39	122.81	41
华商	—	54	116.75	45	47.76	52	122.03	42
宝盈	50.82	35	206.95	38	92.42	42	109.87	43
信达澳银	—	59	170.18	41	58.96	48	95.61	44
国联安	19.05	44	116.56	46	52.21	50	95.38	45
东方	9.72	48	130.77	44	74.2	45	94.88	46
汇丰晋信	47.44	36	96.58	49	62.79	46	80.61	47
益民	15.67	45	132.23	43	56.94	49	67.88	48
东吴	23.23	40	93.09	50	75.39	44	64.96	49
金元比联	—	55	47.94	55	39.35	53	61.53	50
新世纪	1.35	53	8.34	58	10.19	60	54.87	51
华富	9.99	47	74.95	52	48	51	52.65	52
天治	4.92	50	84.62	51	61.77	47	50.18	53
诺德	—	57	98.64	47	33.68	55	47.78	54
金鹰	1.75	52	22.8	57	18.87	57	43.84	55
天弘	1.88	51	59.96	53	33.92	54	35.62	56
中欧	—	60	58.93	54	20.93	56	34.14	57
摩根士丹利华鑫	4.99	49	41.34	56	16.57	59	26.01	58
浦银安盛	—	58	—	60	16.69	58	16.38	59
中信	58.76	32	176.16	40	91.61	43	—	60

注：2009 年数据截止日期：2009 年 11 月 30 日。

资料来源：Wind 资讯。

银行系基金公司在货币市场投资和客户资源方面具有独特的优势，这有助于其调整存贷款和中间业务比例并发挥其综合服务能力以满足长期客户需求。2008 年基金销售低迷，具备渠道优势的银行系基金管理公司发展势头迅猛。工银瑞信、交银施罗德和建信的资产管理规模迅速上升，与 2007 年底相比，工银瑞信座次上升 15 位，交银施罗德座次上升 12 位，建信座次上升 11 位。可见银行系基金发展潜力巨大。

表8　2008年资产规模排名上升最快的六家基金管理公司

公　司	2007年资产规模(亿元)	2008年资产规模(亿元)	2008年排名	2007年排名	上升座次
工银瑞信	582.92	739.96	6	21	15
交银施罗德	554.03	480.83	11	23	12
建信	317.26	377.99	20	31	11
招商	545.92	396.6	17	24	7
海富通	517.56	384.17	18	25	7
信诚	97.29	93.94	41	48	7

资料来源：天相投资分析系统。

三　中国证券投资基金的发展走势

（一）中小基金公司的个性化和差异化发展

从发展阶段来看，基金业在第一个发展10年（1998～2008年）主要是外延式扩张，随着基金行业资产管理规模的大幅扩张、基金公司数量的逐渐增多、市场竞争的日益激烈，中国基金业正进入一个追求个性化和差异化发展的时期。

差异化经营是基金业发展的未来趋势。与低层次价格竞争不同的是，基金管理是一个专用性投资较强的服务性行业，差异化经营将更能体现基金公司的核心竞争能力与特色，并有助于品牌效应的形成和发挥。中小基金公司在目前竞争激烈的市场条件下，如何立于不败之地，是必须思考的重要课题。韩愈在《师说》中曾经说过："闻道有先后，术业有专攻，如是而已。"中小基金公司也应如此，应视自己的特点，走差异化发展之路。

"差异化"的含义包括产品个性化、公司定位差异化、公司文化个性化等，这与公司人才储备、企业机制、文化定位及它的发展积淀有关。中小基金公司要想在激烈的竞争中保持长久、健康的发展，必须进行市场细分，尽早确立自己的定位，与其他公司开展错位竞争，以形成自身的风格和核心竞争力。市场细分包括产品细分和客户细分。产品细分是组合和细化现有的基金产品，以满足客户的多样化选择；客户细分即对每一客户群特有的需要开展业务，提供更加贴切和个性化的服务。

与发达国家的基金市场相比，中国基金业一直存在产品雷同、替代性强的问题，产品同质化现象严重。在销售体系上不仅粗放，而且营销渠道单一，直销体系占主导地位，且过分依赖银行。第三方代销发展不足，促销手段缺乏创新，由于销售人员的整体水平注重短期利益，整体素质偏低，导致对投资者的定位常常出现错误。如在开放式基金销售过程中的“误导性营销”；忽视基金销售的适用性，使得开放式基金的风险与投资者的承受能力不相匹配；开放式基金的风险没有向投资者充分揭示等。

随着中国基金产品的不断创新，同质化现象逐步衰减，不同类型、不同风格的基金越来越丰富。中小基金公司由于规模、实力相对弱势，不可能像一些老牌基金公司那样有完整的产品线，而只能专注于特定类型产品的开发，以取得局部市场的竞争优势。实际上，从国外基金业发展的经验来看，基金公司的发展也都各具特色，具有不同的风格定位。比如在美国，基金行业内“大而全”的公司只是少数，绝大多数的公司规模都不大，但风格各异：有的专注于低风险基金，有些专注于境外投资基金，有些专注于指数基金，有些专门发展行业基金，还有些专门针对机构客户设计产品等。另外，从客户细分的角度来看，中小基金公司由于股东、销售渠道上的劣势，最好专攻特定客户，如全国社保基金、企业年金、大型国企等机构客户和城市白领、私营企业家、政府公务员等散户群体，通过为他们提供量身定做的差异化服务来获得竞争优势。这种差异化经营的定位是基金公司核心竞争力的一种体现，也应该是中国中小基金公司的发展方向。

（二）公募基金与专户理财业务并行发展

中国证监会于2007年11月29日通过《基金管理公司特定客户资产管理业务试点办法》，标志着基金管理公司从此可以正式开展专户理财业务。目前，中国基金管理公司的专户理财“一对多”业务开闸已经近3个月，虽然对此颇有争议，实际上，专户理财业务发展是国际资产管理业发展的大趋势，也是中国基金业未来发展的一个基本方向，将对未来基金公司的相关业务及发展格局产生深刻的影响。专户理财与持有共同基金最本质的区别在于，它能直接拥有对证券组合的控制权，而共同基金持有人则不能直接控制基金资产所投资的证券。总体而言，专户理财与共同基金是风险与收益相对平衡的两种理财工具。

如果把1000元即可入门的公募基金比作银行业中的零售业务，专户理财更像是公司业务或者私人银行业务。专户理财可以实施“一对一”的服务，根据客户的特定需求度身定做投资方案，并付诸实施。专户理财业务与目前基金管理公司的传统业务相比主要有以下区别：一是投资门槛的不同。专户理财业务要求客户委托管理的初始资产规模至少为5000万元，远高于对普通投资者初始投资额度的限制。二是资金期限的不同。专户理财与客户大多数签订一年左右的合同，而针对普通投资者的公募基金只要满足基金合同的要求，存续期几乎是永久的。三是收费方式不同。传统的公募业务采取的是固定的管理费率模式，这种收费模式使基金业绩与基金经理的管理费提取基本无关，不利于发挥基金经理的积极性。而专户理财则采取固定费率加浮动费率的收费方式，允许基金经理提取最高为30%的业绩报酬。基金专户理财业务推出的意义有三：一是使基金公司可以更好地满足不同类型客户多元化的理财需求，也有利于公司分散经营风险，创造新的业务增长点，增强竞争力。二是更加有利于基金管理公司增强自身实力，从单纯的公募基金管理向全功能、综合性资产管理公司发展。三是促进基金管理公司重新架设公司管理框架，因为专户理财业务同时牵涉前、中、后台设置，既包括研究、投资、风险控制，也包括营销和客户服务，如何整合这三大模块，值得基金管理公司研究。

“一对多”专户理财通俗来说是指多个客户把钱汇总在一个账户交给基金公司专业团队打理。根据证监会公布的基金“一对多”合同内容与格式准则，单个“一对多”账户人数上限为200人，每个客户准入门槛不得低于100万元，每年至多开放一次，开放期原则上不得超过5个工作日。“一对多”由公募基金公司中的专户团队管理，但准入要求与私募基金更接近。基金专户“一对多”业务的开展，将推动公募基金的触角全面伸向中产人群理财市场，而这块市场之前大都为私募基金、银行和券商理财产品所占据。

从国际市场发展的情况看，美国20世纪90年代初至2005年末，股票型基金的规模从2390亿美元增长到49370亿美元，增长了20倍，同期的专户理财规模从500亿美元增加到10000亿美元，也增长了20倍。目前，美国专户理财的总规模大概是共同基金的1/10，是股票型基金的1/5。

就中国的情况而言，从短期和静态的角度看，专户理财业务将主要吸引共同基金中的存量客户进行结构性转移，尤其是那些对控制权尤为看重、对价格风险承受度高或对资金流动性要求不高、对费率高度敏感的客户，在长期内将吸引大量适配机构和富裕个人置身其中。

（三）基金创新能力不断增强，基金投资范围将进一步扩大

创新能力是推动基金业不断发展的重要动力。随着基金管理公司进军海外的QDII的稳步实施，养老金市场向基金的逐步开放以及基金公司使用自用资金进行直投等业务的开展，基金的创新空间不断得到拓展，基金的赢利方式也将更加多样化。基金管理公司、监管部门以及行业自律组织都应及时开展前瞻性研究，为即将到来的发展做好制度安排。从产品创新的角度来看，未来基金产品创新将主要呈三大发展方向。一是精细化，如股票型基金内部的行业投资基金、风格投资基金等；债券型基金内部不同时期和信用等级的投资产品，还包括对ABS、MBS等产品的投资基金。二是数量化，即更多采用计算机辅助的投资组合优化模型进行数量化方式股票筛选，并大量使用金融衍生工具进行风险控制和投资管理。三是国际化，发行更多的国际股票基金、国际债券基金、新兴市场基金等国际化投资品种。

随着中国资本市场的深化和开放程度的扩大，建立及扩大金融衍生工具市场将成为中国未来资本市场发展的必然选择，这将为基金产品创新提供一个新的领域。以基金投资股指期货为例，在美国，1996～1998年，4518只股票型基金中有77%的基金可以投资衍生品；在欧洲，2005年大约有70%的基金管理公司参与衍生品投资。可以预见，在中国即将推出的股指期货交易中，基金会有较为广泛的参与，中国金融衍生品市场的发展还会在更大程度上推动基金产品的创新。

同时，新的债券型基金工具随着中国财政金融体制改革的步伐有很大发展空间。在现有债券型基金的基础上，进一步细分市场，设立国债基金、金融债券基金；一旦国家鼓励大规模发行企业债券（公司债券），可根据债券风险与收益的匹配程度、期限长短、行业特征设立多种类型的公司债券型基金；如果国家允许地方政府发行债券，则可择机创新出地方政府债券基金。

基金也应可以投资非上市公司的股权，国外是这么做的，中国也应该结合实际情况修改有关法规，从而扩大投资的业务范围。

此外，除了在基金产品创新上多下工夫以外，还必须多思考如何在基金管理体系和基金服务方式的创新方面有所作为，通过更多市场化的手段来引导。随着

中国开放式基金业市场化的程度越来越高，竞争越来越白热化，开放式基金业必然会在利益的驱使下展开更多的创新活动。

（四）基金费率水平将逐渐下行

目前，中国基金业整体费率结构缺乏弹性，费率创新不足。中国基金成立较晚，基金产品种类相对单一、基金数量相对稀少、基金发展时间短、基金销售机制、基金治理结构、基金监管等方面存在的缺陷都导致了基金费用安排存在一定的随意性和不合理性。如何设计更具吸引力的费率结构，减少投资成本，吸引广大潜在投资者势必成为一个重要的议题。

美国投资公司协会（ICI）研究发现，从 1980 年至今美国共同基金的费用有显著下降的趋势。1980 年，股票型基金的投资者平均支付基金资产的 2.32% 作为基金费用，到 2000 年下降到 1.28%；到 2007 年底，这个数字缩减为 1980 年的一半多，下降到 1.02%。如何解释这一现象？从总体上看，基金供给的力量冲抵了基金需求的力量。此外，三个结构性因素也导致了基金成本的下降：一是 20 世纪 80 年代初开始实行的持续营销费导致基金收费结构大变，并呈下降趋势；二是投资人本身越来越倾向于选择低费率基金；三是部分基金公司的规模越来越大，规模经济效应使它们有条件降低平均基金成本。

在中国未来基金市场的发展中，上述总量和结构性因素同样存在。所以，我们认为，中国未来基金总体费率将逐渐下行。对于长期投资而言，由于复利效应的存在，费率是影响投资收益和持有人利益的一个非常重要的因素。费率将会成为品牌之后吸引投资者的另一个重要工具。

（五）人民币国际化为中国基金业发展带来新的机遇

未来 10 年，随着资本项目的进一步开放和人民币国际化进程的加快，将为中国基金业发展带来巨大的机遇。人民币有望成为世界上币值稳定的国际化货币，以人民币标价的资产会受到全球投资者的欢迎，未来有更多的资金到中国投资，海外企业也会考虑到中国上市。

以全球养老金为例，到目前为止，美国某家养老金资产管理公司，对中国市场的配置的比例大约是 0.2% ~0.3%，非常之小。之所以如此，并非因为这类养老金公司不希望扩大中国人民币资产在整个养老金组合中的比例，而是没有途径增加；如果中国进一步开放资产市场，全球养老金将能够获得更多的投资途径。按照正常的配置，中国在全球 GDP 中的比例至少达到 10%，如果上述养老金资产公司将中国资产的配置比例提升到 10%，那么仅此一家公司就将在中国增加投资 300 亿元，对于中国的基金公司而言，作为上述外国养老金的投资顾问，由此产生的影响可想而知。

此外，当人民币实现自由兑换时，国内基金业将迎来与国际同行同台竞技的机会，届时国内基金业将真正实现国际化，中国的投资者也将充分享受全球经济发展带来的好处和成果。基金投资组合能够全球配置，因此也就更加分散化并具有差异化，从而更好地规避风险。国内会涌现一大批能够驾驭国际金融市场风险的基金管理公司和其他机构投资者，中国基金业步入第二个大发展阶段的历史时刻也将随之到来。

人民币离岸市场的建立和国际版的推出都会拓展基金业的发展空间。人民币离岸市场要求强大的人民币债券市场与之匹配，给固定收益基金留足了发展空间。随着国际版的推出，国际基金也呼之欲出，进一步细分产品，新兴市场基金、欧美市场基金、亚太市场基金、日本市场基金等都可以实现。

（六）中国基金业进一步发展所面临的挑战

中国证券投资基金在发展中也面临着许多需要着力解决的问题，其中包括以下方面。

第一，基础证券市场发育不足对基金业发展的影响将长期存在。中国证券市场还在婴幼儿时期，金融市场发育不足的问题将长期存在。中国金融市场的深度和广度不足，股票市场、债券市场和货币市场都不同程度地存在可投资对象数量有限，可避险衍生产品匮乏，市场广度与深度难以满足基金业迅速扩张要求的问题。而解决这些问题，都不可能一蹴而就。

另外，中国资本市场多层次建设滞后，目前仅有上海和深圳两个证券交易所，而两个证券交易所对上市公司股本规模、赢利水平等方面的要求都比较高，中小板市场还在起步阶段，门槛比较高，从而使中国许多具有一定发展潜力的中小企业无法利用资本市场进行有效融资。因此，中国资本市场产品种类和市场层次的缺失严重制约了中国基金的投资需求。

此外，证券市场的不规范、不成熟问题将长期存在。作为一个新兴市场经济国家，中国的经济、政治体制改革还远没有完成，相关制度建设还不够完善，因此，证券市场中也不可避免地存在着种种不规范、不成熟的问题。基金持股雷同、特色不够鲜明、品种不够丰富等问题，实际上都与中国证券市场的发育程度有很大关系。

第二，市场竞争将更加激烈。在整个行业大发展的背景下，基金公司之间的竞争也将变得日趋激烈。随着同类基金的不断推出，可供投资者的选择也自然增多。投资者对基金的品牌、质量、价格等方面要求的提高，使得同类基金之间的竞争变得更为剧烈。

此外，基金业的市场进入壁垒的逐步降低，更多的国内外机构和企业参与到中国基金业中来，设立更多的基金管理公司，将会增加市场竞争的主体数量，市场竞争会趋于白炽化。为争夺市场份额，市场中优胜劣汰的规则发挥作用，基金业将会出现更多的整合案例。

第三，高素质的基金管理专业人才仍然比较缺乏。与成熟市场国家相比，中国证券投资基金经理不仅从业时间短，而且在投资理念、行业经验、投资技巧、管理技术以及国际视野等方面都有较大差距。而这些恰好是证券投资基金经理应具备的主要素质，也是提高基金公司资产管理能力的关键因素。为此，一方面要与国际相关机构合作、交流，大量引进有丰富资产管理经验的国际人才，带动国内基金管理人才水平的提高；另一方面，注重对本地从业人员的培养，重点选拔一批骨干人员到金融市场和基金业发达的国家、地区进行业务学习、实习和培训，在短期内迅速培养一批高素质的专业人才队伍。

证券投资基金在中国还处于初始发展阶段，经过多年的实践已经取得了相当大的成绩，积累了一定的经验。在中国经济持续向好、平稳增长的大背景下，随着市场经济改革的逐渐深入与相关运作制度的不断完善，证券投资基金必将具有光明的发展前途。在上述历史背景和发展机遇下，基金行业必须制定出自己“求生存、谋发展”初创期的三年战略发展规划，以夯实基础，树立品牌，为自己在未来10年中国基金业快速发展的激烈竞争中取得立足之地、开拓疆土奠定坚实的路线基础。

保险资金运用新框架

保险业发展有“两个轮子”，一个轮子是承保业务，另一个轮子是资金运用业务。现代保险业的重要特征之一是，要求承保业务和资金运用业务并重。由于保险业的承保业务一般是亏损的，因此，其经营状况如何，整体收入水平是否饱满，偿付能力是否充足，主要依赖于资金运用业务。在中国，通过各方努力，近年来在保险资金运用方面取得了不少进展，但总体来看，其运用渠道仍严重受限，这对于提高保险资金的投资收益，是很大的制约。

十年磨一剑。已于2009年10月1日实行的新《保险法》，为保险资金运用奠定了新的框架，具有里程碑的意义。未来保险资金可运用的领域，由原《保险法》规定的“银行存款、买卖政府债券和买卖金融债券”，大幅拓宽至“银行存款、买卖债券、股票、证券投资基金份额等有价证券，以及投资不动产”等更广泛的领域，在与国际逐渐接轨的同时，也为保险业的长远发展奠定了基础。

一　保险行业发展中的偿付能力隐忧

中国保险业发展很快。自1979年恢复保险市场以来，全国保费收入年均增长30%左右，已初步形成了国有保险公司为主体、股份制及中外合资保险公司并存、上百家保险公司竞争发展的新格局。

2009年9月末，保险业资产总额达到3.79万亿元，较年初增长18.9%；其中，银行存款1.01万亿元，投资规模2.42万亿元。2009年1~9月，保险业保费收入8580亿元，在全部保费收入中，财产险保费收入2233.9亿元，占保费总收入的26.01%，支付赔款1116.8亿元，赔付率50.1%；人身险保费收入6346.4亿元，占保费总收入的73.99%，支付赔款和给付1225.6亿元，赔付率为19.3%。

2008年，中国保险业累计赔款、给付2971亿元，2009年前三季度为2342

亿元，考虑到1988～2009年这21年间，保险公司共支付各类赔款和给付保险金为3100亿元，当前保险业对经济和人民生活的支持力度，可谓非常之大。

保险市场虽然发展快，但保险公司的偿付能力始终存在隐忧。近年来，部分保险公司通过改制重组并从资本市场融资，壮大了资本实力，加之保费收入较快增长，偿付能力还算充足；但这并不意味着没有问题。回顾起来，中国在1997年曾出现过中资保险公司偿付能力不足的问题，当时不足差额为74.5亿元，仅占最低偿付能力标准的32.69%，情况相当严峻。目前，中国中资保险机构赔款与给付占保费收入的比例并不是很大，2009年1～9月，总的赔付率为27.3%，这主要是由于中国的保险业正处于扩张期，保费收入总是大于理赔支付所致，但这很难长久维系。

国外的经验表明，随着竞争的加剧和市场的成熟，保险公司的承保业务终将出现普遍亏损状态。目前中国保险业的主要经营指标尚可，但从收入方面看，保费收入远远高于投资收入，如果不从根本上改变保险资金投资收益较少的现状，从长远看，潜在的问题是存在的，参见表1。这就需要提高保险资金的投资回报，其中，拓宽资金运用范围是首要选择。

表1　1975～1992年发达国家承保盈亏率和投资收益率比较

单位：%

科　目	美国	日本	德国	法国	英国	瑞士
承保盈亏率	-8.2	0.33	0.51	-11.62	-8.72	-8.48
投资收益率	14.44	8.48	8.72	13.01	13.29	11.55
综合盈余率	5.8	4.56	4.99	1.38	4.57	3.07

注：承保盈亏率为盈亏/保费，投资收益率为投资收益/保费。

资料来源：中国保监会。

二　拓宽资金运用范围

长期以来，就如何拓宽保险资金的运用范围问题，中国保险监管部门及参与各方积极探讨，不断努力，取得很大进展。截至2009年9月底，中国保险资金运用余额为3.43万亿元，其中债券投资为1.74万亿元，占比为50.7%，银行存款1万亿元，占比为29%，股票投资在3700多亿元，占比为10.7%，证券、基金投资2225.7亿元，占比为6%（参见图1）。新《保险法》除赋予保险公司更为宽广的业务范围外，也从法律方面对保险资金运用范围的扩大进行了明确界定。

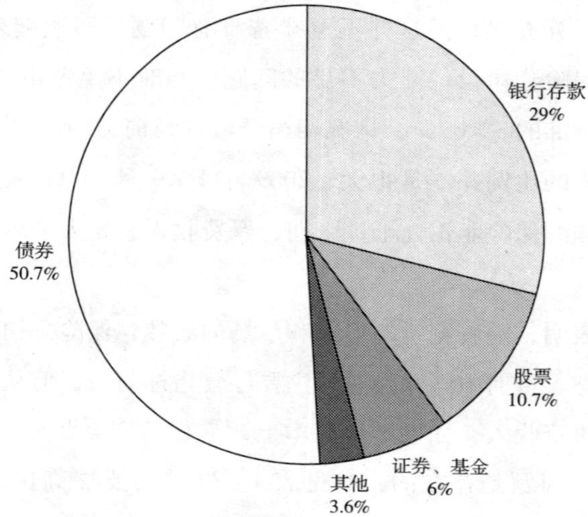

图1　中国保险投资结构（2009年9月）

资料来源：中国保监会、Wind资讯。

在业务范围方面，新《保险法》规定，保险公司可在监管部门批准后，经营与保险有关的其他业务。根据原《保险法》，保险公司的业务范围包括人身保险和财产保险。保险公司的业务范围由保险监督管理机构依法核定，只能在被核定的业务范围内从事保险经营活动。而新《保险法》则将“保险公司不得兼营本法及其他法律、行政法规规定以外的业务”这一表述删除。之所以修改该规定，是因为近年来保险行业发展已经突破了现行《保险法》的规定，比如当下正在推广的新型农村合作医疗保险，实际上便属于资产管理业务。另外，将来经过监督部门批准，保险公司还可从事养老院业务。

在保险资金运用方面，原《保险法》规定保险资金仅可以进行“银行存款、买卖政府债券和买卖金融债券”。新《保险法》将保险资金运用范围拓宽至“银行存款、买卖债券、股票、证券投资基金份额等有价证券，以及投资不动产”。

另外，新《保险法》同时删除了原《保险法》中的禁止性条款，即保险资

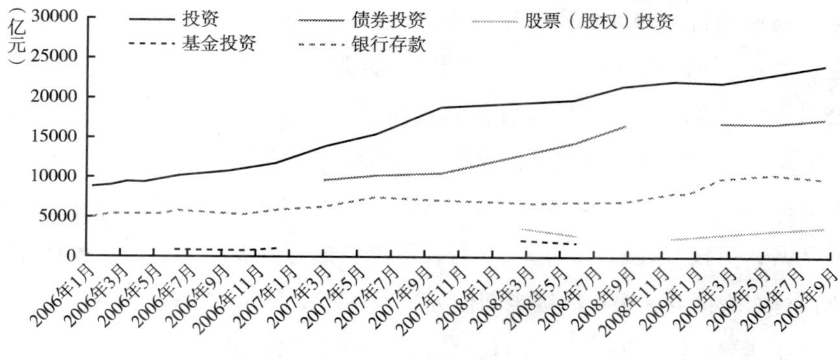

图 2　中国保险公司投资结构变化（2006～2009 年）

资料来源：中国保监会、Wind 资讯。

金“不得用于设立证券经营机构，不得用于设立保险业以外的企业”。这为未来的保险资金在更广泛领域中的运用，扫除了法律障碍。

（一）债券投资

保险资金对债券的投资，起步较早，但经历了一个渐进的过程，大体说来可分为三个阶段（这三个阶段的进展，目前已均被整合进新的《保险法》）。

第一阶段的标志是2003 年5 月发布《保险公司投资企业债券管理办法》，使保险资金的债券投资，由“零打碎敲”的一个个添加可投资品种，转为确定一般性标准的“系统管理”阶段，并提高了保险资金可投资债券的比例。

保险资金最初的债券投资范围很窄，除国债和政策性金融债外，仅可以购买三峡债和铁道债。2001 年 3 月，增加了电信通信类企业债券。2003 年 1 月，重新修订的《保险公司购买中央企业债券管理办法》，将可以购买的中央企业债券目录扩大限定为铁道债、三峡债、电力建设债券和移动通信类债券。2003 年 5 月，颁布《保险公司投资企业债券管理暂行办法》，将投资范围放开至包括中央企业债券、地方企业债券，只要其可投资评级在 AA 级以上即可，同时将投资比例由不超过上月末总资产的 10% 提高到 20%，实现了第一个突破。

第二阶段则以 2005 年 8 月发布的《保险机构投资者债券投资管理暂行办法》为标志。其实质内容是对保险资金投资债券的种类和比例作了进一步扩宽，可投资的债券，包括政府债券、金融债券（央票、政策性银行金融债、政策性银行次级债、商业银行金融债、商业银行次级债、商业银行次级定期债务、保险公司次级定期债务、国际开发机构人民币债券）、企业（公司）债券（短期融资券和可转换公司债券）及有关部门批准发行的其他债券。投资企业债的比例，从保险公司当月末总资产的20%上限提高到30%。而在此办法公布之前，通过“零打碎敲”的一个个通知的方式，逐渐将市场上出现的新的品种，纳入可投资范围。比如，2003年7月，可投资央票；2004年3月，可投资银行次级定期债务；2004年6月，可投资银行次级债券、银行次级定期债务；2004年7月，可投资可转换债券，并将其计入企业债券余额；2004年12月，可投资保险公司次级定期债务。

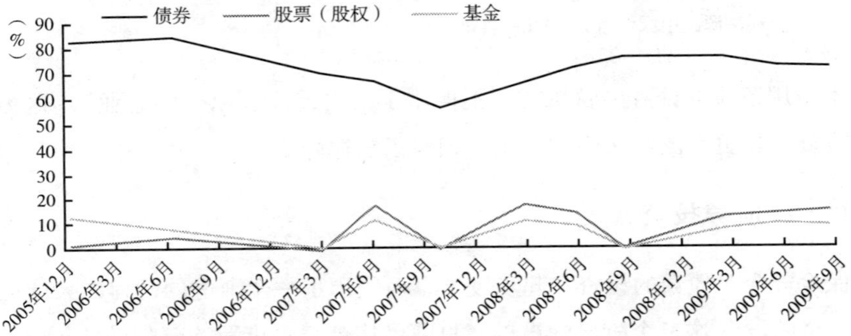

图3　中国保险业债券占投资比例变化（2006年6月至2009年9月）

资料来源：中国保监会、Wind资讯。

第三阶段的主要标志是2009年3月下发的《关于增加保险机构债券投资品种的通知》，将无担保债券正式列入保险资金可投资品种，包括中期票据、大型国企在香港发行的债券等。此前虽允许保险资金投资短期融资券这一无担保品种，但这是短期工具，与无担保的中长期债务工具，性质是完全不同的。

另外，2009年9月保监会下发了《关于债券投资有关事项的通知》，将保险机构投资企业（公司）债券的比例，由不超过该机构上季末总资产的30%，调整为不超过上季末总资产的40%。

（二）股权投资

2004年10月，中国保监会发布《保险机构投资者股票投资管理暂行办法》，对保险机构股票投资作了较为宽泛的规定。2005年2月，又下达《关于保险机构投资者股票投资有关问题的通知》，规定保险机构投资股票的余额，不得超过其上年末总资产扣除投资连接保险产品资产和万能保险产品资产后的5%。2007年7月，保监会以传真方式向各保险公司的资产管理公司发送《关于股票投资有关问题的通知》，将保险机构股票投资的比例上限由5%上调到10%，投资同一家上市公司流通股的成本余额，由不得超过本公司可投资股票资产的5%，改为在一定条件下可调整到10%，另外，投资同一上市公司流通股的数量，由不得超过该上市公司流通股本比例的10%调整为上市公司总股本的10%。

在保险机构对银行股权的投资方面，2006年9月，保监会下达《关于保险机构投资商业银行股权的通知》，规定投资比例不得超过该机构上年末总资产的3%；2008年1月16日，中国银监会和保监会在北京正式签署了《中国银监会与中国保监会关于加强银保深层次合作和跨业监管合作谅解备忘录》，银行与保险公司相互参股的监管难题获得解决。该《备忘录》在准入条件、审批程序、机构数量、监管主体、风险处置与市场退出程序及信息交换等方面，达成一致意见。

表2　中国保险业对银行的股权投资情况

保险公司	投资标的	时　间	投资情况
中国人寿	广东发展银行	2006年12月	投资56.71亿元，收购后者20%的股权
中国平安保险（集团）公司	深圳商业银行	2007年1月	斥资49亿元，收购后者89.2%的股权，随后更名为深圳平安银行
平安人寿	民生银行	2007年6月	斥资54.48亿元，认购后者非公开发行股票7.14亿股，占已发行总股本的4.93%，锁定期为12个月

资料来源：根据公开信息整理。

保险公司的其他股权投资也有进展。2008年4月，中国平安保险与慈铭健康体检集团在上海签署战略合作协议，平安正式参股慈铭体检，这也是国内保险资金投资参股医疗机构的第一单。除此之外，新《保险法》还为保险机构直接参与发起设立金融机构开了口子。

（三）间接投资基础设施

基础设施领域一直是保险资金青睐的投资方向，因为基础设施项目一般具有收益稳定、安全性高的特点，符合保险资金的需求。

经过一段时间的酝酿，2006 年 3 月，中国保监会发布了《保险资金间接投资基础设施项目试点管理办法》，允许以受托人设立投资计划的方式，投资包括交通、通信、能源、市政、环境保护等国家级重点基础设施项目，投资计划可以采取债权、股权、物权等方式。这里的受托人包括信托投资公司、保险资产管理公司、产业投资基金管理公司或者其他专业管理机构。

2008 年 7 月，对《保险资金间接投资基础设施项目试点管理办法》进行修改，确定保险资金间接投资基础设施的具体比例，上限规定为其总资产的 8%，其中 5% 为债权投资计划，3% 为股权投资计划。办法还规定单笔投资计划的发行规模不得超过 20 亿元。

从 2006 年 7 月平安信托操作山西省交通项目算起，几大保险公司均通过债权或股权方式，介入了基础设施的投资。中国人寿 2009 年第三季度报告显示，截至 2009 年 9 月末，其债权计划投资余额为 92.5 亿元，参见表 3。

表 3　中国保险机构间接投资基础设施情况

受托人	时间	项目概况
平安信托	2006 年 7 月	平安信托与山西省交通建设开发投资总公司签署了山西省太原—长治、长治—晋城、晋城—焦作(山西段)的意向性《股权投资协议》。这是国内保险资金投资基础设施项目的第一单
平安信托	2007 年 6 月	平安信托发起设立"柳州自来水项目股权投资计划"
泰康资产	2007 年 9 月	泰康资产管理公司和上海市城市建设投资开发总公司设立泰康—上海水务债权计划，向上海的"新水源地——青草沙原水工程"投资 20 亿元，这是保险资金首次间接投资上海的基础建设
平安资产、太平洋资产、泰康资产、太平资产	2008 年 6 月	四家资管公司共同发起设立"京沪高铁股权投资计划"，募集资金 160 亿元，投资京沪高铁股份有限公司股权
人寿资产	2008 年 8 月	人寿资产与天津城市基础设施建设投资集团有限公司签署受托合同，设立"国寿资产—天津城投债权投资计划"。投资计划拟募集人民币 100 亿元保险资金，以专项债权投资的方式投资于天津市若干条公路；投资期限 12 年，年度投资计划管理费率为 1.5%
平安信托	2009 年 7 月	平安信托与云南红塔集团有限公司签署昆玉高速公路项目增资合作协议。平安信托此次对昆玉高速公路项目总投资金额超过 20 亿元，完成投资后，与红塔集团各持有昆玉公司 50% 的股权

资料来源：根据公开信息整理。

（四）投资不动产

保险对地产股已经有所参与。前不久卓越地产公司公开发行股票，中国人寿和平安保险就是其中重要的基石投资者。但保险公司直接投资不动产，则是这次新《保险法》修订之后，首次打开大门。

据仲量联行发布的报告，国内投资者在中国房地产市场投资份额的比例已经由2008年的36%上升到2009年上半年的70%，诸多大型央企已成为房地产投资的重要力量。2007年至今，央企在国内房地产市场的投资规模已经占到内资机构投资者投资比例的一半以上。

在此背景下，新《保险法》对保险公司不动产投资大门的放开，或也可称之为顺势而为。截至2009年9月末，中国保险业资金运用余额为3.43万亿元，按保险业在房地产的投资比例5%估计，可达1715亿元，这不是一个小数字。

当然，除上述几个方面外，保险资金在证券投资基金和银行存款方面，也有相当的投入。

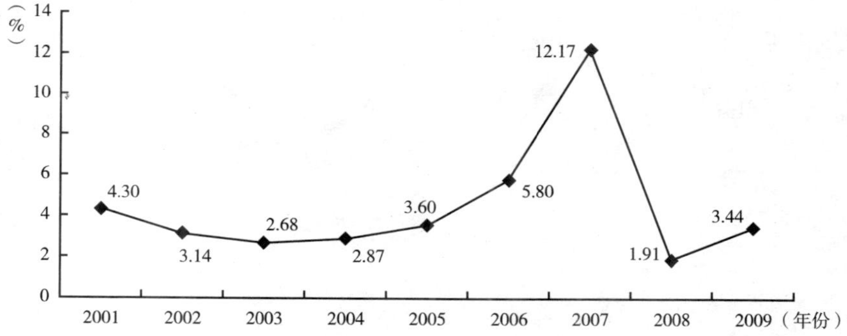

图4　保险资金投资收益率变化

资料来源：中国保监会、Wind资讯。

总体看，通过在拓宽资金运用范围上的不懈努力，以及专业保险投资机构的设立及能力的提高，近年来，保险资金投资收益率稳中有升。虽因市场原因，2008年投资收益率降至1.91%的低点，但2009年上半年又显著回升，表明中国保险资金运用的弹性在增强。在国外保险业经营利润出现大幅下滑的情况下，取得这样的成绩非常难得。但客观分析需要改进的方面仍很多。凭借新《保险法》的出台，希望中国保险业的发展，能够更上一层楼。当然，仅仅拓宽资金运用范围是远远不够的，也需要在相应的风险控制方面适当跟进。当前，保费收入回归保障型，以及监管层近年来在保险机构内部风控和信用评估体系建立方面的努力，加之分类监管的大方向，均体现出这一思路。

DB型企业年金制度比较和对中国的启示

养老保障制度从本质上说是应对和管理老龄化风险的一种方式（罗伯特·霍尔茨曼，2006）。具体到国民个体而言，其养老金收入面临短视风险、政治风险、通货膨胀风险、投资风险和长寿风险等。一国养老保障安全网的重要职能是通过多种相互补充的机制，为国民管理养老金风险，并为国民的养老金收入构筑安全底线。

企业年金制度是一国养老保障体系的重要组成部分，一般包括DB（待遇确定型）和DC（缴费确定型）两种制度安排。虽然近十年来，DC型企业年金的强劲发展势头正在越来越多的国家显现出来，并被确立为我国企业年金的唯一制度形式，但其为员工管理养老金风险的功能较弱，把养老金在投资阶段和领取阶段面临的风险由雇主转移给员工。

DB型企业年金具有与DC型企业年金不同的风险/收益特性，包含为员工管理养老金风险的多种机制。其一，通过第三方担保机制为企业员工的养老金待遇提供信用保险，分散和转移了单个企业年金所面临的破产风险。其二，引入生存保险机制分散员工的长寿风险。其三，将投资风险由员工转移给雇主（罗格等，2003）。雇主虽然承担了风险，但也获得一定收益，主要是提高了员工对雇主的忠诚度，鼓励员工长期在本企业服务，以收回在员工人力资本开发方面的投资成本（胡秋明，2006）。另外，雇主可以通过购买商业年金，将员工的长寿风险转移给保险公司。

DB型企业年金可以成为完善我国养老保障安全网的重要环节。目前我国养老保障体系中，只有基本养老金中的社会统筹账户具备社会互济、年金化领取等风险管理机制，为员工构筑了防范养老金风险的最后底线。我国人口老龄化程度日趋加重，基本养老金的目标替代率将下降为40%～50%（郑功成，2008），企业年金（或职业年金）可望成为中产阶层退休收入的第二大来源，有必要发展DB型企业年金，为广大中产阶层构筑防范养老金风险的第二道安全线。

比较DB型企业年金主要模式及其制度基础，可以为建立有中国特色企业年金制度提供借鉴。

一　DB型企业年金基本模式的运行机制及比较

目前，各国DB型企业年金制度的主要模式有三种：第一，部分积累的信托模式，以美国为代表；第二，基于大企业补贴的记账准备金模式，以德国为代表；第三，基于风险的混合模式，以瑞典为代表。

（一）三种模式的运行机制及其差异性比较

1. 美国部分积累的信托模式

美国DB型企业年金的运营模式包括三个环节：一是采用部分积累制筹集基金。二是养老金资产运作采用信托制。三是当主办企业破产时，员工的企业年金因采用部分积累而可能出现供款不足，为保证员工退休金安全，由准政府机构为员工的退休金待遇提供担保。

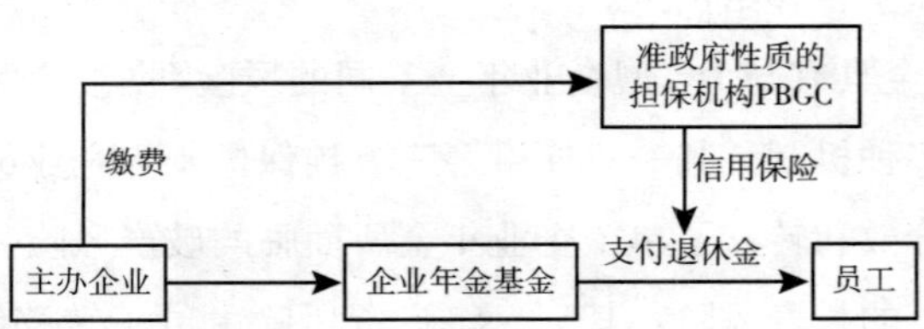

图1　美国部分积累的信托模式运行机制

信托制确立于美国1974年通过的《雇员退休收入保障法》（简称ERISA法案），该法案第403（a）节要求企业年金的所有资产，除个别例外，必须置于一个独立的信托之中。采用信托制的目的是使企业年金资产在法律上与雇主分离，专用于保证年金受益人的利益，防止雇主将企业年金资产据为己有。为了达到资产分离的目的，企业年金的资产委托给信托机构或保险公司管理。

养老金给付担保公司（以下简称PBGC）根据ERISA法案成立，负责为私有企业的DB计划提供强制信用保险。它是一个隶属于联邦劳工部的国有非营利公司，联邦政府的劳工部长、财政部长和商务部长组成了该公司的董事会。

企业若选择 DB 模式，每年缴费应分为两类，一是向企业年金基金供款，二是按参加人数向 PBGC 交纳保险费，保费分固定保费和变动保费，依据美国 2006 年通过的养老金保障法案，固定保费是每个员工每年 30 美元，而变动保费则根据企业信用状况而定。如果某一个资助 DB 计划的企业破产，或是 DB 计划终止时的资产无法为参加者提供足够的退休金待遇，那么 PBGC 将接管企业年金基金，并给予员工应有的养老金补偿。

2. 德国基于大企业补贴的记账准备金模式

德国 DB 型企业年金的运营模式包括以下三个环节。一是采用记账准备金制（book reserve system）。由企业在其资产负债表的负债项下预提准备金，以体现对员工做出的养老承诺，该准备金虽然单独列出，但企业没有确定的资产与之对应。可以把记账准备金制看做仅持有本企业发行债券的养老基金（Wolfgang Gerke，etc，2008）。若企业不破产，当员工退休时，由企业支付员工的退休金。二是采用私人机构担保模式。当企业破产时，由于企业缺乏专门的养老基金积累，年金受益人只能从企业破产财产中获得清偿。为保证员工养老金安全，按照德国法定破产保险制度的规定，相互保险协会（PSVaG）于 1974 年成立，专门对员工的养老金待遇提供信用保险，根据现收现付原则向 DB 计划的主办企业收缴保费，有权接管雇主破产留下的未清偿养老金债务，并负责破产企业员工的养老金给付。该协会受保险监管当局的监督。三是大企业补贴小企业。相互保险协会对企业收取的保费没有按风险保费定价，大企业的缴费率长期高于索赔率，对小企业构成实质补贴，PSVaG（2006）的研究显示，1978 ~ 2006 年，保险金额在 500 万欧元以上的大企业，对 PSVaG 的缴费额占全部参保企业缴费额的比例为 87.2%，而对 PSVaG 索赔额占全部参保企业索赔额的比例仅为 59.8%。

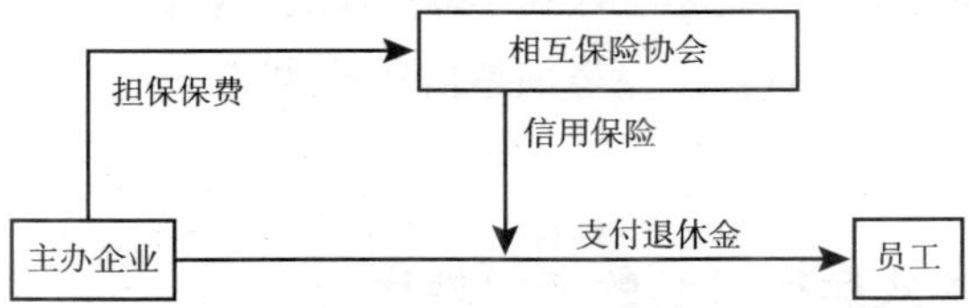

图 2　德国记账准备金模式运行机制

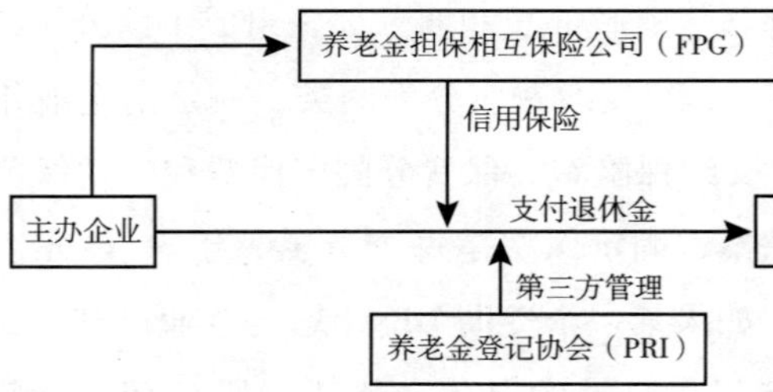

图 3　瑞典记账准备金模式运行机制

3. 瑞典基于风险的混合模式

瑞典 DB 计划有两种模式，分别针对不同信用等级的企业。其中，高信用等级的企业可以采用记账准备金模式，并由专门设立的相互制保险公司为主办企业的养老金负债提供担保。低信用等级的企业只能采用完全积累的信托模式，以购买团体养老保险的方式委托保险公司管理养老基金。

瑞典记账准备金模式采用比德国记账准备金模式更严格的信用风险管理机制。该模式在 2006 年之后仅包含由白领职员参加的 ITP 计划。企业主办 ITP 计划，必须向一家名为养老金担保相互保险公司（FPG）的相互制信用保险公司投保，FPG 专为保护 ITP 计划受益人的权利而成立，负责审查企业的信用风险，对信用风险较高的企业可拒绝承保。另外，养老金登记协会（PRI）作为第三方管理机构，负责收取雇主缴费，给付养老金，并计算雇主资产负债表上的养老金负债。

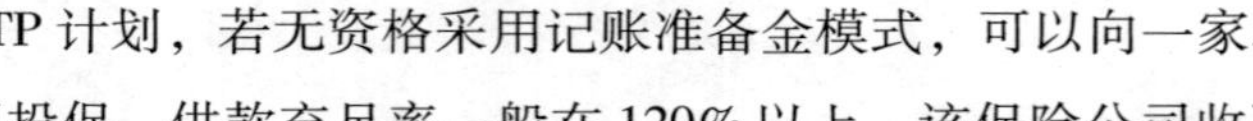

图 4　瑞典完全积累的信托模式运行机制

瑞典完全积累的信托模式，采用完全积累制筹集基金，资产运作采用信托制。企业的 ITP 计划，若无资格采用记账准备金模式，可以向一家名为 Alecta 的相互保险公司投保，供款充足率一般在 120% 以上，该保险公司收取保费，并承担企业年金管理和给付的责任。完全积累信托模式下，员工的企业年金积累不会出现供款不足。

（二）三种模式运行机制的相似性比较

第一，第三方担保机制是三种模式的共同内核。美国模式是由准官方机构提供担保，德国和瑞典模式是由相互保险协会或相互保险公司提供担保。当雇主不能兑现其给予员工的养老金承诺时，担保机构承担养老金给付责任。第三方担保机制的必要性在于以下三个方面。

其一，管理 DB 型企业年金面临的破产风险。在自由竞争市场经济条件下，企业都面临破产风险。破产风险可能导致企业无法兑现其对员工的养老金承诺，威胁员工的老年财务安全。1963 年，美国爆发著名的“斯图德贝克汽车厂倒闭案”，导致约 4000 名在本企业工作满 10 年以上、年龄在 45 ~ 59 岁之间的在职员工丧失了 85% 的应得退休金；还导致 2900 多名在本企业工作未满 10 年的员工丧失了“未获受益权”的全部退休金积累。因此，有必要成立第三方担保机构，分散和转移单个企业年金所面临的破产风险。

其二，完善劳动力市场的价格形成机制。为分析方便，假设员工的职业养老金仅有 DB 计划一种类型，并把员工的劳动报酬分为两个部分，分别是即期工资和退休后养老金收入的贴现，其中，退休后养老金收入可视作延期给付的工资。

上述劳动报酬关系可用以下公式表示：

$$W = W_0 + \sum [Bt/(1 + r_f + r_\beta)^t]$$

式中：r_β 是员工因补偿企业破产风险而额外要求的收益率，r_f 是无风险收益率，W 是职工劳动报酬，W_0 是即期工资，t 是领取养老金的时间距当前的年限，Bt 是第 t 期领取的养老金。

假定对企业破产风险的评估不存在“信息不对称”，在两个主办企业为员工承诺相同的养老金领取水平时，破产风险较低的企业在吸引劳动力流入时处于优势，因为员工要求的风险补偿（r_β）较低，只需付出较低的即期工资即可，经营成本和现金流压力自然较轻。但是，由于信息不对称的存在，破产风险低的企业会被员工误认为高风险，其养老金承诺也被要求较高的风险补偿，引起劳动力市场的逆选择（Stewart，2007）。

DB 型企业年金的第三方担保机制可把破产风险转移给更具风险识别能力的专业机构来管理，员工和企业之间的信息不对称得以减少，养老金得以更准确地贴现，包括养老金在内的劳动报酬能够被合理地计算，提升了劳动力资源的配置效率。

其三，分散职工的收入风险。对于采用记账准备金制或部分积累制的 DB 计划，职工的即期工资收入和积累的养老金收入都面临企业破产威胁，职工的收入风险高度集中。虽然理论上说，职工可以通过卖空本企业的股票来对冲破产风险，但卖空本企业股票的策略，受到一系列的限制。一是存在能够卖空股票的交易机制，二是养老金的数额相对于本企业股票市值的比例不能过大，卖空股票不影响本企业股价。因此，如果缺乏担保机制，一旦企业破产，员工将面临双重打击，即期工资收入和企业破产清算后未获补偿的养老金积累都将不复存在（Stewart，2007）。

第二，有效运行的第三方担保机制需要满足以下条件。其一，该国的金融基础设施较为完备，比如拥有较完善的公司债券市场和信用评级市场、较准确的死亡率表等，这样就能够为主办企业的养老金给付选择合适的贴现率和死亡率，准确地评估企业的破产风险和DB计划的养老金负债。其二，担保机构有权按照风险保费定价，自主进行风险选择和承保。另外，当企业年金采用部分积累制和账面准备金制时，主办企业的信用状况和破产风险必须始终受到担保机构的监控。其三，企业破产法要对DB型企业年金担保机构在破产企业的债权给予保护。其四，企业年金的信息披露制度应保证主办企业的股东和员工的知情权，以减少信息不对称，实现内部监督。设计不当的第三方担保机制将扭曲对DB计划参与者的激励，引发道德风险和逆向选择问题。

二　DB型企业年金基本模式的运营效果比较

（一）覆盖面比较

美国DB计划到2007年底覆盖了4380万名员工，当年为64.5万名参加者支付了42.67亿美元的退休金。美国DB模式可分为单雇主计划和多雇主计划。（1）单雇主计划的参加者以大型企业的员工为主。1980年以来，规模在1万人以上的单雇主计划的参加人数逐年增加，2007年达2210万人，占单雇主计划参加人数的65.4%。（2）多雇主计划的参加者以特定行业为主。截至2006年底，建筑业、交通及公用事业、制造业参加人数分别达353.8万人、157.2万人、150.3万人，占多雇主DB计划参加人数的比例分别为35.7%、15.9%和15.2%。（3）混合型计划的覆盖面稳步扩张。作为一种新型的单雇主计划，其参加人数从2001年的703万人，发展为2006年的1028.5万人，年均增速为7.9%。占单雇主计划参加人数的比例从2001年的20.5%，达到2006年的30.3%。[①]

德国DB计划的覆盖面稳步扩张。1975年参加企业总计31045家，此后覆盖面持续稳步扩张，2002年后加速扩张，2007年达69376家。2007年有资格领取养老金的人数首次突破1000万人，达1023.2万人，其中已退休人数达392.9万人（PSVaG，2008）。

瑞典混合模式中，完全积累模式覆盖面稳步提高，记账准备金模式覆盖面偏低。第一，完全积累的ITP计划覆盖人群占在职职工参加ITP计划人数比例，在2002年为64%，此后稳步提高，在2006年达到70%。第二，记账准备金模式覆盖面受到一定局限。为履行对养老金受益人的承诺，确保财务稳健，记账准备金模式将参保企业范围限制于信用等级较高的大中型企业，2006年养老金担保相互保险公司（FPG）管理的ITP计划覆盖企业职工45.6万人（截至2006年底，瑞典全国人口为911万人），其中19.8万人为在职职工，占ITP计划参加人数的30%。

（二）财务状况比较

美国DB模式正面临财务危机。从2001年开始，DB计划的缺口额（资产市值低于负债现值的数额）逐年增加，积累不足的单雇主DB计划的缺口额在2004年达到创纪录的3218.3亿美元，积累不足的多雇主DB计划的缺口额在2005年达到创纪录的2225.2亿美元。因此PBGC面临巨额赤字压力，2004年PBGC单雇主计划的净资产为-233.1亿美元，2007年PBGC多雇主计划的净资产为-9.6亿美元。2006年美国《养老金保障法案》对私人养老金制度进行了改革，PBGC的财务状况有所好转，但截至2008年底，仍然资不抵债（PBGC，2008）。

德国DB模式的财务状况长期保持良好。相互保险协会从1975~2007年，只有4年的费率超出4‰，被认为财务压力较大，其他29年的财务状况良好。2006年为下一年结转盈余8110万欧元（PSVaG，2007），2007年为下一年结转

① PBGC（2008），*Pension Insurance Data Book* 2007，www.pbgc.gov.

盈余13570万欧元（PSVaG，2008）。

瑞典混合模式财务稳健。其一，完全积累制DB计划的主办企业向Alecta相互保险公司缴纳养老金，并由其管理，供款充足率在2002年为113%，此后稳步增加，2007年达到152%，Alecta相互保险公司要求主办企业供款充足率的长期目标值是140%，确保主办企业兑现其对员工的承诺。其二，对于记账准备金制DB计划，FPG的净赔付额持续维持低水平，绩效良好。1994～2007年，该公司共发生赔案52件，年均不到4件，年均净赔付额为850百万瑞典克朗，净赔付额占保险金额的比例在大多数年份不超过万分之一。FPG在2003～2007年的保单分红前利润分别高达15.95亿、12.38亿、17.94亿、16.47亿以及4.47亿瑞典克朗，上述5年共向投保企业分红17亿瑞典克朗（Pensionsguanti，2008）。

（三）管理巨灾风险的能力比较

巨灾风险是某些大企业破产时，其主办的DB计划可能出现巨额的供款不足，为养老金给付担保公司带来巨额赔付。采用部分积累制或记账准备金制的DB计划面临巨灾风险，因为前者会出现积累不足导致的资金缺口，而后者不进行基金积累。

美国模式应对巨灾风险的能力不足。1975～2007年，PBGC单雇主计划的前十大破产企业索赔额达217亿美元，占单雇主计划全部索赔额的62.2%，其中，联合航空公司的索赔额位居第一，高达75亿美元，占单雇主计划企业索赔额的21.5%（PBGC，2008）。美国DB计划深受巨灾风险困扰，原因主要是政府干预过重。PBGC在1974年设立之后，对于自己的收入和费用几乎没有经营控制权，其保费水平由美国国会制定，而依据ERISA法案规定，其对包括高破产风险企业在内的任何企业，都应提供强制性保险，不能拒绝承保。对于巨灾风险，PBGC无法遵循基本的保险原理进行核保和再保险。虽然美国在2006年对私人养老金制度进行了改革，但并未触及上述制度弊病，部分积累制面临的巨灾风险问题始终没有得到解决。

德国模式管理巨灾风险的能力不强，原因有两方面。其一，进入21世纪后的德国养老金市场发生结构性变化。2001年6月26日生效的德国《老年资产法案》，建议新的企业年金主办者不采用记账准备金模式，而是转向信托模式，因此，记账准备金模式的缴费基础将减小，如果大企业纷纷转向采用信托模式，将削弱 PSVaG 的财务安全（Stewart，2007）。其二，过于依赖大企业的财务支持。一旦大企业破产案增加，由于没有实行风险保费定价，可能导致大企业的索赔率高于缴费率，危及 PSVaG 的财务安全。针对前述问题，德国从 2007 年开始实施以部分积累制为目标的改革，PSVaG 还打算实施基于企业信用风险的养老金担保保费制度。

瑞典模式管理巨灾风险的能力较强，原因主要有两方面。其一，实施严格的信用风险管理。对于低信用等级的企业，其企业年金只能采用完全积累的信托模式，规避了破产风险；对于那些打算采用记账准备金制企业年金的雇主，要么信用等级较高，要么必须提供充足的抵押品（Stewart，2007）。其二，养老金担保机构市场化运作，拥有完全的经营控制权，并受到来自参保企业劳资双方的监督。FPG 的董事会成员来自于以下两方面，一是 1500 多家参保企业的代表，二是瑞典工会组织的代表（Stewart，2007）。

三　DB 型企业年金的制度环境比较

片面地对 DB 型企业年金的三种模式进行优、缺点比较，很容易误入歧途。对任何一种模式的解释都离不开其路径依赖和互补性的制度安排。

（一）美国模式的制度环境

美国部分积累的信托模式互补于其干预政治以及信托传统。

1. 干预政治

20 世纪 30 年代大萧条后，受“凯恩斯主义”影响，每当市场发生危机，美国政府往往会进行干预。1963 年，美国 DB 型记账准备金制企业年金爆发危机，危机表明：由于缺乏强有力的工会社团对企业行为进行监督，企业年金的受益人离不开政府的保护。PBGC 依法于 1974 年设立，对 DB 型企业年金受益人的养老金权益进行担保。PBGC 作为准政府机构拥有民事调查权和起诉权，并可以向违法的企业和个人施加行政处罚。

2. 信托传统

1974 年美国颁布《雇员退休收入保障法》（ERISA 法案），将信托理念引入企业年金管理制度，对受托人管理企业年金信托资产的行为进行规范，要求受托人遵循“谨慎人标准”。信托理念依托于美国一百多年来的信托传统，以及相应的判例法和制定法。

（二）德国模式的制度环境

德国基于大企业补贴的记账准备金模式互补于企业共同决策制和不发达的金融市场。

1. 共同决策制培育了德国大企业的长期竞争力，确保职工和工会对企业运营进行监督，促进企业财务稳健，避免了基于大企业补贴的第三方担保制度出现财务危机

共同决策制在利用生产现场的知识方面具有效率优势，并与社团主义和主银行制在制度上的互补（青木昌彦，2001）。共同决策制和其他制度相结合，使得德国企业形成了高水准的职工技能，在靠产品质量取胜的行业，比如精密机械业、电气设备业、豪华汽车业等，建立了长期的竞争优势（拉让尼克、奥苏丽文，2004）。

共同决策制既是对股东的一种制衡，也是对公司管理层的一种制衡，其核心就是工人参与决策或被称为企业民主化，1976 年 7 月 1 日，《联合决策法案》在德国正式生效，这一法案规定职工享有决策参与权，要求职工代表必须进入监事会，所占席位为 50%，与股东的席位持平（杨瑞龙，2001）。监事会是公司的核心权力机构，负责决定公司发展的重大事项、聘用和罢免高级经理。职工代表无须拥有实物资产，即可进入监事会，发挥了对公司管理层的制衡作用。

2. 不发达的金融市场，使得大企业重视记账准备金制企业年金带来的内部融资便利，愿意承担相比其风险水平更高的保费

“二战”后，德国银行业被摧毁，资本市场已消亡，企业从外部融资几乎不可能。此外，盟军对德国企业利润实施最高达 90% 的边际税率。企业把员工的养老金作为一项负债列入财务报表，可以延迟纳税，并把留存的资金用于重建。员工的养老金作为一项内部筹资来源，为“二战”后“德国奇迹”作出了贡献（Wolfgang Gerke，etc，2008）。

（三）瑞典模式的制度环境

瑞典基于风险的混合模式互补于劳资长期合作关系，以及社会民主传统。完全积累的DB计划是瑞典混合模式的主流，其对于企业最大的问题是难以预期需要支出的养老金成本，且养老金成本具有顺周期性，因为企业的供款充足率必须始终大于100%，且须全额支付。当企业经营情况保持良好时，企业还能承受，一旦经营情况变差，DB计划的养老金成本具有较强的刚性，为企业带来较高的成本压力。瑞典有近百年的社会民主政治传统，提倡劳资长期合作关系，虽然DB计划为企业带来较高成本，但是企业更看重其对员工忠诚度的激励为企业带来的高效益。

1. 劳资长期合作关系

瑞典劳资长期合作关系的建立是渐进的，有着深厚的制度基础。一是瑞典在1938年建立了劳资双方共同解决劳资纠纷制度。二是“二战”后，完善了劳资双方共同管理劳动力市场制度，成立了全国劳动力市场委员会，它是政府、工会和资本家共同管理市场的机构。三是在1972年通过了《股份公司和经济组织中职工代表权法案》，使雇员达25人以上的企业在其理事会中都有职工代表。四是在1976年通过了《劳动生活共决法》，建立了劳资双方共同决定企业大事制度。要求企业主在对企业经营作出重大改变以前和决定雇员劳动条件以前，要和工会进行谈判；授权工会查询企业账目和企业经营管理的有关文件。五是在1983年通过了《雇员投资基金法案》，建立工人参股制度，工人开始拥有集体掌握资本的权利（潘培新，2003；高锋，2007）。

2. 社会民主政治传统

瑞典工人阶级在组织上高度统一，工会组织化程度很高。社会民主党因有强大的工人运动和其他社会组织为后盾，使它有强大的实力与资方相匹敌，达到权力平衡。代表雇主和工人利益的不同政党，遇到矛盾能够协商解决，促成了瑞典的劳资合作（潘培新，2003）。

四　若干启示

中国的经济社会背景与上述国家有着显著差异，简单照搬他国企业年金制度模式并不可行。

（一）各种模式的启示和在中国的实施问题

美国部分积累的信托模式目前无法适用于中国。其一，美国模式应对巨灾风险的能力较差，一旦中国经济周期处于低谷，出现大量企业破产，部分积累导致的巨额供款不足问题将危及养老金给付担保机构的生存。其二，在美国模式下，政府干预养老金给付担保机构的运营，既损害了养老金给付保险机制的正常运作，也为财政带来风险。其三，信托传统移植到中国将是一个长期过程，部分积累的信托模式所需要的运营环境在中国相当长时期内不存在。

德国基于大企业补贴的记账准备金模式对中国的启示在于，发展 DB 型企业年金制度需要考虑本国的企业制度和金融体系特征。德国模式尚无法适应于中国的地方在于：中国的企业制度异于德国，难以确保职工和工会对企业运营进行有效监督，难以实施内部监督以保护记账准备金制养老金的安全。另外，中国优质的大型企业有着包括商业银行和资本市场在内的外部筹资便利，且筹资成本低于其他企业，基于大企业补贴的记账准备金模式对大企业缺乏吸引力。

瑞典基于风险的混合模式对中国的启示在于以下方面。其一，DB 型企业年金制度应当发展包括信用担保和商业保险在内的多种机制，分别针对不同信用等级的企业的需求，以扩大覆盖面。其二，私人市场能够基于严格的信用风险管理，为 DB 型计划提供保险产品。瑞典模式尚无法适应于中国的地方在于：其一，完全积累 DB 计划具有顺周期性，当经济周期处于低谷时，给大部分企业带来较高的成本压力，而中国大部分企业还是以低成本竞争为主要武器，这使得顺周期性的完全积累 DB 计划在中国的适应性受到较大局限。其二，中国的金融基础设施尚不完备，比如公司债券市场还不发达、公司信用评级市场刚刚起步，因此，第三方担保机制作为记账准备金模式的制度内核，其运作缺乏金融基础，难以准确评估企业破产风险。

（二）关于中国 DB 型企业年金制度建设的思考

其一，DB 型企业年金在中国的目标模式。中国可考虑建立逆周期的基于风险的混合模式，一是针对不同信用等级的企业，采用不同的财务机制，高信用等级的企业可以采用记账准备金制，低信用等级的企业需采用完全积累制。二是企业可以选择两种养老金待遇的计算方式，既可采用与员工退休前工资挂钩的传统方式，也可以采用收益保底的新型方式。三是在完全积累 DB 计划中引入逆周期性因素，建立以 DB 养老金目标充足率为约束的逆周期机制，在经济萧条时，企业法定的供款充足率可低于 100%，在经济高涨时，企业法定的供款充足率可高于 100%，平滑企业利润周期，减轻企业在经济萧条期的成本压力，另外，逆周期性因素还可以起到经济缓冲器的作用，协助熨平国民经济的周期性波动。

其二，完善 DB 型企业年金的制度基础。一是建立养老金给付担保公司，组织形式可采用相互制。二是建立养老金登记结算公司。三是大力发展企业债券市场，健全企业评级制度。四是完善企业年金税收优惠政策，税收优惠政策如何与 DB 型企业年金的目标充足率挂钩，需深入研究。

参考文献

[1]〔美〕罗格、雷德尔：《养老金计划管理》，林义译，中国劳动社会保障出版社，2003。

[2]〔美〕艾伦：《退休金计划：退休金、利润分享和其他延期支付》，杨燕绥等译，经济科学出版社，2002。

[3]〔英〕罗伯特·霍尔茨曼、理查德·欣茨：《21 世纪的老年收入保障——养老金制度改革国际比较》，郑秉文等译，中国劳动社会保障出版社，2006。

[4] 郑秉文、黄念：《美国待遇确定型企业年金计划担保机制的困境与前景》，《美国研究》2006 年第 4 期。

[5] 潘培新：《重新认识社会主义：一份关于瑞典社会主义模式的内部报告》，《陈独秀研究简报》2003 年 7、8 月合刊。

[6] Donald J. Johnston, Financing Retirement: Private Pension Policy Challenges. OECD/Montreal Conference, June 7 - 10, 2004.

[7] Stewart. F. , Benefit Security Pension Fund Guarantee Schemes. OECD Working Papers on Insurance and Private Pensions, No. 5, 2007.

[8] Wolfgang Gerke, etc, "Empirical Risk Analysis of Pension Insurance—The Case of Germany". *The Journal of Risk and Insurance.* Vol. 75, No. 3, 2008.

后危机时代的美国住宅金融市场

在美国，个人消费支出占 GDP 的 70% 左右，私人投资占 GDP 的 18% 左右，而住房无论从消费还是投资角度讲均在国民经济发展中占据重要地位。多年来，住房投资占美国国内私人投资的 34%，住房占个人消费支出的 15% 左右。住房在美国之所以能成为推动经济增长的重要引擎，一定程度上得益于美国政府主导的住宅金融体系。然而，由次贷引发的金融危机使美国的住宅金融体系面临前所未有的挑战。

一　低迷的住宅抵押一级市场

金融危机爆发后，美国经济受到重创，失业率创历史新高，直接导致住宅市场的衰退和住宅金融市场的低迷。从住宅的供给来看，住宅投资跌落至历史低位，占 GDP 的比例从 2005 年的 6. 1%，降到 2008 年的 3. 3% 和 2009 年 3 月的 2. 5%（参见图 1）。从全国住宅市场的交易情况来看，新建住宅价格中数从 2007 年最高时的 24. 79 万美元/套，降至 2009 年 3 月的 20. 6 万美元/套，跌幅在 20% 以上。新房销售量持续走低，从 2005 年的 128 万套降至 2008 年的 48. 5 万套；到 2009 年 3 月新房销售了 40. 2 万套，比上年同期下降 11%，但环比出现止跌企稳迹象（参见图 2）。存量住宅交易量从 2005 年最高时的 707. 6 万套降到 2008 年的 491. 3 万套。存量房价格中数从 2006 年高峰时的 22. 19 万元/套，降至 2009 年 1 月的最低点 16. 48 万美元/套，跌幅为 26. 8%。价格大幅走低促使存量房销售量自 2009 年开始逐月小幅上升，年底销售量达到 545 万套，比上年增长了 11%，价格中数上涨至 17. 8 万美元/套（参见图 3）。

住宅市场的不景气直接影响住宅抵押信贷一级市场。由于金融危机导致众多大牌金融机构的破产，例如 2008 年雷曼兄弟、华盛顿共同基金、IndyMac 和 2009 年 CIT 银行持股公司、Thornburg 住房抵押贷款公司和 General Growth

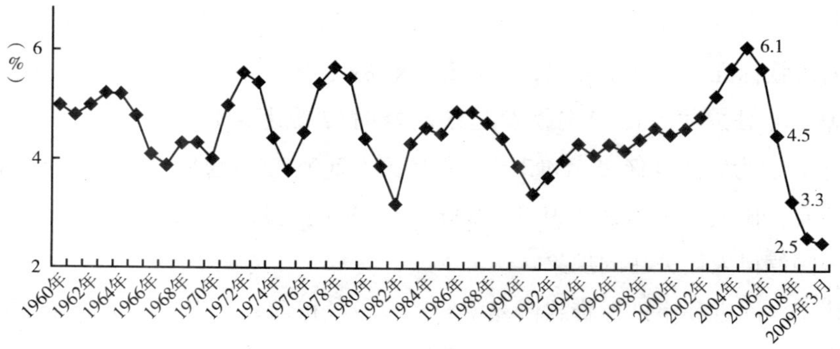

图 1　美国住房投资占 GDP 比例

资料来源：Economic Report of the President。

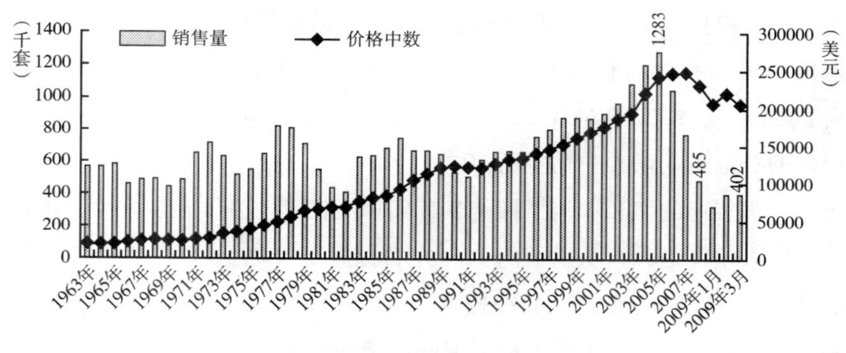

图 2　美国新建住房销售量和价格中数比较

资料来源：National Association of Realtors。

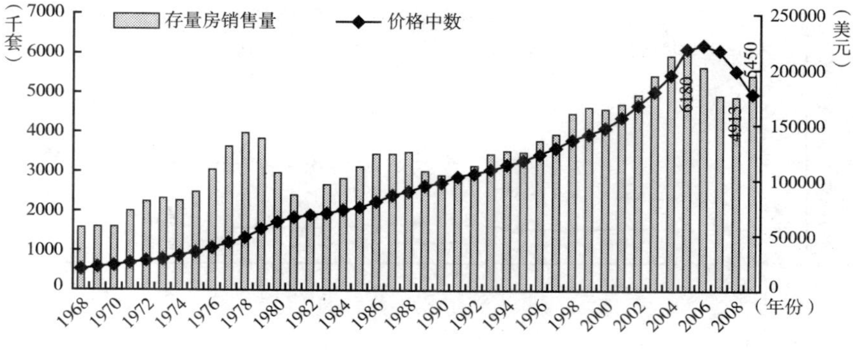

图 3　美国存量房销售量与价格中数比较

资料来源：National Association of Realtors。

Property 公司破产，次贷和 Alt-A 贷款市场全面崩溃，市场上流动性紧缩，银行严格的借款标准，提高服务费，均导致危机后房贷市场的急剧萎缩。

2005 年独户住宅抵押贷款发起额高峰时曾高达 3.1 万亿美元，2006 年和 2007 年分别为 2.9 万亿美元和 2.4 万亿美元，2008 年新增独户住房抵押贷款 1.5 万亿美元，比上一年大跌了 38%，2009 年房贷的发起额已连续 4 年下滑，且出现了一些值得人们关注的现象。

第一，固定利率抵押贷款恢复主导地位。危机前，利率持续走低导致可调整利率贷款占比上升，在新增住房抵押贷款中固定利率房贷占比降到 2004 年的 61%。2007 年固定利率房贷占比提升至 83%，2008 年上升至 91%，2009 年第一季度进一步上升至 97%。

第二，政府担保的住房抵押贷款占比上升。政府担保的房贷，包括联邦住房局、退伍军人局和农村住房局提供保险的房贷占新增独户贷款比例上升，从 2005 年的 2.8%，2007 年 4.1%，提高至 2008 年的 18.8%，2009 年第一季度，政府担保的贷款占新增独户房贷的 79%。

第三，房贷违约率和取消抵押贷款赎回率大幅度上升。在房贷中，不仅是次贷的违约率大幅度上升，从以往的 10% 左右提高至 2009 年 2 月的 25%，优质贷款也在上升，从以往的 2% 左右提高到 2008 年的 4.26% 和 2009 年 2 月的 6.41%。联邦住房局和退伍军人局担保的房贷违约率也提升至 1.42% 和 8.06%。就取消抵押贷款赎回率而言，优质房贷为 1.01%，次贷达到 4.13%，次贷可调整利率抵押贷款则高达 6% 左右（参见图 4）。

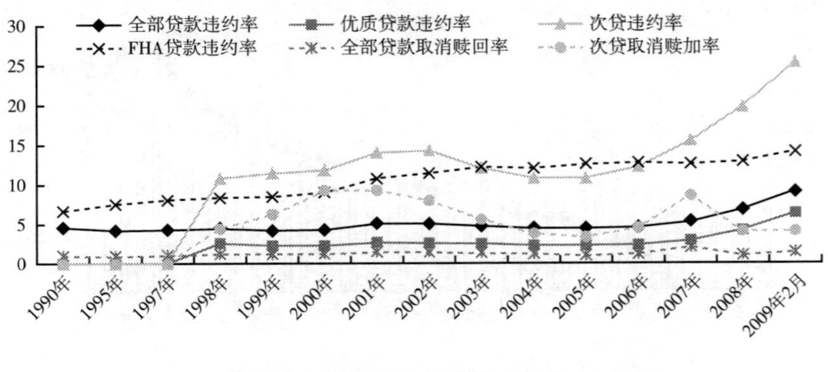

图 4　住房抵押贷款违约率和取消抵押贷款赎回率

资料来源：US Census Bureau。

不仅违约率和取消抵押贷款赎回率处历史高位，且无转好的迹象。根据货币监理署和节俭机构监督署对其监管的金融机构所发放的3400万笔（未付本金约6万亿美元）住房抵押贷款调查显示，到2009年第三季度，正常还贷的占87.2%，比上年同期下降4.7%，环比也呈下降趋势。拖欠30～59天的贷款占比3.4%。严重违约的包括三种：拖欠60～89天的占比1.6%，90天以上的占比3.9%，破产30天或以上的占比0.7%，取消抵押赎回权贷款占比3.2%（见表1）。

表1　货币监理署和节俭机构监督署所监管贷款的运行情况

单位：%

类别＼时间	2008年第三季度	2008年第四季度	2009年第一季度	2009年第二季度	2009年第三季度	比同年第一季度	比上年
正常贷款率	91.5	89.9	89.8	88.6	87.2	-1.5	-4.7
30～59天违约率	3.2	3.5	2.9	3.2	3.4	6.5	5.5
严重违约率分为以下三类							
60～89天违约率	1.3	1.6	1.4	1.4	1.6	10.6	20
90天以上违约率	1.7	2.5	2.8	3.2	3.9	21.1	128.3
破产30天以上比率	0.6	0.6	0.6	0.7	0.7	8.5	31.2
严重违约率小计	3.6	4.5	4.8	5.3	6.2	16.7	73.8
取消抵押赎回权率	1.8	2	2.5	2.9	3.2	9.4	82.4

资料来源：《货币监理署和节俭机构监督署2009年第三季度贷款执行情况报告》。

第四，住房贷款的修复计划全面展开。危机后，联邦政府出台了《房屋所有人希望法》和《防止取消抵押赎回权法》，依据上述法律，政府为提升借款人的还贷可支付能力，推出了贷款修复项目（Home Affordable Modification Program, HAMP），具体包括：（1）支持各金融机构按借款人可支付能力调整贷款期限、月还贷额等；（2）贷款修复试行计划，对贷款条件的调整先进行尝试，然后再转为固定的修复项目；（3）贷款偿还计划，允许借款人自行安排所拖欠月供的偿还。这样，有效地帮助了68万濒临破产的购房者，通过重新融资安排，减缓还贷负担，免遭失去房产的厄运（参见表2）。

第五，住房抵押贷款的集中度大幅度提高。金融危机中诸多从事住宅金融的大公司破产倒闭，兼并重组导致房贷发起进一步向少数大的金融机构集中，如

表 2　各季度住房抵押贷款修复计划实施情况

单位：百万美元，%

类　别	2008 年 3 月	2008 年 4 月	2009 年 1 月	2009 年 2 月	2009 年 3 月	比第一季度	比上年同期
贷款金额	6098705	6106764	6014455	56969246	5998986		
贷款笔数	34489297	34551061	34096603	33832014	34024602		
修复贷款笔数	268601	293657	361306	403160	680153	68.70	153.20

资料来源：《货币监理署和节俭机构监督署 2009 年第三季度贷款执行情况报告》。

Countrywide 和美林公司被美洲银行兼并，JP 摩根收购了贝尔斯登和华盛顿共同基金，雷曼破产，威尔士法戈公司收购了瓦克威尔公司，资产重组加剧了房贷资产集中。依据 Inside Mortgage Finance Publication 的相关报告显示，2008 年以来前 5 家大金融机构发起的住房抵押贷款占市场份额的 53%，前 10 大金融机构占市场份额的 72%，前 25 大金融机构占市场份额的 91%。相比 1992 年，前 25 大金融机构占市场份额仅为 31%，2000 年提高到 61%，2005 年为 83%，显然在一级市场上贷款集中度有逐年提高的趋势。

二　动荡的住宅抵押二级市场

美国的住宅金融具有抵押一级市场与二级市场关联度高和互动的特点。抵押二级市场不仅是一级市场的提款机，为其注入充足的流动性，提供长期低成本资金，此外，住房抵押证券作为美国债券市场上的第一大债券，其安全直接影响美国金融体系和国际金融体系的安全。金融危机爆发后，抵押二级市场的动荡和变化更是令世人关注。这些变化主要表现在五个方面。

第一，美国政府全面接管“两房”。2008 年 7 月随着次贷危机演变为全球性的金融危机，美国五大投行全军覆没，房利美和房地美（简称“两房”），作为两大政府发起设立的私营住房企业（GES）的财务状况恶化，公司股票价格跌破 1 美元，这迫使政府于 9 月 7 日以前所未有的果断和魄力，由新组建的联邦住房金融局（FHFA）接管了“两房”。[①] 其道理显而易见：其

① Statement of James B. Lockhart Director of FHFA before the Senate Committee on Banking, Housing and Urban Affairs on Step. 26, 2008.

一，“两房”在美国住宅金融市场具有举足轻重的地位。美国拥有全球最大的住宅抵押市场，2008 年美国住房抵押贷款余额为 11.9 万亿美元，占 GDP 的 82%，“两房”持有的贷款余额和证券余额为 5.23 万亿美元，占市场份额的 44.3%。2009 年第三季度，美国住房抵押贷款余额降至 11.7 万亿美元，但“两房”持有贷款余额升至 5.45 万亿美元，所占市场份额提高到 46.4%。其二，“两房”稳定对全球金融体系至关重要。不仅诸多金融巨头，如美国银行、美国银行公司、金融公司、瓦克威尔公司、威尔士法戈公司、JP 摩根、华盛顿共同基金、荷兰国际银行、花旗银行等，都重仓持有“两房”发行的 MBS 和融资债券，且世界各国中央银行和大金融机构也购买了“两房”约 1.5 万亿美元的债券。危急时刻政府不出手就会引发更多金融机构破产倒闭，推倒华尔街金融界的多米诺骨牌。正如前美国财长保尔森在接管“两房”的新闻公告中所指出的那样：“消除‘两房’债务规模大、波及面广所产生的系统风险是政府的责任。”

第二，创建了一个新的住房抵押二级市场监管机构。为应对金融危机，2008 年 7 月 30 日布什总统签发了《住房和经济复兴法》（HERA），依据其中的《联邦住宅金融监管法》，美国成立了一个新的、独立的、世界级的住房金融监督机构——联邦住房金融局。新监管机构由三大机构组合而成：一是原“两房”监督机构——联邦住房企业监督署（OFHEO）；二是联邦住房贷款银行体系的监管机构——联邦住宅金融委员会（FHFB）；三是住房和城市发展部的住房企业署，其主要职责就是对“两房”和 12 家联邦住房银行进行全面的监管。[①] 2008 年这 14 家由政府发起设立的住房金融企业（GSEs）掌控着 6.7 万亿美元的住房抵押贷款，其规模远远超过了公众持有的美国国债。该机构的监管内容包括：发起设立住房企业的资本金标准，内部控制、审计、风险管理和资产投资组合管理；改组任命新的董事会、高管，财务处罚；推行住房新政，实施破产管理；限制公司资产扩张规模；审查新产品的推出等，以维护住宅金融市场的流动性和稳定性，并为政府住房政策目标提高国民购房的可支付能力服务。

第三，实施大规模的救助计划。为维系住宅金融市场的稳定，美国政府对

① http：//www. ofheo. gov.

“两房” 和其他住房金融企业出台了一系列的救助计划。

（1）财政部在 2008 年 9 月 7 日与 “两房” 签署了购买公司优先股的协议①，可适时向 “两房” 分别注入资本金 1000 亿美元，2009 年 5 月 6 日财政部将注资规模提高至 2000 亿美元，以补充公司资本金；为此，“两房” 要按季度向政府财政支付股息，同时各公司在 2009 年将其资产规模控制在 8500 亿美元之内，并逐年削减 10%；截至 2009 年第三季度，财政部向 “两房” 累计注入资本金 599 亿美元和 507 亿美元，“两房” 向财政部累计支付股息 25.01 亿美元和 42.78 亿美元（参见表 3）。

表 3　美国财政部购买“两房”优先股和“两房”支付财政红利情况

单位：亿美元

季度 \ 类别	房利美					房地美				
	资本净值	财政购买	付款日期	累计购买	支付红利	资本净值	财政购买	付款日期	累计购买	支付红利
2008 年第三季度	94	0	0	0	0	-137	138	2008-11-24	138	0
2008 年第四季度	-152	152	2009-3-31	152	0.31	-306	308	2009-3-31	446	1.37
2009 年第一季度	-189	190	2009-6-30	342	0.56	60	61	2009-6-30	507	5.43
2009 年第二季度	-106	107	2009-9-30	449	4.65	82	0		507	16.91
2009 年第三季度	-150	150	2009-12-31	599	13.51	104	0		507	29.86
2009 年第四季度					25.01					42.78

资料来源：美国财政部。

（2）财政部为政府发起设立的住房企业提供信用支持（GSECF）。2008 年 9 月 7 日推出这一政策工具后，联储纽约支行作为美国财政代理人接受 “两房” 和 12 家住房银行以合格的担保品为抵押，获得政府的流动性支持。

（3）建立政府购买住房金融企业担保的 MBS 和债券的机制，即由政府直接购买 “两房” MBS。截至 2009 年底，财政部购房 “两房” 2208 亿美元抵押贷款证券，其中 1149 亿美元为房利美 MBS，1059 亿美元为房地美 MBS。该支持计划于 2009 年底完结。

（4）2008 年 11 月美联储提出从 2009 年 1 月开始实施 “两房” 债券购买计

① U. S Treasury Department, “The Senior Preferred Stock Purchase Agreements, SPSPAs”, Step. 7, 2008.

划，即购买5000亿美元“两房”和“吉利美”担保的MBS和1000亿美元融资债券，2009年3月美联储再次扩大购买MBS规模，从“两房”和“吉利美”购买7500亿美元MBS，购买其发行债券的规模调整为1750亿美元。截至2010年2月，美联储累计从“两房”和“吉利美”购买11949亿美元MBS，占计划额度12500亿美元的95.6%①；累计购买其发行债券1672亿美元，占计划额度的95.6%。这些救助计划为了恢复市场信心，向市场注入流动性，对维系住宅金融市场的稳定产生了不可低估的作用。

第四，私营机构MBS发行量骤减，“两房”再次主导抵押二级市场。危机爆发后，抵押一级市场上次贷和Alt－A贷款发行量暴跌了90%多，优质常规贷款和FHA、VA担保的房贷再次受到市场追捧。传导至住房抵押二级市场，2008年以独户住宅为基础发行的MBS总计12240亿美元，创2000年以来的历史新低。私营机构的发行量从2005年高峰时的11910亿美元和2007年的7730亿美元，骤降至580亿美元，占发行市场份额的4%；“两房”一举收复失地，MBS发行量为9000亿美元，占比为73%，“吉利美”占比为21%（参见图5）。多级抵押贷款证券近乎销声匿迹。

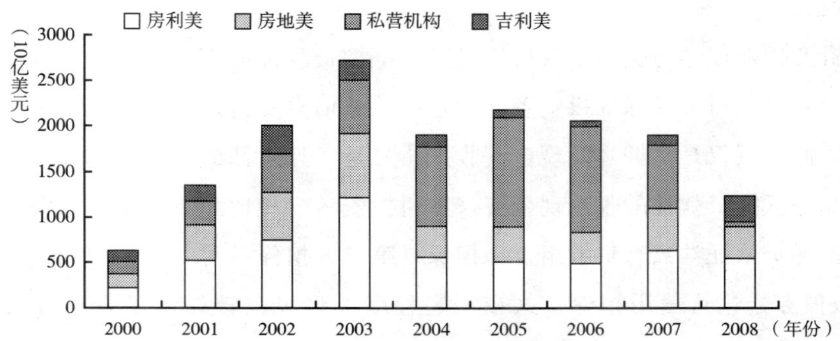

图5　美国MBS发行市场变化

资料来源：FHFA，《2008住房和抵押市场及政府发起设立的住房企业》，Dec.，2009。

进入2009年，依据证券业和金融市场协会的统计数据，全年与房贷相关的各类证券发行量为19569亿美元，比上年有所上升，但私营机构的发行量持续下

① Federal Reserve Bank of New York.

降，为319亿美元，仅占3%；而“两房”和“吉利美”发行量达到19250亿美元，占发行市场的97%。发行量开始小幅回升，主要是诸多贷款机构在流动性紧缩的情况下对证券化的需求比较高，2008年，全美住房贷款发放额为1.5万亿美元，其中79%通过贷款证券化出售给了投资者。相比2007年，新增贷款证券化率为74%，2001年证券化率为61%。

第五，抵押贷款证券化创新仍在前行。当人们在对危机产生的原因，如实体经济因素、监管缺失、基础资产质次、结构性金融创新过度、道德风险和高杠杆运作不断地进行反思的同时，美国住宅抵押二级市场上金融创新的步伐并没有停止，人们在探索一种新债券工具，即有资产担保的债券（Covered Bond）来取代私营机构证券。这种债券产品最早起源于230多年前的德国，最初主要是用于为政府公共项目和长期投资项目融资。此后，欧洲各国，包括法国和英国争相效仿，并制定了相关法律规范哪类资产可作为有效担保品及与其他资产隔离等。也许是由于欧洲各国没有类似美国的“两房”大型证券化机构，致使资产担保债券在欧洲盛行，其抵押物可以是住房、商业楼宇，还包括有收益的公益项目。截至2007年底，欧洲资产担保债券的市场规模达到2.11万亿欧元。

资产担保债券与美国私营机构发行的抵押贷款证券不同，其特点和优势在于它以双重支付方式保证投资者的利益：一是债券支付来自金融机构的总现金流收入而不仅仅是抵押物的现金流收入；二是一旦发债的金融机构破产，可用担保品—抵押贷款池的收入现金流来支付投资者。相比之下，美国私营机构发行的抵押贷款证券只有贷款组合为担保，第三方担保只对发行证券的某一分支（分级债券）进行信用担保，这在一定程度上将风险转嫁给了投资者（参见表4）。

在美国，资产担保债券还是一个新生事物，只有两家机构发行过此类债券。一个是华盛顿共同基金于2006年9月发行了200亿美元的担保资产债券，另一个是美国银行，也曾紧随其后开始发行担保资产债券，并以欧元和美元两种货币发行担保资产债券。2008年7月金融危机爆发后，联邦存款保险公司提出政策建议，在美国推行资产担保债券，以保证一旦存款机构陷入破产困境，可以更好保障债券的清偿。此后财政部于2008年7月出台了资产担保债券最佳实施规范，

表 4　欧洲资产担保债券与美国私营机构抵押贷款证券的差异比较

差别指标	欧洲担保债券	美国私营机构抵押证券(PMBS)
投资者可得资源	投资主要从债券发行银行获取债券收益和抵押贷款池	投资者主要依据抵押资产获取债券收益
计账方式	担保债券留存在发行机构的资产负债表上,包括信用风险、提前还贷风险等	PMBS 不在发行机构的资产负债表内,风险转嫁给投资者
贷款组合的管理	对贷款池进行动态管理,不良贷款必须被取替	对贷款池静态管理,严格限制贷款的取替
债券期限	固定利率债券,期限 1 ~ 10 年,到期一次性支付	PMBS 以贷款池为基础分期支付
现金流收入的确定性	投资者收益率是明确的	投资者承担贷款提前支付的风险
优先偿还	资产担保证券无优先偿还等级之分	PMBS 有优先偿还的等级之分

资料来源：Henry M. Paulson，Jr.，“*Best Practice of Residential Covered Bond*”，July，2008。

对债券发行机构、期限、合格的担保资产、超额担保、资产替换、信息披露、监管机构等制定标准化规范，其目的也是培育和发展资产担保债券市场，用最简单、可行可信的证券化方式取代崩溃的私营机构抵押证券，为住宅抵押市场的存款金融机构开辟新的多元融资渠道，以解决其借短贷长、资金来源单一的难题，优化资产结构，降低借贷成本上升，维系美国这个全球最大的住宅金融市场。而 2010 年新修订的会计准则要求银行将大量的证券化资产纳入自己的资产负债表内，这可能会进一步推进资产担保债券市场的发展。

三　简要的结束语

金融危机后美国政府一直在努力，财政部为住宅金融企业注入资本金，美联储向住宅金融企业注入流动性，以此挽救濒临崩溃的美国住宅市场和住宅金融体系。2009 年，尽管住宅市场出现了一些复苏的迹象，但美国实体经济并无质的改善，失业率居高不下和经济前景不明朗使美国家庭债务出现了自 1951 年以来的首次负增长，且房贷违约率仍处历史高位，住宅金融市场重建与发展如经济复苏之路一样艰难且漫长。

参考文献

[1] James B. Lockhart, Director of OFHEO, *Lessons Learned from Mortgage Market Turmoil*, Paper for 44th Annual Conference for Bank Structure and Competition, May 16, 2008.

[2] Edward J. DeMarco, Acting Director, "*The Future of Mortgage Market and Housing Enterprises*", Testimony before the US Senate Committee on Banking, Housing and Urban Affairs, Oct. 8, 2009.

[3] Larry Cordell, Karen Dynan, "*Design Loan Modification to Address the Mortgage Crisis and Making Home Loan Affordable Program*", Staff Working Papers.

[4] FHFA, "*Report to the Congress*", 2008.

[5] OCC and OTS, *Mortgage Metric Report*, Third Quarter, 2009.

后危机时代的全球金融监管改革

正如查尔斯·金德尔伯格所言，金融危机是反复出现、永不消亡的东西。每一次金融危机的爆发，不仅会对金融业形成全面冲击，也是对金融监管规则、监管体系全面的检验和冲击。而危机之后，随之而来的必然是对金融监管体系的全面改革。本次金融危机也不例外。美国、英国、欧盟等国家和地区，针对此次危机暴露出的金融业存在的种种弊端，已经开始对现有的金融监管体系进行全面改革。这些改革在一定程度上反映出未来一段时期全球金融监管发展的主要范式和趋向，必然会对全球以及中国的金融发展产生深远的影响。就中国而言，在中国政府采取各项刺激经济措施取得积极效果之后，正在对现有的金融体系进行深入的反思与改革，尤其是金融监管体系。

一　全球金融监管改革的最新进展

自金融危机爆发以来，美国、英国以及欧盟等国家和地区相继推出了一系列金融监管改革法案，这些法案有的已通过并付诸实施，有的仍处在国会审议阶段，金融监管改革立法成为全球最为热门的立法。

（一）美国的金融监管改革

美国金融监管改革肇始于 2008 年 3 月时任布什政府财政部长的保尔森提出《金融监管改革蓝图》，改革蓝图提出了一些短期和中期的改革建议，并提出了长期的概念化的最优监管框架。短期的建议主要集中在针对目前的信贷和房屋抵押市场，采取措施加强监管当局的合作，强化市场的监管等。中期的建议主要集中在消除美国监管制度中的重叠部分，提高监管的有效性。长期的建议是向以目标为导向的监管方式转变，具体措施是设立三个不同的监管当局：一是负责市场稳定的监管当局，由美联储担任该职，并有责任和权利获得适当信息，披露信息；二是负责与政府担保有关的安全稳健的审慎金融监管当局，承担目前联邦审慎监管当局，如OCC和储蓄机构监管局OTS的责任，并负责金融控股公司的监管职责；三是负责商业行为的监管当局，将SEC和CFTC合二为一，负责监管金融机构的商业运营以及保障投资者和消费者的利益。

然而，奥巴马政府并没有采纳这份改革方案，而是于2009年6月17日公布了名为《金融监管改革——新基础：重建金融监管》的改革方案。该方案涉及金融业的各个领域，包括金融机构、金融市场、金融产品以及投资者和消费者等，堪称“大萧条”以来美国最雄心勃勃的金融监管改革计划。该法案最核心的部分为两项：一是将美国联邦储备委员会打造成“超级监管者”，全面加强对大金融机构的监管，新法案授权美联储对金融公司实行统一监管；授权美联储对重要的支付结算体系进行监管和必要时的救助；经财政部事前批准，美联储可向个人、合伙企业或公司提供信贷。二是成立三个新的机构：（1）全国性的银行监管机构——全国银行监理会，负责审查并监管在联邦政府注册的银行；（2）成立专门的机构——金融服务监管委员会，由各金融监管机构共同参与，作为多个监管机构在共同监管中的协调与合作机制，将所有可能对金融稳定造成风险的金融机构统一纳入监管，监控并识别可能的系统性风险；消费者金融保护署，赋予其超越目前监管机构的权力；（3）成立专门的金融消费者保护机构——消费者金融保护局。美国众议院于2009年12月11日通过了该项改革方案。该法案虽然获得众议院的通过，但也引起了广泛争议，共和党人一致反对这一议案，27名来自保守选区的民主党议员亦投票反对。他们认为该法案过度扩张了政府权力，将导致官僚机构不必要的扩大，还会压制经济发展，扼制金融创新，增加金融业成本。

几乎在同一时间，美国国会参议院银行委员会主席，康涅狄格州民主党议员克里斯多夫·多德（Christopher Dodd）抛开众议院通过的这份议案，单独推出一项更加大胆的金融监管改革提案，计划整合监管机构，设立新的金融消费者保护机构、系统风险监管机构，改革信贷评级企业，重新调整金融衍生品监管规则和机构。议案公布后，受到了共和党议员的广泛批评，在经过与各方长达几个月的协商、妥协后，多德重新修改了其金融监管改革方案，并于2010年3月22日在参议院银行委员会以13∶10的投票通过。新的议案是在原有的基础上各方妥协的产物，旨在从五大方面加强对美国金融机构的监管。第一，在美联储下设

“消费者金融保护局”，负责制定和实施相关规则，以避免债权人对债务人的滥权；第二，组建由财政部长亲自挂帅的“金融稳定监管委员会”，协调政府相关部门，寻找并消除对金融体系及整体经济可能形成的隐患；第三，建立一项新机制，以期在巨型金融机构有序破产时避免纳税人承担风险。具体操作则是由大型金融机构出资成立一个500亿美元的基金，专用于大型金融机构倒闭所需；第四，对信用评级机构如穆迪、标准普尔等也要进行监管，尤其是要让他们对自己做出的风险判断负责；第五，采纳“沃克尔规则”，即采取前美联储主席沃克尔的主张，限制大型商业银行自营交易，对大宗金融衍生品交易进行监管。

至此，目前美国金融监管改革形成了两个法案，一个是奥巴马政府提出的并在众议院通过的议案，一个由民主党议员多德提出的并获得银行委员会通过的多德议案。要想美国的金融监管改革成为生效的法律，下一步的工作首先是多德议案需要在参议院进行审议并获得通过；然后，参众两院各自版本的法案必须通过协商达成一致的文本，才能送交总统签字生效。

（二）英国的金融监管改革

英国的金融监管改革的路径与美国相似，都是先由政府有关部门提出改革建议，再将这些改革措施逐步形成立法草案，最终由议会通过，成为生效的法律。改革的主要内容主要体现在以下几份文件和法律中：《特纳评论》、《2009银行法案》、《改革金融市场》白皮书以及《金融服务法案》。

2008年10月，财政大臣阿利斯泰尔·达林（Alistair Darling）要求金融服务局主席特纳勋爵（Lord Adair Turner）研究国际金融危机的根源，并提出如何加强金融监管的建议。2009年3月18日，特纳完成了该报告。这一题为《特纳评论：监管当局对全球银行危机的回应》的报告长达126页。除了用很大的篇幅分析国际金融危机的成因以外，该报告还为如何加强金融监管提出了28条建议，其中包括：增加银行资本的数量，提高其质量；提高资本充足率；在实施《巴塞尔第二协议》（即《巴塞尔协议Ⅱ》）的过程中必须避免资本充足率的顺周期性；设立杠杆率的最高限度，以控制资产平衡表规模的过度扩大；强化流动性风险的管理；加强对资信等级评估公司、离岸金融业务和对冲基金的监管；为存款人提供足够的保险；改革金融机构高层管理人员薪酬和奖金制度，以避免其为了获取更多的经济收入而从事高风险的金融业务；加强国际合作；在欧盟范围内成立一个新的监管机构，使其拥有更大的权力，取代莱姆法路西委员会（Lamfalussy Committees）；使英格兰银行的宏观经济管理与金融服务局的金融监管紧密地结合在一起。

2009 年 2 月 12 日，英国议会通过了《2009 银行法案》，该法案于 2009 年 2 月 21 日生效。与此前的各个银行法相比，这一法律具有以下特点：（1）赋予英格兰银行在预防和应对金融风险时以更大的责任和权限；（2）在英格兰银行的董事会下设立金融稳定委员会。其职责是判断金融风险的性质，关注金融风险的形成和发展，制定和实施金融稳定战略；（3）进一步强化英格兰银行对支付系统的监管；（4）设立特别应对机制，以便对陷入危机的银行进行快速的干预；（5）更加有力地保护存款人的利益。

2009 年 7 月 8 日，英国财政部发表了题为《改革金融市场》的白皮书。这一长达 176 页的重要文件以《特纳评论》为基础，全面阐述了英国政府对国际金融危机成因的分析，回顾了业已采取的反危机措施，并为如何强化金融监管提出了政策性建议。

而《金融服务法案》是英国自 2007 年以来应对银行和金融危机而进行的第三次立法的内容，还包括了改善金融消费者地位的举措。它的主要内容均来自《改革金融市场》白皮书，同时在合适的地方也参考了各方的相关建议。2009 年 11 月 19 日，英国政府已将该提案提交给英国议会审议。简而言之，《2009 银行法案》是英国的生效法律；《改革金融市场》白皮书是英国政府为应对金融危机而提出的若干建议，是没有法律效力的建议书；《金融服务法案》是英国政府在《改革金融市场》白皮书的基础上，结合各方建议而向英国议会提出的立法草案。英国金融监管改革的内容主要体现在这四份文件中。

总结英国金融监管改革，主要改革措施体现在五个方面。

第一，设立专门机构，强化金融稳定目标，高度重视对系统性风险的监管。针对本次金融危机，英国政府强化了金融稳定目标。由《2009 银行法案》和《改革金融市场》白皮书分别提议建立两个专门机构，从两个层面来加强金融稳定工作。《2009 银行法案》明确规定了英格兰银行作为中央银行在金融稳定中的法定职责和所处的核心地位，并强化了相关的金融稳定政策工具和权限。在英格兰银行理事会下面成立金融稳定委员会（FSC），与英格兰银行已有的货币政策委员会（MPC）平级。该委员会由英格兰银行行长（担任主席），两位副行长及四位英格兰银行非执行理事组成。《改革金融市场》白皮书和《金融服务法案》则提出建立一个新的金融稳定理事会（CFS），全面负责监控金融业的风险和稳定。

第二，明确监管当局在危机银行处置中的权限和程序。在危机发生之后，监管当局缺少有效的手段对失败的金融机构进行处置以防金融风险扩散。为了解决这一问题，《2009银行法案》建立了特别处理机制（SRR）来干预和处置问题银行。在该机制中，财政部、英格兰银行和金融服务局三大机构分别承担着不同职责，共同协调采取相应措施。

第三，改善金融监管部门之间的协调。《2009银行法案》规定了有关金融监管部门在信息共享等方面的职权，规定金融服务局可获得英格兰银行和财政部在金融稳定方面的监管信息共享，同时要求加强与存款保险机构等在特别处理机制进程中的有关协作等内容。

第四，加强金融消费者利益保护。《改革金融市场》白皮书提出，必须确保消费者能够获得所需的金融服务；金融机构应该为消费者提供易于理解的高透明度的金融产品；对于给大量消费者造成损害的金融服务和产品，消费者有权提起集团诉讼，向金融机构追讨损失；为了更好地保护存款者的利益，应该对存款保护安排做进一步的改进。《金融服务法案》提出了若干具体措施，包括：提供一种新的法律手段——集团诉讼，使消费者在某种金融执业严重过失行为影响到相当多的消费者的情况下有可能通过这种手段得到赔偿；创设一个新的独立教育机构，以向消费者宣传金融知识；针对“金融服务补偿计划”（FSCS），设立一个新的监管机构作为海外金融机构向其英国消费者进行补偿的中介；等等。

第五，强化国际和欧洲监管合作。《改革金融市场》白皮书从下列几个方面提出了强化国际，尤其是欧洲金融监管合作的措施：通过统一的监管标准和措施来提高各国金融监管的水平，防范监管套利所带来的金融风险；加强以G20的金融稳定委员会为核心的国际金融监管架构的建设，更有效地在世界范围内确认和防范潜在的金融风险；欧洲金融一体化的发展使得其内部的金融风险传染的可能性大大增加，因此欧洲范围内的金融监管合作需要得到特别的强调；作为全球性金融中心，英国金融服务局的金融监管需要有国际视角；加强跨境监管合作，这其中的一项重要内容是国际金融风险预警系统的建设；作为危机处置的一个重要组成部分，跨国金融机构的危机不是单一国家就可以有效处理的，需要跨境合作。《金融服务法案》也包括《加强国际监管》一章，提出了关于加强国际监管的概括性规范，包括要求金融服务局参与国际监管协调工作，代表英国利益参与关于国际监管的国际讨论等。

（三）欧盟的金融监管改革

欧洲在此次危机中蒙受巨大损失。金融危机对欧洲的冲击使得欧盟开始反思金融监管存在的疏漏，寻找解决问题的思路。欧盟委员会在2008年10月开始组织高层小组研究关于欧盟金融改革问题，并在2009年2月形成相关报告供欧盟委员会继续讨论。报告认为，在危机中监管存在的问题主要是：缺乏充分的宏观审视监管，各国监管当局存在各种监管失职问题；对跨境金融监管的协调和合作有待提高等。除此之外，对于欧洲经济货币联盟这个有着27个成员国的大家庭而言，它在监管过程中也存在着不同于单一国家的一些监管问题，在主要集中在母国与东道国的权力划分上，成员国之间的监管合作与协调上；等等。

面对金融监管权力分散在成员国的局面，欧盟更加认识到欧盟分散的监管体系不利于金融体系的稳定，与欧盟金融一体化以及全球性的金融市场也不相匹配，因此加强监管与协调成为欧盟自危机之后监管改革的主题。在欧盟委员会金融监管高层小组形成的报告的基础上，2009年6月19日，欧盟理事会通过了《欧盟金融监管体系改革》，成立了欧盟系统风险委员会和欧洲金融监管系统分别负责欧盟的宏观和微观审慎监管，这是危机以来欧盟最为重大的改革事件。在此之后，欧盟委员会在2009年9月和10月分别出台了相关具体提案，明确各监管机构的职责范围。综合其他重要监管改革措施，欧盟改革行动主要包括以下内容。

第一，建立宏观监管部门，监控系统性风险。欧盟认识到在面临相互作用的、复杂的、部门内和跨部门的系统性风险时，金融体系非常脆弱。欧盟认为应当成立相关机构对各种相关性系统风险进行综合评估，定期（半年一次，在必要时需要经常）向欧盟财经理事会（ECOFIN）报告，形成初步的关于系统性风险分析交由欧盟理事会讨论，并提供及时的政策建议。基于这样的要求，欧盟成立了欧盟系统风险委员会（ESRB）作为宏观监管部门，控制系统性风险。欧盟系统风险委员会的主要目的在于监测并评估影响整体金融稳定的风险。具体职能是在欧盟层面上负责宏观性的审慎监管，监控和评估在宏观经济发展以及整个金融体系发展过程中出现的威胁金融稳定的各种风险，识别并对这些风险进行排序，出现重大风险时发出预警并在必要时向政策制定者提供包括法律方面的各种建议和措施，执行预警后的相关监控，与 IMF、FSB 以及第三世界国家进行有关合作。欧盟系统风险委员会是一个独立的没有法人地位的监管机构。

第二，升级欧盟监管委员会，建立欧洲金融监管系统。欧盟理事会决定建立欧洲金融监管系统（ESFS）。作为欧洲监管操作系统，旨在通过建立更强大、一致性更高的趋同规则来提高各国监管能力，实现对跨国金融机构的有效监管。其主要内容包括三个层次：在欧盟层面上，升级原先欧盟层面的银行、证券和保险监管委员会为欧盟监管当局（ESA），在各国层面上，日常对金融机构的监管责任则由各国监管当局承担，在相互配合的层面上，为了加强欧盟监管机构之间的合作、监管方法的一致性以及对金融混业经营的有效监管，欧盟系统风险委员会的指导委员会将负责建立与三个新的监管当局的信息交流与监管合作机制。目前新的监管当局与各国监管当局之间的具体权责划分尚未最后确定。

第三，明确赋予欧洲中央银行在宏观审慎监管中的特殊地位。2009 年 9 月的欧盟委员会正式提出了《关于赋予欧洲中央银行在欧洲系统风险委员会中的特定任务》的提案，正式明确了欧洲中央银行在宏观审慎监管方面的特殊作用，从而在一定程度上明确了欧洲中央银行在金融稳定中的重要作用。此次金融监管改革强调了宏观审慎监管在监管体系方面的重要性，并单独设立了欧盟系统风险委员会监控和评估整个金融体系中威胁金融稳定的风险。

第四，加强欧盟成员国之间应对危机的金融监管合作。在危机发生之后，欧盟理事会于 2007 年 10 月通过了跨国金融危机管理的九项原则，随后在 2008 年 6 月，欧洲各成员国的监管当局、中央银行以及财政部联合签订了关于危机管理和处置合作备忘录，其中就强调了成员国之间的金融监管合作，主要包括两方面。其一，关于公共资源的分配原则。在动用财政资金等公共资源的情况下，在平等和平衡的基础上，按照金融危机对各国的经济冲击的程度以及母国和东道国的监管权力的分配来决定相应的公共资源的支出的分配。其二，考虑成立跨国稳定小组（CBSG），建立跨国合作机制。

第五，降低金融监管的顺周期性。在 2009 年 7 月 7 日的欧盟经济与金融会议上，各国就如何减少金融监管的顺周期性达成了共识。其主要内容除了强调欧洲系统风险委员会的重要作用以外，还认为缺乏反周期缓冲措施和僵化的会计制度是放大危机作用的重要因素。结合 G20、金融稳定委员会以及巴塞尔委员会等国际组织关于降低顺周期性的共识，欧盟正在酝酿引入前瞻性会计标准，发展坏账准备动态模型，并在景气时期从贷款利润中提取预期损失准备；建立逆周期资本缓冲，它并不构成新的最低资本标准，在萧条时期银行可以使用在景气时期积累下的资本缓冲渡过危机；推动对公允价值会计准则的修改。

欧盟全面加强以银行为主的金融机构风险管理，提出修改《资本金要求指令》的提案，强化对银行的风险约束。欧盟银行监管委员会（CEBS）向欧盟委员会提出的关于流动性风险管理的30项原则性建议。此外，欧盟委员会还通过了关于加强信用评级公司权威性和监管的提案。

二　全球金融监管改革的主要趋势

分析上述国家和地区的金融监管改革方案，可以发现有八个方面的主要发展趋势。

（一）全球金融监管改革的重点是金融监管结构的调整

根据G30集团的报告，现有的金融监管结构可以归纳为四种模式：①机构模式；②功能模式；③整合模式；④双峰模式。第一种模式是通过法定单位对机构进行监管，大部分国家包括美国在内都采用这种模式。第二种模式对个体机构的功能进行监管。很多国家都或多或少采用了这种模式，但没有一个国家单纯采用该模式。第三种模式是由超级监管者执行，像日本和英国就采取此种模式。第四种模式将审慎监管者和行为监管者区分开来，而前者主要依靠信息披露和市场行为，典型代表是澳大利亚和荷兰。

但无论何种模式都没有能有效地阻止金融危机的发生。单纯的机构模式肯定不能适应金融业发展的变化，但其他几种模式也同样存在自身的缺陷。因此，此次全球金融监管改革已经并非是向何种模式靠拢的问题，而是改革现有结构的问题。无论是采用机构模式的美国还是采用整合模式的英国，都对本国的金融监管结构进行改革，弥补监管漏洞，提高监管效率。其中，最为重要的调整都是应对系统性风险，设立专门的机构或者赋予某个机构监管系统的超级权力，维护金融稳定。

（二）建立宏观审慎监管框架，防范系统性风险

系统性风险越来越成为金融稳定的重要威胁。有鉴于此，此次世界主要国家

与地区的金融监管改革方案很自然地将系统性风险的监管放在了极为重要的位置。而应对系统性风险，各国达成共识，强调要进行宏观审慎监管。宏观审慎监管关注的是金融体系整体以及金融体系的结构，包括金融市场本身的结构、融资结构、投资者结构、金融工具结构、市场参与各方的资产负债结构等的脆弱性。

在宏观审慎监管框架下的组织（机构）安排上，一个比较明显的倾向是各国都考虑由中央银行来担负宏观审慎监管的职责，担当系统性风险监管者的角色。这是由于中央银行的货币政策职能、最后贷款人功能及信息掌握优势等特点，更适合担负这个角色。对于中央银行来说，维护金融稳定就成为与货币政策制定具有同等重要性的职责，其关注的范围和领域也显著扩大，不再局限于银行类金融机构，而是涵盖了所有具有“系统重要性”的金融机构。

（三）华盛顿共识面临严重挑战，加强政府对金融业干预已成为共识

此次金融危机以来，建立在新自由主义市场模式上的华盛顿共识受到严峻考验，人们反思，仅仅依靠市场的力量是没有办法避免金融危机的，政府在金融监管方面必须发挥更加积极的作用。因此，全球金融监管改革的一项重要内容是明确监管当局在危机处置中的权限和程序。在这些举措当中，突出的一点就是强调建立危机处置的完备预案，同时授予监管当局在危机状态下“便宜行事”的权力。值得注意的是，各项提议中对于危机处置程序的启动条件都作了严格的规定，以防止该项权力的滥用。

（四）对金融机构资产负债表高度重视

会计准则在反映表外业务风险上的局限性与金融机构资产负债表的不透明性是此次金融危机爆发与恶化的重要原因。各个国家与地区的金融监管改革都对此给予高度关注，但令人遗憾的是，它们在相应的监管措施上则缺乏具体内容，缺乏国际协调合作与统一标准，而这也需要一个较长的过程。

（五）打破信息沟壑，促进金融信息交流

从某种意义上看，金融是一个信息行业。对于金融监管当局来说，其监管活动的开展及效果完全依赖于其所掌握的金融信息。金融危机的发生和蔓延同以下

两方面有关：一方面，金融市场交易主体在贪婪的驱使下，在未获得充分的交易相关信息之前就参与了交易，从而产生其无法承担的损失，另一方面，金融监管当局未能充分掌握相关信息，进而未能作出及时反应。因此，各监管改革方案都重点强调了金融信息的收集与处理。

（六）加强对投资者与消费者利益的保护

本次金融危机暴露出的一个重要问题是，现代金融产品的复杂性使得市场微观主体经常难以正确理解产品的特征和对产品蕴涵的金融风险作出正确评估，从而无法基于审慎的判断作出交易决策，甚至落入欺诈陷阱。因此，保障投资者与消费者的知情权与索赔权是各项改革方案中的共同内容。

（七）重构全球金融机构高管薪酬体系

金融危机爆发后，法德率先拉出“严格限薪”的大旗，并不断呼吁欧盟确定共同路线。美联储向华尔街下达了递交薪改计划的最后通牒。限制金融业高管薪酬无疑是全球的共识，但在采取的具体措施方面各国仍有分歧，如何协商建立起一个全球性的限薪机制是摆在各国面前的现实问题。

（八）以 G20 为国际协商平台，推进全球金融监管协调与合作

G20 在国际合作方面所扮演的角色越来越重要，并在今后一段时期，有成为一个国际性的、实体化的协商平台的发展趋势。各项金融监管改革方案都提出了加强国际金融监管协调与合作的必要性。国际监管合作不仅是防范外源性系统性风险的重要措施，同时也有助于统一各经济体在金融监管改革上的尺度，避免其他国家和地区较为宽松的金融市场环境对自己的国际地位造成威胁。G20 将在全球金融监管协调与合作方面发挥越来越重要的积极作用。

三　中国金融监管改革面临的现实问题

后危机时代，金融监管改革浪潮席卷全球，其发展趋势必将对中国金融监管改革产生深远影响。分析中国金融改革的下一步发展方向，首先需要对当前金融监管的现状作出客观的评估。

（一）正确评估中国金融监管的发展现状

此次金融危机爆发以来，中国金融业整体受到的冲击较小，直接损失很少。在英美等发达国家金融业遭受重创的同时，中国这边“风景独好”。有人认为，中国金融业之所以在此次金融危机中“独善其身”，这与中国现有的金融监管模式有重要的关系。“中国之所以能够避免经济危机的重创，一方面因为中国资本市场不完全开放，另一方面也因为中国金融监管体制本身具有免疫能力。改革开放30年来一直作为市场经济‘学生’的中国为世界提供了‘中国案例’，中国的经验将得到重视。”① 国际政策对话组织（IPD）还就此召开了《危机之后的金融监管——全球和谐机制背景下的中国模式关注》的国际研讨会。一段时间以来，中国金融监管模式似乎可以成为其他国家加以学习和研究的对象。

对此，应该有一个比较清醒的认识：经过改革开放30年的不断发展，中国金融监管的基本法律体系已经建立；初步形成了与中国金融业相适应的、比较完备的分业监管体制；金融机构、投资者、金融消费者产权受到了基本的保护，秉承全面覆盖的监管理念，使中国并不健全的金融体系在亚洲金融危机和本次金融危机中经受住了考验。同时，我们也必须清醒地看到，中国金融业的发展与发达国家还有一定差距，与此相对应的中国金融监管与发达国家也存在一定的差距，无论在监管技术、监管规则还是在监管人才方面。中国金融监管改革取得的成绩，并非是中国免受金融危机重创的重要原因，其真正原因是中国金融业尚未完全对外开放，无论是银行业还是资本市场，实际上，由于中国金融监管的行政管制过于严格，使得中国金融业不能完全融入全球金融市场，恰恰因此得以免遭金融风险的传染和扩散。

事实上，中国金融监管仍然存在诸多突出问题，需要进一步的改革。

（二）中国金融监管现阶段的突出问题

中国金融发展取得了一系列主要成就，金融监管体系也不断完善，但依然存在着一些有待解决的突出问题，主要表现在以下方面。

第一，金融监管结构存在缺陷，缺乏宏观审慎监管框架和系统性风险监管

① 《危机中独善其身，高官学者热议金融监管中国模式》，2009年10月27日。

者。此次金融危机告诉我们，最优的金融监管结构并不存在。一个国家采取何种金融监管结构，主要取决于该国的法律传统、文化传统和政治、经济基础等，无论采取哪种监管结构，都不可能避免金融危机的发生。究其原因，一方面是因为金融危机的爆发实际上反映了经济周期波动的必然性，另一方面是因为事实上现有的各种金融监管结构都存在同样的缺陷，即忽略了宏观慎重监管框架的建立，以及缺乏对系统性风险的监管。此外，也无法有效地防止金融危机的爆发，中国也不例外。目前，从中国的金融监管体制来看，属于分业经营，分业监管，监管模式主要表现为机构监管。这种模式存在的问题是，监管机构之间的立场和角度不同，容易出现监管套利和监管真空，监管机构之间缺乏协调配合。当前，中国还缺乏一种切实的金融监管协调机制，而又没有一个实体机构可以在一行三会之上担当起监管的组织和协调工作。单个监管目标更注重单个金融机构风险管理，而不是整个金融体系的稳定。但是，每个机构都在谈论要加强宏观审慎监管框架，而事实上却缺乏一个涵盖整个经济体系和金融体系的真正的宏观审慎监管框架，也没有一个真正的针对整个经济和金融体系的系统性风险监管者。当然，在一个市场不成熟、开放度较低的金融体系中，这种监管体系缺陷与不足还无法暴露出来。

第二，金融监管的法律体系虽已初步形成但还存在空白领域。目前，中国的金融法律体系大体上已经涵盖了以上内容。但还有一些金融发展急需的重要法律法规未能出台：存款保险制度仍然迟迟未能建立；金融机构市场退出制度仍未推出；私募基金、产业基金还没有取得相应的法律地位。

第三，对投资者、金融消费者利益保护不足。虽然中国的《商业银行法》、《银行监督管理法》、《证券法》、《保险法》、《证券投资基金法》等都将保护投资者、金融消费者的利益作为立法目的，但是在实践中，由于各种原因导致投资者、金融消费者利益并没有得到很好的保护，金融合同中各种各样的霸王条款层出不穷，极大地损害了投资者、金融消费者的利益，也引起投资者、金融消费者对金融机构的极大不满。因此，制定专门立法或者成立专门的金融消费者保护机构来保护金融客户利益就显得非常有必要。这也是国际金融监管改革的一个趋势。

第四，金融市场的行政管制过于严格。在实践中，金融法律体系不完善导致金融监管机构权限过大的原因有以下几种：一是监管机构由于法治意识不强，经常在没有法律规范的情况下，随意行使权力，权力得不到有效约束；特别是当监管机构面对大量实际问题，在法律不到位的情况下，靠政策、靠文件，随意行使权力的情况是时有发生的；二是由于金融法律对监管机构的授权过于宽泛，导致监管机构权力没有受到法律的有效约束，干预的任意性很大；三是金融法律在很多时候过多关注如何保障金融管理权力的行使，而如何保护相对方权益和社会公共利益则考虑不够，规定监管机构责任少，强调金融市场参与者义务多，权利与权力、职责不统一，致使监管机构权力未得到有效限制、规范。改变金融监管机构行政权限过大，需要我们改变传统的行政授权方式，要在金融法律中明确监管机构的具体权限、责任，以及违法的后果，而不能笼统授权。

第五，金融创新不足而非过度。对待金融创新问题，中国显然和发达国家处在不同的发展阶段。经过 30 年的金融改革，尤其是中国加入世界贸易组织以后，中国的金融市场发展无论是广度还是深度都是改革开放之初的状况所无法比拟的。尤其是在当前中国金融业一方面面临着从传统赢利模式向现代赢利模式的转变，另一方面，人民群众的金融服务需求也逐步增强。在这种背景下，金融机构提高金融服务效率需要通过管理创新和业务创新来实现。金融创新应当成为金融改革的重点之一。因此，就中国的金融发展现状而言，不是创新过度，而是创新不足。但由于此次金融危机的爆发，中国金融业创新的步伐放缓，甚至在某种程度上处于停滞状态。如果不加以改变这种情况，必将会影响中国金融业的整体竞争力。资产证券化在中国就是一个典型的例子，它既能为中国发展一个强健的企业债券市场充当骨干力量，也能降低银行系统为购房提供融资的期限错配。但是，次贷危机以来，资产证券化的发行审批基本陷入停滞状态。

四　后危机时代的中国金融改革

讨论后危机时代中国金融监管改革，不能脱离这一时期中国金融与经济发展的总体特征和趋势，这是中国金融监管改革的基本背景。在后危机时代，中国经济与金融的发展具有如下几个主要特征。

第一，迅速推进的工业化与城市化进程。对比工业化不同阶段划分标准以及中国目前工业化水平实际表现，我们处在工业化阶段的中后期。与工业化并进的是城市化。

第二，自 20 世纪 90 年代初开始，中国的储蓄率便显示出不断上升的趋势，而人口参与率的提高（人口红利）、工业化、城镇化和市场化改革同时并进。这些因素之间的相互适应和相互促进，是导致中国储蓄率不断上升的主要原因。

第三，作为宏观经济运行中的供给面，高储蓄率构成当前中国经济运行中另外两个表现在需求面上的突出问题——居高不下的高投资和规模不断扩大的高顺差——的物质基础。正是因为储蓄率较高，中国经济才得以长期保持高投资和高出口；也正是由于高投资和高出口与高储蓄相互适应，中国的工业化和城镇化才得以顺利展开，并且在总体物价水平没有较大上涨的条件下，创造了连续多年高增长的奇迹。

第四，中国金融体系建设是一个不断发展的渐进过程，金融体系的开放性不足使其得以避免外部系统性风险的传染效应，与此同时，中国的高储蓄率为金融机构提供了稳定、充足的资金来源，使得金融机构不必求助于高风险、高成本的融资渠道，尤其是国际金融市场。

相对于欧美各国，中国的经济与金融发展有其特殊性。在此次金融危机中，中国所受的冲击更多的是在实体经济而非金融体系层面上。客观地看，目前中国的金融体系是特定经济与社会发展阶段的产物，随着中国经济的进一步发展，人们对于金融服务多样性需求的日益增长，金融体系必将更为开放，金融市场也将更为活跃，从而对金融监管提出了更高的要求。在此方面，本次全球金融危机及之后主要国家和地区进行的金融监管改革对中国有着重要的启示意义，其中值得借鉴的不仅是危机留下的教训，更在于这些经受住危机考验的基本金融监管制度安排，必将成为中国金融监管体制发展的参照系。

（一）建立宏观审慎监管框架，加强对系统性风险的监管

在分业经营、分业监管体制下，中国的金融监管基本停留在微观审慎监管层面。在当前宏观经济金融形势下，需要关注金融业经营模式变化、金融行业关联性、宏观经济对金融体系的影响及金融风险的新特点，将金融体系视作一个整体而不是相互分割的三个不同行业，运用宏观审慎监管理念和方法，应对各种可能出现的复杂情况。

目前，由于中国金融发展所处阶段和金融体系的特定结构，金融市场并非系统性风险的主要来源。不过随着综合经营的发展和金融体系的进一步开放，中国金融体系的系统性风险特征将会与当前发达国家，尤其是欧盟国家，进一步趋同。

在可能导致系统性风险的因素中，金融控股公司等大型混业经营的金融机构由于其巨大性、复杂性、高关联性，使其既是金融监管的重点，又是金融监管的难点。最近几年，中国金融业开始出现银行、证券、保险合作的热潮，银行业与证券业、保险业之间业务交叉已很普遍，突出表现为业务融合。金融控股公司已成山雨欲来之势，对监管提出了严峻的挑战。虽然金融控股公司的各子公司一般均受到各自行业的严格监管，但是各行业监管部门总不免有各支一摊的弊病。为了堵塞监管漏洞，应在明确系统性风险标准的前提下，确立监管系统性风险的专门监管机构。美联储之所以被认为是系统性风险监管者，最主要的原因是其拥有支付、清算、结算和信息的优势和资本，参照中国目前的情况，可以考虑将这一职责赋予人民银行。通过“牵头监管”模式，并与其他监管机构密切合作，解决监管过程中可能存在的“盲区”。只有对金融控股公司实施有效的监管，将系统性风险发生的概率降到最低，才能保证金融业健康、稳定和可持续发展。

（二）建立实体化、法治化的监管协调机构，为最终实现统一监管奠定基础

金融监管体系中的专业化分工必然会带来相应的协调问题，尤其是重大的系统性风险因素，很难仅仅依靠某个单一的监管机构来加以处置。在此次全球金融危机中，金融监管当局协调配合不力是导致危机产生及蔓延的主要原因之一。为此，各监管改革方案都要求加强监管协调，设立实体化、制度化的监管协调机构。

目前中国初步形成了“一行三会”的金融分业监管格局，但是监管部门之间的协调机制缺乏正式制度保障，仅处在原则性框架层面，监管联席会议制度未能有效发挥作用。随着中国金融业综合经营和金融创新的进一步发展，以及中国金融体系的进一步开放，这一问题将显得更为严重。因此，在现有的分业监管体制下，应将协调机制法治化、实体化。在时机成熟的情况下，可以考虑组建由国务院副总理牵头、有明确法律权限、有实体组织的金融监管协调机构，监督指导金融监管工作。

（三）有效协调货币政策、财政政策与监管政策三者之间的关系

此次金融危机爆发以来，从各国情况来看，普遍存在货币政策、财政政策与

监管政策三者之间不协调的情况。在这方面，中国的情况更加严重，三者之间往往没有较好地进行协调和配合，甚至出现各项政策有明显的相悖和冲突的情况。宏观审慎监管应将中央银行、财政部及相关监管机构涵盖在内。因此，货币政策、财政政策与监管政策三者之间的协调关系，对实施宏观审慎监管具有重大意义。

（四）鼓励金融创新，提高中国金融体系竞争力

美国金融危机暴露的一个重要问题就是监管机构对金融创新，如金融衍生品的监管过于松散，甚至缺位。而中国的情况却恰恰相反，中国的金融衍生品市场乃至整个金融市场都不发达，中国金融监管对金融创新的权利限制过严。虽然这避免了类似美国金融市场的高风险，但是也严重约束了金融市场的创新能力，阻碍了其进一步发展。这种现象所导致的结果就是金融产品和服务供给不足，难以满足实体经济和金融消费者与投资者的需求。与此同时，在金融全球化的背景下，过度管制很容易削弱本国金融体系的竞争力和吸引力，导致金融资源的外流。因此，我们不能因噎废食，由于担心市场风险而阻碍金融创新，相反，必须将金融创新的主导权还给市场。

（五）将保护消费者利益作为金融监管的一个主要目标

消费者对金融产品的持续购买能力和日益增长的、多样化的金融消费需求，是推动金融总量扩张和金融结构优化的不竭动力。完备的消费者保护措施是发达金融体系的共同特征，也是构成金融体系国际竞争力的重要因素。如果金融监管只关注金融机构的利益诉求而忽视了对消费者利益的切实保护，就会挫伤消费者的金融消费热情而使金融业发展失去广泛的公众基础和社会支持。在中国的金融交易活动中，损害消费者利益的不当金融行为并不鲜见。保险产品及各类金融理财产品营销过程中的虚假宣传，就是十分典型的事例。所以，要使中国在国际金融市场竞争中有所作为，就必须对消费者金融产品和服务市场实行严格监管，促进这些产品透明、公平、合理，使消费者获得充分的有关金融产品与服务的信息。

（六）加强资产负债表监管

资产负债表是反映金融机构和企业经营与风险状况的重要工具。此次金融危

机表明，金融机构资产负债表的不完备、不透明是导致金融风险失控的重要因素，也是导致危机处置不适当、不及时的原因之一。资产负债表的顺周期性也加剧了金融危机，并恶化了实体经济。随着金融创新的飞速发展，中国金融机构的表外业务规模也在迅速扩张之中，如果不能对此进行有效的管理，必将成为影响金融稳定的重要隐患。

鉴于上述问题，中国必须加强资产负债表的监管。这其中包括四项重要内容。首先，完善资产负债表的编报规则，使金融机构的表外业务风险能够在其中得到充分的体现。其次，监管当局应当及时、充分掌握金融机构资产负债表的变动情况，为微观审慎性监管提供依据。再次，监管当局还应该在考虑到金融体系内部复杂联系的基础上，在宏观层面上对资产负债表的总体变化情况进行监控，并据此对金融体系的风险水平做出评估，在出现问题时发出预警。最后，监管当局需要通过资本充足率要求和会计标准的改进，消除或削弱与资产负债表相关的顺周期性，平滑金融体系运行中的波动，为实体经济提供稳定的金融环境。

（七）实现金融监管信息的联通与共享

金融监管当局充分掌握金融体系与实体经济部门的相关信息，对于进行宏观审慎性监管，防范系统性风险，实现金融稳定具有重要的意义。现代金融体系的运行伴随着大量信息的产生、传递与处理，但是如何有效获取真实且符合监管需要的信息，尤其是涉及金融体系稳定的信息，仍然是一个难题。它也是各改革方案中力图加以改进的一个方面。例如，美国要求场外市场交易应当在受管制的市场和结算系统中进行，这在很大程度上是出于信息收集与监控以便及时进行风险评估的需要。

就中国而言，推进金融监管信息建设主要可以从以下三个方面着手。第一，完善征信体系，在为金融机构决策提供依据的同时，有助于监管当局通过违约率了解宏观经济运行情况，为审慎性监管提供支持。第二，健全支付清算体系及其信息挖掘，汇集经济交易信息，以此反映交易活跃状况、经济景气程度和经济结构变化情况等宏观经济运行的重要侧面，为金融稳定状况的评估提供背景。第三，加强金融监管当局内部及其与各经济部门之间的信息系统整合与共享，在可能的情况下制定明确的、有时间表的金融信息资源整合方案。

（八）明确国际金融监管合作中的态度、立场和策略

在全球金融危机爆发之后，国际金融监管合作又一次成为国际经济事务中的热点议题。在最新的改革方案中，主要发达国家都对此非常重视并提出了自己的立场和主张。

就中国而言，研究和确定自己在国际金融监管合作中的态度、立场和策略也成为金融监管当局所面临的迫切问题。在当前的形势下，中国积极参与国际金融监管协调与合作具有重要的意义。首先，这是回应国际社会舆论的要求，树立负责任大国形象的需要。其次，目前国际金融监管合作仍然处于酝酿和起步阶段，中国的及早参与，有助于在其中争取主动，确立规则，最大限度地维护自身利益。最后，尽管现阶段中国金融机构和企业对于国际金融市场的参与限度仍然非常有限，但是随着经济发展和金融体系的进一步开放，尤其是上海国际金融中心建设的推进，中国也将面临更大的传染性系统性风险，对于它们的防范与处置也将越来越多地依赖于国际金融监管的协调与合作。

参考文献

[1] 胡滨：《完善金融监管与立法，积极应对金融危机》，《中国金融》2009 年第 6 期。

[2] 胡滨、全先银：《法治视野下的中国金融发展：中国金融法治化进程、问题与展望》，《财贸经济》2009 年第 5 期。

[3] 李扬、全先银：《危机背景下的全球金融监管改革：分析评价及对中国的启示》，《中国金融》2009 年第 17 期。

[4] 沈联涛：《十年轮回：从亚洲到全球的金融危机》，上海远东出版社，2009。

[5] 詹姆士等：《反思银行监管》（中译本），中国金融出版社，2008。

[6] Commission of The European Communities, *European Financial Supervision*, Brussels, 2009.

[7] Department of Us Treasury, *Financial Regulatory Reform: A New Foundation*, 2009.

[8] HM Treasury, *Reforming Financial Markets*, 2009.

图书在版编目（CIP）数据

中国金融发展报告. 2010/李扬，王国刚主编. —北京：社会科学文献出版社，2010.5
（金融蓝皮书）
ISBN 978-7-5097-1502-4

Ⅰ. ①中… Ⅱ. ①李… ②王… Ⅲ. ①金融事业-经济发展-研究报告-中国-2010 Ⅳ. ①F832

中国版本图书馆 CIP 数据核字（2010）第076330号

金融蓝皮书
中国金融发展报告（2010）

主　　编／李　扬　王国刚
副 主 编／王松奇　殷剑峰　郭金龙

出 版 人／谢寿光
总 编 辑／邹东涛
出 版 者／社会科学文献出版社
地　　址／北京市西城区北三环中路甲29号院3号楼华龙大厦
邮政编码／100029
网　　址／http：//www.ssap.com.cn
网站支持／（010）59367077
责任部门／财经与管理图书事业部（010）59367226
电子信箱／caijingbu@ssap.cn
项目经理／周　丽　王莉莉
责任编辑／王玉水　蔡莎莎　明安书　高　雁
责任校对／李海云
责任印制／蔡　静　董　然　米　扬
品牌推广／蔡继辉

总 经 销／社会科学文献出版社发行部
（010）59367080　59367097
经　　销／各地书店
读者服务／读者服务中心（010）59367028
排　　版／北京中文天地文化艺术有限公司
印　　刷／北京季蜂印刷有限公司

开　　本／787mm×1092mm　1/16
印　　张／27.75　字数／477千字
版　　次／2010年5月第1版
印　　次／2010年5月第1次印刷

书　　号／ISBN 978-7-5097-1502-4
定　　价／79.00元

盘点年度资讯，预测时代前程

从“盘阅读”到全程在线，使用更方便

品牌创新又一启程

· 产品更多样

从纸书到电子书，再到全程在线网络阅读，皮书系列产品更加多样化。2010年开始，皮书系列随书附赠产品将从原先的电子光盘改为更具价值的皮书数据库阅读卡。纸书的购买者凭借附赠的阅读卡将获得皮书数据库高价值的免费阅读服务。

· 内容更丰富

皮书数据库以皮书系列为基础，整合国内外其他相关资讯构建而成，下设六个子库，内容包括建社以来的700余种皮书、近20000篇文章，并且每年以120种皮书、4000篇文章的数量增加。可以为读者提供更加广泛的资讯服务；皮书数据库开创便捷的检索系统，可以实现精确查找与模糊匹配，为读者提供更加准确的资讯服务。

· 流程更方便

登录皮书数据库网站www.i-ssdb.cn，注册、登录、充值后，即可实现下载阅读，购买本书赠送您100元充值卡。请按以下方法进行充值。

充值卡使用步骤：

第一步

· 刮开下面密码涂层

· 登录 www.i-ssdb.cn

点击“注册”进行用户注册

第二步

登录后点击“会员中心”进入会员中心。

第三步

· 点击“在线充值”的“充值卡充值”，

· 输入正确的“卡号”和“密码”，

即可使用。

SSDB
社科文献资源库
SOCIAL SCIENCE DATABASE

（本卡为图书内容的一部分，不购书刮卡，视为盗书）

如果您还有疑问，可以点击网站的“使用帮助”或电话垂询010-59367071。